鉴往知来

我所经历的著作权法第三次修改

王自强／著

知识产权出版社
全国百佳图书出版单位
—北京—

图书在版编目（CIP）数据

鉴往知来：我所经历的著作权法第三次修改 / 王自强著. — 北京：知识产权出版社，2023.11

ISBN 978-7-5130-8980-7

Ⅰ.①鉴… Ⅱ.①王… Ⅲ.①著作权法—研究—中国 Ⅳ.①D923.414

中国国家版本馆CIP数据核字(2023)第218342号

内容提要

本书是作者对著作权法第三次修改（行政部门起草阶段）过程的全面回顾、真实记录、客观叙述与独立思考，展示了作者对版权事业的执着追求和专业态度。本书不但能让读者对著作权法第三次修改的历程、观点交锋、利益博弈、作者的个人分析和心路历程有充分的了解，也全面、客观地展示了国家版权局对著作权法第三次修改工作的高度重视和版权工作服务国家经济社会发展的决心与态度，而且对未来著作权法律法规的修改完善应有所启发与借鉴，对版权工作者应有裨益。

特约编辑：张洪波　　**责任印制**：刘译文

责任编辑：陆彩云　　**封面设计**：杨杨工作室 · 张　冀

执行编辑：吴　烁

鉴往知来——我所经历的著作权法第三次修改

JIANWANG ZHILAI——WO SUO JINGLI DE ZHUZUOQUANFA DISANCI XIUGAI

王自强　著

出版发行：	知识产权出版社有限责任公司	网　　址：	http:// www. ipph. cn
电　　话：	010－82004826		http:// www. laichushu. com
社　　址：	北京市海淀区气象路50号院	邮　　编：	100081
责编电话：	010－82000860转8768	责编邮箱：	laichushu@cnipr.com
发行电话：	010－82000860转8101	发行传真：	010－82000893
印　　刷：	天津嘉恒印务有限公司	经　　销：	新华书店、各大网上书店及相关专业书店
开　　本：	720mm×1000mm　1/16	印　　张：	31.5
版　　次：	2023年11月第1版	印　　次：	2023年11月第1次印刷
字　　数：	420千字	定　　价：	88.00元

ISBN 978-7-5130-8980-7

序

欣闻王自强司长大作即将付梓,倍感欣喜。著作权法第三次修订是我国著作权制度发展中的历史性时刻,也是关乎我国版权事业蓬勃发展的重要举措。本书是王自强司长对著作权法第三次修订在国家版权局阶段的全方位记录与多维度解读,客观地展现了著作权法第三次修订历程中的多元价值考量、多重利益博弈,侧面反映了著作权法第三次修订工作的重要性与复杂性。不仅如此,本书还为著作权领域的专家和学者提供了详实且充分的理论研究资料,为著作权法后续的发展和完善夯实了基础,是一本不可多得的佳作。

著作权法作为知识产权法律体系中法律主体最为复杂、法律内容最为丰富、国际法律变动最为频繁的一项法律规范,与其相关的立法与修法工作在各项知识产权法律制度中无疑也是最为重要与艰巨的。2020年11月,经第十三届全国人大常委会第二十三次会议表决,我国通过了《关于修改〈中华人民共和国著作权法〉的决定》,完成了对著作权法的第三次修订。修订后的著作权法已于2021年6月正式施行,其在激励作品创作与传播、保护创造者和传播者等各方主体合法权益等诸多方面起到良好的运行效果。不同于之前两次的法律修订,著作权法的第三次修订是一次从国际变革大势与中国发展大局出发的全面法律修订,涉及创设视听作品概念、明晰著作权集体管理组织属性与权限，重构技术措施和惩罚性赔偿机制等诸多内容的制度完善。

在当前“国内国际双循环”的新发展格局下，我国著作权制度面临着新形势下的新问题与新挑战。从全球经济交融环境中国际接轨需要到网络技术革命情景中的现代变革诉求，我国著作权法在新时代创新型国家建设的时代背景下实现了自主、全面的第三次修订，这不仅是我国著作权法律制度走向成熟的重要体现，也是我国知识产权法律体系完善的关键举措。王自强司长作为我国著作权法第三次修订的亲历者，全程参与了国家版权局对著作权法的第三次修订。在本书中，王自强司长回顾了著作权法第三次修订从准备启动到初步成形，再到完善优化的整个历程，并针对修法过程中的热点、焦点和争议问题展开详尽独到的分析讨论。字里行间，不仅呈现出了王自强司长对我国著作权法第三次修订的真知灼见，更凝结了王自强司长对版权工作的深入思考，以及对我国版权强国建设的殷切期望。

作为我国著作权制度发展的见证者、推动者，王自强司长在我国著作权制度现代化和国际化进程中作出了卓越的贡献。新时期，版权事业工作者们还需以王自强司长为榜样，砥砺前行，不断优化中国特色版权治理体系，全面开启版权强国建设新征程。

是为序！

中南财经政法大学学术委员会主任、文澜资深教授

自 序

2011年，国务院将著作权法修订列入该年度的立法工作计划。国家版权局作为国务院著作权行政管理部门，承担了著作权法修改草案的起草工作，并于同年7月13日拉开了著作权法第三次修改草案起草工作的帷幕。我时任国家版权局法规司主要负责人，与法规司工作团队全程参与了修改草案的起草工作。

国家版权局在著作权法第三次修改草案的起草过程中，始终秉承“坚持一个理念（集思广益、解决问题），遵循三个原则（独立性、平衡性、国际性），追求三个效果（高效率、高质量、高水平）”的修法基本思路；坚持“听取民意、集中民智、凝聚共识、开门立法”的科学精神；坚持“问题导向、全面修订、解决问题”的务实态度，与前两次著作权法修订相比较，其公众参与度、媒体关注度、问题热点度和矛盾争议度都是空前的。国务院参事、中国作家协会副主席、中国文字著作权协会副会长、著作权法修订工作领导小组副组长张抗抗在最后一次著作权法修订工作领导小组会议上不无感慨地说：“著作权法修改草案第一稿到第三稿经历了‘九死一生’，实属不易，不知道王自强司长和他的工作团队是怎么走过来的。”

国家版权局完成著作权法第三次修改草案起草工作任务之后不久，版权界不少朋友建议我将著作权法第三次修订过程写出来。但是，其一，当时我还在岗，公务在身，用大量时间来写稿子，有不务正业之嫌；其二，著作权法修改草案（送审稿）刚进入国务院审理环节，下一步还将报送全国人大常委会审议，我作为著作权法修改草案（送审稿）起草工作主要参与者之一，在此阶段写修法过程难免带有主观因素，有引导舆论之嫌。2017年初退休后，又有朋友建议我利用闲暇时间将修法经历写出来，但我已经心不在此，只想享受慵懒悠闲的退休生活。不巧，2023年5月中下旬我“首阳”了，慵懒悠闲的生活节奏被打乱，不能外出漫游闲逛，只能在家隔离静养。闲得无聊，突发奇想，产生了把自己参加著作权法第三次修订工作的经历写出来的念头。在家人和朋友的支持下，一个多月的时间里，用“二指禅”敲出了拙稿。

拙作主要以资料性、叙事性方式，记述了著作权法第三次修改草案起草的基本过程和初步成果。重点介绍了“修改草案”十多次易稿，特别是三个定型稿具体内容的演变过程、公开征求意见的基本情况，以及著作权法修订工作领导小组主要领导成员发表的有关讲话和著作权法修订工作专家委员会成员提出的建设性意见、建议。工作领导小组其他主要领导及专家委员会专家的讲话和发言，主要是根据当时的速记资料和我的记忆整理出来的，一是来不及一一征得各位领导和专家的同意写进拙作，敬请大家谅解；二是仅凭质量不高的速记资料和时间久远的记忆整理出来的讲话内容和意见、建议，可能不能准确地反映各位领导和专家当年发表讲话和意见、建议的真实意思，如果真有差错，也请各位见谅。

拙稿完成后，恭请柳斌杰局长和阎晓宏副局长审阅了全稿，得到了两位老领导的鼓励、支持和肯定，我深受感动。在撰写拙稿过程中，得到了过去在岗时的同事、中央宣传部版权管理局二级巡视员、社会服务处处长许炜和中国文字著作权协会常务副会长兼总干事张洪波的帮助与支持，在此特表感谢。

王自强

目　　录

第一章

著作权法第三次修改的准备与启动

一、筑基固本，行可至远

2011年3月4日，温家宝总理在国务院参事、全国政协委员、中国作家协会副主席、中国文字著作权协会副会长张抗抗《关于尽快启动著作权法及其有关法规修订工作的建议》上批示，明确要求“尽快启动著作权法及其及实施条例的修订工作”。国务院在广泛听取社会意见后，决定将著作权法修订正式列入2011年立法工作计划。

根据我国国家政府主管部门提出法律草案文本、国务院审定法律法案、全国人民代表大会常务委员会（以下简称“全国人大常委会”）审议批准法律的立法模式，国家版权局作为国务院主管全国著作权事务的职能部门，实际承担了《中华人民共和国著作权法》（以下简称“著作权法”）第三次修订草案的起草工作，并根据温家宝总理关于“尽快启动著作权法及其及实施条例的修订工作”要求和国务院2011年立法工作计划的安排，积极推进著作权法第三次修订草案文本的起草工作。

2011年3月全国两会以后，为落实温家宝总理批示精神，以及国务院2011年立法工作计划安排，国家版权局柳斌杰局长和阎晓宏副局长及时召集办公厅、法规司、版权管理司等相关部门开会，讨论研究落实有关著作权法第三次修订事宜。柳斌杰局长明确提出，根据党组成员的工作分工，阎晓宏副局长主抓著作权法第三次修订工作，具体修法工作由法规司牵头组织实施、版权管理司配合提供相关版权政策动向和管理信息，办公厅提供服务保障，在深入调查研究、广泛听取社会意见基础上及时启动修法工作，按时保质完成修法工作。

同年4月，新闻出版总署（国家版权局）党组对机关部分业务司（局）主要负责同志的工作岗位进行轮换，决定本人由版权管理司司长调整为法规司司长，并于6月初正式轮岗到位。由此，本人与著作权法第三次修订工作结下了不解之缘，开启了参与著作权法第三次修订这项极具挑战性的五百多个日日夜夜。

2011年6月7日，为落实柳斌杰局长关于“及时启动、有效推进”著作权法第三次修订工作的要求，法规司会同版权管理司向新闻出版总署（国家版权局）提交了《关于第三次修订〈著作权法〉工作方案的请示》的工作签报，就著作权法第三次修订工作的基本思路、组织保障、工作重点、方法步骤、对外沟通联络、内部资源整合等有关问题提出了建议。新闻出版总署（国家版权局）领导很快批准了法规司提出的修法工作方案。

2011年7月13日，经过一个多月的内部协调和对外沟通，“著作权法第三次修订启动会议暨专家聘任仪式”在京举行。新闻出版总署署长、国家版权局局长柳斌杰，新闻出版总署副署长李东东，新闻出版总署副署长、国家版权局副局长阎晓宏，全国人大常委会法工委民法室副主任杜涛，全国人大教科文卫委员会文化室主任朱兵，最高人民法院民三庭副庭长金克胜，国务院法制办教科文卫司司长张建华，中共中央宣传部（以下简称“中宣部”）出版局局长陶骅，中宣部政策法规研究室副主任贾雨川，文化部政策法规司副司长孙若风，国务院新闻办公室（以下简称“国务院新闻办”）研究室副主任季星星，工业和信息化部（以下简称“工信部”）政策法规司法规处处长李长喜，北京市高级人民法院知识产权庭庭长陈锦川，中国出版集团党组书记、副总裁王涛，中国版权保护中心副主任索来军，中国版权协会理事长沈仁干，中国电影著作权协会理事长朱永德，中国作家协会权益保障委员会处长吕洁，中国电影著作权协会副秘书长史文霞，中国人民大学教授郭寿康，中国人民大学教授刘春田，中南财经政法大学教授吴汉东，中国社会科学院法学研究所研究员李明德，厦门大学教授刘晓海，上海大学教授陶鑫良，北京大学法学院孟兆平，最高人民法院民三庭原庭长（方达律师事务所顾问）蒋志培，北京市金城同达律师事务所律师汪涌，以及国家版权局版权管理司司长于慈珂、国家版权局版权管理司巡视员许超、国家版权局版权管理司原副巡视员刘波林、国家版权局法规司司长王自强、国家版权局法规司处长高思、国家版权局法规司副处长许炜、国家版权局法规司副处长杨颖、国家版权局法规司副调研员范帆、国家版权局法规司干部宋建邦、国家版权局法规司干部申亚杰等来自总新闻出版署（国家版权局）主分管理领导，立法、司法、行政、著作权人、产业界和教学科研领域的代表，有关业务司（局）的公务人员参加了会议。

本人作为会议主办方的代表向大家通报了温家宝总理的批示精神及国务院2011年立法工作计划和工作安排，介绍了著作权法第三次修订的背景和国家版权局修订法律的初步计划和工作设想，以及“坚持一个理念（集思广益、解决问题）”“遵循三个原则（独立性、平衡性、国际性）”“追求三个效果（高效率、高质量、高水平）”的修法基本工作思路。吴汉东、刘春田等5位专家学者作了会议发言，围绕著作权法修订这一主题，阐述了各自的认识、态度和意见建议，并表示将以积极的姿态参与到著作权法第三次修订工作中。柳斌杰局长代表国家版权局向季星星、朱永德、李明德、王涛等23位著作权法修订工作专家委员会委员颁发了专家聘书，并作了《著作权法修订要面向时代、面向世界、面向未来》的会议重要讲话。

柳斌杰局长强调了著作权法第三次修订工作的紧迫性和重要性。他指出，“进入新世纪以来，知识经济深入发展，经济全球化进程明显加快，以信息技术为代表的高新技术日新月异，智力创造对物质生产、文化生产的作用越来越大，包括著作权在内的知识产权日益成为国家发展的战略性资源和国际竞争力的核心要素，成为国际经贸交流的重要载体，保护知识产权已经成为国际社会的基本共识。但是，发达国家和发展中国家对于建立怎样的知识产权保护国际新规则，制定怎样的知识产权保护标准等问题依然分歧明显、斗争激烈，预计今后在国际规则制定和法律保护实践层面还会反复较量。

党中央、国务院高度重视包括著作权在内的知识产权工作。胡锦涛总书记指出，加强知识产权保护不仅是中国扩大对外开放、改善投资环境的需要，也是加强自主创新能力、实现又快又好发展的需要。温家宝总理强调，世界未来的竞争就是知识产权的竞争。党中央、国务院提出，坚持科学发展观必须将提高自主创新能力作为调整经济结构、转变经济增长方式的中心环节来抓，而自主创新能力建设离不开知识产权制度作保障。党的十七大明确提出“提高自主创新能力，建设创新型国家”的战略目标。据此，国务院2008年6月颁布了《国家知识产权战略纲要》，将知识产权作为国家发展重大战略来推进。经过几年的努力，知识产权保护工作在全党全国工作大局中的地位得到进一步提升。

著作权法是知识产权保护的基础性法律。我国著作权法颁布于1990年9月7日，自1991年6月1日起正式施行，至今年刚好整整二十年。二十年来，著作权法对开发、利用和保护知识资源，促进经济、文化、科技和社会发展，提高中国文化软实力，提升国家核心竞争力，促进中国文化在世界范围的传播等方面提供了必要的法律保障，发挥了重要作用。据世界知识产权组织统计，中国版权相关产业对国民经济的贡献率在2006年已经占国内生产总值的近7%，北京、上海等经济发达地区版权相关产业增加值占国内生产总值的比例更高达9%~12%，接近欧美发达国家的整体水平，版权保护在促进经济发展、文化繁荣和科技进步方面的作用越来越明显。

与此同时，我们必须清醒地认识到，由于我国著作权法制定时尚处于计划经济时代，这部法律不可避免地带有计划经济的烙印；随着高新技术特别是数字技术和网络技术的迅猛发展和广泛使用，著作权法律制度遇到了严峻挑战；发达国家利用著作权制度不断向我施压，著作权保护问题已经成为国际交流和国际贸易中的一个热点问题。

在知识产权三大基本法律中，截至2011年，《中华人民共和国专利法》（以下简称“专利法”）已于2008年12月全面完成了第三次修订工作，《中华人民共和国商标法》（以下简称“商标法”）第三次修订已经进入国务院审查阶段。在知识产权法领域，相对于专利法和商标法，著作权法调整的社会关系更复杂、矛盾更突出、问题更多样，是受到技术进步和社会发展影响最大的一部法律，而修法工作相对滞后，这是知识界普遍关心的一个大问题。

在如此形势下，进一步加快著作权法第三次修订工作有着非常有利的内外部条件和十分重要的现实意义。从有利条件来看，国家支持、社会需要、公众欢迎、国际关注，理论研究、经验积累、人才储备都达到了一定的水平，驾驭修法的能力在不断提高。从现实意义上讲，进一步完善我国的著作权法律制度，有利于贯彻落实科学发展观，推动经济发展方式的根本改变；有利于实施《国家知识产权战略纲要》，提升国家版权创造、运用、保护、管理水平；有利于进一步推进对外开放、使中国更广泛更深入地融入和参与国际竞争，进一步提高国家的国际影响力和发展竞争力。因此，要抓住机遇，以对国家负责的态度和只争朝夕的精神状态认真做好著作权法的全面修订工作，不负党和人民的重托。”

柳斌杰局长重申了国家版权局著作权法第三次修订的基本工作思路，特别强调了修法过程中应遵循三条基本原则。

“第一是独立性原则。必须立足于中国国情，体现中国特色，致力于解决中国的问题。当前，我国著作权法律制度面临着权利人意识普遍提高、版权相关产业快速成长、高新技术迅猛发展、我国社会转型进程加快、国内外压力日渐增大等一系列复杂的国内国际环境。进一步调整和完善著作权法律制度，必须从中国的实际出发，扎根于而不是超越或者背离基本国情，必须立足于解决我国版权创造、运用、保护、管理面临的突出问题。这次著作权法修订，是在我国著作权法在经历二十年社会实践以及进一步扩大开放的背景下进行的，我们必须要深入实际，广泛听取社会各界的意见，认认真真地调研，实实在在地总结；要分清楚哪些是目前实践中迫切需要通过调整法律制度来解决的问题，哪些是法律执行中的问题，要去伪存真，找准真问题、总结真经验，深入科学地研究和论证解决方案。有些问题可能是国际社会共同面对的，需要国与国之间的合作，解决这些问题需要借鉴别国的经验。但是这种合作同样存在强国和弱国之间的利益博弈，而在博弈中强者总会摆出"下指导棋"的姿态，干涉别国的立法。我们是主权独立国家，在著作权立法修法问题上，既不照搬照抄任何国家的法律制度，也不接受任何强权压力，而应该立足中国国情，反映中国特色，结合中国实际，解决中国问题，保持立法修法的独立性原则。

第二是平衡性原则。相关利益平衡是著作权法的基本原则，既要有利创造，也要有利使用，还要有利保护。著作权法律制度是调整作品的创作、传播和使用过程中的各种社会关系的法律规范。著作权法调整的核心是围绕作品从产生到使用到收益的利益关系链，是多边多环节的。利益平衡是现代著作权立法的基本精神，也是著作权法律制度设计的指南。从世界范围著作权法律制度三百年的历史来看，技术上的每一次重大突破和进步都扩展了著作权的内容，从印刷技术到摄影技术，从录音技术到电影技术，从广播技术到网络技术，都能在著作权法中找到相应的权利。利益平衡原则既为著作权法的完善提供理论指导，也为具体的著作权制度设计提供基本准则。我国2010年著作权法的利益平衡机制是否恰当，实践中是否具有可操作性，是否充分兼顾了各相关方的利益，这些问题需要在修订时进行认真评估。特别在当前新技术条件下，既有的利益相对平衡状态被逐步打破，权利滥用或者权利行使困难时有发生，数字技术保护措施在一定程度上保护了权利人的利益，但过度保护又会妨碍公众对作品的合法接触与合理使用，两者的矛盾也不少。这说明，著作权保护平衡线处于不断变动和游移中。因此，这次修订著作权法，必须从吸取历史有益经验出发，充分考虑各方利益诉求，准确把握著作权法的利益平衡原则，妥善处理好创作者、传播者和社会公众利益的基本平衡，妥善处理好保护著作权与促进作品传播的关系，既要依法保护著作权，又要促进传播使用，发挥智力产品的社会效益。

第三是国际性原则。中国是地球上的一个国家，必然要与国际社会打交道，国际性必不可少。要充分借鉴国际社会相关立法的成熟经验和做法。深入比较研究并充分借鉴国际社会著作权法律制度逐渐成熟的关键因素，是我国著作权法律保护制度在过去快速发展的重要原因之一。近年来，随着我国经济的快速发展，知识传播方式的变革，我国国际地位大幅度提升，中国作为一个负责任大国的形象正在逐步被国际社会肯定和认可。国际社会越来越离不开中国，中国也越来越离不开国际社会。在著作权领域，截至2011年，我国已经加入了《保护文学艺术作品伯尔尼公约》《世界版权公约》《世界贸易组织与贸易有关的知识产权协定》等六部国际公约。近年来，在世界贸易组织、世界知识产权组织等多边谈判场合，以及中美、中欧等双边谈判场合，著作权问题始终是突出的热点和焦点问题。为应对新技术条件下著作权的保护问题，世界各国和地区纷纷出台了一系列新的法律规范，不断形成新的有重要影响的著作权判例。因此，在著作权法第三次修订中，必须加强对国际社会著作权法制的跟踪与研究，要认真查找2010年著作权法与国际条约之间的差距，使我国著作权法更加符合相关国际条约的规定，体现一个负责任大国的形象；要密切跟踪和关注国际组织对著作权相关条约的讨论，把握其发展方向，适时内化为国内法；要仔细分析和研究各主要国家的著作权法律制度发展动态，消化吸收，改造利用，增强国际化的共识。”

柳斌杰局长强调，“著作权法第三次修订要追求高效率、高质量和高水平。第一，要确保高效率。法律实践和技术发展提出的问题迫在眉睫，著作权法第三次修订刻不容缓。为此，专门建立了起草工作领导小组、专家委员会和工作班子等工作机制，就是要为著作权法第三次修订工作提供组织保障、加强力量和协调关系。广泛邀请了各相关部门和社会各界的专家学者共同参与工作，同时还向社会各界广泛征求意见和建议，就是要开门立法、集思广益，充分调动和发挥社会各界的积极性，确保著作权法第三次修订工作高效推进。

第二，要保证高质量。为了保证这次修法的质量，在考虑建立科学工作机制的同时，要作好全方位、综合性的打算，邀请从事著作权立法、司法、行政、教学科研等方面的专家学者、领导和作品创造、传播、使用、保护有关领域的领军人物，以及相关企业等有著作权实践经验的专家和领导共同参与修法工作，让他们当顾问、做参谋，目的就是听取各方意见，多角度审视如何把这部法律修改好。在座的各位专家对我国著作权立法有丰富的经验、扎实的理论功底，对进一步完善著作权法律制度有着深刻的认识。只要各位专家知无不言、言无不尽，为我国著作权法第三次修订工作贡献真知灼见，修法结果达到高质量就有保证。还有一点很重要，就是在工作机制内部要充分发扬学术民主，要在高水平上达成共识、统一意见。要广泛开展专题调研、深入讨论重大问题，认真听取各方面的利益诉求，反复论证，吸纳精华。整个修法工作要体现立法原则，把握立法方向，争取让作品的创作者满意、传播者满意、使用者满意和社会公众满意，要得到相关国际组织和国际社会的认可。

第三，要确保高水平。著作权法第三次修订工作要面向时代、面向世界、面向未来，在新的起点上再上台阶。胡锦涛总书记在庆祝建党90周年的讲话中指出，今天的中国已经不是90年前的中国，中华民族伟大复兴展现出前所未有的光明前景，中国的国际地位大幅度提升。2011年全国两会期间，吴邦国委员长宣布，中国特色社会主义法律体系已经如期形成，下一步要着力完善这一法律体系。到2020年，我国经济社会发展有三大目标：一是建成惠及十几亿人口的更高水平的小康社会；二是建成完全的社会主义市场经济体制；三是在中国共产党成立100周年时向人民群众交上一份满意的答卷。当前我国国际地位不断提高，负责任大国形象正在逐步被国际社会接受。我国正在全方位地参与全球治理体系，必将对人类社会有所贡献。在此背景下，履行国际条约，信守国际承诺，将为我国快速健康持续发展创造良好的国际环境。对照未来十年的奋斗目标，根据进一步完善中国特色社会主义法律体系的要求，著作权法修订工作必须体现出高水平，既要立足中国国情、体现中国特色、解决中国的问题，又要遵循国际社会的共同规则，要有大国胸怀和气派，要体现出负责任大国的形象。”

柳斌杰局长进一步指出，“著作权是知识产权的重要支柱，著作权立法是著作权保护的重要基石。2011年是“十二五”规划的开局之年，恰逢著作权法实施二十周年、我国加入世界贸易组织十周年，我国著作权法第三次修订对于贯彻落实科学发展观、建设创新型国家、实施国家知识产权战略、应对高新技术挑战、积极参与国际社会竞争意义重大。我们要以高度的紧迫感、使命感和责任感，以求真务实、真抓实干、务求实效的精神，全力推进我国著作权法律制度的完善，给当代中国奉献一部体系更加健全、内容更加缜密、文字更加凝练的著作权法，以无愧于这个波澜壮阔的伟大时代，无愧于民族复兴的神圣事业！”

柳斌杰局长的讲话，是对著作权法第三次修订工作的总动员，指明了修法的基本思路和原则，提出了明确要求，为该次会议作了一个完美的收官，同时正式开启了我国著作权法第三次修订工作的帷幕。

为进一步完善《著作权法修改工作机制》，2011年8月2日，法规司通过工作签报方式向新闻出版总署(国家版权局)领导提出两条工作建议:一是加强著作权法修订工作的领导,以国家版权局的名义致函各相关单位,成立"国家版权局著作权法修订工作领导小组";二是强化"著作权法修订工作专家委员会"在修法工作中的咨询建言作用,为建立结构平衡、比例合理的专家团队,在现有23位专家基础上,增补北京市版权局副局长王野霏、北京市浩天律师事务所律师马晓刚、中文在线董事长童之磊、华东政法大学教授王迁、腾讯公司首席行政官陈一丹、词曲作家李海鹰、中国音像协会常务副会长王炬7位来自权利人、版权产业界、教学科研、版权行政管理部门的代表为著作权法修订工作专家委员会专家,增强专家委员会的广泛性和代表性。

新闻出版总署(国家版权局)领导批复同意了法规司两条工作建议,并责成法规司按程序抓紧落实。

2011年8月8日,国家版权局下发《关于成立国家版权局著作权法修订工作领导小组的通知》,明确了领导小组的人员构成和基本职责。

国家版权局著作权法修订工作领导小组:

组长柳斌杰(新闻出版总署署长、国家版权局局长),副组长李东东(新闻出版总署副署长)、阎晓宏(新闻出版总署副署长、国家版权局副局长)、张抗抗(中国作家协会副主席)、陶骅(中宣部出版局局长),成员朱兵(全国人大教科文卫委员会文化室主任)、孔祥俊(最高人民法院民三庭庭长)、贾雨川(中宣部政策法规研究室副主任)、李国斌(工信部法规司副司长)、孙若风(文化部政策法规司副司长)、才华(国家广电总局法规司司长)、季星星(国务院新闻办研究室副主任)、王自强(国家版权局法规司司长)、于慈珂(国家版权局版权管理司司长)。

国家版权局著作权法修订工作领导小组办公室:

主任王自强,副主任于慈珂。

领导小组的主要职责是：

组织指导著作权法第三次修订工作，确定著作权法第三次修订的指导思想和工作原则，协调处理修法进程中涉及跨部门、跨行业的重大问题，听取社会各界的修法意见和建议，掌握修法工作进程，审定著作权法第三次修订工作成果。

领导小组办公室的主要职责是：

落实领导小组的工作部署和重大决策，承担著作权法第三次修改草案文本起草工作，制定著作权法第三次修订工作计划，组织调查研究、听取社会各界的修法意见和建议，收集、整理、消化社会各界的修法意见和建议、提出解决方案，向领导小组提交著作权法第三次修订工作成果。

为加强修法工作的人力资源，提高修法工作效率，国家版权局对机关内部人员进行了相应的结构调整，版权管理司司长于慈珂、巡视员许超、副司长汤兆志、处长段玉萍，法规司司长王自强、处长高思、副处长许炜、副处长杨颖、副调研员范帆、主任科员宋建邦、主任科员申亚杰等十多位同事参与领导小组办公室的工作，将主要精力投入著作权法第三次修改草案文本起草的工作中。

国家版权局在正式行文成立修法工作领导机构和工作机构的同时，增补了王野霏等7位著作权法修订工作专家委员会专家，形成以下30位在立法、司法、行政、著作权人、版权产业界和教学科研等界别具有知识产权领军作用的专家队伍。

国家版权局著作权法修订工作专家委员会：

马晓刚（北京市浩天律师事务所律师）、王迁（华东政法大学教授）、王涛（中国出版集团党组书记、副总裁）、王炬（中国音像协会常务副会长）、王野霏（北京市版权局副局长）、王建华（文化部法规司处长）、刘波林（国家版权局版权司副巡视员）、刘春田（中国人民大学教授）、刘晓海（厦门大学教授）、刘俐(国家广电总局法规司副司长)、许超(国家版权局版权管理司巡视员)、朱永德(中国电影著作权协会理事长)、沈仁干(中国版权协会理事长)、张平(北京大学教授)、张今(中国政法大学教授)、吴汉东(中南财经政法大学教授)、李长喜(工信部政策法规司法规处处长)、李海鹰(词曲作家)、李明德(中国社科院法学所研究员)、陈一丹(腾讯公司首席行政官)、陈锦川(北京市高级人民法院知识产权庭庭长)、季星星(国务院新闻办研究室副主任)、汪涌(北京市金城同达律师事务所律师)、罗东川(最高人民法院中国应用法学研究所所长)、郭寿康(中国人民大学教授)、高青云(中宣部政策法规研究室处长)、索来军(中国版权保护中心副主任)、陶鑫良(上海大学教授)、蒋志培(最高人民法院民三庭原庭长、方达律师事务所顾问)、童之磊(中文在线董事长)。

专家委员会的主要职责是:

代表本行业、本部门、本单位行使修法职权,提出修法诉求,维护自身利益;开展调查研究,反映本行业、本部门、本单位在著作权保护方面存在的突出问题,提出修法意见和建议;接受国家版权局委托开展与修法有关的专题研究,提出解决问题的具体方案;参与著作权法第三次修订过程中重大问题的讨论研究,独立表达修法意见;协助国家版权局完成著作权法第三次修订法律文本草案的起草工作。

至此,国家版权局明确了著作权法第三次修订工作的基本思路,构建了完整的组织保障体系,调整了必备的人力资源,为全面推进修法工作提供了良好的思想准备、组织保障和人力支持。

二、集思广益,共谋修法

著作权法作为重要的民事法律规范,涉及范围非常广泛,包括文学艺术、广播影视、新闻出版、文化娱乐、工艺美术、建筑图形、计算机软件、信息网络等众多领域，重点调整作品创作者、作品传播者和作品消费者利益，具有利益主体多元化的特点。著作权立法的本质是不同利益主体间的利益博弈，著作权法修订则是不同利益主体间的利益再平衡。因此，著作权法的修改与完善，既不能走精英路线，由少数人决定多数人的事，也不能是部门利益主导，以行业思维替代社会意识，更不能闭门造车、关门立法，以抽象的理论概念替代具体的社会实践，以纯粹的经验教条替代现实的科学论证。而应秉承"听取民意、集中民智、凝聚共识"的科学态度，坚持公开、透明的立法思路，通过广泛的社会参与和深入的沟通交流，达成共识，使整个修法工作在阳光下进行。正是基于这种理念，国家版权局从修法之初，就把集思广益、开门修法放在重要位置，广泛征集与著作权保护有关的立法、司法、行政部门，著作权人及权利人组织、版权产业界、教学科研机构等方面的修法意见和建议，充分发挥知识产权重点教学科研机构及版权相关业界著作权领军人物在著作权法修订过程中的积极作用，及时掌握著作权法修订相关社会信息。

著作权法第三次修订启动会议召开之后，国家版权局立即着手做了以下三项工作。

第一，委托起草三个"专家建议稿"。

正式委托中国社会科学院知识产权中心、中国人民大学知识产权学院、中南财经政法大学知识产权研究中心三家在全国知识产权界最具影响力的教学科研机构，起草著作权法第三次修订"专家建议稿"。希望三个机构坚持问题导向，深入调查研究，在既不预定前提，也不设置禁区情况下，背靠背独立完成著作权法第三次修订"专家建议稿"研究课题。三家教学科研机构受领委托项目后，基本云集了国内著作权法律、司法、学术和产业界的精英，在深入开展调研、交流、质询的基础上，积极推进"专家建议稿"的撰写工作，于2011年12月底分别向国家版权局提交了各自撰写的著作权法第三次修订“专家建议稿”。

中国社会科学院知识产权中心提交的著作权法第三次修订“专家建议稿”共六章六十一条，2010年著作权法的九个条款未作改动，新增一个条款，删除了三个条款，对其余条款进行了不同程度的修改。与2010年著作权法相比较，该“专家意见稿”维持了2010年著作权法六章六十一条的基本构架，但对章节顺序和章节名称作了一定的调整，将2010年著作权法的第三章“著作权许可使用和转让合同”调整为“专家建议稿”的第四章，并将名称修改为“著作权和相关权合同”；将2010年著作权法的第四章“出版、表演、录音录像、播放”调整为“专家建议稿”的第三章，并将名称调整为“表演、录音、广播、版式设计”；将2010年著作权法第五章的名称“法律责任和执法措施”修改为“专家建议稿”第五章的“著作权和相关权的保护”。此外，该“专家建议稿”取消了2010年著作权法“录像制品”相关权客体的规定，分别将2010年著作权法规定的“发表权、署名权、修改权、保护作品完整权”四项人身权利，以及“复制权、发行权、出租权、展览权、表演权、放映权、广播权、信息网络传播权、摄制权、改编权、翻译权、汇编权”十二项财产权利整合为“专家建议稿”的“署名权、保护作品完整权”两项人身权利，以及“复制权、发行权、演绎权、传播权、展览权、出租权”六项财产权利，将法定赔偿标准上限由2010年著作权法的五十万元提高到“专家建议稿”的一百万元，形成了与2010年著作权法有明显继承关系的“专家建议稿”。

中国人民大学知识产权学院提交的著作权法第三次修订“专家建议稿”共八章七十七条。与2010年著作权法相比较，从篇章结构看，由2010年著作权法的“总则，著作权，著作权许可使用和转让，出版、表演、录音录像、播放，法律责任和执法措施，附则”六章，调整为“总则、作品、著作权内容、著作权的归属、著作权的利用、著作权的限制、邻接权、著作权的救济”八章，篇章结构的逻辑顺序产生了重大变化。从内容规范看，该"专家建议稿"增加了邻接权属人、属地、依国际协议管辖的原则性规定，突出了著作权保护有关法律用语的定义，将2010年著作权法规定的"复制权、发行权、出租权、展览权、表演权、放映权、广播权、信息网络传播权、摄制权、改编权、翻译权、汇编权"十二项财产权利整合为"复制权、发行权、出租权、公开传播权、演绎权、汇编权"六项财产权，取消了报刊转载法定许可的规定，取消了法定赔偿五十万元封顶上限的规定。客观讲，该"专家建议稿"没有针对2010年著作权法逐章逐节逐条进行对应修改，而是以独特的视角对我国著作权立法进行了再造重构，是一部特点鲜明的"专家建议稿"。

中南财经政法大学知识产权研究中心提交的著作权法第三次修订"专家建议稿"共六章六十三条，删除了2010年著作权法四个条款，新增六个条款，修改三十四个条款。与2010年著作权法相比较，基本维持了2010年著作权法六个章节的篇章结构和逻辑顺序，仅将2010年著作权法第三章"著作权许可使用和转让合同"名称修改为"著作权许可、转让与出质"。该"专家建议稿"取消了2010年著作权法有关"职务作品"（第十六条）、"委托作品"（第十七条），以及广播电台、电视台播放已经出版的录音制品法定许可（第四十四条）的规定，将侵权责任法定赔偿标准上限由2010年著作权法五十万元提高到一百万元，并对其他条款进行了不同程度的非实质性修改，形成了篇章结构、内容规范与2010年著作权法相对应的"专家建议稿"。

第二，向社会各界公开征集修法意见和建议。

著作权法第三次修订启动会议暨专家聘任仪式结束后，国家版权局向立法机构、行政部门、司法机关、著作权人及其权利人组织、版权产业界、知识产权教学科研单位发出征集修改著作权法意见和建议的通知，就著作权法第三次修订重点、具体修改意见和建议及其理由等问题广泛征求社会各界意见。

通知发出后，社会各界反应积极。截至当年10月底，国家版权局共收集到来自社会各界100多个单位和个人提交的200多份意见和建议，国家版权局著作权法修订工作团队对这些意见和建议进行了梳理和归纳，整理出以下七个方面共123条意见和建议问题点。

一、关于总则

1. 建议在著作权法中增加关于版权产业、数据统计、促进发展方面的内容。

2. 建议将著作权法第一条修改为“为了保护著作权人和与著作权有关的权利人的合法权益，鼓励有益于社会主义精神文明、物质文明建设的作品的创作和传播，促进社会主义文化和科学事业的发展与繁荣，制定本法”。

建议删去“有益于社会主义精神文明、物质文明建设”的表述。

3. 建议将著作权法第二条“中国公民”的表述修改为“中国国民”或“中国自然人”，同时增加邻接权（与著作权有关的权利）适用（属人、属地、依共同协议）原则的规定。

4. 建议著作权法第三条增加“作品”的内涵定义。重新梳理划分作品种类。建议增加“实用艺术作品”的权利客体。将“法律、行政法规规定的其他作品”修改为“应当由本法保护的其他作品。”

5. 建议著作权法第四条删去“国家对作品的出版、传播依法进行监督管理”的规定，增加“尊重社会公德”的表述。

6. 建议著作权法第五条增加“著作权法保护思想的表达而不延及思想”的表述。建议澄清“时事新闻”除文字外，是否包括视频、图片、音频等，答题卡是否属于通用表格。

7. 建议著作权法第六条增加对民间文艺保护原则性规定。

8. 建议著作权法第七条，考虑我国文化综合执法的现状，明确细化著作权行政管理部门的职责，特别是省级以下地方著作权行政管理部门的职责。

9. 建议著作权法引入强制性和延伸性的著作权集体管理制度。对著作权人个体难以行使和难以控制的权利，可以通过集体管理组织依法进行管理。建立以著作权集体管理组织为主体的著作权纠纷诉前调解制度。

二、关于著作权客体（作品）

10. 建议著作权法明确作品“独创性”的内涵。

11. 建议删去“杂技艺术作品”。

12. 建议修改建筑作品定义，厘清建筑作品与建筑工程设计图之间的关系。

13. 建议修改模型作品定义。建议“图形作品”和“模型作品”不作为权利客体的具体种类在著作权法中列举。

14. 建议著作权法第四章取消“录像制品”的规定，将其和电影作品综合后修改为“视听作品”，将体育赛事节目明确为“视听作品”。划清汇编作品与数据库的界限。

15. 建议在摄影作品之外再设置一类“一般照片”的权利客体，适用邻接权保护。

16. 建议著作权法明确界定或重构法人作品、职务作品，法人作品权利归属可以约定，约定不明或没有约定的著作权归法人享有。

17. 明确合作作品在没有合同明确约定时，著作权归属的比例及利益分配问题；明确合作作品中合作作者之间所拥有著作权比例及其权利行使问题。

18. 建议著作权法第十五条关于电影作品,以约定确定权利归属,约定不明或者没有约定的著作权归制片者享有。电影作品中的各相关著作权人就电影作品的利用享有获酬权,除非其在拍摄电影作品时与制片人约定已排除此项权利。

19. 建议明确电影作品“制片者”的内涵外延,相关行政管理规范,如《电影公映许可证》《电视剧发行许可证》中所指的“制片者”概念应与著作权法的规定保持一致性。

20. 建议明确著作权法施行前的作品的归属:有的著作权可全部归属单位,有的可共享或分割利益。理由是有些作品(如摄影作品、集体文字作品)带有明显的职务或国家科研项目性质,创作者由单位派遣或指定、由单位发放工资、享受单位给予的福利,并提供全部必备的工作条件(硬件和软件),如被认定为是作者的个人作品和私有财产,单位完全失去权利,有失公平。

21. 对于利用国家资源、垄断资源而产生的作品,其归属或者许可使用应作出适当的限制,如新华社图片等。

22. 建议著作权法第十七条明确委托作品的人身权归属,对于肖像、摄影等委托作品的权利归属应作出特别规定。

23. 建议著作权法第十条厘清“美术等作品”外延,澄清美术作品的复制件是否存在展览权,所有作品物权转移不意味着著作权转移,无需特别强调美术作品。未发表美术作品展览权与发表权需要在本条加以协调。

24. 建议著作权法明确字库的著作权保护问题,以厘清和化解目前出版社与字库公司之间使用字库的权益之争。

三、关于著作权权利内容、权利归属及保护期

25. 建议著作权法第十条重新界定著作权人身权和财产权内容，重新设计和分类，重构著作权权利体系。复制权不应成为著作权的权利核心，而应以传播权为权利核心。明确二维三维转化之间的关系，是复制还是演绎。

26. 建议著作权法增加“注释权”和“整理权”的权项设置。

27. 建议扩大“修改权”的适用范围。将破坏、侵入软件运行环境，改变作品表现形态列为侵犯软件修改权的行为，或相应扩大技术保护措施的范围，将非法拦截内存数据、改变作品功能及提供工具的行为定义为非法破解技术措施的违法行为，以严厉打击非法外挂行为。

28.“修改权”与“保持作品完整权”“改编权”调整范围重合，建议调整或删除。

29. 建议将“出租权”标的限于作品原件和复制件，而不是作品。

30. 建议删去“汇编权”。

31. 明确“借鉴思想、观念和创意”的行为不属于“改编权”控制范畴。

32. 建议“广播权”涵盖有线广播。

33. 建议著作权法增加视觉艺术品“追续权”的规范。

34. 建议著作权法明确“权利用尽”或“权利穷竭”问题。

35. 建议厘清复制权、表演权和广播权与信息网络传播权的界限，或者取消信息网络传播权单列而将其置于复制权、表演权等相关权利中。明确“定时播放”具体由哪项权能控制。

36. 建议扩大信息网络传播权“交互式”规定，将非交互式传播作品纳入信息网络传播权中。

37. 建议对“信息网络传播权”进行重新定义，借鉴相关国际条约“向公众传播权”，使其适用所有网络传播行为。并将有关行政法规、规章和规范性文件内容整合进著作权法进行专章规定。

38. 建议著作权法增加著作权人的收回权。具体情形可以考虑：不行使或不充分行使而收回著作权；因观点改变而收回著作权；特定时间点的著作权收回等。

39. 建议著作权法第十九条澄清“国有著作权”问题。

40. 建议将著作权法第二十条规定的“保护期不受限制”修改为“无保护期限的限制”。本条措辞应调整顺畅。

41. 建议著作权法延长摄影作品保护期。

42. 建议著作权法延长电影作品保护期。

43. 建议将著作权法实施前发表的作品的保护期顺延至该法实施后50年。

四、关于邻接权（与著作权相关的权利）

44. 建议将著作权法第四章的名称“出版、表演、录音录像、播放”修改为“与著作权有关的权利”。

45. 建议将“版式设计”纳入信息网络传播权的保护范围。

46. 建议扩大图书报刊出版者的邻接权，以便对作品进行再开发、再利用。建议出版社对作者交付出版的作品自动享有以各种介质出版的权利。

47. 建议著作权法第三十六条增加“装帧设计权”，与“版式设计权”并行，保护期限延长为50年，并且明确这两项权利延及网络环境。

48. 著作权法第三十七条将演出单位认定为表演者不妥，建议删去，同时考虑单独规定演出组织者的权利义务。

49. 建议著作权法第三十七条增加“现场演出的,如果没有演出组织者或者难以查明的,由表演者取得许可,支付报酬”的规定,同时建议增加演出场地提供者的法律责任(审查义务或者侵权连带责任)。

50. 建议著作权法第四十条第三款“录音法定许可”,修改为“使用他人已经合法录制为录音制品的音乐作品复制发行录音制品。如果著作权人声明不许使用的,应在首次录制录音制品的外包装上声明”。

51. 建议删去著作权法第四十条第三款“著作权人声明不许使用的不得使用”的规定,取消作者保留声明,以防止排斥竞争和形成垄断。

52. 建议著作权法第四十二条增加“录音制品制作者的广播权和表演权”,并且明确广播权、表演权和出租权由著作权集体管理组织管理。同时相应修改第四十四条广播电台、电视台播放已出版的录音制品法定许可的规定。

53. 建议将著作权法第四十三条第二款与第四十四条合并,因为这两条均涉及广播电台、电视台广播作品和录音制品法定许可问题。

54. 建议著作权法明确第四十三条第二款付酬标准制定主体问题。

55. 建议著作权法完善摄影作品作者在广播电台、电视台播放摄影作品的法定许可规定,澄清网络使用摄影作品是否纳入法定许可机制。

56. 建议著作权法第四十五条增加互联网媒体主体,内容方面增加音视频节目;行为方面增加“上传至互联网空间对公众播放”。

57. 建议著作权法第四十六条增加“广播电台主体”和“卡拉OK经营者主体”。

五、关于权利行使与权利限制

58．建议明确著作权权利转让和许可的区别和界限。

59．建议建立著作权转让公示制度，避免“一物二卖”的情形。

60．建议建立专有许可登记制度。

61．建议建立著作权登记制度，明确规定“登记”的初步证据功能，采用“初始证据和登记对抗模式”。

62．建议明确著作权法第二十四条“专有使用权”概念，以及被许可人是否对其享有诉权。

63．建议删除著作权法第三十一条“合同约定的专有出版权”的规定。

64．建议著作权法第三十三条增加网络转载法定许可规定。

65．建议著作权法第三十三条增加出版单位无须退还原稿的规定，除非当事人事先另有约定。

66．充分发挥著作权集体管理组织的作用，解决网络环境下授权、许可、收费、分配、维权难等事宜。

67．建议增加著作权人的价款修改权：“著作权转让合同和许可使用合同生效后，著作权人认为约定的报酬与使用作品所获得的收益严重失衡时，有权请求修改合同的报酬条款。著作权人提出修改请求时对方应当就修改条款进行协商。该权利不得事先放弃。”

68．建议根据著作权法第二十八条的规定，加速修改《出版文字作品报酬规定》的过低标准。

69．著作权法第二章著作权第四节权利限制仅两条，一条是合理使用，另一条是法定许可，不符合实际情况，建议在逻辑结构上进行调整完善。

70．建议著作权法第二十二条在列举合理使用情形时增加概括性（三步检验法）规定，特别是在网络环境中。建议将出版社自己制作数据库和为促销宣传将相关作品推荐至网站连载或在出版社门户网站传播，定为合理使用。对“翻译和少量复制”中的“少量”作出明确界定。

71．建议将个人学习欣赏合理使用条款改为“为了非营利性的（包括学习、研究在内的）个人目的，在家庭或类似家庭范围内以复制、翻译、注释、改编等方式使用他人已经发表的作品”。

72．建议在著作权法第二十二条第（三）（四）（五）项中的“报纸、期刊、广播电台、电视台”后增加“网络媒体”或“互联网媒体”。明确“已经发表的作品”涵盖在进行体育或娱乐报道时引用的体育比赛画面或演唱会画面。明确“时事性文章”包括音视频节目，并且将政治、经济、宗教扩展至文化、娱乐、体育等；第二款增加“网络媒体”或“互联网媒体”。

73．建议将著作权法第二十二条第（五）项中“公众集会上发表的讲话”合理使用限于时事性质。

74．建议删除著作权法第二十二条第（六）项中“供教学或科研人员使用”的规定。

75．建议对教学科研合理使用结合网络环境进行重构，具体内容为：“非营利教学科研机构为学校课堂教学或科学研究，可以不征得权利人许可，不向其支付报酬，少量复制已公开发表的作品并作为内部参考资料直接分发或通过非公开网络提供给少数教学、科研人员。但必须符合以下条件：教学科研机构不得直接或者间接获得经济利益；必须采取技术保护措施，防止该复制品以数字方式扩散至相关教学、科研人员以外的其他人。若需要使用的作品、表演、录音录像制品因添加技术保护措施而造成无法使用时，允许避开技术措施、装置或者部件，但不得侵犯权利人依法享有的其他权利。”

76. 建议放宽教学科研的合理使用范围，放宽对远程教育合理使用。

77. 建议增加图书馆文献传递服务合理使用条款，明确规定复制的合理性比例。

78. 建议增加网络环境下公益性图书馆合理使用规定。

79. 建议扩大数字图书馆的范围，使商业性的数字信息提供者能享受法定许可，同时建立法定许可标准和付费机制，以满足网络环境下作品传播的市场需求。

80. 建议对图书馆、档案馆等合理使用结合网络环境进行重构，具体内容为：“符合条件的公益性非营利图书馆、档案馆、纪念馆、博物馆、美术馆可以不征得权利人许可，不向其支付报酬，出于下述目的使用受著作权保护的作品：(1)出于保存版本和陈列展示馆藏之目的，制作合法获得(法定缴存、自愿捐赠和正常渠道购买)的非数字与数字作品的复制品，复制数量不得超过三份，允许使用其中一份复制品替代原件供用户观看、查询、浏览。若上述作品因添加技术保护措施而造成无法进行所需复制时，允许避开技术措施、装置或者部件，但不得侵犯权利人依法享有的其他权利。上述允许以数字化形式复制的作品，应当是已经损毁或者濒临损毁、丢失或者失窃，或者其存储格式已经过时，并且在市场上无法购买或者只能以明显高于标定的价格购买的作品。(2)出于馆际互借之目的，为其他合作单位的用户少量复制馆藏作品，但必须符合以下条件：该复制品归用户个人所有，图书馆不得直接或者间接获得经济利益；若以数字方式传输上述馆藏作品的复制品，必须使用非公开信息网络并防止该复制品以数字方式扩散至该用户以外的其他人。

（3）出于方便用户便捷利用馆藏资源之目的，通过非公开信息网络向注册用户提供本馆收藏的合法出版的数字作品和符合第（1）项所规定的复制品的在线浏览，但不得直接或者间接获得经济利益，且同一时段在线浏览用户数不得超出馆藏复本数。当事人另有约定的除外。”

81．建议赋予公共机构如图书馆以采购文献备份权和数字资源长期保存权，用合理使用解决该问题。

82．建议澄清“免费表演已经发表的作品”的合理使用情形是否适用于机械表演。

83．建议将考试试题使用他人作品纳入合理使用范畴。

84．建议鼓励和促进对利用国家资金产生的科研成果开放获取，明确著作权转让或许可协议不得影响或阻碍此类成果的自由发布和使用。

85．建议参考美国做法，引用电影作品的合理使用，每次不得超过5分钟，在同一节目中不得超过15分钟。

86．建议增加滑稽模仿、讽刺批评的合理使用。

87．建议明确适用著作权法第二十三条教科书法定许可不许使用例外情况，应该在作品首次发表时作出“不许使用”的例外声明，同时明确付酬标准由国务院制定。

88．建议将著作权法第三十五条关于“出版演绎作品征得原作作品著作权人许可”改为法定许可。

89．建议增设网络传播环境下的法定许可制度，将网络转载规定为法定许可，以解决海量作品海量使用的授权难题。规定网络转载使用作品（包括文字和图片整体）中的配套图片为合理使用。

六、关于信息网络传播

90. 建议对网络服务商进行明确界定，对每一个服务项目的服务商给出明确的定义，并作出一个具体的界定，具体规定每种服务的范围与界限，并对其服务的方式和范围也应当具体规定，从而使法院在作出具体判定时有法可依。

91. 建议明确规定“明知”或“应知”的判断标准和具体情形。

92. 建议对网络侵权行为进行分级管理，对受理权利人举报、鉴别网站侵权性质、发出删除内容通知、发出侵权行政警告或罚款、移送刑事处理等各环节的职能主体及具体职责进行明确，对环节衔接进行具体规定。

93. 建议明确避风港规则中通知的具体要求。建议规定网络服务商审核上传者的信息，并在权利人提出要求时予以提供。

94. 明确网络服务提供者承担侵权责任的归责原则为过错原则，从客观行为、主观方面、损害后果和因果关系四方面构成要件进行具体认定。

95. 建议设立网络版权专门性机构，由国家版权局认定，处理发送通知等事宜，以加强对网络版权的治理和保护。

七、关于权利的救济

96. 建议著作权法明确出版社“合理审查注意义务”。出版者尽到此义务，在发生抄袭等情况时免除出版者的损害赔偿责任。

97. 建议将出版者为被告的诉讼地由出版者所在地法院管辖。

98. 建议对存在少量抄袭的已出版发行图书，在出版社赔偿损失后允许其继续出版发行，避免出版资源浪费。

99．关于赔礼道歉。出版者出版作者存在少量抄袭作品，尽到合理注意义务，出版者不承担公开赔礼道歉的责任；但出版者出版作者大量抄袭他人作品的作品，未尽合理注意义务的，出版者应当承担公开赔礼道歉责任。

100．建议侵权诉讼由侵权人承担举证责任，特别是关于侵权数量和规模情形，举证不能应当承担侵权责任。

101．出版者出版作者构成抄袭他人作品的侵权作品，简单推定由侵权作者与出版者承担连带侵权责任不妥，建议明确划分出版者承担连带侵权责任的法律界限。

102．建议取消著作权法第四十七条、四十八条侵权行为列举方式。因为凡是侵犯著作权及相关权的行为都应该承担相应的法律责任。但对间接侵权行为则应采取列举方式，明确哪些情形下行为主体应当承担间接侵权责任。

103．建议明确著作权法第四十八条规定的“公共利益”内涵。

104．建议著作权法第四十八条明确规定罚款的幅度，即非法经营额5倍以下，没有非法经营额的或难以计算的处10万元以下或侵权复制品码洋10倍以下罚款。

105．建议著作权法第四十八条第（一）项增加“专有许可人”，以明确其诉权。

106．著作权法第四十八条规定的“假冒署名”行为并不构成对他人著作权的侵害，建议删去。

107．破坏技术措施不宜定为“侵权”，而是“违法”行为，建议单列一条专门规定破坏技术措施的违法责任。

108. 建议著作权法第四十八条增加网络侵权的内容："提供内容服务的网络服务提供者，明知网络用户通过网络实施侵犯他人著作权的行为，或者经著作权人提出确有证据的警告后，仍不采取移除侵权内容等措施以消除侵权后果的；提供内容服务的网络服务提供者，对著作权人要求其提供侵权行为人在其网络上的注册资料以追究行为人的侵权责任，无正当理由拒绝提供的。"

109. 建议著作权法增加法定许可违法行为责任追究规定。明确不履行法定许可付酬义务为侵权行为，应当承担相应的法律责任。建议赋予著作权集体管理组织对违反法定许可行为的诉权，人民法院按照著作权使用费标准2~5倍判赔。

110. 建议著作权法规定法定许可报酬转付机制。考虑到目前著作权集体管理组织的转付仅及于会员，转付机构由国家版权局认定著作权集体管理组织或者另行设立机构。

111. 建议著作权法第四十九条明确公证费、律师费等合理支出赔偿问题，是否在法定50万元赔偿额内。

112. 建议著作权法增加惩罚性赔偿条款。综合考虑以下因素：(1)数次侵权后又再次侵权的；(2)侵权数量较多的；(3)社会影响大；等等。对于侵权行为主观恶意明显、侵权数量众多、反复侵权的侵权者，适用惩罚性赔偿。

113. 建议著作权法建立侵权责任最低法定赔偿标准，修改最高法定赔偿额。最低法定赔偿额适用条件可以考虑以下因素：重复侵权、故意侵权、著作权人举证不能而被侵权人怠于举证导致侵权规模和程度无法查清，必须由原告主动申请等。建议最低赔偿额为1万元至5万元，最高法定赔偿额为100万元或者500万元。如果存在著作权使用费国家标准和著作权集体管理组织收费标准，建议在考虑法定赔偿时按照上述标准2~5倍判赔。

也有建议法定赔偿参考版权转让或许可使用费合理倍数给予100万元以下赔偿。

114. 针对目前侵权责任判赔标准不一的问题，建议以行政规定或司法解释形式出台指导性意见。明确信息网络传播权赔偿标准，特别是《出版文字作品报酬规定》的标准已经远远落后，在现实仍然作为侵权损害法院判赔的参考依据不妥。

115. 建议著作权法重构“侵权损害赔偿”条款规定：“因故意或过失侵犯著作权或者与著作权有关的权利的，侵权人应当赔偿权利人因侵权导致的实际损失。权利人的实际损失无法确定的，可以按权利人行使权利依通常情形可得预期利益，减除被侵害后行使同一权利所得利益之差计算。权利人的实际损失无法计算的，按照运用该权利通常所能得到的许可费的合理倍数计算。当事人可申请法院对运用该权利通常所能得到的许可费进行评估或鉴定，当事人必须对评估人或鉴定人提供评估或鉴定的必要数据。以上方法不能确定侵权损害赔偿数额的，按照侵权人因侵权所获得的利润计算。侵权人不能证明其成本或必要费用时，以其侵害行为所得的全部收入，为其侵权所得利益。权利人在终审判决作出之前的任何时候，可要求人民法院根据侵权行为的情节判决损害赔偿。人民法院应当根据证据调查的结果，考虑权利人的损失、侵权人因侵权所获得的利益、侵权行为的主观恶性、预防类似侵权行为的必要性以及其他相关事实，作出合理的赔偿数额。对于恶意侵权人，著作权或者与著作权有关的权利人可以请求按照侵权人因侵权所获得的利益进行赔偿，或者请求不高于三倍实际损失的惩罚性赔偿。任何侵犯登记的著作权和与著作权有关对权利的行为人，推定有过失。”

116. 建议著作权法第五十条增加“诉讼中禁令”的规范。

117. 建议著作权法第五十三条增加证明合法来源的相关方有停止侵权和不当得利返还的责任。明确“应当承担法律责任”的具体内容。将“法律责任”改为“赔偿责任”。

118. 建议完善配套行政法规，如条文顺序等方面。

119. 建议将《著作权法实施条例》《计算机软件保护条例》等相关行政法规及司法解释内容，整合进著作权法。

120. 建议《中华人民共和国刑法》第二百一十八条降低“销售侵权复制品”罪的入罪门槛，将“违法所得数额巨大”改为“违法所得数额较大”或者有“其他严重情节”。同时，对“违法所得数额较大”“其他严重情节”应作出相应的司法解释。

121. 关于著作权侵权诉讼管辖。借鉴刑事司法管辖规范，在民事司法中拓宽管辖范围，将原告所在地也列入管辖范围。

122. 建立完善便捷的鉴定制度、专家证人制度、技术调查制度，以解决刑事责任追究中的“500部作品问题”。

123. 最高人民法院、最高人民检察院刑事司法解释将信息网络传播视为复制发行的规定，有扩大解释之嫌，建议删去并由全国人大常委会作规定。

上述123条问题点出自不同的机构和不同的利益主体，观点各异、立场不同，对同一问题可能存在不同的认识，甚至相互对立。有些观点可能还不够专业，但它客观地反映了社会各界对著作权法修订的立场、观点和独立思考，反映出对进一步完善我国著作权法律制度的关注和关心，对国家版权局起草著作权法修改草案文本有着十分重要的参考价值。

第三，委托开展十项专题研究。

为应对著作权法第三次修订过程中可能出现的热点和难点问题，国家版权局选择“著作权客体与权利内容”“追续权”“视听作品的保护”“著作权登记”“孤儿作品”“著作权保护期限”“著作权集体管理”“技术保护措施”“网络环境下法律责任及损害赔偿”“著作权行政调解制度”共十个版权界广泛关注的问题，委托有关权利人组织、人民团体、著作权社会团体，以及知识产权教学科研机构进行专题研究，探索解决问题的路径和办法，并形成研究报告供修法时参考。其中，浩天信和律师事务所承担《关于著作权客体与权利内容的主要调整》报告的研究任务；中国摄影著作权协会承担《追续权的确立和制度设计》报告的研究任务；北京君策知识产权发展中心承担《关于视听作品的著作权保护》报告的研究任务；中国版权保护中心承担《著作权登记相关制度的确立和实施》报告的研究任务；华东政法大学承担《“孤儿作品”制度设计》报告的研究任务；中国文联权益保护部承担《著作权保护期的调整》《著作权集体管理制度的完善》《著作权行政调解制度》报告的研究任务；中国人民大学知识产权学院承担《著作权法中技术保护措施研究》报告的研究任务；最高人民法院中国应用法学研究所承担《网络环境下法律责任及损害赔偿制度研究》报告的研究任务。

以上十个专题报告，国家版权局不预设前提、不参与意见，由承接单位独立完成，其研究成果不代表国家版权局的立场和意见。为便于立法部门全面、准确、客观了解社会各界对著作权法修改的意见和建议，国家版权局完成著作权法修订“修改草案”起草工作后，一并将十个报告连同著作权法修改草案（送审稿）报送立法机构，供立法机构审定“修改草案”（送审稿）时参考。

三、群英荟萃，集贤纳智

2012年1月13日，“著作权法修订工作专家委员会第一次会议暨著作权法修订专家建议稿专题汇报会”在北京宣武门商务酒店举行。

国家版权局副局长阎晓宏，全国人大教科文卫委员会文化室主任朱兵、全国人大常委会法工委民法室主任姚红、最高人民法院民三庭庭长孔祥俊、国务院法制办教科文卫司司长张建华、国务院法制办教科文卫司处长陈建洋5位相关立法、司法部门代表，马晓刚、王迁、王涛、王炬、王野霏、王建华、刘波林、刘春田、刘晓海、刘俐、许超、朱永德、沈仁干、张平、张今、吴汉东、李明德、陈一丹、陈锦川、李长喜、季星星、汪涌、罗东川、郭寿康、高青云、索来军、陶鑫良、蒋志培、童之磊29位（李海鹰委员因出访请假）著作权法修订专家委员会委员，周林、郭禾、曹新明、李琛、马继超、张洪波、谯荣德、江波、王小夏9位特邀代表，王自强、高思、许炜、杨颖、范帆、于慈珂、王志成、汤兆志、段玉萍9位国家版权局法规司和版权管理司工作人员，中国新闻出版广电报、中国版权杂志社、中国知识产权报三家媒体的代表出席会议。

会议的主要议程是：听取三个著作权法修订“专家建议稿”起草单位（中国社会科学院知识产权中心、中南财经政法大学知识产权研究中心和中国人民大学知识产权学院）专题汇报；专家委员会委员就如何开展著作权法第三次修订工作相关问题发表意见。

我以国家版权局著作权法修订工作领导小组办公室主任身份主持了会议，并对会议议程作了两点说明。关于第一议题，听取接受国家版权局委托承担立法课题研究的三个教学科研机构起草著作权法修订“专家建议稿”有关情况的汇报，而非对三份“专家建议稿”进行讨论、审议和验收；关于第二议题，请各位委员和特邀代表在听取三个“专家建议稿”情况汇报基础上，就如何修订著作权法提出各自的意见和建议。

关于第一个议题，由李明德研究员、吴汉东教授、刘春田教授和李琛教授，分别代表中国社会科学院知识产权中心、中南财经政法大学知识产权研究中心和中国人民大学知识产权学院作了情况汇报。

李明德研究员介绍说，中国社会科学院知识产权中心受领国家版权局的委托课题后，于2011年7月26日成立了由16位知识产权专业人员组成的著作权法修订“专家建议稿”起草小组，并要求16位专家分别拿出自己的修法建议稿，最大限度地发挥各位专家在著作权法修订过程中的主观能动性。8月15日，中心共收到11份修法建议稿。8月22日至24日，中心“专家建议稿”起草小组集中3天时间，研究消化11份修法建议稿成果，在明确修法思路前提下，将其整合成中心的著作权法修订“专家建议稿”。经认真讨论研究，形成了“保持现有著作权法体系，坚持问题导向、着力解决问题、全面修订法律”的工作思路。12月20日至23日，中心“专家建议稿”起草小组两次集中开会，对经整合的“专家建议稿”进行系统梳理，基本完成了“专家建议稿”的起草工作。28日，中心“专家建议稿”起草小组两次召开小型会议，经过最后提炼形成了最终的著作权法修订“专家建议稿”，并决定向国家版权局提交起草成果。

中国社会科学院知识产权中心的著作权法修订“专家建议稿”共六章六十一条，与2010年著作权法章节数量相同，但是对结构进行了调整，邻接权提至第三章，具体如下：

（1）关于2010年著作权法制度体系，中心认为，应该保持以著作权法为基础，以行政法规为配套、司法解释为补充的著作权法制度体系，但在逻辑架构上应该进行适当调整，保留《著作权法实施条例》《著作权集体管理条例》《信息网络传播权保护条例》，废止《计算机软件保护条例》和《实施国际著作权条约的规定》，将其相关有效内容融入著作权法。

（2）关于作品定义，突出“表达”和“独创性”两个基本要素。

(3)关于著作权权利体系,对其进行逻辑整合,分别将2010年著作权法规定的"发表权、署名权、修改权、保护作品完整权"四项人身权利,以及"复制权、发行权、出租权、展览权、表演权、放映权、广播权、信息网络传播权、摄制权、改编权、翻译权、汇编权"十二项财产权利整合为"署名权、保护作品完整权"两项人身权利,以及"复制权、发行权、演绎权、传播权、展览权、出租权"六项财产权利。

(4)关于权利归属,统一规定职务作品和委托作品的权利归属。

(5)关于相关权的客体,删除2010年著作权法规定的录像制品客体,将广播电台、电视台、卫星广播组织、有线广播组织和网播组织全部纳入广播组织范畴。

(6)关于权利的限制与例外,部分引入"三步检验法"机制。

(7)单设"著作权与相关权合同"一章,将2010年著作权法中著作权许可和转让合同、出版合同及邻接权合同合并。

(8)关于法律责任,将侵犯精神权利和经济权利的法律责任单独规定,民事责任与行政责任单独规定,将追究刑事责任的范围压缩为计算机程序、电影作品和录音制品。

(9)关于损害赔偿,将法定赔偿幅度修改为1万元至100万元,对多次侵权的课以加倍赔偿处罚。

(10)关于法律术语,将"公民"改为"自然人","电影和以摄制电影的方式创作的作品"改为"电影作品和其他视听作品"等。

吴汉东教授代表中南财经政法大学知识产权研究中心就其著作权法修订"专家建议稿"进行了说明。

吴教授认为,在我国的知识产权法律体系中,著作权法最具特殊性,其法律关系最为复杂、法律内容最为丰富、法律变动最为频繁、立法技术最为严格的一部法律。因此,要完成好著作权法的修订,难度大、任务重。并用

“长期未动，相对被动”来概括我国著作权法的立修法状况。关于著作权法第三次修订背景，他认为：一是适应新形势，应该从国际变革大势和中国发展大局来认识著作权法修订的重要性，充分认识到包括著作权在内的知识产权在国际层面已经成为经贸领域竞争的焦点，在国内层面已经成为中国经济和社会发展的战略性问题；二是促进新产业，人们之所以将文化创意产业与版权产业画等号，就在于该产业的生存和发展与著作权保护制度息息相关，版权资源是该产业存在的基础，版权交易是该产业发展的纽带，版权保护是该产业繁荣兴旺的后盾，要创新文化创意产业，推进我国文化大发展、大繁荣必须有一个完善的著作权法律制度；三是应对新技术，当今世界科学技术迅猛发展，数字电子网络技术已经渗透到人们生产、生活、学习、交流的方方面面，著作权作为市场需求与技术发展相结合的产物，其创造、传播和权利体系都是紧跟科技进步而不断发展的，要保持著作权法律制度与时俱进的基本特征，适应数字电子网络技术的快速发展，著作权法律制度应该不断完善。

关于著作权法修订的思路，中南财经政法大学知识产权研究中心“专家建议稿”起草团队认为：一是修改与吸收并存，妥善处理好著作权法与几部著作权行政法规的关系，在保留著作权法与《著作权法实施条例》《著作权集体管理条例》《信息网络传播权条例》并存的著作权法律架构前提下，坚持修改为主，并将三个行政法规中成熟的定性内容纳入著作权法中，使著作权法修正案在内容上有所突破；二是立法与论证并重，中心“专家建议稿”起草团队在撰写著作权法修正案时，一方面注重对著作权法修法背景、修法意义及修法重点问题进行宏观解读，为具体条款的修改提供理论指引，另一方面，对具体问题进行微观论证，提高修法的实际效果；三是本土化与国际化并举，著作权法的第三次修订与前两次修订背景不尽相同，前两次修订都存在外部因素，而第三次修订完全出于完善我国著作权法律制度的自身需要，没有任何外部压力，第三次修法虽然没有了外部压力，但是在修法过程中，在立足中国实际、解决中国问题、促进中国发展前提下，必须遵守我国加入的相关国际著作权条约，借鉴其他国家经过检验的成功立法经验，重构一部高水平、高质量的著作权法。

中南财经政法大学知识产权研究中心著作权法修订“专家建议稿”共六章六十三条，与2010年著作权法相比，新增六条、删除四条、修改三十四条。该“专家建议稿”保持了2010年著作权法篇章结构，但对部分章节名称进行了修改，将第三章“著作权许可使用和转让合同”修改为“著作权许可、转让与出质”，将第四章“出版、表演、录音录像、播放”修改为“相关权”。

具体的修改情况如下：

（1）关于总则部分。立法宗旨作微调，删去“有益于社会主义精神文明、物质文明”；将第二条中的“中国公民”改为“中国国籍的自然人”；第三条对作品概念进行法律定义，强调独创性和可复制性；将第四条中“国家对作品出版传播依法进行监管”调整至第七条（该规范属于行政管理内容）；第五条不予保护的“时事新闻”限缩为“单纯传播简单事实的时事新闻”；将第六条“民间文艺作品著作权保护”修改为“民间文学艺术表达保护”。

（2）关于第二章著作权部分。分别规定著作人身权和财产权；扩大复制权内容（二维到三维）、增加规定发行权用尽、扩大出租权客体（录音制品）、修改表演权（包括活表演和机械表演）、增加公开传播权（广播权和信息网络传播权合并）；整合法人作品、职务作品和委托作品归属；增加规定“演绎作品”及其权利归属的规定；增加作品原件所有人和著作权人关系的规定。

（3）关于权利限制和例外。引入“三步检验法”；增加关于课件法定许可的规定。

（4）关于著作权许可、转让与出质。增加著作权许可使用合同的定义；增加著作权获取的规定（无法联系著作权人的要履行相关手续）；增加著作权不得卖绝的规定；增加进入公有领域的作品利用规定。

(5)关于相关权。修改章名为相关权；细化图书出版的规定；将版式设计修改为装帧设计；增加表演者定义和二次表演权；明确广播组织权的客体为节目信号，增加广播组织的传播权、重播权、录制权和发行权，修改广播组织的复制权。

(6)关于法律责任。调整侵权行为种类；提高法定赔偿数额为100万元。

刘春田教授代表中国人民大学知识产权学院就其著作权法修订“专家建议稿”有关宏观问题进行了说明，刘春田教授认为：第一，起草“专家建议稿”本身是一个系统学习的过程，是对中国著作权法实践的吸收反映和总结提炼，必须充分考虑中国国情、立足中国经验；第二，参酌国际公约要有准确定位，不能生搬硬套，不能照搬，因为国际公约是一个各国利益不断博弈和妥协的结果；第三，撰写“专家建议稿”的目的在于揭示关键问题并尽可能给出一个示范性的解决思路，应与字斟句酌的“送审稿”或者“审议稿”相区别。

受刘春田教授委托，李琛教授对中国人民大学知识产权学院撰写的“专家建议稿”作了具体说明。中国人民大学知识产权学院著作权法修订“专家建议稿”共八章七十七条，保留2010年著作权法十六条、吸收十六条、修改三十四条，全新条款二十三条，基本上对2010年著作权法进行了重构。关于篇章结构，该“专家建议稿”对2010年著作权法结构进行了较大的调整，由六章增加至八章，分别是总则、作品、著作权的内容、著作权的归属、著作权的利用、著作权的限制、邻接权、著作权的救济。其中，将2010年著作权法第三章“著作权许可使用和转让合同”的相关规定移至“专家建议稿”第五章“著作权利用”。关于目的(宗旨)条款，将无助于说明立法目的和立法解释的内容删除，将第一条“为保护文学、艺术和科学作品作者的著作权，以及与著作权相关的权益，鼓励有益于社会主义精神文明、物质文明建设的作品的创作与传播，促进社会主义文化和科学事业的发展与繁荣，根据宪法制定本法”修改为“为保护作者、其他著作权人对作品享有的权利以及与著作权有关的邻接权，鼓励作品的创作与传播，引导作品的正当利用，促进社会主义文化的发展，根据宪法制定本法”。关于民间文艺，将2010年著作权法第六条中“民间文学艺术作品的著作权保护办法”修改为“民间文学艺术作品的保护办法”。关于作品，明确作品的定义，从领域限制和独创性表达两个方面把握作品的内涵，同时对作品类型进行列举，明确实用艺术作品保护问题。关于著作人格权，把署名权修改为作者资格权，将修改权中“授权他人修改”删除。关于著作财产权，重构著作财产权为：复制权、发行权、出租权、公开传播权、演绎权和汇编权，保持公开传播权和演绎权的开放性以适应技术进步。关于视听作品归属，增加了当事人约定优先的规定。关于保护期，取消摄影作品保护期与其他作品的差别。关于著作权利用，增加了著作权转让和独占许可合同中著作权人的撤销权。关于合理使用，引入美国法“四要素”的判断标准，增加了合理使用的范围，明确细化了一些合理使用的条件。关于法定许可，取消报刊转载法定许可制度。关于邻接权，提高邻接权保护标准，增加广播组织的信息网络传播权，增加了录音录像制品的传播权。关于著作权救济，取消了对侵权行为的列举；细化损害赔偿的确定、著作人格权的救济；取消法定赔偿上限；增加了著作权纠纷调解委员会规定；增加了诉讼时效的规定(部分超诉讼时效救济)。

三家著作权法修订“专家建议稿”撰写机构专题汇报结束后，国家版权局副局长阎晓宏代表国家版权局讲话，他首先代表柳斌杰局长和李东东副署长，向积极参与著作权法修订工作各位著作权法修订工作专家委员会的委员，立法、司法和行政机关相关负责人，以及特邀代表和新闻媒体界朋友表示感谢。阎晓宏副局长指出，著作权法第三次修订是适应国际国内形势发展的必然要求，我国著作权保护制度的完善，既需要理论创新，更需要解决社会实践中存在的难题。因此，任务十分繁重，需要整个版权界的通力合作才能完成好修法工作。在具体修法过程中应该坚持“独立性、平衡性和国际性”三条基本原则。要从国际、国内的实际情况出发来考量修法的重点、难点问题，既要遵循国际著作权公约的基本规则，也要从中国的实际国情出发；要掌握好著作权保护利益平衡原则，既要征询权利人的意见，也要与版权相关产业界充分沟通，处理好在数字网络环境下权利人与传播者、传播者和社会公众间的利益关系，把鼓励创新与促进版权相关产业发展结合起来，把维护权利人、传播者和社会公众利益结合起来。阎晓宏副局长指出，修法工作应注重前瞻性，立足国情，结合实际，为未来技术发展留有充分的发展空间。

阎晓宏副局长对下一步加快推进修法工作提出了四点要求：一要加快修法进程，加强著作权法修订工作领导小组办公室的力量，发挥著作权法修订工作专家委员会委员的积极性，在消化吸收三部“专家建议稿”基础上，尽快形成国家版权局的著作权法修改草案法律文本；二要坚持公开透明的修法原则，建立与社会各界畅通的沟通联系机制，及时充分地听取社会各界对著作权法修订的意见和建议，修法过程中的有关信息以及涉及的热点问题要向新闻媒体开放，保持修法过程的公开性和透明度；三要虚心接受来自立法机关的监督指导，特别要加强与相关行业协会、产业界的沟通，畅通反映问题的渠道；四要科学安排修法进程，加快修法进度，尽早拿出修法成果。

阎晓宏副局长讲话后，各位委员，立法、司法、行政机构的有关负责人及特邀代表，结合三个“专家建议稿”，发表了各自对著作权法修订的意见和建议。

全国人大教科文卫委员会文化室主任朱兵：赞同在修法工作中发挥教学科研界的作用，三个“专家建议稿”基本代表了著作权学术界的水平，国家版权局可以吸收其精华，在综合版权界各方面意见和建议的基础上，成立专门的修法起草工作机构，完成法律草案文本的起草工作。著作权法修订的时机很好，党的十七届六中会后，科技创新和文化创新已经成为国家发展的重要战略，著作权法的修订要把鼓励创造与促进运用结合起来，为科技、文化创新保驾护航，抓住机遇乘势而上，打造一部面向世界、面向未来、面向现代化高水平的著作权法。他强调，中国是一个具有悠久历史文明传统的国家，有13亿人口，利益关系非常复杂，怎么处理好这个问题，是著作权法修订过程中必须面对的，充分听取社会各界的意见和建议是解决问题的有效办法。在这个问题上，我们教科文卫委员会文化室可以保持与国家版权局法规司及国务院法制办教科文卫司的沟通联系，把社会各界及国家版权局的意见，尽量向新组成的委员会和领导转达，争取委员会和领导的关注和支持。

北京市高级人民法院知识产权庭庭长陈锦川：衡量一部法律的好坏，很大程度上取决于它能否适应实践中的需要。因此，著作权法第三次修订应坚持问题导向，在解决实际问题上下功夫。近几年来法院处理的著作权案件数量越来越多，在知识产权司法审判案件中的占比越来越高。目前，这一现象还在持续加快。但人民法院在审理著作权案件时，屡屡遇到著作权法律规范不到位的情形。比如，法院在审理合理使用案件时，已经超越2010年著作权法的规定界限进行判决，个人认为，这样的判决缺乏法律依据。但是，为了解决问题只能采取这样的无奈之举。再如，2010年著作权法权利体系边界不够清晰，在网吧里播放MTV适用放映权还是信息网络传播权，法官在审理案件时认识上存在不同的看法。因此，在这次法律修改过程中，应加大实务性调研，倾听司法和行政机关在司法审判和行政执法实践中遇到问题的意见，以及解决问题的建议，这样修改出来的著作权法才能解决现实中的操作性问题。

腾讯首席执行官陈一丹：著作权法的修改是互联网产业非常紧迫的需求。在信息网络产业近几十年的发展过程中，著作权法的不确定形态在法律界和产业界是存在争议的。可以说互联网是著作权保护的前沿阵地和实践战场。著作权法的修改，首先应充分认识到未来网络新科技的发展趋势，准确界定网络传播媒介或者传播过程的新情况，这对互联网产业发展意义重大。其次，网络游戏、电子商务商业模式的出现，可能伴随的“私服外挂”存在怎样定性问题，它不是直接侵犯著作权人的利益，只是提供一个规避技术的装置或配件，这些问题需要著作权法给出答案。最后，腾讯公司作为一家互联网企业，愿意投身著作权法的修订工作中，欢迎立法机关和专家团队来公司调研，我们将积极提供前沿案例和经验，助推著作权法的修订。

工信部法规司处长李长喜：与传统传播媒体相比较，互联网的技术特征更加突出，发展速度非常迅猛，所产生的问题与著作权保护更加密切，建议著作权法的修订要增强前瞻性，以适应互联网快速发展的需要。另外，要厘清“广播权”与“信息网络传播权”两个概念，避免在实践中产生歧义和困惑。

中国人民大学教授郭寿康：第一，著作权法第三次修订应重新整合我国的著作权法律体系，在修改好著作权法的同时，废除《计算机软件保护条例》和《实施国际著作权条约的规定》两部行政法规；第二，重新定义“计算机软件”，将其改为“计算机程序”；第三，增加视觉作品的“追续权”。

中国版权保护中心副主任索来军：我国目前的著作权法律体系不够科学，著作权法第三次修订应该考虑这个问题。刚才听了三个教学科研团队撰写“专家建议稿”的情况汇报，除中南财经政法大学知识产权研究中心在介绍修法思路时提到法律体系问题，其他两个“专家建议稿”基本没有谈论这个话题。建议国家版权局在下一步修法时考虑著作权法与行政法规的逻辑结构的合理性和内容配置的科学性，对不符合著作权保护原则以及在实践中非必要的行政法规可以考虑废止；对行政法规规定的著作权保护一般原则性问题，且在实践中证明是行之有效的，可以考虑吸收到著作权法中。对三个“专家建议稿”都未涉及作品著作权登记问题表示遗憾，作品著作权登记制度是经实践证明，其登记结果对于化解权属争议、降低著作权交易风险是十分有用的。2010年国务院向全国人大常委会提交的著作权法第二次修订法律草案送审稿就规定了作品著作权登记的条文。虽然当时全国人大法工委对此项规定不太理解未获通过，但事后全国人大法工委与国家版权局进行了沟通，并表达了对该项制度设置在著作权法中的理解和支持。期望这个问题在著作权法第三次修订中得到解决。

最高人民法院中国应用法学研究所所长罗东川：今天如此众多的版权领域的重要人物出席会议，说明著作权法第三次修订意义重大，引起了版权界高度关注和重视。完成修法任务责任重大、使命光荣，需要大家共同推进，司法界将全力以赴参与其中。提出五点建议：一是中国这么大一个国家，怎样有利于作品的权利行使，还是应该建立一套作品著作权自愿登记制度，这套制度的实行既有利于著作权交易的安全，又有利于向司法机关审理权属纠纷提供初步证据。二是当前新技术的发展和运用对著作权保护制度提出了挑战，这次修法应该聚焦新技术问题，特别是针对数字网络技术拿出解决破解问题的成熟措施。三是要处理好著作权创造与运用的关系，在鼓励创造的前提下，建立科学有效的授权使用机制，畅通作品使用渠道，改变著作权人通过打官司获得利益的被动方式。四是加大损害赔偿力度，提高法定赔偿上限，对恶意侵权行为实行惩罚性赔偿。五是健全纠纷解决机制，加强诉外调解，减轻司法审判压力。

最高人民法院民三庭原庭长、方达律师事务所顾问蒋志培：第一，提高打击侵权盗版违法行为的惩罚力度、加大侵权盗版行为人的法律责任风险，在著作权司法案件审判过程中，存在权利人打官司的花费与判赔收益相差不大，“赢了官司输了金钱”的不正常现象。这种现象的存在，大多出于被侵权人对侵权人的侵权收益举证不能。要改变这一不正常现象，一方面要加大赔偿力度，提高法定赔偿上限、增加惩罚性赔偿规定；另一方面增加侵权盗版行为人的举证责任。第二，完善网络著作权保护制度，当前如何认定网络内容提供商和技术服务商侵权行为的直接责任、间接责任和连带责任，以及如何判断侵权行为属于“明知”还是“应知”，法律规定不够明确，这已经成为司法审判的一大困惑，期待著作权法第三次修改能对网络著作权保护有一个清晰明确的界定。第三，强调保护公民的知悉权，将不适用著作权保护的对象界定得更清楚、更有弹性，把很多不应该用著作权法保护的灰色地带释放出来，光明正大地让社会公众使用，减轻著作权法不能承受之重。此外，建议“合理使用”问题应增加兜底性条款，增强法律的弹性，为司法机关审理新型合理使用案件预留合理的裁量空间。

中国音像协会常务副会长王炬：著作权法的修订要与产业发展结合起来。本人于20世纪80年代初入职音像行业，见证过当时音像录制业的辉煌，一个好的录音制品轻松发行百万数以上。但随着数字网络传播手段的出现，过去音像行业依靠销售录音复制品载体求生存的风光已经不复存在，因为著作权法未赋予录音制作者对其制作的录音制品享有广播权和公开表演权，录音制作者仅靠销售录音制品载体的收益来维系其录音制品的再生产已经非常困难，当前音像产业的生存危机已经显现。中国音乐家协会党组书记徐沛东曾说，词曲作家与音像出版者的关系很重要，没有音像出版者将词曲作家的曲谱和歌词转换成声音，音乐作品就不可能流传，音像出版者不好，我们作曲家也不会好。从一定意义上讲，著作权法攸关音像产业的生死存亡和词曲作者的根本利益。因此，著作权法的修订应该与产业发展结合起来，赋予录音制作者“广播权”和“表演权”，如果赋予前两项专有权利的条件还不够成熟，至少可以赋予其获得报酬的权利。

北京市浩天律师事务所律师马晓刚：建议取消2010年著作权法中“录像制品”的邻接权客体，并将“电影作品”和“类电作品”称谓改为“视听作品”；建议强化“集体管理”制度建设，建立科学合理的“非专有”使用权项的许可使用机制，保护广大著作权人的合法权益，促进特定作品的合法传播；建议赋予录音制品制作者“广播权”和“表演权”。

中国电影著作权协会理事长朱永德：希望本次著作权法修订解决好两个问题，一是建立“作品著作权登记制度”。目前，我国的著作权权利归属状况混乱，往往一个作品就有若干个人主张权利，一部电影有数个制片人，谁是真正的权利人真假难辨。如果建立了作品著作权登记制度，并赋予登记证书是登记作品权利归属的初步证据，作品权利归属争议问题就能迎刃而解。二是加大打击侵权盗版行为的力度，提高赔偿标准，增加惩罚性赔偿规定。关于著作权集体管理问题，虽然著作权法对集体管理制度作了原则性规定，而且国务院还颁布了专门的《著作权集体管理条例》，但是这套制度还不够成熟完善。应该将《著作权集体管理条例》中定性方面的规定上升到著作权法中，并且增加“延伸性集体管理”的制度设计，充分发挥集体管理组织在维护广大权利人利益，促进作品广泛传播的作用。关于电影作品权利归属，首先要承认导演、摄影、词曲等主创人员在电影作品中的作者地位，但为了便于集中行使权利，电影作者的著作权应该归制片人享有。对于电影作品的二次使用，电影的主创人员应该有分享收益的权利。

华东政法大学教授王迁：我国现行的著作权法在逻辑问题上存在缺陷，已经引发司法审判适用问题上的冲突，到了非解决不可的程度。一是应解决2010年著作权法立法条文之间的矛盾，关于照片和录影，德国、法国等大陆法系国家，将录影一分为二，有独创性的为视听作品，独创性不足的用邻接权保护，照片也如此划分。我们的著作权法现在将影像画面分为电影作品和录像制品，这样的规定在实践中很难判断，所以在这次修改法律过程中应取消“录像制品”的相关权客体。二是我国著作权法有一些自己独创的东西，但有一些独创的内容经实践检验证明是不大成功的，比如录音制品的法定许可制度，其立法本意是防止音乐作品的作者首次与唱片公司签订专有录制合同,导致首录公司对音乐作品录制的垄断,但再加一个“作者声明不得使用”的例外但书,其整个立法目的就丧失了,如此不大成功的规定,可否在修改法律时去掉。三是著作权法与刑法的协调问题,我国的著作权法与刑法对著作权刑事犯罪作了衔接性规定,但最高人民法院、最高人民检察院和公安部2011年作出的司法解释与两部法律的规定不一致,这些问题在著作权法修改过程中应该得以澄清。

上海大学教授陶鑫良:赞同著作权法加行政法规的著作权法律体系,我国著作权保护的状况比较复杂,权利形态多样,使用方式千变万化,在互联网时代尤其明显。因此,著作权法律体系要有层次,法律层面设计要高屋建瓴、提纲挈领,规定重大定性原则问题,保证法律的权威性和严肃性。行政法规层面主要注重重大原则性问题的细化,规定一些具体措施,解决实际操作问题。2010年著作权法第五十五条有关纠纷解决机制,实践中实际作用有限,是否有存在的必要。关于“延伸的著作权集体管理”,虽然在美国等发达国家未被广泛推荐,但在中国可能有这种需要,该项制度的法理性依据,以及如何考虑具体的法律规范,因时间关系,会后将用书面形式向国家版权局报告。

厦门大学教授刘晓海:著作权法属于知识产权领域的一个基本法,调整对象是有关著作权保护的法律关系问题,不能把它作为一个产业促进法来设计。关于“作品”的定义,国际公约提到了“民间文学表达”这一概念,现在有人用“表达”来定义“作品”,这个“表达”与国际公约中的“民间文学表达”是什么关系,这个问题应该搞清楚。建议“人身权”和“财产权”要有一个定义,然后再作出开放性列举或封闭性规定。三个“专家建议稿”没有清楚地反映网络著作权问题,这个问题在法律修改过程中应引起重视,尤其是侵权责任法第三十六条与著作权法之间的关系,一定要有所衔接。认为无过错侵权行为应当适用不当得利返还原则。

北京大学教授张平：著作权法的修订要考虑国际化问题，国际化不仅是符合国际公约规则、遵守国际公约义务问题，而且要紧跟国际著作权发展态势，研究国际著作权突出问题，在制定国际著作权新条约时阐明中国的立场和观点，为建立新的国际著作权公约贡献中国智慧。知识产权是一种利益机制，一定要让其给社会带来利益。因此，著作权法修订应该重视产业发展问题。特别在互联网时代，著作权保护与网络版权产业密切相关，著作权法在规范网络依法传播作品的同时，应该为网络内容提供商和网络技术服务商持续发展保有合理法律适用空间。

中文在线董事长童之磊：一是重构著作权权利体系，用社会公众听得懂、能理解的语言来定义各种人身权和财产权；二是对于侵权盗版惩罚性赔偿标准，应区分故意侵权与非故意侵权两种不同情形，前者适用惩罚性赔偿，后者则适用填平原则；三是像中文在线这样的网络内容提供商（网络或数字图书馆），每天都需要收集海量的作品信息，目的是为广大读者提供内容服务，按照“先授权后使用”的原则，必须通过著作权人的授权才能向公众传播作品。但面对海量的权利人和海量的作品资源，根本做不到与权利人面对面的授权。这种状况严重制约数字图书馆的发展。为破解数字图书馆获取权利人授权难的难题，建议著作权法修改引入“孤儿作品”机制，或通过延伸集体管理解决数字图书馆授权难的问题。

北京市版权局副局长王野霏：作为唯一来自著作权行政管理一线的代表，提三点建议：一是著作权法的修订首先应“明思路、定框架”，前提清晰了，后面的路就会好走。二是著作权法的修订不应简单追求所谓高标准、高水平，关键在于“好使管用”，因此在修法过程中要深入实际，多倾听创造、运用、管理一线的意见和建议。三是认真研判三个“专家建议稿”，吸收其精华，尽快拿出“好使管用”的著作权法修订“修改草案”文本。

国家广电总局法规司副司长刘俐：阎晓宏副局长的讲话强调平衡原则，

如何落实这一原则，真正做到权利人与传播者之间的利益平衡，在修法中应引起重视。作品创作之所以源源不断，很大程度上取决于传播技术的进步和传播能力的增强。我国的信息传播机构大多属于国有性质，因此著作权保护应兼顾公私利益，既要鼓励创作保护创作成果，也要促进运用发展壮大版权产业，在具体修法过程中广播电视组织的权益应该得到尊重和加强。关于立法创新问题，目前世界已经进入数字网络时代，新技术已经成为引领未来发展的潮流。因此，著作权法的修订应该紧盯新技术发展动态，着重解决数字网络技术发展与运用中的著作权保护问题。目前我国正处于市场不断完善的进程中，应该尊重权利人市场主体的地位，把更多的民事权利还政于民，除确有必要，尽量减少政府的干预，著作权法的修改也应如此。著作权法修订过程中应该注意法律衔接问题，既要考虑与外部法律之间的衔接，不发生逻辑性冲突，也要注重内部体系的衔接，分清法律与行政规定的逻辑层次。关于法律的可操作性问题，法律不能停留在把条款写好层面，关键是要在实践中能操作，大家都不希望在不知情的情况下被侵权或者侵权，解决这个问题需要在著作权法中建立一套确权机制，这与建立公共服务体系有关，至于是让政府部门还是社会组织来操作，可以再讨论。最后一个问题关于法律救济，除了坚持司法机关的主导作用，还可以发挥仲裁或者调解机制的作用。

特邀代表马继超：我国的著作权集体管理制度不够完善，存在的问题比较多，比如著作权集体管理使用收费标准争议裁决机制缺失问题、延伸集体管理机制引入问题等，建议在著作权法第三次修订过程中加以解决。另外，建议增加视觉艺术作品的追续权和文字作品的复印权，并将其纳入集体管理的范畴。

特邀代表周林：一是建议废除超国民待遇的《实施国际著作权条约的规定》，将其合理性规定吸收进著作权法。二是作品著作权登记问题，美国是把登记职能放在美国国家版权局，版权局对于不符合登记条件的申请不予登记，但申请人可以提出抗辩。我国现行登记主体是社会机构，尽管登记很有意义，但没有设定不予登记的抗辩。德国没有建立专门的登记机制，但著作权人在加入集体管理组织时要将其所有作品提交给集体管理组织登记。我国可以将美国和德国的模式结合起来，即著作权人既可将其作品提交专门的登记机构登记，也可通过集体管理组织登记作品，其法律效力是相同的。三是关于权利人利益保障问题。三个"专家建议稿"都在强调鼓励创作、加大打击侵权盗版力度、促进产业发展，但忽视了对权利人正当权益的维护。作者的权益在哪里，我作为一个作者，每年都会出书，一旦与出版者签订合同，出版者都要求作者包销图书，且报酬很少，这个问题应该引起重视。德国的经验很重要，出版者不管与作者签订什么样的合同，只要构成对作品的使用就得付费，这条经验值得我们借鉴。

中国版权协会理事长沈仁干：三个"专家建议稿"反映了我国著作权法自1990年颁布以来，知识产权学界对我国知识产权制度建设应该有什么样的著作权法，从法理到实践作出了很好的总结。关于著作权法第三次修订有以下看法。第一，关于法律构架，不要想搞一部大一统的著作权法，还是维持目前以著作权法为基础、几部行政法规为配套的著作权法律体系。但是，《实施国际著作权条约的规定》应该废除，因历史原因，该规定让外国人在中国享受超国民待遇，伤害了国民感情，现在有条件在修改完善著作权法基础上将其废止。第二，关于著作权行政监管，学者可能认为是公权介入私权，我不这样认为，因为著作权保护涉及公共利益问题，政府在打击侵权盗版、调解著作权纠纷、维护正常的版权市场秩序等方面有义不容辞的责任。第三，不要落入法系之争，只要符合中国的实际，能解决中国的问题，任何法系有用的经验我们都可以借鉴。

中宣部政策法规研究室处长高青云：听了三个教学科研单位起草著作

权法修订“专家建议稿”的汇报，以及各位专家的发言很受启发，认为著作权法修改应该坚持以下几条：一是坚持自己的独立性或自主性，要体现中国特色，不被他人牵着鼻子走；二是坚持国际视野，借鉴国际经验，站在国际前沿分析问题，修好我们的法律；三是坚持妥善处理好创作者、传播者和社会公众之间的利益平衡问题，在保护创作、促进传播、繁荣文化方面找准平衡点；四是坚持前瞻性，为适应科学技术迅猛发展对著作权法律制度的挑战预留规范空间。

全国人大常委会法工委民法室主任姚红：著作权法第三次修订，首先，面临一个怎么整合著作权法律体系问题，即对国务院颁布的《著作权法实施条例》《计算机软件保护条例》《著作权集体管理条例》《信息网络传播权保护条例》《广播电台电视台播放录音制品支付报酬暂行办法》以及《实施国际著作权条约的规定》的存废以及吸收问题。以我的经验看，全部废除不太现实，更应该考虑哪些问题由法律规定，哪些问题由行政法规调整。其次，要考虑处理好全面修改与重点突出的关系，大家都希望找出结构非常科学、内容非常充实、文字毫无瑕疵的法律，不应把精力放在可改可不改的问题上，要更加注重解决现实生活中的热点和难点问题，有些重点问题需要深入研究，比如录音制品制作者的广播权、表演权问题，侵权盗版处罚赔偿力度问题，外国人超国民待遇问题等。修改法律应该把相关的问题排查出来，并找出不同利益主体都能接受的解决方案。

国务院法制办教科文卫司司长张建华：今天对自己来讲是一次著作权法律知识的“恶补”，听了大家的发言还是有所收获。以著作权法修订为切入点，既然是修法，恐怕有些因素要与修法结合起来，比如国际化还是本土化问题，哪怕是本土化，我觉得也应类似于我国加入世界贸易组织时的水平，在现有基础上保护水平不能降低。因为修法要考虑社会公众的感受。关于国际化问题，我国2010年著作权法律制度与所承担的国际义务是否基本一致的问题。修改著作权法应该考虑国际著作权领域的感受，要看看左邻右舍的保护状况，如果与他们不太一致，保护水平低了，面子上不好看。当然，修法我们有主动权，但也不能随意发挥。今天，专家们提出了一些很好的建议，我们要认真去消化。专家是站在社会发展的前面，他们的认识引领社会公众前行。但是专家的倡导和呼吁能否被社会接受，关键要做好宣传解释工作。刚才几位专家提到《伯尔尼公约》问题，这也是修法工作不能忽略的，当年加入国际公约是经全国人大常委会审议通过的，按照我国的法律渊源，我国加入的国际条约也是法律的组成部分。关于著作权行政法规的存废问题，不是有意识模糊这件事。凡是没有宣布废止就自然有效。《实施国际著作权条约的规定》可能与我国承担的国际义务不太一致，所以这次著作权法修订应解决这个问题，问题解决了，那个时候我们就可以水到渠成地宣布废止《实施国际著作权条约的规定》。

综合各位专家的发言，这次会议基本达成以下共识。

（1）考虑到中国国情和立法体例，坚持从实际出发，找准著作权法修订中的重点和难点问题，认真研究和区分法律与行政法规、部门规章、司法解释的规范侧重点，建立层次分明、规范有序的著作权法律保护体系。

（2）坚持修法主动性，切实把握好提高著作权保护水平和参考借鉴国际著作权保护成熟经验两个因素，将完善我国著作权保护法律制度和保持与国际著作权公条约的一致性有机结合起来。

（3）鉴于司法系统已经成立著作权法修订工作的专题小组，要加强彼此之间的沟通联系，实现信息资源共享，共同推进修法工作。

（4）鉴于著作权保护法律制度对新兴产业的影响越来越大、作用越来越直接，修法过程中要加大对产业界特别是互联网产业的调研力度，充分听取他们的修法意见和建议。

（5）加强对著作权有关登记问题的研究，为推进作品的市场运用提供技术支持。

(6)加大对著作权纠纷调解制度的研究,探索建立著作权纠纷解决机制,减缓司法审判过大压力。

(7)探索建立科学有效的著作权授权使用机制,完善著作权集体管理制度,优化法定许可机制,适当增加延伸性集体管理的授权许可机制。

(8)优化著作权法律体系,在进一步完善著作权法的同时,适时废止不能适应时代要求的著作权行政规范。

(9)在及时跟踪相关著作权国际条约发展变化的同时,要注重其他多双边协定对国内著作权保护法律制度的影响,如投资协定、自由贸易区协定等,因为在世贸组织多哈回合谈判进展缓慢的背景下,这些多双边协定都对知识产权保护提出了新的要求,并且越来越重要。

(10)认真考虑著作权法与其他相关法律以及司法解释特别是刑法的协调问题,保持法律体系逻辑的一致性。

(11)充分做好著作权法修改的社会宣传工作,使修法工作成为普及法律知识、增强法律意识、凝聚法律共识的过程。

可以说,“著作权法修订工作专家委员会第一次会议暨著作权法修订专家建议稿专题汇报会”是一次“神仙会”,版权界的各路精英汇聚一堂,畅所欲言,各抒高见,充分释放出了知识产权界各位专家学者,立法、司法和行政部门相关负责人和特邀代表的智慧。本次会议的成功召开,标志着著作权法第三次修订工作已经进入实质性阶段。

四、深入务虚,统一思想

国家版权局著作权法修订工作专家委员会第一次会议召开之后,著作权法修订工作领导小组办公室(以下简称“法律草案起草小组”)正式进入著作权法修订工作状态。法律草案起草小组首先用20多天时间，集中对国家版权局公开征集到的七个方面123个问题点的修法意见和建议，以及委托教学科研单位、人民团体、权利人组织和社会机构撰写的三份著作权法修订“专家建议稿”和十个著作权保护问题专题报告等修法相关信息，进行了认真梳理、研判和消化，特别是将三个教学科研机构提交的“专家建议稿”与2010年著作权法进行了逐条比较分析，力求将原始的修法意见和建议转化为可借鉴的修法实用信息资源。

2012年2月1日，国务院办公厅发布《关于印发国务院2012年立法工作计划的通知》，将著作权法修订从2011年的三档（调研起草项目）提升为二档[需要抓紧工作、适时提出立（修）法草案项目]，著作权法修订工作再次提速。为贯彻落实国务院2012年立法工作计划，国家版权局局长柳斌杰、副局长阎晓宏明确要求“法律草案起草小组”加快推进修法工作，在基本完成前期意见建议收集整理、研究消化委托项目已有成果基础上，抓紧进入著作权法修订法律草案文本的起草阶段。

2012年2月7日至21日，“法律草案起草小组”入驻北京东城区平安府宾馆，开始了为期半个月的著作权法修改草案文本封闭起草工作。入驻平安府宾馆之初，“法律草案起草小组”并未急于开笔起草“修改草案”文本，而是首先将主要精力放在务虚研判、明确方法和统一思想上。在继续讨论、研判、消化国家版权局前期收集到的修法意见、建议和委托事项成果的基础上，着重讨论著作权法为什么修（修法的必要性）、修什么（修法的重点）、怎样修（修法的思路、方法和步骤）等基本性问题，进一步厘清修法工作思路和工作抓手，明确工作方向。经过深入交流讨论，“法律草案起草小组”全体成员在这些基本性问题上形成了共识。

（一）关于“为什么修”问题（修法的必要性）

大家认为，著作权法是中国特色社会主义法律体系的重要组成部分，是调整作品创作、传播、消费多方利益关系的基本法律规范。著作权法自1991年6月实施以来，对鼓励智力创作、保护作者权利、促进文化产业发展、满足社会公众精神文化需求发挥了积极作用，总体上讲是一部好的法律。但是，著作权法实施二十多年以来，我国面临的国际国内形势发生了深刻变化。

其一，著作权法实施以后，我国成功实现了经济转型和社会转轨，确立了市场经济的制度，社会利益多元化格局基本形成。我国市场经济制度的确立，一个非常重要的变化就是私权得到了确认和尊重，著作权作为一种私权，在整个知识产权体系中占有重要的地位。但是，2010年著作权法是在我国仍处于计划经济环境下产生的，它带有浓厚的计划经济因素和明显的计划经济烙印，难以全面有效地调整市场经济条件下的著作权保护关系，为适应我国市场经济体制的建立和不断完善，2010年著作权法律制度需要进行调整。

其二，全球科学技术的迅猛发展。讲到科学技术发展问题，必须认识到，在整个知识产权领域，著作权的权利内容的形成和发展是与科技的发展变化紧密关联的。虽然专利权涉及科技发明的权利，但是就其权利内容本身与科学技术的进步与否没有直接的因果关系，即科学技术无论怎样发展，专利权的权利内容不会发生任何变化。著作权则不同，它的权利内容是随着科学技术的发展而不断变化的。1709年英国颁布的《安妮法》是现代意义上的第一部著作权法，当时的著作权法律规定的著作权权利内容（权项）仅限于图书小册子（作品）的复制权和发行权。但此后，随着科学技术的发展和运用，著作权的权利内容不断扩张。比如，随着声、光、电技术的发展，著作权的权利内容由单一的复制权，发展为复制权、表演权、放映权、广播权、摄制权、信息网络传播权等多项权利。一项新技术的发展和运用就有可能在著作权权利体系中增加新的权利内容（权项），而从某种意义上来讲，一项著作权的权能，作为重要的市场资源要素可以支撑一个行业发展，比如广播权作为一种资源支撑了广播电视业，摄制权作为一种资源支撑了电影业。特定科学技术的发展，对作品的创作和传播方式产生着根本性的作用。当前全球数字网络技术的快速发展和广泛运用，深刻改变了作品的创作、传播和保护方式，对传统著作权保护制度形成了巨大的冲击和挑战，为适应科学技术发展对传统著作权制度的冲击和挑战，2010年著作权法律制度需要进行调整。

其三，经济全球化的不断深化，这是著作权保护面临的一个非常重大的问题。经济全球化发展的一个重要特征，就是包括著作权在内的知识产权已经成为国际经贸关系的重要载体和核心资源，成为世界各国、各地区抢占经济发展制高点，是提高市场竞争力的重要抓手。以美国为首的发达国家，在20世纪90年代，在国际经贸领域成功地将知识产权保护和国际经贸关系挂钩，在关贸总协定原有的“货物贸易和服务贸易”两大基点基础上增加了知识产权这一基点，并且在世界贸易组织中设立了一种强制性的仲裁机制，把知识产权保护问题与各个国家和地区的经济利益捆绑在一起，知识产权保护已经成为全球经济一体化发展绕不开的问题。为了适应经济全球的不断深化，现行的著作权法律制度需要进行调整。

其四，我们国家发展理念发生了根本变化。当前科学发展理念在我国已经牢固树立，在知识经济时代，知识产权已经成为推动国民经济发展的重要战略资源，在整个国民经济发展进程中所处的地位越来越重要。科学发展观的基本理念，就是要把提高自主创新能力作为转变经济发展方式、调整产业结构的中心环节来抓。我国颁布的《国家知识产权战略纲要》提出了建立创新型国家的战略目标，创新型国家战略目标的一个基本表述，强调了包括著作权在内的知识产权已经成为国民经济发展的战略性支撑点，对于国家掌握发展主动权和提高国际竞争能力起到了核心作用。

到目前为止，人类社会经历了三个发展阶段，第一是农业经济发展阶段，支撑其社会发展的基本资源是土地，谁拥有了土地谁就能掌握经济发展的主动权。第二是工业经济发展阶段，支撑其社会发展的基本资源是资本，谁拥有了资本，谁就占有了经济发展的主动权。第三是知识经济时代，它的基本资源是智力成果，谁拥有了知识产权和智力成果，谁就会占据经济、文化和科学发展的主导权。在知识经济时代，知识产权战略资源地位进一步凸显。党的十七届六中全会作出了深化文化体制改革，促进社会主义文化大发展大繁荣的战略决策。文化的发展与繁荣面临一个根本问题，即基本资源保障问题，在"内容为王"的当今世界，谁拥有了质高量大的智力创作成果，谁就会在文化发展与繁荣方面掌握主动权，而创造质高量大的智力成果，需要健全完善的著作权法律制度保驾护航。因此，为适应国家发展理念的根本改变，2010年著作权法律制度需要进行调整。

（二）关于"修什么"问题（修法的重点）

大家认为，如果说《大清著作权律》作为中国历史上第一部著作权法律，开启了我国著作权法律制度"立起来"的先河，具有里程碑意义，那么2010年著作权法作为中国历史上第四部著作权法，则真正解决了著作权法律制度在华夏大地真正"用起来"的问题而同样具备里程碑作用。我们在承认2010年著作权法的历史贡献和现实意义的同时，也应清醒地认识到其存在的"两个不足"和"两大突出矛盾"。

"两个不足"，概括地讲，一是我国著作权立法先天基础条件准备不足；二是我国著作权保护后天营养补充不足。

“著作权立法先天基础条件准备不足”，是指中华人民共和国成立以来，长期实行以公有制为主体的计划经济制度，推崇知识公有，不重视私权。客观讲，著作权保护制度作为市场经济与科学技术相结合的产物，在不重视私权的单纯计划经济环境下是不具备著作权民事法律调整的社会基础的。简言之，2010年著作权法是在我国处于计划经济特定环境，且没有著作权法律保护社会实践，没有形成系统的著作权理论体系，没有著作权保护立法经验的状况下产生的，其立法存在先天基础条件不足问题，所形成的法律规范缺乏前瞻性，不可能预见市场经济环境下的著作权保护问题。

“著作权保护后天营养补充不足”是指著作权法颁布实施以来，虽然经历了两次修改，但这两次修改有两个共同点：一是被动性，即为加入世界贸易组织和履行世界贸易组织知识产权争议裁定而修法；二是局部性，即为满足加入世界贸易组织知识产权保护的基本要求、落实世界贸易组织知识产权争议裁定结果而修法。前两次修改没有针对著作权法颁布实施以来，我国面临的国际国内形势发生了深刻变化的实际，进行主动、全面的梳理和调整，没有给予著作权法必要的后天营养补充。因为后天营养补充不足，2010年著作权法很难调整好国际国内形势发生深刻变化的我国著作权保护问题，我国侵权盗版的现象还普遍存在，有的领域甚至还非常严重，社会公众的著作权保护意识还有待提高，著作权保护的社会环境尚未根本改观，特别是“对创作者的合法权益保护不够，难以有效遏制侵权盗版行为，不足以激励创作者的积极性；著作权授权使用和交易机制不畅，难以保障作品传播者便捷、有效、合法地使用作品，不足以激活版权产业的健康快速发展”，两大突出矛盾没有得到有效解决。因此，“加大打击侵权盗版行为，提高侵权盗版法定赔偿标准上限，增设侵权盗版惩罚性赔偿规定，提升侵权盗版责任人的法律风险；建立健全科学合理的著作权授权使用机制，畅通许可使用渠道，助推著作权资源转化为文化生产力，实现著作权人的财产利益，促进版权产业的健康发展”，化解著作权两大突出矛盾，并辅之完善著作权法律体系、破解数字网络技术发展运用对著作权法律保护制度的挑战等问题，将成为著作权法第三次修订的重点内容。

(三)关于“怎样修”问题(修法的思路、方法和步骤)

大家认为，在指导思想上，坚持国家版权局提出的“坚持一个理念、遵循三个原则，追求三个效果”修法基本思路，坚持“立足中国实际、解决中国问题”的问题导向，将“公开透明、平衡利益、力求实效”贯穿整个修法进程中。

在内容规范上，一是以完善著作权法律体系为主线，对外厘清著作权法与民法、刑法、民事诉讼法等基本法的内在关系，力求做到不冲突、不重复，保持国家法律体系逻辑关系上的协调性和内容规范上的一致性；对内优化著作权法逻辑结构，厘清法律与行政法规的规范层次，在内容和形式上做到有进有退，形成定位准确、层次分明、规范到位、操作有据的科学著作权法律体系。二是以解决“两大突出矛盾”为突破口，力求建立科学合理的作品授权使用机制和强有力的侵权盗版法律责任惩戒机制。三是紧跟国际著作权保护的发展态势，特别是数字网络技术发展和运用对著作权法律保护制度挑战，借鉴国际著作权领域的成熟经验，并建立相应的法律规范。

在具体修法过程中，重点把握好四个关键因素。一是要立足中国著作权保护的社会实践。如果离开了中国著作权保护社会实践和社会现实这个根本，为修法而修法，就不可能解决中国著作权保护面临的突出问题。二是要符合著作权保护的基本理论。理论是实践的先导，是对社会实践的抽象总结，要抓住著作权保护的本质、遵循著作权保护的基本规律，需要科学理论的支持，这对修订好著作权法具有重要的指导作用。三是要借鉴国际著作权保护成功的经验。著作权保护已经有三百多年的历史，国际公约已经产生一百多年，无论是世界各国各地区还是国际组织，在著作权保护方面已经积累了很多很好的经验，借鉴这些成功经验，可以使我们的修法工作少走弯路、取得实效。四是要注重实效。既要鼓励作品的创作，也要有利作品的市场运用；既要保护作者权利，也要反对权利滥用；既要防止市场垄断，也要鼓励公平竞争，确保修法工作取得良好的实际效果。

在方法步骤上，坚持循序渐进，边听边修边议边改，每一个步骤都听取社会公众的意见和建议，每一个环节都接受专家委员会的把关和指导，每一个重大问题都通过集体讨论决定，在良好的社会参与环境中扎实推进修法工作。

“法律草案起草小组”通过对著作权法修订基本问题的深入务虚，在思想上形成了统一的认识，在心理上增强了做好修法工作的自信心，在行动上增强了做好修法工作的自觉性。

第二章

著作权法第三次修改的历程

一、反复推敲，渐成雏形

经过为期四天的务虚研判，在统一思想的基础上，“法律草案起草小组”基本上形成“修改草案”，即“总则、著作权、相关权、权利的限制、权利的行使、技术保护措施和权利管理信息、权利的保护、附则”八个章节的结构框架，并将著作权法修订工作推进到文字起草阶段。在之后的十余天封闭修法工作中，“法律草案起草小组”比照2010年著作权法进行了逐章逐节逐条逐款的分析研究，在“保留、修改、删除、增加”四个方面作出研判和选择，并落实到文字上。经过艰苦努力、认真推敲、反复论证，甚至激烈观点碰撞和内容取舍争论，著作权法“修改草案”文本的雏形浮出了水面，达到了“法律草案起草小组”第一次封闭起草工作的目的。“法律草案起草小组”成员王自强、汤兆志、段玉萍、高思、许炜、杨颖、范帆、申亚杰，以及沈仁干、许超、刘波林、索来军等特邀专家参加了此阶段封闭起草著作权法“修改草案”工作。

2012年2月23日至24日，“法律草案起草小组”在国家版权局机关内再次集中两天时间，对在封闭阶段形成的著作权法“修改草案”文本雏形，继续进行讨论、提炼、修改和完善，形成了八章九十二条基本成形的著作权法“修改草案”文本。沈仁干、王自强、汤兆志、高思、段玉萍、许超、刘波林、索来军、许炜、杨颖、范帆、申亚杰等参加了这一阶段的“修改草案”起草工作。

此后，“法律草案起草小组”分别于2012年2月27日至3月2日、3月5日至7日、3月12日至13日三个时段，再次集中讨论已经基本成型的著作权法“修改草案”文本，对“修改草案”进行了进一步的修改和完善，几易其稿，先后分别形成过八章九十二条、八章八十六条、八章八十八条多个著作权法“修改草案”文本。“法律草案起草小组”将3月13日形成的八章八十八条的

"修改草案"文本确定为拟提交著作权法修订工作专家委员会讨论的"修改草案"第一稿(征求意见稿)。该稿相对现行2010年著作权法从整体结构和规范内容上进行了全面修订。

二、立足实际,全面修改

2012年3月19日,"国家版权局著作权法修订工作专家委员会"第二次会议在国家版权局机关会议室召开。

立法、司法和行政机关有关部门负责人姚红、张建华、金武卫、王艳芳、佟姝,著作权法修订工作专家委员会委员王迁、王野霏、刘波林、刘春田、刘晓海、刘俐、许超、朱永德、沈仁干、张今、李海鹰、李明德、陈锦川、汪涌、罗东川、郭寿康、高青云、索来军、蒋志培、童之磊、曹新明(代表吴汉东)、司晓(代表陈一丹)(马晓刚、王涛、王炬、王建华、张平、李长喜、季星星、陶鑫良八位委员因故请假),新闻媒体代表璩静(新华社)、王大庆(光明日报)、方圆(中国新闻出版广电报)、刘仁(中国知识产权报)、孙悦、常青(中国版权杂志社),"法律草案起草小组"的工作人员等参加了会议。

会议由我主持,并代表"法律草案起草小组"向与会代表汇报了三个方面情况。

一是向会议代表汇报了"国家版权局著作权法修订工作专家委员会"第一次会议后,"法律草案起草小组"开展修法工作的进展情况,特别是春节之后,"法律草案起草小组"分几个时段封闭起草"修改草案",数易其稿,分别产生"八章九十二条""八章八十六条""八章八十八条"多个"修改草案"文本,最终形成提交本次会议讨论的著作权法"修改草案"第一稿(征求意见稿)的基本过程。

二是介绍了"修改草案"第一稿(征求意见稿)的基本内容。"修改草案"

第一稿（征求意见稿）共八个章节、八十八个条文。相比2010年著作权法，增加了第四章“权利的限制”和第六章“技术保护措施和权利管理信息”两个章节，增加了二十七个条款的规定，对大部分条款分别进行了内容或文字性修改。“法律草案起草小组”在具体修订工作中遵循了四条原则：

（1）将目前行政法规中规定的应该由法律进行规范的一般性定性问题上升至法律中规定，将现行著作权行政法规规定的三十二个条款的规定吸收到“修改草案”。其中包括《著作权法实施条例》二十四条、《计算机软件保护条例》三条、《信息网络传播权实施条例》五条，《著作权集体管理条例》一条。

（2）根据国际著作权公约的最新进展状况，增加作者的出租权、技术保护措施、权利管理信息、录音制作者的广播权和表演权、孤儿作品等内容，使其与国际著作权保护发展态势基本保持一致。

（3）将实践中行之有效的相关制度和办法上升到“修改草案”第一稿（征求意见稿）中。

（4）将业界呼吁和实践中初步达成共识的内容纳入“修改草案”第一稿（征求意见稿），增强法律的实用性和可操作性。

三是明确会议的目的，即“纠错、补缺”。“法律草案起草小组”提交本次会议讨论的“修改草案”第一稿（征求意见稿）仅仅是著作权法修订进程中的最初成果。按照国家版权局的修法工作计划，还要安排两次向社会公众公开征求意见，还会几易其稿反复修改完善才能形成最终修法结果。公开征求意见是要让“丑媳妇”见公婆，但见公婆的“丑媳妇”总不能存在基本的原则性错误和重大的内容缺失。因此，本次会议的重点不是放在评价“修改草案”的优劣和完善规范内容上，而是查找“修改草案”存在的硬伤，纠正其存在的原则性错误，补充2010年著作权法应该规范而没有规范的重大问题和事项。也就是说，本次会议的目的就是挑“修改草案”第一稿（征求意见稿）

的毛病。

随后，与会专家、委员对“修改草案”第一稿（征求意见稿）进行了讨论，提出修法要有继承性、统一的思路、严密的逻辑，要紧紧围绕解决主要问题，做好相关法律的衔接，条文表述上要做到简洁通俗。

涉及“修改草案”具体内容的意见有如下31条。

1. 关于宗旨：第一条，著作权保护的主体，仅限于表述“作者”，逻辑上是否有问题，因为著作权的主体不仅只有作者。

2. 关于管辖：第二条的第六款，是对权利进行保护，还是对作品进行保护，需要进一步明确；国民待遇原则与对等保护原则是什么关系，需要澄清。

3. 关于权利客体：第三条第二款第（二）项，“法庭辩论”没有实质意义；第（十四）项，模型作品定义，伯尔尼公约model指原型，而我们的模型是先有实物的。

4. 关于著作权或者相关权登记：第六条，是作品登记还是权利登记，权利归属应该通过法院确定。

5. 关于权利客体排除：第七条，“延及”的意思是什么，先有一个范围，才会有延及，考虑改为“只及于表达，不延及思想”。

6. 关于著作权权利内容：第十一条第二款第（二）项增加禁止虚假表明作者身份，以避免与第七十三条第（七）项矛盾；播放权和信息网络传播权，在目前三网合一的背景下，很难分开；删除汇编权给人的感觉就是没有汇编，而实践中，汇编作品包括视听作品的汇编大量存在；出租权定义，国际条约通常是出租原件或复制件；追续权，当事人的权利，“不得转让或者放弃”规定得太“硬”。

7．关于合作作品：第十四条第四款，涉及共同诉讼的问题，按照民事诉讼法规定还是存在一个人是否可以代表其他权利人行使诉权的问题。

8．关于视听作品：第十六条，视听作品的制片人往往是出品单位，一部视听作品（电影或电视剧）存在十几个共同制片人，权利由谁来行使？“组织、主持并承担责任的”是否明确？

9．关于职务作品：第十七条，建议采用“雇员”的通用表述方式。

10．关于作品原件权利归属：第十九条第一款的表达有歧义，如作品原件所有权和著作权一并转让。

11．关于保护期：第二十七条，“发表权”是一次行使，没有第二次，“首次”表述多余，且发表权保护期在发表后50年，有逻辑性矛盾。

12．关于表演者定义：第三十一条，希望解决演员和演出单位之间权利的划分，在演出单位组织的情况下，演员和演出单位各享有什么权利，这个问题在作品里面解决了，但是在表演中没有解决，在实务中也是很复杂的；另外，民间文学艺术怎么表演？其他表演作品和民间文学艺术的人也可以是演员或演出单位。

13．关于广播电视节目定义：第三十七条，节目和信号没办法画等号，还是定义为“广播电视信号”比较好。

14．关于合理使用：厘清第三十九条与第四十条的关系。

15．关于合理使用：第四十一条第三款的规定，放在《计算机软件保护条例》里没问题，但与“修改草案”第一稿（征求意见稿）修改权相矛盾。

16．关于法定许可：第四十四至四十七条，条文中表述的“依照本法第四十七条”，实则指第四十八条，条款秩序是否存在问题。

17. 关于转让合同：第五十五条，被许可人概念统一起来，即第一款“另一方当事人”改为“被许可人”。

18. 关于著作权集体管理：第五十九条、第六十条，关于著作权集体管理组织和权利人到底什么关系，不是很明白。

19. 关于技术保护措施：将行政法规的内容纳入著作权法存在协调问题，如六十四条，《信息网络传播权条例》只保护信息网络传播技术措施，而整个著作权的技术保护措施除信息网络外，还有复制等，完全没有定义出来；浏览和欣赏，不能涵盖对软件作品的使用。

20. 关于技术保护措施：第六十五条，可以去掉“故意”，因为避开本身就是主动的、有意识的行为，且“故意”有时候很难确定。

21. 关于技术保护措施：第六十七条，会产生“和”“或”的歧义，可以分列比照。

22. 关于网络技术服务者法律责任：第六十九条第一款，从立法的出发点，可能是网络服务提供者法律责任的排除，而不是赋予网络服务提供者不承担责任的权利；另外，“网络服务提供者”这个词太大了，应当有所限定，比如提供技术服务的网络提供商，或者还是按照目前的写法，用网络服务提供者在提供什么服务时以怎样类似的方法来表述；第二款，建议谨慎使用“屏蔽”这个词，《信息网络传播权保护条例》用的是“删除”和“断开”的表述。

23. 关于计算机程序无过错责任：第七十一条，复制件使用人在支付费用后继续使用，在实践中，可能会产生鼓励盗版的作用。

24. 关于侵权赔偿责任：第七十二条，建议“合理确定倍数”替换“倍数合理确定”，或者明确多少倍；在实践中，基本上没按照顺序来操作，哪一种能用，就用哪一种；第二款规定法定赔偿“一万元以上，一百万元以下”的上下限数额，还是需要调研论证。

25. 关于侵权责任：第七十三条、第七十四条，“侵权行为”“下列行为”，是不是有特有的含义，还是都是指侵权行为。

26. 关于行政执法：第七十五条，行政执法的规定不符合法治精神。

27. 关于过错推定：第七十七条，“应当承担民事和行政责任”，概念有点太大了；认为第七十七条列明的行为应当承担责任，就把举证责任的重点变了，而且跟之前有点重合。

28. 关于行政调解：第八十三条，规定设立纠纷调解委员会，建议更多通过民间，而不是由行政机关来做调解。人民调解法规定了一个期限限制，超过多少天才能强制执行，一方不履行协议，另一方就可以强制执行是不可以的。

29. 关于海关执法：第八十四条，申请海关“查扣”，建议改为“查处”。

30. 关于相关权限制和行使适用：第八十六条，在立法技术上采用了“相关权”的限制和行使适用著作权法中著作权的相关规定，“修改草案”扩大了“权利限制”这一章内容，除了2010年著作权法规定的两条内容外，增加了其他的内容，这些新增内容同时适用于对相关权利的保护，可能对两者的兼容性问题需要进一步考虑。

31. 关于其他问题：现在存在大量的壁画毁损问题，是不是需要考虑一下增加特殊的美术作品的保护问题。

各位专家、委员发表意见后，我代表“法律草案起草小组”感谢大家对“修改草案”的建言，并表示“法律草案起草小组”将最大限度地吸收大家的宝贵意见。同时表示，修法工作进度将进一步加快步伐，2012年3月底前完成“修改草案”第一稿（征求意见稿）的定型，确保4月用一个月时间公开向社会公众征求意见。5月根据收集到的意见对“修改草案”再行针对性修改完善，6月再向社会公众进行第二次征求意见，7—8月对修改完善“修改草案”做最后冲刺，然后向著作权人团体，版权产业界，有关立法、行政、司法部门，教学科研机构定向征求意见，在保证质量的前提下，争取按计划于2012年10月将著作权法“修改草案”第三稿（送审稿）提交给国务院法制办。

下文将详细阐释“修改草案”第一稿（征求意见稿）的主要内容。

2012年3月21日，“法律草案起草小组”根据“著作权法修订工作专家委员会”第二次会议各位专家、委员发表的意见，对“修改草案”进行了技术性调整，形成著作权法“修改草案”第一稿（征求意见稿）。

“修改草案”第一稿（征求意见稿）与2010年著作权法相比较有以下调整。

在总体结构上，将2010年著作权法“总则，著作权，著作权许可转让合同，出版、表演、录音录像、播放，法律责任和执法措施、附则”六个章节，调整为“修改草案”第一稿（征求意见稿）“总则、著作权、相关权、权利的限制、权利的行使、技术保护措施和权利管理信息、权利保护、附则”八个章节，增加了“权利的限制”“技术保护措施和权利管理信息”两个章节；调整了章节顺序，将“相关权”章节调整到“权利限制、权利行使”章节之前，并对章节名称作了局部调整，将2010年著作权法第四章的名称“出版、表演、录音录像、播放”调整为“相关权”。

在内容规范上，对2010年著作权法进行逐章逐节逐条逐款深入分析和反复推敲，并根据实际情况分别作出了保留、修改、删除、增加不同情况的修改调整，具体修改调整情况如下。

(一)关于“总则”(2010年著作权法第一章)部分

◆将2010年著作权法第一条(宗旨)“为保护文学、艺术和科学作品作者的著作权,以及与著作权有关的权益,鼓励有益于社会主义精神文明、物质文明建设的作品的创作和传播,促进社会主义文化和科学事业的发展与繁荣,根据宪法制定本法”,**修改为**“为保护文学、艺术和科学作品作者的著作权,以及传播者的相关权,鼓励有益于社会主义精神文明、物质文明建设的作品的创作和传播,促进社会主义文化、科学和经济的发展与繁荣,根据宪法制定本法”。将“以及与著作权有关的权益”**修改为**“以及传播者的相关权”;将“促进社会主义文化和科学事业的发展与繁荣”**修改为**“促进社会主义文化、科学和经济的发展与繁荣”,**增加**了“经济”的表述。

◆将2010年著作权法第二条(管辖适用):“中国公民、法人或者其他组织的作品,不论是否发表,依本法保护。

外国人、无国籍人的作品根据其所属国或者经常居住地国同中国签订的协议或者共同参加的国际条约享有的著作权,受本法保护。

外国人、无国籍人的作品首先在中国境内出版的,依照本法享有著作权。

未与中国签订协议或者共同参加国际条约的国家的作者以及无国籍的作品首次在中国出版的,或者在成员国和非成员国同时出版的,受本法保护。”

修改为:“中国自然人、法人或者其他组织的作品,不论是否发表,受本法保护。

外国人、无国籍人的作品,根据其作者所属国或者经常居住地国同中国签订的协议或者共同参加的国际条约,受本法保护。

未与中国签订协议或者共同参加国际条约的国家的作者和无国籍人的

作品,首次在中国参加的国际条约的成员国出版的,或者在成员国和非成员国同时出版的,受本法保护。

中国自然人、法人或者其他组织的版式设计、表演、录音制品和广播电视节目,受本法保护。

外国人、无国籍人的版式设计、表演、录音制品和广播电视节目,根据其所属国或者经常居住地国同中国签订的协议或者共同参加的国际条约,受本法保护。

外国人、无国籍人的追续权、实用艺术作品、版式设计、本法第二十五条以及第三十六条规定的权利,根据其所属国或者经常居住地国的法律适用对等保护。”

将2010年著作权法第二条第一款中的“中国公民”**修改为**“中国自然人”;将2010年著作权法涉及外国人、无国籍人适用法律的三款规定**整合为**两款规定;**增加**了中国权利主体和外国人、无国籍人相关权适用法律的规定,以及外国人、无国籍人追续权法律适用对等保护的规定。

◆将2010年著作权法第三条(权利客体作品):“本法所称的作品,包括以下列形式创作的文学、艺术和自然科学、社会科学、工程技术等作品:

(一)文字作品;

(二)口述作品;

(三)音乐、戏剧、曲艺、舞蹈、杂技艺术作品;

(四)美术、建筑作品;

(五)摄影作品;

(六)电影作品和类似摄制电影的方法创作的作品;

(七)工程设计图、产品设计图、地图、示意图等图形作品和模型作品;

(八)计算机软件;

(九)法律、行政法规规定的其他作品。”

修改为:“本法所称的作品,是指文学、艺术和科学领域内具有独创性并能以某种形式固定的智力成果。

作品包括以下种类:

(一)文字作品,是指小说、诗词、散文、论文等以文字形式表现的作品;

(二)口述作品,是指即兴的演说、授课、法庭辩论等以口头语言形式表现的作品;

(三)音乐作品,是指歌曲、交响乐等能够演唱或者演奏的带词或者不带词的作品;

(四)戏剧作品,是指话剧、歌剧、地方戏等供舞台演出的作品;

(五)曲艺作品,是指相声、快书、大鼓、评书等以说唱为主要形式表演的作品;

(六)舞蹈作品,是指通过连续的动作、姿势、表情等表现思想情感的作品;

(七)杂技艺术作品,是指杂技、魔术、马戏等通过形体动作和技巧表现的作品;

(八)美术作品,是指绘画、书法、雕塑等以线条、色彩或者其他方式构成的有审美意义的平面或者立体的造型艺术作品;

(九)实用艺术作品,是指具有实际用途的艺术作品;

(十)建筑作品,是指以建筑物或者构筑物形式表现的有审美意义的作品;

(十一)摄影作品,是指借助器械在感光材料或者其他介质上记录客观物体形象的艺术作品;

(十二)视听作品,是指固定在一定介质上,由一系列有伴音或者无伴音的画面组成,并且借助技术设备放映或者以其他方式传播的作品;

(十三)图形作品,是指为施工、生产绘制的工程设计图、产品设计图,以及反映地理现象、说明事物原理或者结构的地图、示意图等作品；

（十四）模型作品，是指为展示、试验或者观测等用途，根据物体的形状和结构，按照一定比例制成的立体作品；

（十五）计算机程序，是指为了得到某种结果而可以由计算机等具有信息处理能力的装置执行的代码化指令序列，或者可以被自动转换成代码化指令序列的符号化指令序列或者符号化语句序列，同一计算机程序的源程序和目标程序为同一作品；

（十六）其他文学、艺术和科学作品。

著作权自作品创作完成之日起自动产生，无需履行任何手续。”

“修改草案”第一稿（征求意见稿），一是**增加**了“作品”的总体定义，以及“文学作品等”十六个类型作品的具体定义；二是将“电影作品”**修改为**“视听作品”；三是**增加**了“著作权自作品创作完成之日起自动产生，无需履行任何手续”的原则性规定。

◆“修改草案”第一稿（征求意见稿）**新增**第四条：“本法所称的相关权，指出版者对其出版的图书或者期刊的版式设计享有的权利，表演者对其表演享有的权利，录音制作者对其制作的录音制品享有的权利，广播电台、电视台对其播放的广播电视节目享有的权利。

相关权自使用版式设计的图书或者期刊首次出版、表演发生、录音制品首次制作和广播电视节目首次播放之日起自动产生，无需履行任何手续。”明确界定了相关权的权利范围，以及产生条件。

◆将2010年著作权法第四条：“著作权人行使著作权，不得违反宪法和法律，不得损害公共利益。国家对作品的出版、传播依法进行监督管理。”**修改为**第五条：“著作权人行使著作权、相关权人行使相关权，不得违反宪法和法律，不得损害公共利益。国家对作品的传播依法进行监督管理。”**增加**“相关权人”遵法、守公的责任。

◆“修改草案”第一稿(征求意见稿)**新增**第六条:“著作权人和相关权人可以向国务院著作权行政管理部门设立的专门登记机构进行著作权或者相关权登记。登记文书是登记事项属实的初步证明。

登记应当缴纳费用,收费标准由国务院著作权行政管理部门会同国务院价格管理部门确定。

著作权和相关权登记管理办法由国务院著作权行政管理部门另行制定。”

明确了著作权、相关权登记制度,以及登记办法、登记收费标准的制定机构。

◆将2010年著作权法第五条:“本法不适用于:

(一)法律、法规,国家机关的决议、决定、命令和其他具有立法、行政、司法性质的文件,及其官方正式译文;

(二)时事新闻;

(三)历法、通用数表、通用表格和公式。”

修改为第七条:“著作权保护及于表达,不延及思想、过程、原理、数学概念、操作方法等。

本法不适用于:

(一)法律、法规,国家机关的决议、决定、命令和其他具有立法、行政、司法性质的文件,及其官方正式译文;

(二)通过报纸、期刊、广播电台、电视台、信息网络等媒体报道的单纯事实消息;

(三)历法、通用数表、通用表格和公式。”

增加“著作权保护及于表达,不延及思想、过程、原理、数学概念、操作方法等”。将“著作权保护及于表达,不延及思想、过程、原理、数学概念、操作方法等”**增加**为该条的首款;将“本法不适用于之(二)时事新闻”**修改为**“本法不适用于之(二)通过报纸、期刊、广播电台、信息网络等媒体报道的单纯事实消息”。

◆将2010年著作权法第六条:“民间文学艺术作品的著作权保护办法由国务院另行制定。”**修改为**第八条:“民间文学艺术表达的保护办法由国务院另行规定。”将“作品”的表述**修改为**“表达”,并取消其中“著作权”的表达。

◆将2010年著作权法第七条:“国务院著作权行政管理部门主管全国的著作权管理工作;各省、自治区、直辖市人民政府的著作权行政管理部门主管本行政区域的著作权管理工作。”**修改为**第九条:“国务院著作权行政管理部门主管全国的著作权和相关权管理工作;地方人民政府著作权行政管理部门主管本行政区域的著作权和相关权管理工作。”将“各省、自治区、直辖市人民政府”**修改为**“地方人民政府”。

◆将2010年著作权法第八条:“著作权人和与著作权有关的权利人可以授权著作权集体管理组织行使著作权或者与著作权有关的权利。著作权集体管理组织被授权后,可以以自己的名义为著作权人和与著作权有关的权利人主张权利,并可以作为当事人进行涉及著作权或者与著作权有关的权利的诉讼、仲裁活动。

著作权集体管理组织是非营利性组织,其设立方式、权利义务、著作权许可使用费的收取和分配,以及监督和管理等由国务院另行规定。”

移至“修改草案”第一稿(征求意见稿)第五章“权利的行使”第二节“著作权集体管理”,集中规范。

(二)关于“著作权”(2010年著作权法第二章)部分

“修改草案”第一稿(征求意见稿)保留了2010年著作权法第一章第一节“著作权人及其权利”的章节名称和顺序。

◆将2010年著作权法第九条："著作权人包括：(一)作者；(二)其他依照本法享有著作权的公民、法人或者其他组织。"**修改为**第十条："著作权人包括：(一)作者；(二)其他依照本法享有著作权的自然人、法人或者其他组织。"将"公民"的称谓**修改为**"自然人"。

◆将2010年著作权法第十条："著作权包括下列人身权和财产权：

(一)发表权，即决定作品是否公之于众的权利；

(二)署名权，即表明作者身份，在作品上署名的权利；

(三)修改权，即修改或者授权他人修改作品的权利；

(四)保护作品完整权，即保护不受歪曲、篡改的权利；

(五)复制权，即以印刷、复印、拓印、录音、录像、翻录、翻拍等方式将作品制作一份或者多份的权利；

(六)发行权，即以出售或者赠与方式向公众提供作品的原件或者复制件的权利；

(七)出租权，即有偿许可他人临时使用电影作品和以类似摄制电影的方法创作的作品、计算机软件的权利，计算机软件不是出租的主要标的的除外；

(八)展览权，即公开陈列美术作品、摄影作品的原件或者复制件的权利；

(九)表演权，即公开表演作品，以及用各种手段公开播送作品的表演的权利；

(十)放映权，即通过放映机、幻灯机等技术设备公开再现美术、摄影、电影和以类似摄制电影的方法创作的作品等的权利；

(十一)广播权，即以无线方式公开广播或者传播作品，以有线传播或者转播的方式向公众传播广播的作品，以及通过扩音器或者其他传送符号、声音、图像的类似工具向公众传播的作品的权利；

（十二）信息网络传播权，即以无线或者有线方式向公众提供作品，使公众可以在其个人选定的时间和地点获得作品的权利；

（十三）摄制权，即将作品摄制成电影或者以类似摄制电影的方法将作品固定在载体上的权利；

（十四）改编权，即改变作品，创作出具有独创的新作品的权利；

（十五）翻译权，即将作品从一种语言文字转换成另一种语言文字的权利；

（十六）汇编权，即将作品或者作品的片段通过选择或者编排，汇集成新作品的权利；

（十七）应当由著作权人享有的其他权利。

著作权人可以许可他人行使前款第（五）项至第（十七）项规定的权利，并依照约定或者本法有关规定获得报酬。

著作权人可以全部或者部分转让本条第一款第（五）项至（十七）项规定的权利，并依照约定或者本法有关规定获得报酬。”

修改为第十一条：“著作权包括人身权利和财产权利。

著作权中的人身权利包括：

（一）发表权，即决定作品是否公之于众的权利；

（二）署名权，即决定是否表明作者身份以及如何表明作者身份的权利；

（三）保护作品完整权，即修改作品以及禁止歪曲、篡改作品的权利。

著作权中的财产权利包括：

（一）复制权，即以印刷、复印、录制、翻拍以及数字化等任何方式将作品制作一份或者多份的权利；

（二）发行权，即以出售、赠与或者其他转让所有权的方式向公众提供作品的原件或者复制件的权利；

（三）出租权，即有偿许可他人临时使用视听作品、计算机程序或者包含作品的录音制品的原件或者复制件的权利，计算机程序不是出租的主要标的的除外；

（四）展览权，即公开陈列美术作品、摄影作品的原件或者复制件的权利；

（五）表演权，即以各种方式公开表演作品，以及用各种手段公开播送作品的表演的权利；

（六）放映权，即通过放映机、幻灯机等技术设备公开再现美术、摄影、视听作品等的权利；

（七）播放权，即以无线或者有线方式向公众播放作品或者转播该作品的播放，以及通过技术设备向公众传播该作品的播放的权利；

（八）信息网络传播权，即在信息网络环境下，以无线或者有线方式向公众提供作品，包括直播、转播或者使公众可以在其个人选定的时间和地点获得作品的权利；

（九）摄制权，即将作品摄制成视听作品的权利；

（十）改编权，即将作品转换成除视听作品以外的不同体裁或者种类的新作品的权利；

（十一）翻译权，即将作品从一种语言文字转换成另一种语言文字的权利；

（十二）修改权，即对计算机程序进行增补、删节，或者改变指令、语句顺序的权利；

（十三）追续权，即美术作品、摄影作品的原件或者作家、作曲家的手稿首次转让后，作者或者其继承人、受遗赠人对该原件或者手稿的每一次转售享有分享收益的权利，追续权不得转让或者放弃；

（十四）应当由著作权人享有的其他权利。

信息网络传播权、追续权的保护办法由国务院另行规定。”

"修改草案"第一稿(征求意见稿)**改变**了2010年著作权法将"人身权"和"财产权"统一排序的方式,将两种权利分为二款分别排序,并将2010年著作权法"人身权"中"修改权"**删除**,只保留"发表权""署名权"和"保护作品完整权"三项人身权。在财产权方面,"修改草案"第一稿(征求意见稿)将2010年著作权法十二项权利加兜底性条款,**修改为**十三项权利加兜底性条款,取消了"汇编权"权项,**增加**了"修改权"和"追续权"两个权项,并将"广播权"**修改为**"播放权";**增加**了"信息网络传播权、追续权的保护办法由国务院另行规定"的规定,其中将"信息网络传播权保护办法由国务院另行规定",由2010年著作权法第六章"附则"第五十九条中规定,**移至**本条规定。

◆将2010年著作权法第二章第二节的名称"著作权归属"**修改为**"著作权的归属"。

◆将2010年著作权法第十一条:"著作权属于作者,本法另有规定的除外。

创作作品的公民是作者。

由法人或者其他组织主持,代表法人或者其他组织意志创作,并由法人或者其他组织承担责任的作品,法人或者其他组织视为作者。

如无相反证明,在作品上署名的公民、法人或者其他组织为作者。"

修改为第十二条:"著作权属于作者,本法另有规定的除外。

创作作品的自然人是作者。

由法人或者其他组织主持和投资,代表法人或者其他组织意志创作,以法人、其他组织或者其代表人名义发表,并由法人或者其他组织承担责任的作品,法人或者其他组织视为作者。

如无相反证明,在作品上署名的自然人、法人或者其他组织为作者"。

将2010年著作权法第十一条第二款、第四款中的"公民"**修改为**"自然人";第三款**增加**了"以法人、其他组织或者其代表人名义发表"的表述。

◆将2010年著作权法第十二条:"改编、翻译、注释、整理已有作品而产生的作品，其著作权由改编、翻译、注释、整理人享有，但行使著作权时不得侵犯原作品的著作权。”

修改为第十三条：“以改编、翻译、注释、整理等方式利用已有作品而产生的新作品为演绎作品，其著作权由演绎者享有。

使用演绎作品应当取得演绎作品的著作权人和原作品著作权人许可，并支付报酬。”

将2010年著作权法第十二条中的“但行使著作权时不得侵犯原作品的著作权。”**修改为**第十三条第二款：“使用演绎作品应当取得演绎作品的著作权人和原作品著作权人许可，并支付报酬。”

◆将2010年著作权法第十三条：“两人以上合作创作的作品，著作权由合作作者共同享有。没有参加创作的人，不能成为合作作者。

合作作品可以分割使用的，作者对各自创作的部分可以单独享有著作权，但行使著作权时不得侵犯合作作品整体的著作权。”

修改为第十四条：“两人以上合作创作的作品，著作权由合作作者共同享有。没有参加创作的人，不能成为合作作者。

合作作品可以分割使用的，作者对各自创作的部分可以单独享有著作权，但行使著作权时不得妨碍合作作品的正常使用。

合作作品不可以分割使用的，其著作权由各合作作者共同享有，通过协商一致行使；不能协商一致，又无正当理由的，任何一方不得阻止他方使用或者许可他人使用合作作品，但是所得收益应当合理分配给所有合作作者。

他人侵犯合作作品著作权的，任何合作作者可以以自己的名义提起诉讼，但其所获得的赔偿应当合理分配给所有合作作者。”

将2010年著作权法第十三条第二款中“但行使著作权时不得侵犯合作作品整体的著作权”**修改为**“但行使著作权时不得妨碍合作作品的正常使用”，并**增加**了不可分割使用的合作作品的使用原则，以及合作作者行使诉权的两款规定。

◆将2010年著作权法第十四条:“汇编若干作品、作品的片段或者不构成作品的数据或者其他材料,对其内容的选择或者编排体现独创性的作品,为汇编作品,其著作权由汇编人享有,但行使著作权时,不得侵犯原作品的著作权。”**修改为**第十五条:“汇编若干作品、作品的片段或者不构成作品的数据或者其他材料,对其内容的选择或者编排体现独创性的作品,为汇编作品,其著作权由汇编人享有。

使用汇编作品应当取得汇编作品的著作权人和原作品著作权人许可,并支付报酬。”

删除了2010年著作权法第十四条中“行使著作权时,不得侵犯原作品的著作权”的规定,**增加**了第二款“使用汇编作品应当取得汇编作品的著作权人和原作品著作权人许可,并支付报酬”的规定。

◆将2010年著作权法第十五条:“电影作品和以类似摄制电影的方式创作的作品的著作权由制片者享有。但编剧、导演、摄影、作词、作曲等作者享有署名权,并有权按照与制片者签订的合同获得报酬。

电影作品和以类似摄制电影的方法创作的作品中的剧本、音乐等可以单独使用的作品的作者有权单独行使其著作权。”

修改为第十六条:“如当事人无相反书面约定,视听作品著作权由制片者享有,但编剧、导演、摄影、作词、作曲等作者享有署名权。

制片者使用剧本、音乐等作品摄制视听作品,应当取得作者的许可,并支付报酬。

编剧、作词、作曲等作者有权就制片者使用或授权他人使用该视听作品获得合理报酬,合同另有约定除外。

视听作品中可以单独使用的剧本、音乐等作品,作者可以单独行使著作权,但不得妨碍视听作品的正常使用。”

将电影作品及类电作品的称谓**修改为**“视听作品”，**增加**了“制片者使用剧本、音乐等作品摄制视听作品，应当取得作者的许可，并支付报酬”，以及“编剧、作词、作曲等作者有权就制片者使用或授权他人使用该视听作品获得合理报酬，合同另有约定除外”的规定。

◆将2010年著作权法第十六条：“公民为完成法人或者其他组织工作任务所创作的作品为职务作品，除本条第二款的规定外，著作权由作者享有，但法人或者其他组织有权在其业务范围内优先使用。作品完成两年内，未经单位同意，作者不得许可第三人以与单位使用的相同方式使用该作品。

有下列情形之一的职务作品，作者享有署名权，著作权的其他权利由法人或者其他组织享有，法人或者其他组织可以给予作者奖励：

（一）主要利用法人或者其他组织的物质技术条件创作，并由法人或者其他组织承担责任的工程设计图、产品设计图、地图、计算机软件等职务作品；

（二）法律、行政法规规定或者合同约定著作权由法人或者其他组织享有的职务作品。”

修改为第十七条：“职工为完成工作任务所创作的作品为职务作品，其著作权归属由当事人约定。

如无约定或者约定不明的，职务作品的著作权由职工享有，但工程设计图、产品设计图、计算机程序、受聘于报刊社或者通讯社创作的作品，以及大型辞书等作品的著作权由单位享有，作者享有署名权；职务作品的著作权由职工享有的，单位可以在其业务范围内免费使用该作品。”

“修改草案”第一稿（征求意见稿），一是明确职务作品的权利归属由当事人约定；二是明确了没有合同约定或者合同约定不明确，权利归单位的特定情形。

◆将2010年著作权法第十七条:“受委托创作的作品,著作权的归属由委托人和受托人通过合同约定。合同未作明确约定或者没有订立合同的,著作权属于受托人。”

修改为第十八条:“受委托创作的作品,其著作权归属由委托人和受托人约定。

如无约定或者约定不明的,著作权由受托人享有,但委托人在约定的使用范围内可以免费使用该作品。当事人没有约定使用范围的,委托人可以在委托创作的特定目的范围内免费使用该作品。”

“修改草案”第一稿(征求意见稿)**增加**了委托作品著作权权利归属受托人,以及委托人使用委托作品的合理权限的规定。

◆将2010年著作权法第十八条:“美术等作品原件所有权的移转,不视为作品著作权的移转,但美术作品原件的展览权由原件所有人享有。”

修改为第十九条:“作品原件所有权的移转,不产生著作权的移转。

美术作品、摄影作品原件的所有人可以展览该原件。

作者将未发表的美术作品、摄影作品原件转让给他人,受让人展览该原件不构成对作者发表权的侵犯。”

将2010年著作权法第十八条规定的“美术作品原件的展览权由原件所有人享有”**修改为**“美术作品、摄影作品原件的所有人可以展览该原件”,并**增加**“作者将未发表的美术作品、摄影作品原件转让给他人,受让人展览该原件不构成对作者发表权的侵犯”的规定。

◆“修改草案”第一稿(征求意见稿)**新增**第二十条:“作者死亡后,其著作权中的署名权和保护作品完整权由作者的继承人或受遗赠人保护。著作权无人继承又无人受遗赠的,其署名权和保护作品完整权由著作权行政管理部门保护。”

◆“修改草案”第一稿(征求意见稿)**新增**第二十一条:“作者生前未发表

的作品，如果作者未明确表示不发表，作者死亡后五十年内，其发表权可由其继承人或受遗赠人行使；没有继承人又无人受遗赠的，其发表权由作品原件的所有人行使。”

◆将2010年著作权法第十九条：“著作权属于公民的，公民死亡后，其本法第十条第一款第（五）项至第（十七）项规定的权利在本法规定的保护期内，依照继承法的规定转移。

著作权属于法人或者其他组织的，法人或者其他组织变更、终止后，其本法第十条第一款第（五）项至第（十七）项规定的权利在本法规定的保护期内，由承受其权利义务的法人或者其他组织享有，没有承受其权利义务的法人或者其他组织的，由国家享有。”

修改为第二十二条：“著作权属于自然人的，自然人死亡后，著作权中的财产权利在本法规定的保护期内，依照继承法的规定转移。

著作权属于法人或者其他组织的，法人或者其他组织变更、终止后，著作权中的财产权利在本法规定的保护期内，由承受其权利义务的法人或者其他组织享有；没有承受其权利义务的法人或者其他组织的，由国家享有。”

将2010年著作权法第十九条第一款中的“公民”**修改为**“自然人”。

◆“修改草案”第一稿（征求意见稿）**新增**第二十三条：“合作作者之一死亡后，其对合作作品享有的著作权中的财产权利无人继承又无人受遗赠的，由其他合作作者享有。”

◆“修改草案”第一稿（征求意见稿）**新增**第二十四条：“作者身份不明的作品，其著作权除署名权外由作品原件的所有人行使。作者身份确定后，其著作权由作者或者其继承人行使。”

◆“修改草案”第一稿（征求意见稿）**新增**第二十五条：“下列著作权的保护期尚未届满的作品，使用者可以向国务院著作权行政管理部门申请提存使用费后使用作品：

（一）作者身份不明或作品原件的所有人经尽力查找无果的；

（二）作者身份确定但经尽力查找无果的。

前款具体事项，由国务院著作权行政管理部门另行规定。”

◆将2010年著作权法第二章第三节的名称“权利的保护期”**修改为**“著作权的保护期”，相关权的保护期分别在第三章“相关权”出版者，表演者，录音制作者，广播电台、电视台相应的条款中规定。

◆将2010年著作权法第二十条：“作者的署名权、修改权、保护作品完整权的保护期不受限制。”**修改为**第二十六条：“署名权、保护作品完整权的保护期不受限制。”**删除**了“修改权”的权项。

◆将2010年著作权法第二十一条：“公民的作品，其发表权、本法第十条第一款第（五）项至第（十七）项规定的权利的保护期为作者终身及其死亡后五十年，截止于作者死亡后第五十年的12月31日；如果是合作作品，截止于最后死亡的作者死亡后第五十年的12月31日。

法人或者其他组织的作品、著作权（署名权除外）由法人或者其他组织享有的职务作品，其发表权、本法第十条第一款第（五）项至第（十七）项规定的权利的保护期为五十年，截止于作品首次发表后五十年的12月31日，但作品自创作完成后五十年内未发表的，本法不再保护。

电影作品和类似摄制电影的方法创作的作品、摄影作品，其发表权、本法第十条第一款第（五）项至第（十七）项规定的权利的保护期为五十年，截止于作品首次发表后五十年的12月31日，但作品自创作完成后五十年内未发表的，本法不再保护。”

修改为第二十七条：“自然人的作品，其发表权、著作权中的财产权利的保护期为作者终身及其死亡后五十年；如果是不可分割的合作作品，其保护期计算以最后死亡的作者为准。

法人或者其他组织的作品、著作权由法人或者其他组织享有的职务作品,其著作权中的财产权利的保护期为首次发表后五十年,但作品自创作完成后五十年内未发表的,本法不再保护。

视听作品,其著作权中的财产权利的保护期为首次发表后五十年,但作品自创作完成后五十年内未发表的,本法不再保护。

本条第二、三款作品,其发表权的保护期为五十年,但作品自创作完成后五十年内未发表的,本法不再保护。

实用艺术作品,其著作权中的财产权利的保护期为首次发表后二十五年,但作品自创作完成后二十五年内未发表的,本法不再保护;其发表权的保护期为二十五年,但作品自创作完成后二十五年内未发表的,本法不再保护。

前五款所称的保护期,自作者死亡、相关作品首次发表或者作品创作完成后次年1月1日起算。”

将2010年著作权法第二十一条第一款中“公民”的表述**修改为**“自然人”;**取消**了三个款项中有关“截止于作者死亡后第五十年的12月31日”的表述;将第三款中的“电影作品和以类似摄制电影的方法创作的作品”**修改为**“视听作品”。

新增第四款至第六款的规定:“本条第二、三款作品,其发表权的保护期为五十年,但作品自创作完成后五十年内未发表的,本法不再保护。

实用艺术作品,其著作权中的财产权利的保护期为首次发表后二十五年,但作品自创作完成后二十五年内未发表的,本法不再保护;其发表权的保护期为二十五年,但作品自创作完成后二十五年内未发表的,本法不再保护。

前五款所称的保护期,自作者死亡、相关作品首次发表或者作品创作完成后次年1月1日起算。”

“修改草案”第一稿(征求意见稿)**新增**第二十八条:“作者身份不明的作

品，其著作权中的财产权利的保护期为五十年，自该作品首次发表后次年1月1日起算。作者身份确定后适用本法第二十七条规定。”

（三）关于“权利的限制”（2010年著作权法第二章第四节）部分

◆将2010年著作权法第二章著作权第四节“权利的限制”第二十二条：“在下列情况下使用作品，可以不经著作权人许可，不向其支付报酬，但应当指明作者姓名、作品名称，并且不得侵犯著作权人依照本法享有的其他权利：

（一）为个人学习、研究或者欣赏，使用他人已经发表的作品；

（二）为介绍、评论某一作品或者说明某一问题，在作品中适当引用他人已经发表的作品；

（三）为报道时事新闻，在报纸、期刊、广播电台、电视台等媒体中不可避免地再现或者引用已经发表的作品；

（四）报纸、期刊、广播电台、电视台等媒体刊登或者播放其他报纸、期刊、广播电台、电视台等媒体已经发表的关于政治、经济、宗教问题的时事性文章，但作者声明不许刊登、播放的除外；

（五）报纸、期刊、广播电台、电视台等媒体刊登或者播放在公众集会上发表的讲话，但作者声明不许刊登、播放的除外；

（六）为学校课堂教学或者科学研究，翻译或者少量复制已经发表的作品，供教学或者科研人员使用，但不得出版发行；

（七）国家机关为执行公务在合理范围内使用已经发表的作品；

（八）图书馆、档案馆、纪念馆、博物馆、美术馆等为陈列或者保存版本的需要，复制本馆收藏的作品；

（九）免费表演已经发表的作品，该表演未向公众收取费用，也未向表演

者支付报酬;

(十)对设置或者陈列在室外公共场所的艺术作品进行临摹、绘画、摄影、录像;

(十一)将中国公民、法人或者其他组织已经发表的以汉语言文字创作的作品翻译成少数民族语言文字作品在国内出版发行;

(十二)将已经发表的作品改成盲文出版。"

第二十三条:"为实施九年制义务教育和国家教育规划而编写出版教科书,除作者事先声明不许使用的外,可以不经著作权人许可,在教科书中汇编已经发表的作品片段或者短小的文字作品、音乐作品或者单幅的美术作品、摄影作品,但应当按照规定支付报酬,指明作者姓名、作品名称,并且不得侵犯著作权人依照本法享有的其他权利。

前款规定适用于对出版者、表演者、录音录像制作者、广播电台、电视台的权利的限制。"

整体移至"修改草案"第一稿(征求意见稿)第四章"权利的限制"专章规范,具体规定如下。

"第三十九条　依照本法规定,不经著作权人许可使用其已经发表作品的,不得影响该作品的正常使用,也不得不合理地侵害著作权人的合法权益。

第四十条　在下列情况下使用作品,可以不经著作权人许可,不向其支付报酬,但应当指明作者姓名、作品名称、作品出处,并且不得侵犯著作权人依照本法享有的其他权利:

(一)为个人学习、研究,复制一份他人已经发表的作品;

(二)为介绍、评论某一作品或者说明某一问题,在作品中适当引用他人已经发表的作品;

(三)为报道时事新闻,在报纸、期刊、广播电台、电视台等媒体中不可避免地再现或者引用已经发表的作品；

（四）报纸、期刊、广播电台、电视台等媒体刊登或者播放其他报纸、期刊、广播电台、电视台等媒体已经发表的关于政治、经济、宗教问题的时事性文章，但作者声明不许刊登、播放的除外；

（五）报纸、期刊、广播电台、电视台等媒体刊登或者播放在公众集会上发表的讲话，但作者声明不许刊登、播放的除外；

（六）为学校课堂教学或者科学研究，翻译或者少量复制已经发表的作品，供教学或者科研人员使用，但不得出版发行；

（七）国家机关为执行公务在合理范围内使用已经发表的作品；

（八）图书馆、档案馆、纪念馆、博物馆、美术馆等为陈列或者保存版本的需要，复制本馆收藏的作品；

（九）免费表演已经发表的作品，该表演未向公众收取费用，也未向表演者支付报酬；

（十）对设置或者陈列在室外公共场所的艺术作品进行临摹、绘画、摄制；

（十一）将中国自然人、法人或者其他组织已经发表的以汉语言文字创作的作品翻译成少数民族语言文字作品在国内出版发行；

（十二）将已经发表的作品改成盲文出版。

第四十一条　计算机程序的合法授权使用者可以从事以下行为：

（一）根据使用的需要把该程序装入计算机等具有信息处理能力的装置内；

（二）为了防止计算机程序损坏而制作备份复制件。这些备份复制件不得通过任何方式提供给他人使用，并在本人丧失合法授权时，负责将备份复制件销毁；

（三）为了把该程序用于实际的计算机应用环境或者改进其功能、性能而进行必要的修改;未经该程序的著作权人许可,不得向任何第三方提供修改后的程序。

第四十二条　为了学习和研究计算机程序内含的设计思想和原理,通过安装、显示、传输或者存储等方式使用计算机程序的,可以不经计算机程序著作权人许可,不向其支付报酬。

第四十三条　计算机程序的合法授权使用者在通过正常途径无法获取必要的兼容性信息时,可以不经该程序著作权人许可,复制和翻译该程序中与兼容性信息有关的部分内容。

适用前款规定获取的信息,不得超出计算机程序兼容的目的使用,不得提供给他人,不得用于开发、生产或销售实质性相似的计算机程序,不得用于任何侵犯著作权的行为。

第四十四条　为实施九年制义务教育和国家教育规划而编写教科书,可以依照本法第四十八条规定的条件,不经著作权人许可,在教科书中汇编已经发表的作品片段或者短小的文字作品、音乐作品或者单幅的美术作品、摄影作品、图形作品。

第四十五条　中国自然人、法人和其他组织的文字作品在报刊上刊登后,其他报刊可以依照本法第四十八条规定的条件,不经作者许可进行转载或者作为文摘、资料刊登。

报刊对其刊登的作品根据作者的授权享有专有出版权,并在其出版的报刊显著位置作出声明的,其他报刊不得进行转载或刊登。

第四十六条　录音制品首次出版3个月后,其他录音制作者可以依照本法第四十八条规定的条件,不经著作权人许可,使用其音乐作品制作录音制品。

第四十七条　广播电台、电视台可以依照本法第四十八条规定的条件,不经著作权人许可,播放其已经发表的作品;但播放他人的视听作品,应当取得制片者许可。

第四十八条　根据本法第四十四条、第四十五条、第四十六条和第四十七条的规定，不经著作权人许可使用其已发表的作品，必须符合下列条件：

（一）在使用前向国务院著作权行政管理部门申请备案；

（二）在使用时指明作者姓名、作品名称和作品出处；

（三）在使用后一个月内按照国务院著作权行政管理部门制定的标准向著作权集体管理组织支付使用费，同时报送使用作品的作品名称、作者姓名和作品出处等相关信息。

使用者申请法定许可备案的，国务院著作权行政管理部门应在其官方网站公告备案信息。

著作权集体管理组织应当将第一款所述使用费及时转付给相关权利人，并建立作品使用情况查询系统供权利人免费查询作品使用情况和使用费支付情况。”

以上共十个条款，与2010年著作权法相比较，**增加**了八个条款，从“合理使用”和“法定许可”两个方面进行了具体规范，增加合理使用的弹性，提高了适用法定许可的门槛。**增加**了三条有关计算机程序的合理使用规定；将2010年著作权法第四章“出版，表演，录音录像，播放”中第三十三条、第四十条、第四十三条有关法定许可的规定进行了重新规范。

（四）关于“出版、表演、录音录像、播放”（2010年著作权法第四章）部分

◆“修改草案”第一稿（征求意见稿）将其**整体移至**第三章，并将2010年著作权法规定的名称由“出版、表演、录音录像、播放”**修改为**“相关权”。将2010年著作权法第四章全面规范出版、表演、录音录像、广播等方式许可使用作品的权利与义务关系，以及在使用作品过程形成的相关权利等问题，落

脚到重点规范相关权“权利主体及权利内容”上，与第二章“著作权”的立法原则保持一致。

分别依顺序将2010年著作权法第四章第一节至第四节的名称，由行为性表述“图书、报刊的出版”“表演”“录音录像”“广播电台、电视台播放”，**修改为**主体性表述“出版者”“表演者”“录音制作者”“广播电台、电视台”。

将2010年著作权法第四章关于图书报刊，表演，录音，广播电台、电视台许可使用作品的有关规范，**移至**“修改草案”第一稿（征求意见稿）第五章“权利的行使”相对应的条款进行规定。将涉及图书报刊，表演，录音，广播电台、电视台使用作品法定许可的有关规范，**移至**“修改草案”第一稿（征求意见稿）第四章“权利的限制”相对应的条款进行规定。

“修改草案”第一稿（征求意见稿）第三章“相关权”四个节的具体内容如下。

第一节　出版者

第二十九条　本法所称的出版，是指复制并发行。

本法所称的版式设计，是指对图书和期刊的版面格式的设计，包括对版心、排式、用字、行距、标题、引文以及标点符号等版面布局因素的安排。

第三十条　出版者有权许可他人使用其出版的图书、期刊的版式设计。

前款规定的权利的保护期为十年，自使用该版式设计的图书或者期刊首次出版后次年1月1日起算。

第二节　表演者

第三十一条　本法所称的表演者，是指以朗诵、歌唱、演奏以及其他方式表演文学艺术作品或民间文学艺术的人或者演出单位。

第三十二条 表演者对其表演享有下列权利:

(一)表明表演者身份;

(二)保护表演形象不受歪曲;

(三)许可他人以无线或者有线方式播放其现场表演;

(四)许可他人录制其表演;

(五)许可他人复制、发行、出租其表演的录制品或者该录制品的复制品;

(六)许可他人在信息网络环境下通过无线或者有线的方式向公众提供其表演,使该表演可为公众在其个人选定的时间和地点获得。

前款第(一)项、第(二)项规定的权利的保护期不受限制;第(三)项至第(六)项规定的权利的保护期为五十年,自该表演发生后次年1月1日起算。

被许可人以第一款第(三)项至第(六)项规定的方式使用作品,还应当取得著作权人许可。

第三十三条 如当事人无相反书面约定,视听作品中的表演者权利由制片者享有,但表演者享有表明表演者身份的权利。

制片者聘用表演者摄制视听作品,应当签订书面合同并支付报酬。

表演者有权就制片者使用或授权他人使用该视听作品获得合理报酬,合同另有约定除外。

第三节 录音制作者

第三十四条 本法所称的录音制品,是指任何对表演的声音和其他声音的录制品。

本法所称的录音制作者,是指录音制品的首次制作人。

第三十五条 录音制作者对其制作的录音制品享有许可他人复制、发行、出租、在信息网络环境下通过无线或者有线的方式向公众提供录音制品使公众可以在其个人选定的时间和地点获得该录音制品的权利。

前款规定的权利的保护期为五十年,自录音制品首次制作完成后次年1月1日起算。

被许可人复制、发行、出租、通过信息网络向公众传播录音制品,还应当取得著作权人、表演者许可。

第三十六条 将录音制品用于无线或者有线播放,或者通过技术设备向公众传播,表演者和录音制品制作者共同享有获得合理报酬的权利。

第四节 广播电台、电视台

第三十七条 本法所称的广播电视节目,是指广播电台、电视台首次播放的载有内容的信号。

第三十八条 广播电台、电视台有权禁止以下行为:

(一)其他广播电台、电视台以无线或者有线方式转播其广播电视节目;

(二)录制其广播电视节目;

(三)复制其广播电视节目的录制品;

(四)在信息网络环境下通过无线或者有线的方式向公众转播其广播电视节目。

前款规定的权利的保护期为五十年,自广播电视节目首次播放后的次年1月1日起算。

（五）关于"著作权许可使用和转让合同"（2010年著作权法第三章）部分

◆将其由2010年著作权法第三章**移至**"修改草案"第一稿（征求意见稿）的第五章，并将其名称由2010年著作权法的"著作权许可使用和转让合同"，**修改为**"权利的行使"。

◆**新增**第四十九条："著作权人可以通过许可、转让、设立质权或者法律允许的其他形式利用著作权中的财产权利。"

◆将2010年著作权法第二十四条："使用他人作品应当同著作权人订立许可使用合同，本法规定可以不经许可的除外。

许可使用合同包括下列主要内容：

（一）许可使用的权利种类；

（二）许可使用的权利是专有使用权或者非专有使用权；

（三）许可使用的地域范围、期间；

（四）付酬标准和办法；

（五）违约责任；

（六）双方认为需要约定的其他内容"。

修改为第五十条："使用他人作品应当同著作权人订立许可使用合同，本法规定可以不经许可的除外。

许可使用合同包括下列主要内容：

（一）作品名称；

（二）许可使用的权利种类和使用方式；

（三）许可使用的权利是专有使用权或者非专有使用权；

（四）许可使用的地域范围、期间；

（五）付酬标准和办法；

(六)违约责任；

(七)双方认为需要约定的其他内容。

使用作品的付酬标准可以由当事人约定，当事人没有约定或者约定不明的，按照市场价格或者国务院著作权行政管理部门会同有关部门制定的付酬标准支付报酬。”

将“作品名称”列为许可使用合同的主要内容，**增加**了“使用作品的付酬标准可以由当事人约定，当事人没有约定或者约定不明的，按照市场价格或者国务院著作权行政管理部门会同有关部门制定的付酬标准支付报酬”的款项。

◆**新增**第五十一条：“使用他人作品，许可使用的权利是专有使用权的，应当采取书面形式。

合同中未明确约定许可使用的权利是专有使用权的，视为许可使用的权利为非专有使用权。

合同中约定许可使用的权利是专有使用权，但对专有使用权的内容没有约定或者约定不明的，视为被许可人有权排除包括著作权人在内的任何人以同样的方式使用作品。

报刊与作者签订专有出版权合同的，专有出版权的期限不得超过一年。”

◆**新增**第五十二条：“图书出版合同中约定图书出版者享有专有出版权但没有明确其具体内容的，视为图书出版者享有在合同有效期内和在合同约定的地域范围内以同种文字的原版、修订版出版图书的专有权利。”

◆**新增**第五十三条：“图书出版者重印、再版作品的，应当通知著作权人，并支付报酬。

图书脱销后，图书出版者拒绝重印、再版的，著作权人有权终止合同。著作权人寄给图书出版者的两份订单在6个月内未得到履行，视为图书脱销。”

◆将2010年著作权法第三十七条第一款:“使用他人作品演出,表演者(演员、演出单位)应当取得著作权人许可,并支付报酬。演出组织者组织演出,由该组织者取得著作权人许可,并支付报酬。”**修改为**第五十四条:“表演他人作品的,应当由演出组织者或者演出单位取得著作权人授权。”

◆将2010年著作权法第二十五条:“转让本法第十条第一款第(五)项至第(十七)项规定的权利,应当订立书面合同。

权利转让合同包括下列主要内容:

(一)作品的名称;

(二)转让的权利种类、地域范围;

(三)转让价金;

(四)交付转让价金的日期和方式;

(五)违约责任;

(六)双方认为需要约定的其他内容。”

修改为第五十五条:“转让著作权中的财产权利,应当订立书面合同。

权利转让合同包括下列主要内容:

(一)作品的名称;

(二)转让的权利种类、地域范围;

(三)转让金;

(四)交付转让金的日期和方式;

(五)违约责任;

(六)双方认为需要约定的其他内容。”

◆将2010年著作权法第二十七条:“许可使用和转让合同中著作权人未明确许可、转让的权利,未经著作权人同意,另一方当事人不得行使。”

修改为第五十六条:“许可使用合同和转让合同中著作权人未明确许可、转让的权利,未经著作权人同意,被许可人不得行使。

未经著作权人同意,被许可人不得许可第三人行使同一权利。”

◆**新增**第五十七条:“与著作权人订立专有许可合同或转让合同的,可以向国务院著作权行政管理部门设立的专门登记机构登记。经登记的专有许可合同和转让合同,可以对抗第三人。

合同登记应当缴纳费用,收费标准由国务院著作权行政管理部门会同国务院价格管理部门确定。”

◆将2010年著作权法第二十六条:“以著作权出质的,由出质人和质权人向国务院著作权行政管理部门办理出质登记。”**修改为**第五十八条:“以著作权出质的,由出质人和质权人向国务院著作权行政管理部门办理出质登记。著作权出质登记应当缴纳费用,收费标准由国务院著作权行政管理部门会同国务院价格管理部门、财政管理部门确定。”**增加**了“质权登记费用缴纳,以及收费标准制定主体”的规定。

◆**删除**了2010年著作权法第二十八条:“使用作品的付酬标准可以由当事人约定,也可以按照国务院著作权行政管理部门会同有关部门制定的付酬标准支付报酬。当事人约定不明确的,按照国务院著作权行政管理部门会同有关部门制定的付酬标准支付报酬。”

◆**新增**“修改草案”第一稿(征求意见稿)第五章“权利的行使”第二节“著作权集体管理”。

◆将2010年著作权法第八条:“著作权人和与著作权有关的权利人可以授权著作权集体管理组织行使著作权或者与著作权有关的权利。著作权集体管理组织被授权后,可以以自己的名义为著作权人和相关权人主张权利,并可以作为当事人进行涉及著作权或者与著作权有关的利权的诉讼、仲裁活动。

著作权集体管理组织是非营利性组织,其设立方式、权利义务、著作权许可使用费的收取和分配,以及对其监督管理等由国务院另行规定”。

修改为第五十九条:"著作权集体管理组织是根据著作权人和相关权人的授权或者法律规定,以集体管理的方式行使著作权或者相关权的非营利性组织。

著作权集体管理组织管理权利时,可以以自己的名义为著作权人和相关权人主张权利,并可以作为当事人进行著作权或者相关权的诉讼、仲裁活动。

国务院著作权行政管理部门负责著作权集体管理组织的审批和监督管理。"

◆**新增**第六十条:"著作权集体管理组织取得权利人授权并能在全国范围代表权利人利益的,可以向国务院著作权行政管理部门申请代表全体权利人行使著作权或者相关权,权利人书面声明不得集体管理的除外。"

◆**新增**第六十一条:"著作权集体管理组织的授权使用收费标准由国务院著作权行政管理部门公告实施,有异议的,由国务院著作权行政管理部门组织专门委员会裁定,裁定为最终结果,裁定期间收费标准不停止执行。"

◆**新增**第六十二条:"两个以上著作权集体管理组织就同一使用方式向同一使用者收取使用费的,应当事先协商确定由一个集体管理组织统一收取,但当事人另有约定的除外。"

◆**新增**第六十三条:"著作权集体管理组织的设立方式、权利义务、著作权许可使用费的收取和分配,对其监督和管理,授权使用收费标准异议裁定等事宜由国务院另行规定。"

"修改草案"第一稿(征求意见稿)规定了"集体管理组织的非营利性性质,集体管理组织可以以自己名义为著作权人和相关权人主张权利,并作为当事人进行著作权和相关权的诉讼、仲裁活动,国务院著作权行政管理部门负责集体管理组织的审批和监管";规定了"取得著作权人授权并能在全国范围内代表权利人利益的集体管理组织,可向国务院著作权行政管理部门申请代表全体权利人行使著作权或者相关权（延伸的集体管理）”；规定了“集体管理组织授权使用收费标准公告实施，及收费标准异议机制”；规定了“多个集体管理组织针对同一使用方式向同一使用者收取费用，由一个集体管理统一收取”；规定了“集体管理组织设立、权利义务、权利许可使用费收取和分配、对其监管、收费标准异议裁定等，事宜，由国务院另行规定”。

（六）关于“技术保护措施和权利管理信息”[“修改草案”第一稿（征求意见稿）第六章]部分

◆“修改草案”第一稿（征求意见稿）**新增**第六章“技术保护措施和权利管理信息”，共四个条款，具体情况为：

“第六十四条　本法所称的技术保护措施，是指权利人为防止、限制其作品、表演、录音制品或者计算机程序被复制、浏览、欣赏、运行或者通过信息网络传播而采取的有效技术、装置或者部件。

本法所称的权利管理信息，是指说明作品及其作者、表演及其表演者、录音制品及其制作者的信息，作品、表演、录音制品权利人的信息和使用条件的信息，以及表示上述信息的数字或者代码。

第六十五条　为保护著作权和相关权，权利人可以采用技术保护措施。

任何组织或者个人不得故意避开或者破坏技术保护措施，不得故意制造、进口或者向公众提供主要用于避开或者破坏技术保护措施的装置或部件，不得故意为他人避开或者破坏技术保护措施提供技术服务，但是法律、行政法规另有规定的除外。

第六十六条　未经权利人许可，不得进行下列行为：

（一）故意删除或者改变权利管理信息，但由于技术上的原因无法避免删除或者改变的除外；

（二）向公众提供知道或者应当知道未经权利人许可被删除或者改变权

利管理信息的作品、表演、录音制品。

第六十七条　下列情形可以避开技术保护措施，但不得向他人提供避开技术保护措施的技术、装置或者部件，不得侵犯权利人依法享有的其他权利：

（一）为学校课堂教学或者科学研究，向少数教学、科研人员提供已经发表的作品、表演、录音制品，而该作品、表演、录音制品无法通过正常途径获取；

（二）不以营利为目的，以盲人能够感知的独特方式向盲人提供已经发表的文字作品，而该作品无法通过正常途径获取；

（三）国家机关依照行政、司法程序执行公务；

（四）对计算机及其系统或者网络的安全性能进行测试。”

“修改草案”第一稿（征求意见稿）分别对“技术保护措施”“权利管理信息”的概念作出明确定义；规定“为保护著作权和相关权，权利人可以采用技术保护措施，他人故意不得规避、破坏技术措施，不得故意制造、进口或者向公众提供主要用于避开或者破坏技术措施的装置或部件，不得故意为他人避开或者破坏技术措施提供技术服务”；规定“未经权利人许可，不得故意删除或者改变权利管理信息，不得向公众提供知道或者应该知道未经权利人许可被删除或者改变权利管理信息的作品、表演、录音制品”；规定了保护“技术保护措施”的例外情形。

（七）关于“法律责任和执法措施”（2010年著作权法第五章）部分

◆将2010年著作权法第五章“法律责任和执法措施”，**修改为**第七章，并将名称**修改为**“权利的保护”。

◆将2010年著作权法第四十七条：“有下列侵权行为的，应当根据情况，承担停止侵害、消除影响、赔礼道歉、赔偿损失等民事责任：

（一）未经著作权人许可，发表其作品的；

（二）未经合作作者许可，将与他人合作创作的作品当作自己单独创作的作品发表的；

（三）没有参加创作，为谋取个人名利，在他人作品上署名的；

（四）歪曲、篡改他人作品的；

（五）剽窃他人作品的；

（六）未经著作权人许可，以展览、摄制电影和以类似摄制电影的方法使用作品，或者以改编、翻译、注释等方式使用作品的，本法另有规定的除外；

（七）使用他人作品，应当支付报酬而未支付的；

（八）未经电影作品和以类似摄制电影的方法创作的作品、计算机软件、录音录像制品的著作权人或者与著作权有关的权利人许可，出租其作品或者录音录像制品的，本法另有规定的除外；

（九）未经出版者许可，使用其出版的图书、期刊的版式设计的；

（十）未经表演者许可，从现场直播或者公开传送其现场表演，或者录制其表演的；

（十一）其他侵犯著作权以及与著作权有关的权益的行为。”

修改为第六十八条：“侵犯著作权或者相关权，违反本法规定的技术保护措施或者权利管理信息义务的，应当承担停止侵害、消除影响、赔礼道歉、赔偿损失等民事责任。”

将2010年著作权法第四十七条列举式的侵权行为，**修改为**开放式的侵权行为，增强了法律适用的弹性，扩大了侵权行为的救济面。

◆**新增**第六十九条：“网络服务提供者为网络用户提供存储、搜索或者链接等单纯网络技术服务时，不承担与著作权或相关权有关的信息审查义务。

网络用户利用网络服务实施侵犯著作权或者相关权行为的，被侵权人可以书面通知网络服务提供者，要求其采取删除、屏蔽、断开链接等必要措施。网络服务提供者接到通知后及时采取必要措施的，不承担赔偿责任；未及时采取必要措施的，与该网络用户承担连带责任。

网络服务提供者知道或者应当知道网络用户利用其网络服务侵害著作权，未采取必要措施的，与该网络用户承担连带责任。”

“修改草案”第一稿（征求意见稿）对网络服务提供者为网络用户提供存储、搜索或者链接等单纯网络技术服务的审查责任、履行被侵权人通知删除要求与否的法律责任、明知或应知网络用户利用网络服务实施侵权行为的法律责任等作出了相应的规定。

◆**新增**第七十条：“使用者依照与著作权集体管理组织签订的合同或法律规定向著作权集体管理组织支付报酬的，对权利人就同一权利和同一使用方式提起诉讼的，不承担赔偿责任，但应当停止使用，并按照相应的集体管理使用费标准支付报酬。”

“修改草案”第一稿（征求意见稿）对“使用者与著作权集体管理组织签订使用合同，权利人就同一权利和同一使用方式提起诉讼的，使用者应承担的法律责任”作出了规定。

◆**新增**第七十一条：“计算机程序的复制件持有人不知道也没有合理理由知道该程序是侵权复制件的，不承担赔偿责任；但是应当停止使用、销毁该侵权复制件。如果停止使用并销毁该侵权复制件将给复制件使用人造成重大损失的，复制件使用人可以在向计算机程序著作权人支付合理费用后继续使用。”

“修改草案”第一稿（征求意见稿）对计算机程序的复制件持有人，没有合理理由知道其持有的计算机程序是侵权复制件的法律责任作出了规定。

◆将2010年著作权法第四十九条：“侵犯著作权或者与著作权有关的权

利的,侵权人应当按照权利人的实际损失给予赔偿;实际损失难以计算的,可以按照侵权人的违法所得给予赔偿。赔偿数额还应当包括权利人为制止侵权行为所支付的合理开支。

权利人的实际损失或者侵权人的违法所得不能确定的,由人民法院根据侵权行为的情节,判决给予五十万元以下的赔偿。”

修改为第七十二条:“侵犯著作权或者相关权的,侵权人应当按照权利人的实际损失给予赔偿;实际损失难以计算的,可以按照侵权人的违法所得给予赔偿。权利人的实际损失或者侵权人的违法所得难以确定的,参照通常的权利交易费用的合理倍数确定。赔偿数额应当包括权利人为制止侵权行为所支付的合理开支。

权利人的实际损失、侵权人的违法所得和通常的权利交易费用均难以确定,并且经著作权或者相关权登记、专有许可合同或者转让合同登记的,由人民法院根据侵权行为的情节,判决给予一百万元以下的赔偿。

对于两次以上故意侵犯著作权或者相关权的,应当根据前两款赔偿数额的一至三倍确定赔偿数额。”

增加了“权利人的实际损失或者侵权人的违法所得难以确定的,参照通常的权利交易费用的合理倍数确定”,以及“故意侵权惩罚性赔偿”的规定;将法定赔偿的上限由五十万元提高到一百万元。

◆将2010年著作权法第四十八条:“有下列侵权行为的,应当根据情况,承担停止侵权、消除影响、赔礼道歉、赔偿损失等民事责任;同时损害公共利益的,可以由著作权行政管理部门责令停止侵权,没收违法所得,没收、销毁侵权复制品,并可以处以罚款;情节严重的,著作权行政管理部门还可以没收主要用于制作侵权复制品的材料、工具、设备等;构成犯罪的,依法追究刑事责任:

(一)未经著作权人许可复制、发行、表演、放映、广播、汇编、通过信息网

络向公众传播其作品的,本法另有规定的除外;

(二)出版他人享有专有出版权的图书的;

(三)未经表演者许可,复制、发行录有其表演的录音录像制品,或者通过信息网络向公众传播其表演的,本法另有规定的除外;

(四)未经录音录像制作者许可,复制、发行、通过信息网络向公众传播其制作的录音录像制品,本法另有规定的除外;

(五)未经认可,播放或者复制广播、电视的,本法另有规定的除外;

(六)未经著作权人或者与著作权有关的权利人许可,故意避开或者破坏权利人为其作品、录音录像制品采取的保护著作权或者与著作权有关的权利的技术措施的,本法另有规定的除外;

(七)未经著作权人或者与著作权有关的权利人许可,故意删除或者改变作品、录音录像制品等权利管理电子信息的,本法另有规定的除外;

(八)制作、出售假冒他人署名的作品的。"

修改为第七十三条:"下列侵权行为,同时破坏社会主义市场经济秩序的,可以由著作权行政管理部门责令停止侵权行为,没收违法所得,没收、销毁侵权复制品,并可处以罚款;情节严重的,著作权行政管理部门还可以没收主要用于制作侵权复制件的材料、工具、设备等;构成犯罪的,依法追究刑事责任:

(一)未经著作权人许可,复制、发行、出租、表演、放映、播放、通过信息网络向公众传播其作品的,本法另有规定的除外;

(二)违反本法第四十八条规定使用他人作品的;

(三)出版他人享有专有出版权的图书的;

(四)未经表演者许可,播放、录制其表演,复制、发行、出租录有其表演的录音制品,或者通过信息网络向公众传播其表演的,本法另有规定的除外;

（五）未经录音制作者许可，复制、发行、出租、通过信息网络向公众传播其制作的录音制品的，本法另有规定的除外；

（六）未经广播电台、电视台许可，转播、录制、复制、通过信息网络向公众传播其广播电视节目的，本法另有规定的除外；

（七）制作、出售假冒他人署名的作品的。”

规定了承担行政和刑事侵权行为的条件和种类；将侵权行为承担行政责任的“损害公共利益”要件**修改为**“破坏社会主义市场经济秩序”；**增加**了“违反本法第四十八条规定使用他人作品”（法定许可）的行为应承担行政责任；将2010年著作权法第四十八条之（六）“未经著作权人或者与著作权有关的权利人许可，故意避开或者破坏权利人为其作品、录音录像制品采取的保护著作权或者与著作权有关的权利的技术措施的，本法另有规定的除外”以及之（七）“未经著作权人或者与著作权有关的权利人许可，故意删除或者改变作品、录音录像制品等权利管理电子信息的，本法另有规定的除外”两项违法而非侵权的行为**移至**“修改草案”第一稿（征求意见稿）第七十四条进行规范。

◆**新增**第七十四条：“下列违法行为，可以由著作权行政管理部门予以警告，没收违法所得，没收主要用于避开、破坏技术保护措施的装置或者部件；情节严重的，没收相关的材料、工具和设备，并可处以罚款；构成犯罪的，依法追究刑事责任：

（一）未经许可，故意避开或者破坏权利人采取的技术保护措施的，法律、行政法规另有规定的除外；

（二）未经许可，故意制造、进口或者向他人提供主要用于避开、破坏技术保护措施的装置或者部件，或者故意为他人提供避开或者破坏技术保护措施提供技术服务的；

（三）未经许可，故意删除或者改变权利管理信息的，法律、行政法规另有规定的除外；

（四）未经许可，知道或者应当知道权利管理信息被删除或者改变，仍然复制、发行、出租、表演、放映、播放、通过信息网络向公众传播相关作品、表演和录音制品的。”

“修改草案”第一稿（征求意见稿）对破坏技术保护措施和删除权利管理信息的违法行为进行专条规范。

◆**新增**第七十五条：“著作权行政管理部门对与著作权或者相关权有关的涉嫌违法行为进行查处时，可以询问有关当事人，调查与涉嫌违法行为有关的情况；对当事人涉嫌违法行为的场所实施现场检查；查阅、复制与涉嫌违法行为有关的合同、发票、账簿以及其他有关资料；检查与涉嫌违法行为有关的产品，对于涉嫌侵犯著作权或者相关权的产品，可以查封或者扣押。

著作权行政管理部门依法行使前款规定的职权时，当事人应当予以协助、配合，无正当理由拒绝、阻挠或者拖延提供前款材料的，可以由著作权行政管理部门予以警告；情节严重的，没收相关的材料、工具和设备。”

规定了著作权行政管理部门查处涉嫌违法行为可以履行的法定程序，以及著作权行政管理部门履行查处涉嫌违法行为法定程序时，当事人应该予以协助、配合，不协助、配合将承担相应的法律责任。

◆将2010年著作权法第五十六条：“当事人对行政处罚不服的，可以自收到行政处罚决定书之日起三个月内向人民法院提起诉讼，期满不起诉又不履行的，著作权行政管理部门可以申请人民法院执行。”**修改为**第七十六条：“当事人对行政处罚不服的，可以自收到行政处罚决定书之日起六十日内向有关行政机关申请行政复议，或者自收到行政处罚决定书之日起三个月内向人民法院提起诉讼，期满不申请行政复议或者提起诉讼，又不履行的，著作权行政管理部门可以申请人民法院执行。”**增加**了行政复议及其时效问题。

◆将2010年著作权法第五十三条:“复制品的出版者、制作者不能证明其出版、复制有合法授权的,复制品的发行者或者电影作品或者类似摄制电影的方法创作的作品、计算机软件、录音录像制品的复制品的出租者不能证明其发行、出租的复制品有合法来源的,应当承担法律责任。”**修改为**第七十七条:“制作者不能证明其复制行为有合法授权,网络用户不能证明其通过信息网络向公众传播的作品或者复制件有合法授权,出租者不能证明其出租的视听作品、计算机程序或者录音制品有合法授权,以及发行者不能证明其发行的复制件有合法来源的,应当承担民事或者行政法律责任。”扩大了行为人使用著作权和相关权权利客体的“过错推定”的范围,将2010年著作权法“应当承担法律责任”的表述**修改为**“应当承担民事或者行政法律责任”。

◆将2010年著作权法第五十条:“著作权人或与著作权有关的权利人有证据证明他人正在实施或者即将实施侵犯其权利的行为,如不及时制止将会使其合法权益受到难以弥补的损害的,可以在起诉前向人民法院申请采取责令停止有关行为和财产保全的措施。

人民法院处理前款申请,适用《中华人民共和国民事诉讼法》第九十三条至第九十六条和第九十九条的规定。”

修改为第七十八条:“著作权人或者相关权人有证据证明他人正在实施或者即将实施侵犯其权利的行为,如不及时制止将会使其合法权益受到难以弥补的损害的,可以在起诉前向人民法院申请采取责令停止有关行为和财产保全的措施。

人民法院处理前款申请,适用《中华人民共和国民事诉讼法》第九十三条至第九十六条和第九十九条的规定。”

“修改草案”第一稿(征求意见稿)除了调整了该条的条款顺序,并将“与著作权有关的权利人”**修改为**“相关权人”之外,其他内容未作修改。

◆将2010年著作权法第五十一条:“为制止侵权行为,在证据可能灭失或者以后难以取得的情况下,著作权人或与著作权有关的权利人可以在起诉前向人民法院申请保全证据。

人民法院接受申请后,必须在四十八小时内作出裁定;裁定采取保全措施的,应当立即开始执行。

人民法院可以责令申请人提供担保,申请人不提供担保的,驳回申请。

申请人在人民法院采取保全措施后十五日内不起诉的,人民法院应当解除保全措施。”

修改为第七十九条:“为制止侵权行为,在证据可能灭失或者以后难以取得的情况下,著作权人或者相关权人可以在起诉前向人民法院申请保全证据。

人民法院接受申请后,必须在四十八小时内作出裁定;裁定采取保全措施的,应当立即开始执行。

人民法院可以责令申请人提供担保,申请人不提供担保的,驳回申请。

申请人在人民法院采取保全措施后十五日内不起诉的,人民法院应当解除保全措施。”

“修改草案”第一稿(征求意见稿)除调整了该条的条款顺序,并将“与著作权有关的权利人”**修改为**“相关权人”,其他内容未作修改。

◆将2010年著作权法第五十二条:“人民法院审理案件,对于侵犯著作权或者与著作权有关的权利的,可以没收违法所得、侵权复制品以及进行违法活动的财物。”**修改为**第八十条:“人民法院审理案件,对于侵犯著作权或者相关权的,可以没收违法所得、侵权复制品以及进行违法活动的财物。”“修改草案”第一稿(征求意见稿)除调整了该条的条款顺序,并将“与著作权有关的权利人”**修改为**“相关权人”,其他内容未作修改。

◆将2010年著作权法第五十四条:“当事人不履行合同义务或者履行合

同义务不符合约定条件的，应当依照《中华人民共和国民法通则》《中华人民共和国合同法》等有关法律规定承担民事责任。”**修改为**第八十一条：“当事人不履行合同义务或者履行合同义务不符合约定条件的，应当依照《中华人民共和国民法通则》《中华人民共和国合同法》等有关法律规定承担民事责任。”该条除调整条款顺序外，内容未作修改。

◆将2010年著作权法第五十五条：“著作权纠纷可以调解也可以根据当事人达成的书面仲裁协议或者著作权合同中的仲裁条款，向仲裁机构申请仲裁。

当事人没有书面仲裁协议，也没有在著作权合同中订立仲裁条款的，可以直接向人民法院起诉。”

修改为第八十二条：“著作权和相关权纠纷的当事人可以按照《中华人民共和国仲裁法》向仲裁机构申请仲裁，或者向人民法院起诉，也可以申请行政调解。”将“调解”**修改为**“行政调解”。

◆**新增**第八十三条：“著作权行政管理部门设立著作权纠纷调解委员会，负责著作权和相关权纠纷的调解。调解协议具有法律拘束力，一方当事人不履行调解协议的，另一方当事人可以申请人民法院司法确认和强制执行。

著作权调解委员会的组成、调解程序以及其他事项，由国务院著作权行政管理机关另行规定。”

对行政调解的主体，行政调解的法律效力，行政调解组成、调解程序以其他事项等办法的制定作出了规定。

◆**新增**第八十四条：“著作权人和相关权人对进口或者出口涉嫌侵害其著作权或者相关权的物品，可以申请海关查处。具体办法由国务院另行规定。”

（八）关于“附则”（2010年著作权法第六章）部分

◆将2010年著作权法第五十七条“本法所称的著作权即版权”，**移至**“修改草案”第一稿（征求意见稿）第八十五条，内容未作修改。

◆将2010年著作权法第五十八条：“本法第二条所称的出版，指作品的复制发行”**移至**“修改草案”第一稿（征求意见稿）第三章“相关权”第一节“出版者”第二十九条中规定。

◆将2010年著作权法第五十九条：“计算机软件、信息网络传播权的保护办法由国务院另行规定”**删除**，**取消**“计算机软件的保护办法由国务院另行规定”的规定；将“信息网络传播权的保护办法由国务院另行规定”**移至**“修改草案”第一稿（征求意见稿）第二章“著作权”第一节“著作权人及其权利”第十一条中规定。

◆**新增**第八十六条：“相关权的限制和行使适用本法中著作权的相关规定。”

◆将2010年著作权法第六十条：“本法规定的著作权人和出版者、表演者、录音录像制作者、广播电台、电视台的权利，在本法施行之日尚未超过本法规定的保护期的，依照本法予以保护。

本法施行前发生的侵权或者违约行为，依照侵权或者违约行为发生时的有关规定和政策处理。”

修改为第八十七条：“本法规定的著作权人和相关权人的权利，在本法施行之日尚未超过本法规定的保护期的，依照本法予以保护。

本法施行前发生的侵权或者违约行为，依照侵权或者违约行为发生时的有关规定和政策处理。”

◆将“出版者、表演者、录音录像制作者、广播电台、电视台”**修改为**“相关权人”。

◆将2010年著作权法第六十一条："本法自1991年6月1日起施行"**调整为**第八十八条，内容不变。

至此，著作权法第三次修订"修改草案"第一稿（征求意见稿）正式定稿。"修改草案"第一稿（征求意见稿）与2010年著作权法相比，无论是外在形式还是内容规范，均发生了比较大的变化。

这些变化主要体现在以下几个方面。一是对2010年著作权法的篇章结构进行调整，按照"权利客体、权利内容、权利限制、权利行使、权利保护"的递进关系重新布局篇章结构，逻辑层次更加清晰合理。二是将著作权行政法规中对著作权保护所规定的一般性法律规范吸收到"修改草案"第一稿（征求意见稿）中，既加强了著作权法法律规范的厚重度，同时又为适时终止不符合著作权保护实践的著作权行政法规扫清了障碍。三是根据国际著作权保护的发展趋势和国内著作权保护的实际需要，特别是应对数字网络发展运用对著作权保护制度的挑战，**增加**了"孤儿作品""网络服务提供者""技术保护措施和权利管理信息""著作权人视觉作品载体二次销售收益权（追续权）""录音制作者其录音制品以广播或者表演形式使用的获酬权""录音制作者的出租权""广播电视组织的专有权"等法律规范。四是针对"著作权授权许可使用机制不畅、著作权保护力度不够"两大突出问题进行了重点规范，**增加**了"著作权和相关权登记""著作权专有许可合同和转让合同登记"，重新调整了"法定许可"机制，提高了适用该机制的准入条件，规定了使用作品不履行付酬义务的责任承担，并对著作权集体管理进行了专节规范，将集体管理的一般性法规规范由行政法规规范，上升到由法律直接规范，开放了著作权人和相关权人权利救济的范围，**增加**了惩罚性赔偿的规定，提高了法定赔偿的标准。

综上所述，"修改草案"第一稿（征求意见稿）基本上回应了我国著作权保护面临的主要问题。当然，"修改草案"第一稿（征求意见稿）仅仅是著作权法修订最初步的成果，既不成熟，更不完美，只是为向社会公众公开征求意见提供一个可讨论的“靶子”。“修改草案”第一稿（征求意见稿）唯有反复听取各方意见、不断认真推敲，才能走向成熟。

三、开门纳谏，广听意见

2012年3月31日，国家版权局通过其官方网站向海内外发出通知，公开著作权法“修改草案”第一稿（征求意见稿），对外公布“修改草案”第一稿（征求意见稿）法律文本以及关于“修改草案”第一稿（征求意见稿）的简要说明，同时公布了社会公众提出意见的途径和方式，征求意见截止日期是2012年4月30日。

4月初，国家版权局局长、国家版权局著作权法修订工作领导小组组长柳斌杰和国家版权局副局长、国家版权局著作权法修订工作领导小组副组长阎晓宏分别以个人名义致函35位国家有关部门负责人征求意见。国家版权局办公厅致函国务院48家相关部委办征求意见。

“修改草案”第一稿（征求意见稿）一经对外公开不足48小时，波澜就起，高晓松、宋珂等人通过网络媒体对“修改草案”第一稿（征求意见稿）第四十六条（录音制品法定许可）的规定作出强烈反应，称该条规定严重损害“音乐人”的利益，并引起媒体的热议和社会公众的关注。

4月4日，我接到华东政法大学王迁教授打来的电话，王迁教授称，“高晓松等人以音乐人之称，对‘修改草案’第一稿（征求意见稿）第四十六条有关录音制品制作法定许可规范表示强烈不满，严重曲解该条规定，并通过各种媒介引导舆论，希望国家版权局出面解释澄清”。我回答王迁教授，“国家版权局公开征求对‘修改草案’第一稿（征求意见稿）的意见，不是为了走过场，而是要真心诚意地听取社会各界的各种不同意见，尤其是反对意见。如果一听到不同或反对意见，就出来澄清解释，说明国家版权局开门立法仅仅是流于形式，没有诚意听取社会各界的意见。当然，您作为知识产权领域的专家，可以通过媒体从法理和实践角度对该条规定进行解读，让社会公众去分辨道理，这样的效果会更好。”

4月5日，中国音像协会常务副理事长王炬打电话给我，称高晓松、宋珂、周亚平等人拟于4月9日以中国音像协会唱工委的名义针对“修改草案”第一稿（征求意见稿）录音制品法定许可和集体管理问题召开专题会议向社会再次发出声音，希望我能参加会议接受他们的质询。我立即表态愿意参加会议，与他们共同探讨有关问题，并请王炬副理事长将开会的具体时间和地点告之，届时准时参会。但此后王炬副理事长一直未将召开会议的具体时间和地点通知我。为了不失约，4月9日一早，上班之前，我打电话给王炬问及开会的时间、地点事宜。王炬副理事长以“他们改主意了”回避了我之所问。对此，我向他表达了遗憾之意。

柳斌杰局长十分重视“修改草案”第一稿（征求意见稿）征求意见的情况，作出要“汇总分析有关情况和意见”，充分利用好有价值的建议的要求。阎晓宏副局长直接参与处理“修改草案”第一稿（征求意见稿）的征求意见工作，4月21日，做客人民网，向网友介绍著作权法修改的必要性及“修改草案”第一稿（征求意见稿）的主要内容等情况；4月24日，在国务院新闻办公室举行的2011年中国知识产权发展状况新闻发布会上公开表示，欢迎和重视各方面对“修改草案”第一稿（征求意见稿）提出意见；4月26日，做客央视世界知识产权日特别制作的《我建议》节目与高晓松等人就“修改草案”第一稿（征求意见稿）中引发的热点和争议问题进行了坦诚的交流讨论。

4月25日，国家版权局召开了“著作权法修改媒体互动会”。

新华社、中央电视台、中央人民广播电台、中国国际广播电台、中国新闻社、光明日报、经济日报、法制日报、中国日报、科技日报、中国新闻出版广电报、中国知识产权报、北京青年报、新京报、21世纪经济报道、人民网、新华网、中新网、新浪网、腾讯网、香港大公报、香港文汇报、共同社、法新社等48家中外媒体记者参加了会议。会议还特别邀请对著作权法修订"修改草案"第一稿(征求意见稿)反应最为强烈的中国音像协会唱工委主任宋珂、副主任周亚平参加。互动会通过新浪网全程直播。

我代表"法律草案起草小组"主持互动会。一是向媒体和公众重点介绍了著作权法第三次修订的背景和基本思路。二是特别强调了国家版权局在著作权法第三次修订工作中的角色定位,即国家版权局不是立法机构,而是根据我国现行立法模式,作为国务院负责全国著作权事务的主管部门,承担着著作权相关法律、行政法规立(修)法草案的起草任务;国家版权局作为国务院负责全国著作权事务的行政管理部门,不同于传统意义上的政府行业主管部门,传统意义上的政府行业主管部门主要代表国家对特定行业行使监督管理权,制定特定行业发展规划、发布特定行业部门规章和政策文件,维护特定行业利益、承担对特定行业的监管责任,而国家版权局不是某个特定行业的管理者,不针对特定行业制定发展规划,不代表特定行业的利益,而是跨行业(著作权相关领域)的法律监管部门。因此,其在著作权法律、行政法规制(修)订过程中,不是、也不可能是某一特定利益主体的代言人,而应该是不同利益的协调者。三是详细解读分析了"修改草案"第一稿(征求意见稿)中第四十六条(录音制品制作法定许可)、第四十八条(法定许可的适用条件)、第六十条(延伸集体管理)、第六十九条(网络服务提供者的审查义务)、第七十条(使用者使用非集体管理组织会员作品的责任承担)等最具争议的条款的立法动机、法律依据,以及在实践所解决的实际问题。

"法律草案起草小组"就媒体关心、社会关注的著作权法修改热点问题,与参会媒体进行了互动交流,回答了媒体提出的问题,并与中国音像协会唱工委主任宋珂、副主任周亚平面对面地讨论交流了他们关心的热点和争议问题。

在著作权法修订“修改草案”第一稿（征求意见稿）第一次公开征求意见的整个四月，“法律草案起草小组”与国内学术界、图书馆界、摄影美术界、音乐界、软件行业、字体行业及美国全国商会全球知识产权中心7个中外著作权人组织、版权相关产业、知识产权教学科研机构等，就著作权法修订问题召开专题讨论会，面对面地了解他们的关切、听取他们的意见、回答他们的问题、介绍修法的情况，拉近了公开征求修法意见的现实距离感，真切地了解到社会各界的所思、所想、所求和所虑，增强了法律修改的针对性。

著作权法修订“修改草案”第一稿（征求意见稿）为期一个月的公开征求意见结束后，“法律草案起草小组”用十天左右的时间，对中外反馈的意见进行了梳理归纳。2012年3月31日至4月30日，国家版权局共收到来自中外意见书总计1577件，来源渠道主要为邮件、信函、传真和媒体。其中，中方意见书1558件，具体分布为：行政部门70件（部委办41件、各地版权局29件），司法系统2件，教学科研机构6件，行业组织123件（出版界28件、广播电台电视台23件、网络企业4件、图书馆界17件、著作权集体管理组织5件、娱乐业17件、中国文联和中国作协12件、计算机行业1件、律师事务所及律师11件、台北市音乐著作权代理人协会1件、其他4件），个人1357件；外方意见书22件，分布情况为：政府部门2件（美国、欧盟各1件），行业协会10件（美国3件、欧盟1件、英国1件、日本5件），其他机构和组织10件。

2012年5月11日，“国家版权局著作权法修订工作专家委员会”第三次会议在翔达国际商务酒店召开。

著作权法修订工作专家委员会委员，立法、司法和行政机关有关部门负责人，新闻媒体代表，以及“法律草案起草小组”的工作人员等参加了会议。

会议主要议题：一是听取著作权法“修改草案”第一稿（征求意见稿）征

求意见基本情况的汇报；二是与会代表对“修改草案”第一稿（征求意见稿）发表修改意见和建议。

会议由我主持，并代表“法律草案起草小组”向与会代表汇报了著作权法“修改草案”第一稿（征求意见稿）征求意见的基本情况。

2012年3月31日，国家版权局通过国家版权局和新闻出版总署网站公布著作权法修订“修改草案”第一稿（征求意见稿）之后，国内外反响积极，尤其是国内各界和社会公众对著作权法修订问题进行了热烈讨论。文学艺术界、信息产业界、电台电视台、出版界、图书馆界、娱乐业界、学术界以及律师界等社会各界人士纷纷发声，通过各种传媒途径、面对面座谈互动等方式表达对修法工作的关注。截至2012年5月9日，国家版权局和新闻出版总署网站关于修法征求意见的浏览量共计24 567人次，其中国家版权局网站浏览量为22 080次，新闻出版总署网站浏览量为2487次。在百度网站上输入关键词“著作权法修改草案”，可得到140多万个搜索结果，在新浪微博上输入关键词“著作权法”，可得到26万多个搜索结果。此外，本次修法还引起了美国、欧盟、英国、日本等国家以及我国香港地区、台湾地区的广泛关注。中外社会各界关于“修改草案”第一稿（征求意见稿）的意见和建议分别通过公文、信函、传真和电子邮件等方式不断反馈至国家版权局，在一个月时间内共收到国内外近1600份反馈意见书，充分反映出国内和国际社会对本次著作权法修订的关注程度。

2012年4月初以来，国家版权局在积极收集社会各界对“修改草案”第一稿（征求意见稿）反馈意见的同时，主动深入社会听取各方面意见，通过网络渠道、央视平台，以及“4·26世界知识产权日”活动，与社会公众交流互动，积极参加著作权人组织团体、文学艺术界、版权产业界、图书馆界、教学科研界等机构组织召开的修改草案讨论会，全力以赴跟踪了解媒体的反应以及社会各方面的意见，特别是权利人组织，版权产业界和专家、学者的意见，并对各种意见进行了认真梳理和分析研究。从整理的情况来看，社会各界对国家版权局坚持开门立法、保持立法过程的公开透明、秉持解决实际问题的导向予以充分肯定，并认为是我国社会进步的表现，体现了起草部门巨大的勇气和襟怀，可作为其他法律起草工作的有益借鉴。

从收到反馈意见的问题点看，近1600份反馈意见书仅未对“修改草案”第一稿（征求意见稿）以下7个条款提出修改意见。

第二十三条：“合作作者之一死亡后，其对合作作品享有的著作权中的财产权利无人继承又无人受遗赠的，由其他合作作者享有。”

第二十六条：“署名权、保护作品完整权的保护期不受限制。”

第二十八条：“作者身份不明的作品，其著作权中的财产权利的保护期为五十年，自该作品首次发表后次年1月1日起算。作者身份确定后适用本法第二十七条规定。”

第七十六条：“当事人对行政处罚不服的，可以自收到行政处罚决定书之日起六十日内向有关行政机关申请行政复议，或者自收到行政处罚决定书之日起三个月内向人民法院提起诉讼，期满不申请行政复议或者提起诉讼，又不履行的，著作权行政管理部门可以申请人民法院执行。”

第七十八条：“著作权人或者相关权人有证据证明他人正在实施或者即将实施侵犯其权利的行为，如不及时制止将会使其合法权益受到难以弥补的损害的，可以在起诉前向人民法院申请采取责令停止有关行为和财产保全的措施。

人民法院处理前款申请，适用《中华人民共和国民事诉讼法》第九十三条至第九十六条和第九十九条的规定。”

第八十条：“人民法院审理案件，对于侵犯著作权或者相关权的，可以没收违法所得、侵权复制品以及进行违法活动的财物。”

第八十五条：“本法所称的著作权即版权。”

其他针对“修改草案”第一稿(征求意见稿)88个条款中的81个条款都提出了不同程度的修改意见。说明社会公众对“修改草案”第一稿(征求意见稿)的关注面非常宽,既注重内容规范、又注重行文表述。

从意见的表达方式来看,近1600份意见主要以以下四种方式提出:一是笼统地肯定或否定、支持或反对,涉及个别条款或根本不涉及具体条款;二是简单罗列现实问题,提请考虑或解决;三是简单提出修改建议,不说明理由;四是明确提出具体修改建议,并说明修改理由。

以上四种表达方式,反映出反馈意见者对“修改草案”第一稿(征求意见稿)的关注程度存在差异。

社会各界对“修改草案”第一稿(征求意见稿)的意见和建议如下。

(一)关于作品

涉及“修改草案”第一稿(征求意见稿)第三条:“本法所称的作品,是指文学、艺术和科学领域内具有独创性并能以某种形式固定的智力成果。

作品包括以下种类:

(一)文字作品,是指小说、诗词、散文、论文等以文字形式表现的作品;

(二)口述作品,是指即兴的演说、授课、法庭辩论等以口头语言形式表现的作品;

(三)音乐作品,是指歌曲、交响乐等能够演唱或者演奏的带词或者不带词的作品;

(四)戏剧作品,是指话剧、歌剧、地方戏等供舞台演出的作品;

(五)曲艺作品,是指相声、快书、大鼓、评书等以说唱为主要形式表演的作品;

(六)舞蹈作品,是指通过连续的动作、姿势、表情等表现思想情感的作品;

（七）杂技艺术作品，是指杂技、魔术、马戏等通过形体动作和技巧表现的作品；

（八）美术作品，是指绘画、书法、雕塑等以线条、色彩或者其他方式构成的有审美意义的平面或者立体的造型艺术作品；

（九）实用艺术作品，是指具有实际用途的艺术作品；

（十）建筑作品，是指以建筑物或者构筑物形式表现的有审美意义的作品；

（十一）摄影作品，是指借助器械在感光材料或者其他介质上记录客观物体形象的艺术作品；

（十二）视听作品，是指固定在一定介质上，由一系列有伴音或者无伴音的画面组成，并且借助技术设备放映或者以其他方式传播的作品；

（十三）图形作品，是指为施工、生产绘制的工程设计图、产品设计图，以及反映地理现象、说明事物原理或者结构的地图、示意图等作品；

（十四）模型作品，是指为展示、试验或者观测等用途，根据物体的形状和结构，按照一定比例制成的立体作品；

（十五）计算机程序，是指为了得到某种结果而可以由计算机等具有信息处理能力的装置执行的代码化指令序列，或者可以被自动转换成代码化指令序列的符号化指令序列或者符号化语句序列，同一计算机程序的源程序和目标程序为同一作品；

（十六）其他文学、艺术和科学作品。

著作权自作品创作完成之日起自动产生，无需履行任何手续。”

第七条：“著作权保护及于表达，不延及思想、过程、原理、数学概念、操作方法等。

本法不适用于：

（一）法律、法规，国家机关的决议、决定、命令和其他具有立法、行政、司法性质的文件，及其官方正式译文；

（二）通过报纸、期刊、广播电台、电视台、信息网络等媒体报道的单纯事实消息；

（三）历法、通用数表、通用表格和公式。”

意见主要来自体育总局、广电系统、软件行业、字库行业及教学科研机构等。一是将计算机程序作为一般性作品加以保护，不再实行行政法规特别保护，与《世界贸易组织与贸易有关的知识产权协定》和《世界知识产权版权条约》保持一致，有利构筑统一权威的著作权法律制度，将“作品”定义中的“固定”表述改为“呈现”，如现场直播的信号可能是固定的同时播放；另外，认为某些类型作品的界定用语陈旧，逻辑关系不清晰、内容不全面，建议改进。二是对于是否将体育赛事节目、综艺类节目、网页设计、字形及字库、不构成作品的数据汇编等明确为著作权法“作品”保护的范畴，相关业界对此存在不同意见，但应明确计算机字库为计算机软件不存在争议。三是关于美术作品、建筑作品、实用艺术作品、图形作品、模型作品等，建议应明确其各自的边界范围。四是关于视听作品，认为在电影作品的基础上进行了扩充，考虑到了技术发展的因素，并建议增加“电影和类似摄制电影的方法制作的作品”。五是关于不保护的范围，建议将国家组织的各类考试试题及备用考题纳入其范围。

（二）关于著作权和相关权登记制度，以及专有许可合同登记与转让合同登记制度

涉及第六条：“著作权人和相关权人可以向国务院著作权行政管理部门设立的专门登记机构进行著作权或者相关权登记。登记文书是登记事项属实的初步证明。

登记应当缴纳费用，收费标准由国务院著作权行政管理部门会同国务

院价格管理部门确定。

著作权和相关权登记管理办法由国务院著作权行政管理部门另行制定。”

第五十七条:“与著作权人订立专有许可合同或转让合同的,可以向国务院著作权行政管理部门设立的专门登记机构登记。经登记的专有许可合同和转让合同,可以对抗第三人。

合同登记应当缴纳费用,收费标准由国务院著作权行政管理部门会同国务院价格管理部门确定。”

第七十二条:“侵犯著作权或者相关权的,侵权人应当按照权利人的实际损失给予赔偿;实际损失难以计算的,可以按照侵权人的违法所得给予赔偿。权利人的实际损失或者侵权人的违法所得难以确定的,参照通常的权利交易费用的合理倍数确定。赔偿数额应当包括权利人为制止侵权行为所支付的合理开支。

权利人的实际损失、侵权人的违法所得和通常的权利交易费用均难以确定,并且经著作权或者相关权登记、专有许可合同或者转让合同登记的,由人民法院根据侵权行为的情节,判决给予一百万元以下的赔偿。

对于两次以上故意侵犯著作权或者相关权的,应当根据前两款赔偿数额的一至三倍确定赔偿数额。”

意见主要来自出版者、广播电台和电视台等相关权人。一是支持设立登记制度,认为登记是在交易环境日益复杂的背景下,有效保护权利人的重要佐证;二是建议建立全国统一的作品登记制度,并进一步明确登记的实务操作,如登记机构、登记方式、登记是否收费、收费标准以及建立全国联网的作品登记数据库等问题,应统筹考虑、慎重设计统一的作品登记制度;三是提出以专有许可合同和转让许可合同登记限制著作权转让的效力和法定赔偿的前置条件,纵然可以一定程度上增加权利流转的安全性,但将导致交易效率降低，为出版机构和播放组织带来巨大的成本投入，且网络作品海量难以实现件件登记，认为实务中操作性不强。

（三）关于著作权权利内容

涉及第十一条："著作权包括人身权利和财产权利。

著作权中的人身权利包括：

（一）发表权，即决定作品是否公之于众的权利；

（二）署名权，即决定是否表明作者身份以及如何表明作者身份的权利；

（三）保护作品完整权，即修改作品以及禁止歪曲、篡改作品的权利。

著作权中的财产权利包括：

（一）复制权，即以印刷、复印、录制、翻拍以及数字化等任何方式将作品制作一份或者多份的权利；

（二）发行权，即以出售、赠与或者其他转让所有权的方式向公众提供作品的原件或者复制件的权利；

（三）出租权，即有偿许可他人临时使用视听作品、计算机程序或者包含作品的录音制品的原件或者复制件的权利，计算机程序不是出租的主要标的的除外；

（四）展览权，即公开陈列美术作品、摄影作品的原件或者复制件的权利；

（五）表演权，即以各种方式公开表演作品，以及用各种手段公开播送作品的表演的权利；

（六）放映权，即通过放映机、幻灯机等技术设备公开再现美术、摄影、视听作品等的权利；

（七）播放权，即以无线或者有线方式向公众播放作品或者转播该作品的播放，以及通过技术设备向公众传播该作品的播放的权利；

（八）信息网络传播权，即在信息网络环境下，以无线或者有线方式向公众提供作品，包括直播、转播或者使公众可以在其个人选定的时间和地点获得作品的权利；

（九）摄制权，即将作品摄制成视听作品的权利；

（十）改编权，即将作品转换成除视听作品以外的不同体裁或者种类的新作品的权利；

（十一）翻译权，即将作品从一种语言文字转换成另一种语言文字的权利；

（十二）修改权，即对计算机程序进行增补、删节，或者改变指令、语句顺序的权利；

（十三）追续权，即美术作品、摄影作品的原件或者作家、作曲家的手稿首次转让后，作者或者其继承人、受遗赠人对该原件或者手稿的每一次转售享有分享收益的权利，追续权不得转让或者放弃；

（十四）应当由著作权人享有的其他权利。

信息网络传播权、追续权的保护办法由国务院另行规定。”

意见主要来自工信部、国家知识产权局、广电系统、教学科研机构、律师行业以及国外行业协会。一是认为将财产权利分得过细，科技发展会出现交叉重叠问题，给司法认证带来麻烦，建议将财产权类型化处理，分为复制权、传播权、演绎权三大类；二是关于复制权，“数字化”复制是一个亮点和进步，同时是否将临时复制纳入权利范畴，并加以必要的例外规定；三是关于修改权，赞成归到保护作品完整权中，但对于计算机程序的修改，建议增加“其他变动”，以适应技术的发展；四是关于信息网络传播权，可能与播放权交叉，建议删去“直播、转播”；五是关于追续权，认为增加这一权利，有利于保护权利人，但必须严格限定条件，如主体范围、转售次数、行使条件等，且不应限制其放弃，也不应罗列在绝对权中。

(四)关于著作权归属

涉及第十二条:“著作权属于作者,本法另有规定的除外。

创作作品的自然人是作者。

由法人或者其他组织主持和投资,代表法人或者其他组织意志创作,以法人、其他组织或者其代表人名义发表,并由法人或者其他组织承担责任的作品,法人或者其他组织视为作者。

如无相反证明,在作品上署名的自然人、法人或者其他组织为作者。”

第十四条:“著作权属于作者,本法另有规定的除外。

创作作品的自然人是作者。

由法人或者其他组织主持和投资,代表法人或者其他组织意志创作,以法人、其他组织或者其代表人名义发表,并由法人或者其他组织承担责任的作品,法人或者其他组织视为作者。

如无相反证明,在作品上署名的自然人、法人或者其他组织为作者。”

第十六条:“如当事人无相反书面约定,视听作品著作权由制片者享有,但编剧、导演、摄影、作词、作曲等作者享有署名权。

制片者使用剧本、音乐等作品摄制视听作品,应当取得作者的许可,并支付报酬。

编剧、作词、作曲等作者有权就制片者使用或授权他人使用该视听作品获得合理报酬,合同另有约定除外。

视听作品中可以单独使用的剧本、音乐等作品,作者可以单独行使著作权,但不得妨碍视听作品的正常使用。”

第十七条:“职工为完成工作任务所创作的作品为职务作品,其著作权归属由当事人约定。

如无约定或者约定不明的,职务作品的著作权由职工享有,但工程设计图、产品设计图、计算机程序、受聘于报刊社或者通讯社创作的作品，以及大型辞书等作品的著作权由单位享有，作者享有署名权；职务作品的著作权由职工享有的，单位可以在其业务范围内免费使用该作品。”

一是关于法人或者其他组织被视为作者的情形，相比于2010年著作权法，界定更为清楚，利于司法实务判定，同时也有意见认为法人作品与职务作品的归属仍需进一步界定；二是关于视听作品，广电系统提出该著作权人应是制片人，因其已向其他作者支付报酬，但编剧、导演等提出其各自享有其创作部分的著作权，且未经其同意，制片人不得转让视听作品的著作权，并应明确制片者的概念；三是关于职务作品，应明确“职工”的含义，并考虑增加对作者酌情奖励的规定，以激励创新。

（五）关于“孤儿作品”

涉及第二十五条：“下列著作权的保护期尚未届满的作品，使用者可以向国务院著作权行政管理部门申请提存使用费后使用作品：

（一）作者身份不明或作品原件的所有人经尽力查找无果的；

（二）作者身份确定但经尽力查找无果的。

前款具体事项，由国务院著作权行政管理部门另行规定。”

一是支持将“孤儿作品”写入草案，体现了立法者的前瞻性，对于解决网络环境下社会公众的需要有积极意义，值得肯定；二是广电系统提出意见，认为电视节目先申请后使用，是无法操作的，亦有很多个人提出引入该项制度将会给使用者行方便之门，著作权人利益很容易被侵害，且通过网络发表的作品的著作权权属很难得到证明；三是应严格限定其适用条件，并遵循勤勉搜索原则和基于许可制度原则，并应仅限于已公开发表的作品。

（六）关于著作权保护期

涉及第二十七条："自然人的作品，其发表权、著作权中的财产权利的保护期为作者终身及其死亡后五十年；如果是不可分割的合作作品，其保护期计算以最后死亡的作者为准。

法人或者其他组织的作品、著作权由法人或者其他组织享有的职务作品，其著作权中的财产权利的保护期为首次发表后五十年，但作品自创作完成后五十年内未发表的，本法不再保护。

视听作品，其著作权中的财产权利的保护期为首次发表后五十年，但作品自创作完成后五十年内未发表的，本法不再保护。

本条第二、三款作品，其发表权的保护期为五十年，但作品自创作完成后五十年内未发表的，本法不再保护。

实用艺术作品，其著作权中的财产权利的保护期为首次发表后二十五年，但作品自创作完成后二十五年内未发表的，本法不再保护；其发表权的保护期为二十五年，但作品自创作完成后二十五年内未发表的，本法不再保护。

前五款所称的保护期，自作者死亡、相关作品首次发表或者作品创作完成后次年1月1日起算。"

一是在主要国家将保护期延长的大趋势下，尤其是80多个国家已延长至70年，草案应将保护期延长至作者终身及其死后70年，意见主要来自外方行业协会。二是关于视听作品保护期，国内电影界建议，视听作品创作水平和投资规模均高于其他作品，应延长至70年。

（七）关于相关权

涉及第三十三条："如当事人无相反书面约定，视听作品中的表演者权利由制片者享有，但表演者享有表明表演者身份的权利。

制片者聘用表演者摄制视听作品，应当签订书面合同并支付报酬。

表演者有权就制片者使用或授权他人使用该视听作品获得合理报酬，合同另有约定除外。”

一是认为增加表演者的出租权，与《世界知识产权组织版权条约》保持一致，是值得肯定的进步之处；二是认为增加录音制品播放和传播的获酬权是对2010年著作权法的重大改进，对中国音乐制作者的保护更有力；三是关于制片者与表演者关系，广电系统提出，实践中存在大量的无偿义务表演，似不应在法律中规定向表演者支付报酬；四是关于“广播组织”及“广播电视节目”等定义应更准确；五是除了明确广播电台、电视台的信息网络传播权外，还应明确网络服务提供者的信息网络传播权，否则将会使著作权人的信息网络传播权形同虚设。

（八）关于权利的限制与例外

涉及第三十九条：“依照本法规定，不经著作权人许可使用其已经发表作品的，不得影响该作品的正常使用，也不得不合理地侵害著作权人的合法权益。”

第四十条：“在下列情况下使用作品，可以不经著作权人许可，不向其支付报酬，但应当指明作者姓名、作品名称、作品出处，并且不得侵犯著作权人依照本法享有的其他权利：

（一）为个人学习、研究，复制一份他人已经发表的作品；

（二）为介绍、评论某一作品或者说明某一问题，在作品中适当引用他人已经发表的作品；

（三）为报道时事新闻，在报纸、期刊、广播电台、电视台等媒体中不可避免地再现或者引用已经发表的作品；

（四）报纸、期刊、广播电台、电视台等媒体刊登或者播放其他报纸、期刊、广播电台、电视台等媒体已经发表的关于政治、经济、宗教问题的时事性文章，但作者声明不许刊登、播放的除外；

（五）报纸、期刊、广播电台、电视台等媒体刊登或者播放在公众集会上发表的讲话，但作者声明不许刊登、播放的除外；

（六）为学校课堂教学或者科学研究，翻译或者少量复制已经发表的作品，供教学或者科研人员使用，但不得出版发行；

（七）国家机关为执行公务在合理范围内使用已经发表的作品；

（八）图书馆、档案馆、纪念馆、博物馆、美术馆等为陈列或者保存版本的需要，复制本馆收藏的作品；

（九）免费表演已经发表的作品，该表演未向公众收取费用，也未向表演者支付报酬；

（十）对设置或者陈列在室外公共场所的艺术作品进行临摹、绘画、摄制；

（十一）将中国自然人、法人或者其他组织已经发表的以汉语言文字创作的作品翻译成少数民族语言文字作品在国内出版发行；

（十二）将已经发表的作品改成盲文出版。”

一是支持将“三步检验法”写入草案，但对于第三十九条的具体表述有不同意见；二是对于第四十条的每一项，社会各界特别是图书馆界、出版界、中国残联、司法界等均提出了意见，普遍要求进一步细化适用条件，并增加兜底条款，特别是在合理使用中增加临时复制的声音比较强烈；三是关于计算机程序的限制与例外，将“计算机程序的合法授权使用者”取代了原“软件的合法复制品所有人”，使软件的“功能性使用”有了明确界定，为软件的正版化推进奠定了基础，值得肯定，同时应严格其适用条件，防止滥用。

(九)关于录音制品的法定许可和著作权集体管理

涉及第四十六条:“录音制品首次出版3个月后,其他录音制作者可以依照本法第四十八条规定的条件,不经著作权人许可,使用其音乐作品制作录音制品。”

第四十八条:“根据本法第四十四条、第四十五条、第四十六条和第四十七条的规定,不经著作权人许可使用其已发表的作品,必须符合下列条件:

(一)在使用前向国务院著作权行政管理部门申请备案;

(二)在使用时指明作者姓名、作品名称和作品出处;

(三)在使用后一个月内按照国务院著作权行政管理部门制定的标准向著作权集体管理组织支付使用费,同时报送使用作品的作品名称、作者姓名和作品出处等相关信息。

使用者申请法定许可备案的,国务院著作权行政管理部门应在其官方网站公告备案信息。

著作权集体管理组织应当将第一款所述使用费及时转付给相关权利人,并建立作品使用情况查询系统供权利人免费查询作品使用情况和使用费支付情况。”

第六十条:“著作权集体管理组织取得权利人授权并能在全国范围代表权利人利益的,可以向国务院著作权行政管理部门申请代表全体权利人行使著作权或者相关权,权利人书面声明不得集体管理的除外。”

第七十条:“使用者依照与著作权集体管理组织签订的合同或法律规定向著作权集体管理组织支付报酬的,对权利人就同一权利和同一使用方式提起诉讼,不承担赔偿责任,但应当停止使用,并按照相应的集体管理使用费标准支付报酬。”

录音制品的法定许可和著作权集体管理的相关条款是中外社会各界普遍关注、反应最为突出的问题。一是关于第四十四条、第四十五条和第四十七条涉及的教材法定许可和报刊、广播电台电视台的法定许可，基本无反对意见。二是关于第四十六条，支持者认为与第四十八条相结合，平衡了音乐人和使用者权益，实现了平衡性；反对者主要来自音乐界和相关组织，中国音乐界要求将3个月改为3年，并恢复2010年著作权法中的“但书”；中国音乐著作权协会的全体会员要求删除第四十六条，外方要求慎重考虑此条款。三是关于第四十八条、第六十条、第七十条涉及的著作权集体管理规定，支持者认为明确了付费渠道，便于作品的传播和使用，但应严格或细化其适用条件；反对者认为现行著作权集体管理制度还不成熟，无法胜任著作权的延伸管理重任，实践中易导致权利人“被限制”“被代表”“被定价”，应当取消这些条款。四是民政部建议应明确著作权集体管理组织是非营利性社会组织，并明确由相关责任部门对其进行监督管理。

（十）关于网络服务提供者的法律责任

涉及第六十九条：“网络服务提供者为网络用户提供存储、搜索或者链接等单纯网络技术服务时，不承担与著作权或相关权有关的信息审查义务。

网络用户利用网络服务实施侵犯著作权或者相关权行为的，被侵权人可以书面通知网络服务提供者，要求其采取删除、屏蔽、断开链接等必要措施。网络服务提供者接到通知后及时采取必要措施的，不承担赔偿责任；未及时采取必要措施的，与该网络用户承担连带责任。

网络服务提供者知道或者应当知道网络用户利用其网络服务侵害著作权，未采取必要措施的，与该网络用户承担连带责任。”

支持者认为，草案的出发点是将网络服务提供者的责任明确界定为注意义务而非审查义务，符合国际惯例，有利于平衡网络服务提供者和网络用户两方面的利益，但需要在法条上明确规定，并对于“书面通知”等进行改进；反对者认为应明确规定网络服务提供者有审查义务，应明确“单纯”和“知道或者应当知道”的具体含义，许多人将此条款与法定许可、现有的集体管理的运作联系起来，认为对音乐著作权人的利益保护极为不利；还有认为应当与最高人民法院即将出台的《关于审理侵犯信息网络传播权民事纠纷案件适用法律若干问题的解释》保持一致，并且将《信息网络传播权保护条例》的相关规定上升至法律层面。

（十一）关于技术保护措施和权利管理信息

涉及第六十六条：“网络服务提供者为网络用户提供存储、搜索或者链接等单纯网络技术服务时，不承担与著作权或相关权有关的信息审查义务。

网络用户利用网络服务实施侵犯著作权或者相关权行为的，被侵权人可以书面通知网络服务提供者，要求其采取删除、屏蔽、断开链接等必要措施。网络服务提供者接到通知后及时采取必要措施的，不承担赔偿责任；未及时采取必要措施的，与该网络用户承担连带责任。

网络服务提供者知道或者应当知道网络用户利用其网络服务侵害著作权，未采取必要措施的，与该网络用户承担连带责任。”

第六十七条：“下列情形可以避开技术保护措施，但不得向他人提供避开技术保护措施的技术、装置或者部件，不得侵犯权利人依法享有的其他权利：

（一）为学校课堂教学或者科学研究，向少数教学、科研人员提供已经发表的作品、表演、录音制品，而该作品、表演、录音制品无法通过正常途径获取；

（二）不以营利为目的，以盲人能够感知的独特方式向盲人提供已经发表的文字作品，而该作品无法通过正常途径获取；

（三）国家机关依照行政、司法程序执行公务；

（四）对计算机及其系统或者网络的安全性能进行测试。”

一是这些条款与《世界知识产权组织版权条约》和《世界知识产权组织表演和录音制品条约》保持一致，逻辑上也更完善。二是关于禁止情形，不应以“故意”为要件。三是关于避开技术保护措施的情形，工信部建议第六十七条增加三项：第一，进行加密研究；第二，进行计算机软件反向工程研究；第三，增加兜底条款。图书馆界建议增加图书馆档案馆等为保存目的对合法获得的数字作品进行格式转换。四是这些条款没必要单设一章，可并入其他章节。

（十二）关于法律责任

涉及第七十二条：“侵犯著作权或者相关权的，侵权人应当按照权利人的实际损失给予赔偿；实际损失难以计算的，可以按照侵权人的违法所得给予赔偿。权利人的实际损失或者侵权人的违法所得难以确定的，参照通常的权利交易费用的合理倍数确定。赔偿数额应当包括权利人为制止侵权行为所支付的合理开支。

权利人的实际损失、侵权人的违法所得和通常的权利交易费用均难以确定，并且经著作权或者相关权登记、专有许可合同或者转让合同登记的，由人民法院根据侵权行为的情节，判决给予一百万元以下的赔偿。

对于两次以上故意侵犯著作权或者相关权的，应当根据前两款赔偿数额的一至三倍确定赔偿数额。”

第七十三条：“下列侵权行为，同时破坏社会主义市场经济秩序的，可以由著作权行政管理部门责令停止侵权行为，没收违法所得，没收、销毁侵权复制品，并可处以罚款；情节严重的，著作权行政管理部门还可以没收主要用于制作侵权复制件的材料、工具、设备等；构成犯罪的，依法追究刑事责任：

（一）未经著作权人许可，复制、发行、出租、表演、放映、播放、通过信息网络向公众传播其作品的，本法另有规定的除外；

（二）违反本法第四十八条规定使用他人作品的；

（三）出版他人享有专有出版权的图书的；

（四）未经表演者许可，播放、录制其表演，复制、发行、出租录有其表演的录音制品，或者通过信息网络向公众传播其表演的，本法另有规定的除外；

（五）未经录音制作者许可，复制、发行、出租、通过信息网络向公众传播其制作的录音制品的，本法另有规定的除外；

（六）未经广播电台、电视台许可，转播、录制、复制、通过信息网络向公众传播其广播电视节目的，本法另有规定的除外；

（七）制作、出售假冒他人署名的作品的。”

第七十七条：“制作者不能证明其复制行为有合法授权，网络用户不能证明其通过信息网络向公众传播的作品或者复制件有合法授权，出租者不能证明其出租的视听作品、计算机程序或者录音制品有合法授权，以及发行者不能证明其发行的复制件有合法来源的，应当承担民事或者行政法律责任。”

一是赞成提高法定赔偿额上限至100万元，有的意见提出应进一步提高至500万元，还有意见提出应增设法定赔偿额下限，如最低1万元；二是关于“故意两次以上侵权”，不同人有不同理解，建议进一步明确具体含义；三是建议将惩罚偿性赔偿提高为“二至五倍”；四是建议将法定赔偿与作品登记及合同登记脱钩，否则有以公权力侵占私权利之嫌；五是认为第七十三条细化了著作权侵权的行政执法方式，明确了刑事责任范围，提升了计算机软件侵权行为的打击力度，对著作权保护是更有力的，但是“破坏社会主义市场经济秩序”含义不明，实践中难以界定；六是认为应将刑事责任直接写入第七十七条，进一步降低其门槛，并对刑法作相应修改。

（十三）关于著作权行政执法

涉及第七十五条：“著作权行政管理部门对与著作权或者相关权有关的涉嫌违法行为进行查处时，可以询问有关当事人，调查与涉嫌违法行为有关的情况；对当事人涉嫌违法行为的场所实施现场检查；查阅、复制与涉嫌违法行为有关的合同、发票、账簿以及其他有关资料；检查与涉嫌违法行为有关的产品，对于涉嫌侵犯著作权或者相关权的产品，可以查封或者扣押。

著作权行政管理部门依法行使前款规定的职权时，当事人应当予以协助、配合，无正当理由拒绝、阻挠或者拖延提供前款材料的，可以由著作权行政管理部门予以警告；情节严重的，没收相关的材料、工具和设备。”

意见主要来自地方著作权行政管理部门。一是普遍赞成增加著作权行政机关的查封、扣押权，认为完善了执法手段，更利于打击侵权盗版行为；二是提出要理顺版权行政执法与文化市场综合执法的关系。

（十四）关于著作权纠纷行政调解

涉及第八十三条：“著作权行政管理部门设立著作权纠纷调解委员会，负责著作权和相关权纠纷的调解。调解协议具有法律拘束力，一方当事人不履行调解协议的，另一方当事人可以申请人民法院司法确认和强制执行。

著作权调解委员会的组成、调解程序以及其他事项，由国务院著作权行政管理机关另行规定。”

支持者认为行政调解具有高效、便捷的特点，可以充分发挥著作权行政管理机关专业性优点，减轻当事人的诉讼成本，释放司法系统的案件压力；

反对者认为行政调解制度还未建立，不宜先写入法律，尤其反对另设机构；司法部认为行政调解后当事人还应当有权获得更广泛的救济，不宜直接规定司法确认制度。

（十五）其他建议

不涉及具体条款。一是关于立法宗旨，认为应当平衡各方利益，更主要保护弱者利益；二是应当将稿酬及互联网条件下的出版、发行、复制等行为在著作权法中予以明确；三是建议增加补偿金制度；四是建议与反垄断法、刑法等保持一致，保持法律体系的协调性。

与会专家听取关于"修改草案"第一稿（征求意见稿）的社会公众意见基本情况介绍后，对进一步修改完善"修改草案"第一稿（征求意见稿）发表了意见。由于会议时间有限，专家们不可能在较短的时间内详细阐明各自观点和建议，"修改草案起草小组"建议各位专家会后着重考虑以下问题。第一章"总则"关于著作权和相关权登记制度是否科学合理；第二章"著作权"和第三章"相关权"增加的著作权和相关权的权项内容是否科学合理、是否有缺项，"孤儿作品"设计是否合理；第四章"权利的限制"中，关于"法定许可制度"的调整和设计是否科学合理；第五章"权利的行使"中，关于著作权集体管理制度的调整和设计是否科学合理；第七章"权利的保护"中，关于网络服务提供者审查义务的设计（第六十九条）、关于"非专有许可"使用者法律责任（第七十条）、关于损害赔偿制度的调整（第七十二条）是否科学合理；以及"修改草案"第一稿（征求意见稿）的篇章结构设置、作品定义及其列举方式和归类、权利归属中客体交叉及归属定位、保护期延长与否、权利限制遵循的原则、合同登记制度的取舍、技术保护措施和权利管理信息制度的完善、行政调解的取舍等问题。针对上述问题建议各位专家向"法律草案起草小组"提交书面意见。

"法律草案起草小组"表示，会后将认真梳理和消化"修改草案"第一稿（征求意见稿）征求意见过程中收集到的近1600件意见，以及各位专家提出的修改建议，尽快形成"修改草案"第二稿，为"修改草案"进行第二次公开征求意见做好准备。

四、交锋互动，渐成共识

2012年5月17日至18日，"法律草案起草小组"第三次入驻平安府宾馆，针对"修改草案"第一稿（征求意见稿）收集到的社会各界意见，结合著作权法修订工作专家委员会第三次会议各位专家提供的修法建议，对"修改草案"第一稿（征求意见稿）进行了程序性的修改，形成了"修改草案"第二稿的初步框架。王自强、高思、段玉萍、许炜、范帆、申亚杰等"法律草案起草小组"成员参加了此次程序性的修改工作。

2012年5月21日至25日，"法律草案起草小组"第四次入驻平安府宾馆，邀请王迁、许超、刘波林、张今、索来军5位著作权法修订工作专家委员会专家，对初步成形的"修改草案"第二稿进行集中修改。"法律草案起草小组"成员王自强、汤兆志、高思、段玉萍、许炜、杨颖、范帆、申亚杰等参加了修改工作。

2012年6月6日至7日，"法律草案起草小组"集中两天时间，对"修改草案"第二稿进行打磨细化、推敲完善，基本形成了"修改草案"第二稿定稿。"法律草案起草小组"成员王自强、高思、段玉萍、许炜、杨颖、范帆、申亚杰，以及许超、刘波林、索来军等专家参加了修改工作。

(一)“修改草案”第二稿对“修改草案”第一稿(征求意见稿)的修改情况

◆“修改草案”第二稿相较于“修改草案”第一稿(征求意见稿),**删除**了第一稿中如下三个条款。

第三十九条:“依照本法规定,不经著作权人许可使用其已经发表作品的,不得影响该作品的正常使用,也不得不合理地侵害著作权人的合法权益。”

第四十六条:“录音制品首次出版3个月后,其他录音制作者可以依照本法第四十八条规定的条件,不经著作权人许可,使用其音乐作品制作录音制品。”

第四十七:“广播电台、电视台可以依照本法第四十八条规定的条件,不经著作权人许可,播放其已经发表的作品;但播放他人的视听作品,应当取得制片者许可。”

◆**增加**了如下三个条款。

第十二条:“美术、摄影作品的原件或者文学、音乐作品的手稿首次转让后,作者或者其继承人、受遗赠人对原件或者手稿的所有人通过拍卖方式转售该原件或者手稿享有分享收益的权利,该权利不得转让或者放弃,其保护办法由国务院另行规定。外国人、无国籍人其所属国或者经常居住地国承认中国作者享有同等权利的,享有前款规定的权利。”

第三十五条:“表演者为完成工作任务进行的表演为职务表演,其权利归属由当事人约定。

当事人没有约定或者约定不明的,职务表演的权利由表演者享有,但集体性职务表演的权利由演出单位享有,表演者享有署名权。依本条第一款和第二款规定,职务表演的权利由表演者享有的,演出单位可以在其业务范围内免费使用该表演。”

第六十二条：“国务院著作权行政管理部门主管全国的著作权集体管理工作，负责著作权集体管理组织设立、变更、注销以及其他登记的审批和监督管理。

国务院其他主管部门在各自职责范围内对著作权集体管理组织进行监督管理。”

对四十八个条文进行了改动，其中对二十七个条文进行了内容性改动，对二十一个条文进行了文字性改动。

1. **关于第一章“总则”**

第一条，内容未作调整。

◆将第二条第六款：“外国人、无国籍人的追续权、实用艺术作品、版式设计、本法第二十五条以及第三十六条规定的权利，根据其所属国或者经常居住地国的法律适用对等保护。”**修改为**：“与中国签订协议或者共同参加国际条约的国家的外国人和无国籍人，其在中国境内的表演或者在中国境内制作、发行的录音制品，受本法保护。”

◆将第三条第二款之(二)：“口述作品，是指即兴的演说、授课、法庭辩论等以口头语言形式表现的作品”，**修改为**“口述作品，是指即兴的演说、授课等以口头语言形式表现的作品”；

之(三)：“音乐作品，是指歌曲、交响乐等能够演唱或者演奏的带词或者不带词的作品”，**修改为**“音乐作品，是指歌曲、乐曲等能够演唱或者演奏的带词或者不带词的作品”；

之(四)：“戏剧作品，是指话剧、歌剧、地方剧等供舞台演出的作品”，**修改为**“戏剧作品，是指戏曲、话剧、歌剧、舞剧等供舞台演出的作品”；

之(五)：“曲艺作品，是指相声、快书、大鼓、评书等以说唱为主要形式表演的作品”，**修改为**“曲艺作品，是指相声、小品、快板快书、鼓曲唱曲、评书评话、弹词等以说唱为主要形式表演的作品”；

之(七)：“杂技艺术作品，是指杂技、魔术、马戏等通过形体动作和技巧表现的作品”，**修改为**“杂技艺术作品，是指杂技、魔术、马戏、滑稽等通过形体动作和技巧表现的作品”；

之(九)：“实用艺术作品，是指具有实际用途的艺术作品”，**修改为**“实用艺术作品，是指具有实际用途并有审美意义的艺术作品”；

之(十)：“建筑作品，是指以建筑物或者构筑物形式表现的有审美意义的作品”，**修改为**“建筑作品，是指以建筑物或者构筑物形式表现的有审美意义的作品，包括作为其施工基础的平面图、设计图、草图和模型”；

之(十二)：“视听作品，是指固定在一定介质上，由一系列有伴音或者无伴音的画面组成，并且借助技术设备放映或者以其他方式传播的作品”，**修改为**“视听作品，是指由一系列有伴音或者无伴音的画面组成，并且借助技术设备向公众传播的作品”；

之(十四)：“模型作品，是指为展示、试验或者观测等用途，根据物体的形状和结构，按照一定比例制成的立体作品”，**修改为**“立体作品，是指为生产产品或者展示地理地形而制作的三维作品”；

新增第四款：“外国人、无国籍人的实用艺术作品，其作者所属国或者经常居住国对中国作者的实用艺术作品给予保护的，受本法保护”。

◆第四条，内容未作调整。

◆第五条，内容未作调整。

◆第六条第一款和第三款，内容未作调整。

将第六条第二款：“登记应当缴纳费用，收费标准由国务院著作权行政管理部门会同国务院价格管理部门确定。”**修改为**：“登记应当缴纳费用，收费标准由国务院财政、价格管理部门确定。”

◆第七条，内容未作调整。

◆第八条,内容未作调整。

◆第九条,内容未作调整。

2. **关于第二章“著作权”**

(1)第一节“著作权人及其权利”。

◆第十条,内容未作调整。

◆将第十一条第二款之(三):“保护作品完整权,即修改作品以及禁止歪曲、篡改作品的权利”,**修改为**“保护作品完整权,即授权他人修改作品以及禁止歪曲、篡改作品的权利”;

将第三款之(一):“复制权,即以印刷、复印、录制、翻拍以及数字化等任何方式将作品制作一份或者多份的权利”,**修改为**“复制权,即以印刷、复印、录制、翻拍以及数字化等方式将作品固定在有形载体上的权利”;

将之(五):“表演权,即以各种方式公开表演作品,以及用各种手段公开播送作品的表演的权利”,**修改为**“表演权,即以各种方式公开表演作品,以及通过技术设备向公众传播作品的表演的权利”;

删除之(六):“放映权,即通过放映机、幻灯机等技术设备公开再现美术、摄影、视听作品等的权利”;

将之(八):“信息网络传播权,即在信息网络环境下,以无线或者有线方式向公众提供作品,包括直播、转播或者使公众可以在其个人选定的时间和地点获得作品的权利”,**修改为**“信息网络传播权,即以无线或者有线方式向公众提供作品,使公众可以在其个人选定的时间和地点获得作品,以及通过技术设备向公众传播以前述方式提供的作品的权利”;

将之(十):“改编权,即将作品转换成除视听作品以外的不同体裁或者种类的新作品的权利”,**修改为**“改编权,即将作品改变成除视听作品以外的不同体裁、种类或者形式的新作品,以及对计算机程序进行增补、删节,改变指令、语句顺序或者其他变动的权利”;

删除之(十二):“修改权,即对计算机程序进行增补、删节,或者改变指令、语句顺序的权利”,将其规定的内容纳入之(八)“改编权”条文中规范;

删除之(十三):“追续权,即美术作品、摄影作品的原件或者作家、作曲家的手稿首次转让后,作者或者其继承人、受遗赠人对该原件或者手稿的每一次转售享有分享收益的权利,追续权不得转让或者放弃”,将其单设条款规定。

◆**新增**第十二条:“美术作品、摄影作品的原件或者文字、音乐作品的手稿首次转让后,作者或者其继承人、受遗赠人对原件或者手稿的所有人通过拍卖方式转售该原件或者手稿享有分享收益的权利,该权利不得转让或者放弃,其保护办法由国务院另行规定。

外国人、无国籍人其所属国或者经常居住国承认中国作者享有同等权利的,享有前款规定的权利。”

(2)第二节“著作权的归属”。

◆第十二条,顺延至第十三条,除第三款略有文字性调整外,其他未作修改。

◆第十三条,顺延至第十四条,内容未作调整。

◆第十四条,顺延至第十五条,内容未作调整。

◆第十五条,顺延至第十五条,内容未作调整。

◆第十六条,顺延至第十七条,将“如当事人无相反书面约定,视听作品著作权由制片者享有,但编剧、导演、摄影、作词、作曲等作者享有署名权。

制片者使用剧本、音乐等作品摄制视听作品,应当取得作者的许可,并支付报酬。

编剧、作词、作曲等作者有权就制片者使用或授权他人使用该视听作品获得合理报酬,合同另有约定除外。

视听作品中可以单独使用的剧本、音乐等作品,作者可以单独行使著作权,但不得妨碍视听作品的正常使用。”

修改为:“制片者使用剧本、音乐等作品摄制视听作品,应当取得著作权人的许可,并支付报酬。

视听作品的著作权由制片者享有,但原作作者、编剧、导演、摄影、作词、作曲等作者享有署名权。

原作作者、编剧、作词、作曲等作者有权就他人使用视听作品获得合理报酬。

视听作品中可以单独使用的剧本、音乐等作品,作者可以单独行使著作权,但不得妨碍视听作品的正常使用。”

◆将第十七条顺延至第十八条,其第一款内容不变,将其第二款:“如无约定或者约定不明的,职务作品的著作权由职工享有,但工程设计图、产品设计图、计算机程序、受聘于报刊社或者通讯社创作的作品,以及大型辞书等作品的著作权由单位享有,作者享有署名权;职务作品的著作权由职工享有的,单位可以在其业务范围内免费使用该作品”,**修改为**“当事人没有约定或者约定不明的,职务作品的著作权由职工享有,但工程设计图、产品设计图、地图、计算机程序以及受聘于报刊社或者通讯社的记者为完成报道任务创作的作品的著作权由单位享有,作者享有署名权。

依本条第一款和第二款规定,职务作品的著作权由职工享有的,单位可以在其业务范围内免费使用该作品”第二、第三两个款项。

◆将第十八条顺延至第十九条,将其内容:“受委托创作的作品,其著作权归属由委托人和受托人约定。

如无约定或者约定不明的,著作权由受托人享有,但委托人在约定的使用范围内可以免费使用该作品。当事人没有约定使用范围的,委托人可以在委托创作的特定目的范围内免费使用该作品。”

修改为:“受委托创作的作品,其著作权归属由当事人约定。

当事人没有约定或者约定不明的，委托作品的著作权由受托人享有，但委托人在约定的使用范围内可以免费使用该作品。当事人没有约定使用范围的，委托人可以在委托创作的特定目的范围内免费使用该作品。”

◆将第十九条顺延至第二十条，第一款内容不变，将第二款、第三款：“美术作品、摄影作品原件的所有人可以展览该原件。

作者将未发表的美术作品、摄影作品原件转让给他人，受让人展览该原件不构成对作者发表权的侵犯。”

修改为：“美术、摄影作品原件的所有人可以展览该原件。

作者将未发表的美术作品或者摄影作品原件转让给他人，受让人展览该原件不构成对作者发表权的侵犯。”

◆将第二十二条顺延至第二十三条，将其第一款：“著作权属于自然人的，自然人死亡后，著作权中的财产权利在本法规定的保护期内，依照继承法的规定转移”，**修改为**“著作权属于自然人的，自然人死亡后，著作权中的财产权利在本法规定的保护期内，依照《中华人民共和国继承法》的规定转移”，第二款保持不变。

◆将第二十五条顺延至第二十六条，将其内容：“下列著作权的保护期尚未届满的作品，使用者可以向国务院著作权行政管理部门申请提存使用费后使用作品：

（一）作者身份不明或作品原件的所有人经尽力查找无果的；

（二）作者身份确定但经尽力查找无果的。

前款具体事项，由国务院著作权行政管理部门另行规定。”

修改为：“报刊社对已经出版的报刊中的作品进行数字化形式的复制，其他使用者以数字化形式复制或者通过信息网络向公众传播作品，应当取得著作权人的许可。对著作权的保护期未届满的作品，使用者尽力查找权利人无果，符合下列条件的，可以向国务院著作权行政管理部门指定的机构申请提存使用费后使用：

（一）作者以及作品原件所有人均身份不明的；

（二）作者身份不明，作品原件所有人身份确定但无法联系的。

（三）作者身份确定但无法联系的。

前款具体事项，由国务院著作权行政管理部门另行规定。”

（3）第三节“权利的保护期”。

◆将第二十六条顺延至第二十七条，内容未作调整。

◆将第二十七条顺延至第二十八条，第一款内容不变，将第二款至第五款：“法人或者其他组织的作品、著作权由法人或者其他组织享有的职务作品，其著作权中的财产权利的保护期为首次发表后五十年，但作品自创作完成后五十年内未发表的，本法不再保护。

视听作品，其著作权中的财产权利的保护期为首次发表后五十年，但作品自创作完成后五十年内未发表的，本法不再保护。

本条第二、三款作品，其发表权的保护期为五十年，但作品自创作完成后五十年内未发表的，本法不再保护。

实用艺术作品，其著作权中的财产权利的保护期为首次发表后二十五年，但作品自创作完成后二十五年内未发表的，本法不再保护；其发表权的保护期为二十五年，但作品自创作完成后二十五年内未发表的，本法不再保护。

前五款所称的保护期，自作者死亡、相关作品首次发表或者作品创作完成后次年1月1日起算。”

修改为：“法人或者其他组织的作品、著作权（署名权除外）由单位享有的职务作品、视听作品，其发表权的保护期为五十年，但作品自创作完成后五十年内未发表的，本法不再保护；其著作权中的财产权的保护期为首次发表后五十年，但作品自创作完成后五十年内未发表的，本法不再保护。

实用艺术作品，其发表权的保护期为二十五年，但作品自创作完成后二十五年内未发表的，本法不再保护；其著作权中的财产权的保护期为首次发表后二十五年，但作品自创作完成后二十五年内未发表的，本法不再保护。

前三款所称的保护期，自作者死亡、相关作品首次发表或者作品创作完成后次年1月1日起算。"

◆将第二十八条顺延至第二十九条，除条款顺序作相应调整外，其他内容不变。

3. **关于第三章"相关权"**

(1)第一节"出版者"。

◆将第二十九条顺延至第三十条，第一款内容不变，将第二款："本法所称的版式设计，是指对图书和期刊的版面格式的设计，包括对版心、排式、用字、行距、标题、引文以及标点符号等版面布局因素的安排。"**修改为**："本法所称的版式设计，是指对图书和期刊的版面格式的设计。"

(2)第二节"表演者"。

◆将第三十一条顺延至第三十二条，将其内容："本法所称的表演者，是指以朗诵、歌唱、演奏以及其他方式表演文学艺术作品或民间文学艺术的人或者演出单位。"**修改为**："本法所称的表演者，是指以朗诵、歌唱、演奏以及其他方式表演文学艺术作品或民间文学艺术的自然人。"

◆将第三十二条顺延至第三十三条，将其第一款之(六)："许可他人在信息网络环境下通过无线或者有线的方式向公众提供其表演，使该表演可为公众在其个人选定的时间和地点获得。"**修改为**："许可他人以无线或者有线的方式向公众提供其表演，使该公众可为在其个人选定的时间和地点获得该表演，以及通过技术设备向公众传播以前述方式提供的表演"。

◆将第五十四条移至第三十四条，并将其内容："表演他人作品的，应当由演出组织者或者演出单位取得著作权人授权。"**修改为**："演出组织者组织表演的，由演出组织者取得著作权人认可。”

◆**新增**第三十五条：“表演者为完成工作任务进行的表演为职务表演，其权利归属由当事人约定。

当事人没有约定或者约定不明的，职务表演的权利由表演者享有，但集体性职务表演的权利由演出单位享有，表演者享有署名权。

依本条第一款和第二款规定，职务表演的权利由表演者享有的，演出单位可以在其业务范围内免费使用该表演。”

◆将第三十三条顺延至第三十六条，将其内容：“如当事人无相反书面约定，视听作品中的表演者权利由制片者享有，但表演者享有表明表演者身份的权利。

制片者聘用表演者摄制视听作品，应当签订书面合同并支付报酬。

表演者有权就制片者使用或授权他人使用该视听作品获得合理报酬，合同另有约定除外。”

修改为：“制片者聘用表演者摄制视听作品，应当签订书面合同并支付报酬。

视听作品中表演者根据第三十三条第（五）项和第（六）项规定的权利由制片者享有，但主要表演者享有署名权。

主要表演者有权就他人使用该视听作品获得合理报酬。”

(3)第三节“录音制作者”。

◆将第三十四条顺延至第三十七条，内容未作调整。

◆将第三十五条顺延至第三十八条，将“录音制作者对其制作的录音制品享有许可他人复制、发行、出租、在信息网络环境下通过无线或者有线的方式向公众提供录音制品使公众可以在其个人选定的时间和地点获得该录音制品的权利。

前款规定的权利的保护期为五十年，自录音制品首次制作完成后次年1

月1日起算。

被许可人复制、发行、出租、通过信息网络向公众传播录音制品，还应当取得著作权人、表演者许可。”

修改为：“录音制作者对其制作的录音制品享有下列权利：

（一）许可他人复制其录音制品；

（二）许可他人发行其录音制品；

（三）许可他人出租其录音制品；

（四）许可他人以无线或者有线的方式向公众提供录音制品，使公众可以在其个人选定的时间和地点获得该录音制品，以及通过技术设备向公众传播以前述方式提供的录音制品。

前款规定的权利的保护期为五十年，自录音制品首次制作完成后次年1月1日起算。

被许可人复制、发行、出租、通过信息网络向公众传播录音制品，还应当取得著作权人、表演者许可。”

◆将第三十六条顺延至第三十九条，将“将录音制品用于无线或者有线播放，或者通过技术设备向公众传播，表演者和录音制品制作者共同享有获得合理报酬的权利。”

修改为：“以下列方式使用录音制品的，其表演者和录音制作者享有获得合理报酬的权利：

（一）以无线或者有线方式公开播放录音制品或者转播该录音制品的播放，以及通过技术设备向公众传播该录音制品的播放；

（二）通过技术设备向公众传播录音制品。

外国人、无国籍人其所属国或者经常居住国承认中国表演者和录音制作者享有的同等权利的，享受本法条第一款规定的权利。”

(4)第四节“广播电台、电视台”。

◆将第三十七条顺延至第四十条，将“本法所称的广播电视节目，是指广播电台、电视台首次播放的载有内容的信号”，**修改为**“本法所称的广播电视节目，是指广播电台、电视台首次播放的载有声音或者图像的信号”。

◆第三十八条顺延至第四十一条，将其内容：“广播电台、电视台有权禁止以下行为：

(一)其他广播电台、电视台以无线或者有线方式转播其广播电视节目；

(二)录制其广播电视节目；

(三)复制其广播电视节目的录制品；

(四)在信息网络环境下通过无线或者有线的方式向公众转播其广播电视节目。

前款规定的权利的保护期为五十年，自广播电视节目首次播放后的次年1月1日起算。”

修改为：“广播电台、电视台对其播放的广播电视节目享有下列权利：

(一)许可他人以无线或者有线方式转播其广播电视节目；

(二)许可他人录制其广播电视节目；

(三)许可他人复制其广播电视节目的录制品。

前款规定的权利的保护期为五十年，自广播电视节目首次播放后的次年1月1日起算。”

4. 关于第四章“权利的限制”

◆**删除**第三十九条，将其规定的有关内容移至第四十二条第二款。

◆将第四十条顺延至第四十二条，将第一款之(一)：“为个人学习、研究，复制一份他人已经发表的作品”，**修改为**“为个人学习、研究，复制他人已经发表的文字作品的片段”；

将之(二)：“为介绍、评论某一作品或者说明某一问题，在作品中适当引用他人已经发表的作品”，**修改为**“为介绍、评论某一作品或者说明某一问题，在作品中适当引用他人已经发表的作品，引用部分不得构成引用人作品的主要或者实质部分”；

将之（四）：“报纸、期刊、广播电台、电视台等媒体刊登或者播放其他报纸、期刊、广播电台、电视台等媒体已经发表的关于政治、经济、宗教问题的时事性文章，但作者声明不许刊登、播放的除外”，**修改为**“报纸、期刊、广播电台、电视台等媒体刊登或者播放其他报纸、期刊、广播电台、电视台等媒体已经发表的关于政治、经济、宗教问题的时事性文章，但作者声明不许使用的除外”；

将之（五）：“报纸、期刊、广播电台、电视台等媒体刊登或者播放在公众集会上发表的讲话，但作者声明不许刊登、播放的除外”，**修改为**“报纸、期刊、广播电台、电视台、信息网络等媒体刊登或者播放在公众集会上发表的讲话，但作者声明不许刊登、播放的除外”；

将之（十）：“对设置或者陈列在室外公共场所的艺术作品进行临摹、绘画、摄制”，**修改为**“对设置或者陈列在室外公共场所的艺术作品进行临摹、绘画、摄影、录像并向公众提供，但不得以该艺术作品相同方式复制、陈列以及公开传播”；

新增：“（十三）其他情形。”

新增第二款：“以前款的方式使用作品，不得影响作品的正常使用，也不得不合理地损害著作权人的合法利益。”

◆第四十一条顺延至第四十三条，内容未作调整。

◆第四十二条顺延至第四十四条，内容未作调整。

◆第四十三条顺延至第四十五条，内容未作调整。

◆第四十四条顺延至第四十六条，内容未作调整。

◆第四十五条顺延至第四十七条，将“中国自然人、法人和其他组织的文字作品在报刊上刊登后，其他报刊可以依照本法第四十八条规定的条件，不经作者许可进行转载或者作为文摘、资料刊登。

报刊对其刊登的作品根据作者的授权享有专有出版权，并在其出版的报刊显著位置作出声明的，其他报刊不得进行转载或刊登。”

修改为：“文字作品在报刊上刊登后，其他报刊可以依照本法第四十八条规定的条件，不经作者许可进行转载或者作为文摘、资料刊登。

报刊对其刊登的作品根据作者的授权享有专有出版权，并在其出版的报刊显著位置作出不得转载或者刊登的声明的，其他报刊不得进行转载或刊登。”

◆**删除**第四十六条和第四十七条。

◆将第四十八条：“根据本法第四十四条、第四十五条、第四十六条和第四十七条的规定，不经著作权人许可使用其已发表的作品，必须符合下列条件：

（一）在使用前向国务院著作权行政管理部门申请备案；

（二）在使用时指明作者姓名、作品名称和作品出处；

（三）在使用后一个月内按照国务院著作权行政管理部门制定的标准向著作权集体管理组织支付使用费，同时报送使用作品的作品名称、作者姓名和作品出处等相关信息。

使用者申请法定许可备案的，国务院著作权行政管理部门应在其官方网站公告备案信息。

著作权集体管理组织应当将第一款所述使用费及时转付给相关权利人，并建立作品使用情况查询系统供权利人免费查询作品使用情况和使用费支付情况。”

修改为：“根据本法第四十六条、第四十七条的规定，不经著作权人许可使用其已发表的作品，必须符合下列条件：

（一）在首次使用前向相应的著作权集体管理组织申请备案；

（二）在使用特定作品时指明作者姓名、作品名称和作品出处；

（三）在使用特定作品后一个月内按照国务院著作权行政管理部门制定的标准直接向权利人或者通过著作权集体管理组织向权利人支付使用费，同时提交使用作品的作品名称、作者姓名和作品出处等相关信息。

著作权集体管理组织应当及时公告前款规定的备案信息，并建立作品使用情况查询系统供权利人免费查询作品使用情况和使用费支付情况。

著作权集体管理组织应当在合理时间内及时向权利人转付本条第一款所述的使用费。"

5. 关于第五章"权利的行使"

（1）第一节"著作权和相关权合同"。

◆第四十九条，内容未作调整。

◆第五十条，内容未作调整，调整了一个标点符号。

◆第五十一条，将第一款："使用他人作品，许可使用的权利是专有使用权的，应当采取书面形式。"**修改为**："许可使用的方式为专有使用权的，许可使用合同应当采取书面形式。"

第四款："报刊与作者签订专有出版权合同的，专有出版权的期限不得超过一年。"**修改为**："报刊社与著作权人签订专有出版权合同，但对专有出版权的期限没有约定的或者约定不明的，专有出版权的期限推定为一年。"

第二款和第三款，内容不变。

◆第五十二条，内容不变。

◆第五十三条，内容不变。

◆第五十四条的内容调至第三十四条规定。

◆第五十五条顺序调至第五十四条，内容未作调整。

◆第五十六条顺序调至第五十五条，内容基本不变，文字作了微调。

◆第五十七条顺序调至第五十六条，第一款内容不变。将第二款："合同登记应当缴纳费用，收费标准由国务院著作权行政管理部门会同国务院价格管理部门确定。"**修改为**："合同登记应当缴纳费用，收费标准由国务院财政、价格管理部门确定。"

◆第五十八条顺序调至第五十七条，将"以著作权出质的，由出质人和质权人向国务院著作权行政管理部门办理出质登记。著作权出质登记应当缴纳费用，收费标准由国务院著作权行政管理部门会同国务院价格管理部门、财政管理部门确定。"**修改为**："以著作权出质的，由出质人和质权人向国务院著作权行政管理部门办理出质登记。著作权出质登记应当缴纳费用，收费标准由国务院财政、价格管理部门确定。"

(2)第二节"著作权集体管理"。

◆第五十九条顺序调至第五十八条，将第一款："著作权集体管理组织是根据著作权人和相关权人的授权或者法律规定，以集体管理的方式行使著作权或者相关权的非营利性组织。"**修改为**："著作权集体管理组织是根据著作权人和相关权人的授权或者法律规定，以集体管理的方式行使权利人难以行使和难以控制的著作权或者相关权的非营利性社会组织。"第二款内容不变。

◆第六十条顺序不变，将"著作权集体管理组织取得权利人授权并能在全国范围代表权利人利益的，可以向国务院著作权行政管理部门申请代表全体权利人行使著作权或者相关权，权利人书面声明不得集体管理的除外"。**修改为**："著作权集体管理组织取得权利人授权并能在全国范围代表权利人利益的，可以就下列使用方式代表全体权利人行使著作权或者相关权，权利人书面声明不得集体管理的除外：

(一)广播电台、电视台播放已经发表的文字、音乐、美术或者摄影作品；

(二)自助点歌经营者通过自助点歌系统向公众传播已经发表的音乐或

者视听作品。

著作权集体管理组织在转付相关使用费时，应当平等对待所有权利人。”

◆第六十一条顺序调至第五十九条，内容未作调整。

◆第六十二条顺序调至第六十一条，内容未作调整。

◆**新增**第六十二条：“国务院著作权行政管理部门主管全国的著作权集体管理工作，负责著作权集体管理组织的设立、变更、注销以及其他登记事项的审批和监督管理”。

◆第六十三条顺序和内容均未作调整。

6. 关于第六章“技术保护措施和权利管理信息”

◆将第六十四条：“本法所称的技术保护措施，是指权利人为防止、限制其作品、表演、录音制品或者计算机程序被复制、浏览、欣赏、运行或者通过信息网络传播而采取的有效技术、装置或者部件。

本法所称的权利管理信息，是指说明作品及其作者、表演及其表演者、录音制品及其制作者的信息，作品、表演、录音制品权利人的信息和使用条件的信息，以及表示上述信息的数字或者代码。”

修改为：“本法所称的技术保护措施，是指权利人为防止、限制其作品、表演、录音制品或者广播电视节目被复制、浏览、欣赏、运行或者通过信息网络传播而采取的有效技术、装置或者部件。

本法所称的权利管理信息，是指说明作品及其作者、表演及其表演者、录音制品及其制作者的信息、广播电视节目作品及其广播电台电视台，作品、表演、录音制品以及广播电视节目权利人的信息和使用条件的信息，以及表示上述信息的数字或者代码。”

◆第六十五条，第一款内容不变，第二款文字略有改动，在款首**增加**了“未经许可”的表述。

◆第六十六条，第一款内容不变，第二款文字略有改动，**删除**了款首“向公众提供”的表述。

◆第六十七条，将第（一）项：“为学校课堂教学或者科学研究，向少数教学、科研人员提供已经发表的作品、表演、录音制品，而该作品、表演、录音制品无法通过正常途径获取。”**修改为**：“为学校课堂教学或者科学研究，向少数教学、科研人员提供已经发表的作品、表演、录音制品或者广播电视节目，而该作品、表演、录音制品或者广播电视节目无法通过正常途径获取。”第（二）至（四）项内容不变。

7. 关于第七章“权利的保护”

◆第六十八条，文字略有改动，在“违反本法规定的技术保护措施或者权利管理信息义务的”的句式中，**增加**了“有关”两字。

◆第六十九条，第一款内容不变，将“网络用户利用网络服务实施侵犯著作权或者相关权行为的，被侵权人可以书面通知网络服务提供者，要求其采取删除、屏蔽、断开链接等必要措施。网络服务提供者接到通知后及时采取必要措施的，不承担赔偿责任；未及时采取必要措施的，与该网络用户承担连带责任。

网络服务提供者知道或者应当知道网络用户利用其网络服务侵害著作权，未采取必要措施的，与该网络用户承担连带责任。”

修改为：“他人利用网络服务实施侵害著作权或者相关权行为的，权利人可以通知网络服务提供者，要求其采取删除、屏蔽、断开链接等必要措施。网络服务提供者接到通知后及时采取必要措施的，不承担赔偿责任；未及时采取必要措施的，与该侵权人承担连带责任。

网络服务提供者知道或者应当知道他人利用其网络服务侵害著作权或者相关权，未及时采取必要措施的，与该侵权人承担连带责任。

网络服务提供者教唆或者帮助他人侵犯著作权或者相关权的，与该侵权人承担连带责任。

网络服务提供者通过信息网络向公众提供他人作品、表演、录音制品，不适用本条第一款规定。”

◆第七十条，将“使用者依照与著作权集体管理组织签订的合同或法律规定向著作权集体管理组织支付报酬的，对权利人就同一权利和同一使用方式提起诉讼的，不承担赔偿责任，但应当停止使用，并按照相应的集体管理使用费标准支付报酬。”**修改为**：“使用者使用权利人难以行使和难以控制的权利，依照与著作权集体管理组织签订的合同向其支付报酬后，非会员权利人就同一权利和同一使用方式提起诉讼的，使用者应当停止使用，并按照相应的著作权集体管理使用费标准赔偿损失。

下列情形不适用前款规定：

（一）使用者知道非会员权利人作出不得以集体管理方式行使其权利声明，仍然使用其作品的；

（二）非会员权利人通知使用者不得使用其作品，使用者仍然使用的；

（三）使用者履行非会员诉讼裁决停止使用后，再次使用的。”

◆第七十一条，文字略有改动，将“也没有合理理由知道”**修改为**“也不应当知道”，其他内容不变。

◆第七十二条，第一款内容不变，将第二款、第三款：“权利人的实际损失、侵权人的违法所得和通常的权利交易费用均难以确定，并且经著作权或者相关权登记、专有许可合同或者转让合同登记的，由人民法院根据侵权行为的情节，判决给予一百万元以下的赔偿。

对于两次以上故意侵犯著作权或者相关权的，应当根据前两款赔偿数额的一至三倍确定赔偿数额。”

修改为：“权利人的实际损失、侵权人的违法所得和通常的权利交易费用均难以确定的，由人民法院根据侵权行为的情节，判决给予一百万元以下的赔偿。

对于两次以上故意侵犯著作权或者相关权的，应当根据前两款赔偿数额的二至三倍确定赔偿数额。”

◆第七十三条，将“下列侵权行为，同时破坏社会主义市场经济秩序的，可以由著作权行政管理部门责令停止侵权行为，没收违法所得，没收、销毁侵权复制品，并可处以罚款；情节严重的，著作权行政管理部门还可以没收主要用于制作侵权复制件的材料、工具、设备等；构成犯罪的，依法追究刑事责任：

（一）未经著作权人许可，复制、发行、出租、表演、放映、播放、通过信息网络向公众传播其作品的，本法另有规定的除外；

（二）违反本法第四十八条规定使用他人作品的；

（三）出版他人享有专有出版权的图书的；

（四）未经表演者许可，播放、录制其表演，复制、发行、出租录有其表演的录音制品，或者通过信息网络向公众传播其表演的，本法另有规定的除外；

（五）未经录音制作者许可，复制、发行、出租、通过信息网络向公众传播其制作的录音制品的，本法另有规定的除外；

（六）未经广播电台、电视台许可，转播、录制、复制、通过信息网络向公众传播其广播电视节目的，本法另有规定的除外；

（七）制作、出售假冒他人署名的作品的。”

修改为：“下列侵权行为，同时破坏社会主义市场经济秩序的，可以由著作权行政管理部门责令停止侵权行为，予以警告、没收违法所得，没收、销毁侵权复制品，并可处以罚款；情节严重的，著作权行政管理部门可以没收主要用于制作侵权复制件的材料、工具、设备等；构成犯罪的，依法追究刑事责任：

（一）未经著作权人许可，复制、发行、出租、展览、表演、播放、通过信息网络向公众传播其作品的，本法另有规定的除外；

（二）未经表演者许可，播放、录制其表演，复制、发行、出租录有其表演的录音制品，或者通过信息网络向公众传播其表演的，本法另有规定的除外；

（三）未经录音制作者许可，复制、发行、出租、通过信息网络向公众传播其制作的录音制品的，本法另有规定的除外；

（四）未经广播电台、电视台许可，转播、录制、复制其广播电视节目的，本法另有规定的除外；

（五）使用他人享有专有使用权的作品、表演、录音制品或者广播电视节目的；

（六）违反本法第四十八条规定使用他人作品的；

（七）未经许可，使用权利人难以行使和难以控制的著作权或者相关权的，本法第七十一条第一款规定的情形除外；

（八）制作、出售假冒他人署名的作品的。”

◆第七十四条，**删除**其存在的表述差错，其他内容不变。

◆第七十五条，除将第一款中“著作权行政管理部门对与著作权或者相关权有关的涉嫌违法行为进行查处时”的表述，**修改为**“著作权行政管理部门对涉嫌侵权和违法行为进行查处时”外，其他内容不变。

◆第七十六条，内容未作调整。

◆第七十七条，将“制作者不能证明其复制行为有合法授权，网络用户不能证明其通过信息网络向公众传播的作品或者复制件有合法授权，出租者不能证明其出租的视听作品、计算机程序或者录音制品有合法授权，以及发行者不能证明其发行的复制件有合法来源的，应当承担民事或者行政法律责任。”

修改为：“著作权或者相关权的使用者在下列情形下，应当承担民事或者行政责任：

（一）制作件的出版者、制作者不能证明其出版、制作有合法授权的；

（二）网络用户不能证明其通过信息网络向公众传播的作品有合法授权；

（三）出租者不能证明其出租视听作品、计算机程序或者录音制品的原件或者复制件有合法授权；

（四）发行者不能证明其发行的复制件有合法来源的。”

◆第七十八条，内容未作调整。

◆第七十九条，内容未作调整。

◆第八十条，内容未作调整。

◆第八十一条，内容未作调整。

◆第八十二条，内容未作调整。

◆第八十三条，将第一款“著作权行政管理部门设立著作权纠纷调解委员会”，**修改为**“著作权行政管理部门可以设立著作权纠纷调解委员会”。其他内容不变。

◆第八十四条，内容不变。

8. 关于第八章“附则”

◆第八十五条，内容未作调整。

◆第八十六条，内容未作调整。

◆第八十七条，内容未作调整。

◆第八十八条，内容未作调整。

“修改草案”第二稿，最大程度地吸收了社会各界在第一次公开征求意见中，大家对同一问题没有产生争议的意见和建议。社会各界对同一问题还存在不同认识和争议的，暂时保留在“修改草案”第二稿中，在下一步讨论完善“修改草案”第二稿时继续研究。

(二)“修改草案”第二稿公开征求意见

2012年7月6日,国家版权局在官网发出通知,公开对《中华人民共和国著作权法》第三次“修改草案”第二稿征求意见,向社会公布“修改草案”第二稿文本和简要说明。通知同时公布了社会公众提出意见的途径和方式,征求意见截止日期为2012年7月31日。

2012年7月24日,国家版权局在机关多功能厅举行了著作权法修订“两会”议案、提案办理汇报会。全国政协委员、国家知识产权局副局长李玉光,全国政协委员、中国期刊协会会长石峰,全国政协委员、人民出版社社长黄书元,中国美术家协会副秘书长陶勤(代表全国政协委员、中国美术家协会主席刘大为),中国音乐家协会理论委员会副主任金兆钧(代表全国政协委员、中国音乐家协会分党组书记徐沛东),韬奋基金会副理事长刘献文(代表全国政协委员、韬奋基金会理事长聂震宁),中国中文信息学会理事张建国(代表中国工程院院士倪光南),中国中文信息学会理事马忆原(代表中国中文信息学会孙乐教授)听取了国家版权局关于两会涉及著作权法修改议案、提案办理工作情况的汇报。国家版权局与两会涉及著作权法修改的议案、提案的提案人进行了面对面沟通交流,并向其通报了著作权法修订工作的进展情况。国家版权局办公厅副主任朱伟峰,信息宣传处处长杨月如,以及法规司王自强、高思、许炜、杨颖、范帆、申亚杰参加了汇报会。

2012年8月2日,“法律草案修改小组”在平安府宾馆召开第一场“专题征求意见会”,定向征求软件和互联网企业对著作权法“修改草案”第二稿的意见和建议。工信部政策法规司、中国软件联盟、工信部电信研究院、工信部电子知识产权中心、中国互联网协会、赛迪智库以及15家知名软件、互联网企业代表参加了会议。会议听取了与会代表的意见和建议,并就有关计算机程序和网络著作权保护问题进行了深入的交流和沟通,并在相关重大问题达成了基本共识。

2012年8月16日上午，“法律草案修改小组”在平安府宾馆召开第二场“专题征求意见会”，定向征求影视行业对“修改草案”第二稿的意见和建议，并就电影作品的权利归属，以及制片者与编剧、导演、摄影等主创人员的著作权利益进行坦诚的互动和交流沟通。参会单位有中国电影制片人协会、中国电影发行放映协会、中国电影导演协会、中国电影文学学会、中国电影家协会、中国作家协会、中国广播电视协会电视版权委员会、中国广播电视协会电视剧编剧工作委员会、中国电视艺术家协会、首都广播电视节目制作业协会、著作权集体管理组织以及影视公司的代表。

2012年8月16日下午，“法律草案修改小组”在平安府宾馆召开第三场“专题征求意见会”，定向征求新闻行业、新闻工作者对“修改草案”第二稿的意见和建议，并就“法人作品”“职务作品”“法定许可”等著作权保护问题进行深入的交流互动。中华全国新闻工作者联合会、人民日报、新华社、中央电视台、光明日报、解放军报、检察日报、中国文化报、瞭望周刊等媒体的代表、资深记者参加了会议。

2012年8月28日上午，我和法规司副巡视员高思在京会见国际影印复制权组织联合会亚太区主席卡洛琳·摩根（Caroline Morgan）女士，就该联合会对著作权法“修改草案”的关切及相关问题交换了意见，回答了该联合会希望“修改草案”建立“文学作品影印补偿金制度”的关切。

2012年8月29日至31日，“法律草案起草小组”入驻平安府宾馆，针对著作权法“修改草案”第二稿公开征求意见过程中收集到的反馈意见情况，对“修改草案”第二稿进行集中改稿，通过重点问题集中讨论与逐条梳理相结合，研究解决问题的具体方案，在基本达成共识基础上，落实到“修改草案”第二稿的文字中。

2012年9月14日，“法律草案起草小组”集中一天时间，对前期形成的“修改草案”第二稿基本成果，进行了编辑性修改，形成了“修改草案”第三稿。至此，国家版权局承担的著作权法第三次修改“修改草案”的起草工作接近尾声。

第三章

著作权法第三次修改的初步成果

一、群策群力，共助收官

2012年10月18日，著作权法修订工作专家委员会第四次会议在世纪金源香山商旅酒店召开，以下代表参加了会议。

相关立法、司法部门代表：朱兵、李恩正、金武卫、王艳芳、佟姝；

著作权法修订工作专家委员会委员：马晓刚、王野霏、王建华、刘波林、刘俐、许超、朱永德、沈仁干、张平、张今、吴汉东、李明德、陈锦川、罗东川、郭寿康、高青云、索来军、陶鑫良、蒋志培、童之磊、李琛（王迁、王炬、刘春田、陈一丹、季星星、汪涌、刘晓海、王涛、李海鹰、李长喜10位专家因故请假）；

“法律草案起草小组”：王自强、高思、许炜、杨颖、范帆、申亚杰、王志成、汤兆志、段玉萍；

中国新闻出版报、中国知识产权报等媒体代表。

会议主要议题如下：一是通报著作权法“修改草案”第二稿征求意见的基本情况，以及“修改草案”第三稿修改的主要内容；二是就“修改草案”中有关问题提请专家委员会推敲研究，并听取其对修改完善“修改草案”第三稿的建言献策。

我代表“法律草案起草小组”向会议汇报了著作权法修订“修改草案”第二稿征求意见的基本情况，以及“修改草案”第三稿修改的主要内容情况。

（一）关于著作权法“修改草案”第二稿征求意见的基本情况

2012年7月6日，国家版权局通过官方网站公布了著作权法“修改草案”第二稿，公开征求社会各界意见和建议。同时，国家版权局办公厅致函国务院48家相关部委和最高人民法院征求意见。公开征求意见的截止日期为2012年7月31日。

为全面深入听取各利益相关方的诉求和建议，在对“修改草案”第二稿公开征求意见的同时，根据“著作权法修订工作领导小组”柳斌杰组长和阎晓宏副组长的指示，国家版权局开展了定向征求意见工作，通过组织会议或者参与相关方召集的会议，专门听取与修法热点和难点问题有关的各利益相关方的意见。7月至8月，国家版权局“法律草案起草小组”密集召开和参与了11次专题定向征求意见会，涉及的对象和领域包括两会代表和委员、国家广播电视总局、中国文学艺术界联合会、中国音像协会、中国期刊协会、中国出版协会古籍出版工作委员会、中华全国新闻工作者联合会、中国广播电视协会电视版权委员会、电影产业界、软件和互联网业界、汉字字库产业界等。定向征求意见会涉及的主题包括作品定义和权利内容，美术作品追续权，孤儿作品，视听作品作者二次获酬权，职务作品，报刊转载法定许可，广播电台、电视台播放已发表作品的法定许可，著作权延伸集体管理，著作权合同登记，技术保护措施，侵权责任等社会公众及著作权领域普遍关注的问题。通过面对面听取意见建议，深入了解著作权领域不同利益主体的实际诉求和客观需求，兑现2011年7月13日著作权法第三次修订工作启动时，国家版权局向社会各界做出的“开门立法、民主立法、科学立法”庄严承诺。

截至2012年9月30日，国家版权局收到中外对“修改草案”第二稿的反馈意见和建议共217份，意见集中条款20余条。其中，国务院各相关部委及有关行政机关意见和建议45份，各相关行业（出版业、广电组织、电影界、音像界、互联网及软件行业、教学科研单位等）意见和建议59份，个人意见99份；外方意见（美国和欧盟政府、美欧英日行业协会以及相关国际组织如美国商业软件联盟、英美出版商协会、国际唱片业协会、国际作者作曲者协会联合会等)14份。

与“修改草案”第一稿(征求意见稿)征求意见阶段相比,此次征集到的意见主要呈现以下几个特点:一是意见数量明显减少,相比“修改草案”第一稿(征求意见稿)征求意见收到的近1600份意见,本次收到的200多份反馈意见数量还不足其零头;二是反馈意见质量和专业程度明显提高,相对“修改草案”第一稿(征求意见稿)反馈意见相当部分属于简单的表态性意见,或者答非所问条文针对性不强,本次反馈意见针对性、专业性明显增强,普遍反映出反馈意见者的问题关切或者利益诉求,直接指向具体的条款,并有较强的阐述、说明和论证;三是反馈意见的集中程度明显减弱,对“修改草案”第一稿(征求意见稿)的反馈意见很大程度集中于“录音法定许可”和“集体管理”两个方面,本次反馈意见虽然仍然存在关注点,但是已经明显分散化,如对集体管理的意见明显减少,而关于追续权、视听作品二次获酬权、职务作品、保护期、广播电视组织播放作品法定许可、技术保护措施、计算机软件等条款引起了各相关利益方的注意;四是媒体的关注度明显减弱,“修改草案”第一稿(征求意见稿)首次征求意见时,由于演艺明星的因素,推高了问题争议点,引起了媒体的高度关注,而“修改草案”第二稿征求意见时,由于没有出现比较集中的争议点,明星效用大大减弱,媒体也不再跟风炒作。

2012年7月以来,国家版权局“法律草案起草小组”全力以赴跟踪了解社会各方面的意见和媒体的反映,特别是权利人相关组织、版权产业、教学科研界的反馈意见,并对各种意见进行了认真梳理和分析研究。从整理的情况来看,社会各界对国家版权局推出的著作权法修订成果总体上比较认可,认为“修改草案”第二稿较好地体现了数字网络时代著作权保护的基本要求,既鼓励作品创作又顾及产业发展,既保护合法权利又反对权利滥用,既构建畅通的权利许可使用机制又防止市场垄断行为,较好地遵循了利益平衡原则。

国内外对“修改草案”第二稿的主要反馈意见和建议主要包括以下方面。

1. **关于著作权客体(作品)**

涉及第三条:“本法所称的作品,是指文学、艺术和科学领域内具有独创性并能以某种形式固定的智力成果。

作品包括以下种类:

(一)文字作品,是指小说、诗词、散文、论文等以文字形式表现的作品;

(二)口述作品,是指即兴的演说、授课、法庭辩论等以口头语言形式表现的作品;

(三)音乐作品,是指歌曲、乐曲等能够演唱或者演奏的带词或者不带词的作品;

(四)戏剧作品,是指戏曲、话剧、歌剧、舞剧等供舞台演出的作品;

(五)曲艺作品,是指相声小品、快板快书、鼓曲唱曲、评书平话、弹词等以说唱为主要形式表演的作品;

(六)舞蹈作品,是指通过连续的动作、姿势、表情等表现思想情感的作品;

(七)杂技艺术作品,是指杂技、魔术、马戏、滑稽等通过形体动作和技巧表现的作品;

(八)美术作品,是指绘画、书法、雕塑等以线条、色彩或者其他方式构成的有审美意义的平面或者立体的造型艺术作品;

(九)实用艺术作品,是指具有实际用途并有审美意义的作品;

(十)建筑作品,是指以建筑物或者构筑物形式表现的有审美意义的作品,包括作为其施工基础的平面图、设计图、草图和模型;

(十一)摄影作品,是指借助器械在感光材料或者其他介质上记录客观物体形象的艺术作品;

（十二）视听作品，是指由一系列有伴音或者无伴音的画面组成，并且借助技术设备向公众传播的作品；

（十三）图形作品，是指为施工、生产绘制的工程设计图、产品设计图，以及反映地理现象、说明事物原理或者结构的地图、示意图等作品；

（十四）立体作品，是指为生产产品或者展示地理地形而制作的三维作品；

（十五）计算机程序，是指为了得到某种结果而可以由计算机等具有信息处理能力的装置执行的代码化指令序列，或者可以被自动转换成代码化指令序列的符号化指令序列或者符号化语句序列，同一计算机程序的源程序和目标程序为同一作品；

（十六）其他文学、艺术和科学作品。

著作权自作品创作完成之日起自动产生，无需履行任何手续。

外国人、无国籍人的实用艺术作品，其作者所属国或者经常居住地国对中国作者的实用艺术作品给予保护的，受本法保护"；

第七条："著作权保护及于表达，不延及思想、过程、原理、数学概念、操作方法等。

本法不适用于：

（一）法律、法规，国家机关的决议、决定、命令和其他具有立法、行政、司法性质的文件，及其官方正式译文；

（二）通过报纸、期刊、广播电台、电视台、信息网络等媒体报道的单纯事实消息；

（三）历法、通用数表、通用表格和公式。"

上述两个条款的意见主要来自国家体育总局，国家知识产权局，广播电台、电视台，律师界，教学科研单位，美国全国商会等。一是认为体育活动符合作品的特征，是智力成果，建议纳入著作权法保护范围；二是认为实用艺术作品定义过于宽泛，界限不明晰；三是认为视听作品的定义过于简单笼统，不宜将不具有独创性的录像制品纳入作品保护，且认为“向公众传播”不是必要条件；四是建议进一步厘清立体作品的表述，以明确其保护范围；五是建议作品的著作权保护由“自作品创作完成之日”改为“产生之日”，其表述更为准确。

2. **关于著作权权利(财产权)内容**

涉及第十一条："著作权包括人身权利和财产权利。

著作权中的人身权利包括：

(一)发表权，即决定作品是否公之于众的权利；

(二)署名权，即决定是否表明作者身份以及如何表明作者身份的权利；

(三)保护作品完整权，即授权他人修改作品以及禁止歪曲、篡改作品的权利。

著作权中的财产权利包括：

(一)复制权，即以印刷、复印、录制、翻拍以及数字化等方式将作品固定在有形载体上的权利；

(二)发行权，即以出售、赠与或者其他转让所有权的方式向公众提供作品的原件或者复制件的权利；

(三)出租权，即有偿许可他人临时使用视听作品、计算机程序或者包含作品的录音制品的原件或者复制件的权利，计算机程序不是出租的主要标的的除外；

(四)展览权，即公开陈列美术作品、摄影作品的原件或者复制件的权利；

(五)表演权，即以各种方式公开表演作品，以及通过技术设备向公众传播作品的表演的权利；

(六)播放权，即以无线或者有线方式向公众播放作品或者转播该作品的播放，以及通过技术设备向公众传播该作品的播放的权利；

（七）信息网络传播权，即以无线或者有线方式向公众提供作品，使公众可以在其个人选定的时间和地点获得作品，以及通过技术设备向公众传播以前述方式提供的作品的权利；

（八）改编权，即将作品改变成除视听作品以外的不同体裁、各类或者形式的新作品，以及对计算机程序进行增补、删节、改变指令、语句顺序或者其他变动的权利；

（九）翻译权，即将作品从一种语言文字转换成另一种语言文字的权利；

（十）摄制权，即将作品摄制成视听作品的权利；

（十一）应当由著作权人享有的其他权利。

信息网络传播权的保护办法由国务院另行规定。”

上述条款的意见主要来自工信部、著作权集体管理组织、互联网公司、律师界、编剧行业、美国全国商会等。一是认为信息网络传播权与播放权存在交叉，不能以交互和非交互作为区分标准，实践中IPTV既有“直播”，又有“点播”，建议纳入信息网络传播权范畴；二是认为摄制视听作品本身即需要改编原有的作品或剧本，建议将摄制权放到改编权中；三是认为利用计算机来使用各种形式作品的情况日益普遍，建议将临时复制纳入复制权；四是认为表演权与播放权难以区分，建议修改完善，并将放映权纳入表演权中保护。

3. 关于美术、摄影作品追续权

涉及第十二条：“美术作品、摄影作品的原件或者文字、音乐作品的手稿首次转让后，作者或者其继承人、受遗赠人对原件或者手稿的所有人通过拍卖方式转售该原件或者手稿享有分享收益的权利。该权利不得转让或者放弃，其保护办法由国务院另行规定。”

上述条款的意见主要来自中国拍卖行协会及律师界。一是认为追续权不是国际通例，与物权法的基本原则相悖，缺乏严谨的立法逻辑，不宜仓促入法；二是认为追续权起源于艺术市场尚未发达、多数艺术家尚不富裕的时代，当下中国艺术市场与之相比，艺术品市场价格畸高，已发生根本变化；三是认为中国艺术品拍卖市场刚刚起步，实施追续权，有可能对市场造成不良影响，如收藏群体选择私下交易或转到未规定追续权的国家和地区，对中国艺术家弊大于利；四是建议明确追续权的期限，建议与作品受著作权保护的年限相同；五是认为限定拍卖为转售的唯一方式，不利于中国艺术作品在世界范围的保护，建议改为"拍卖"等方式。

4. 关于视听作品著作权归属及收益分配

涉及第十七条："制片者使用剧本、音乐等作品摄制视听作品，应当取得著作权人的许可，并支付报酬。

视听作品的著作权由制片者享有，但原作作者、编剧、导演、摄影、作词、作曲等作者享有署名权。

原作者、编剧、导演、作词、作曲作者有权就他人使用视听作品获得合理报酬。

视听作品中可以单独使用的剧本、音乐等作品，作者可以单独行使著作权，但不得妨碍视听作品的正常使用。"

对上述条款的意见主要来自国家广播电视总局、电视台、编剧行业、律师界、电影制作公司、著作权集体管理组织及外方行业协会。一是认为该条第一款理所当然，规定无实际意义，建议删除。二是认为该条第二款不应该直接规定著作权由制片者享有，视听作品的著作权归属应由制片人和编剧、导演、作词、作曲等创作者共同约定。三是认为该条第三款规定五类作者就他人使用视听作品享有获酬权违背立法初衷，将导致影视产业的衰退。首先，从现实来讲，认为不具有操作性，使用的次数和报酬金额难以计算；其次，从产业来看，认为会加大制片者的成本，直接损害投资人利益，不利于激励资本进入影视产业,将严重影响我国影视产业发展;最后,从国际交流和保护看,将会使我国向美欧等发达国家缴纳费用大增,不利于国内相关产业的发展。

5. **关于职务作品**

涉及第十八条:“职工为完成工作任务所创作的作品为职务作品,其著作权归属由当事人约定。

当事人没有约定或者约定不明的,职务作品的著作权由职工享有,但工程设计图、产品设计图、地图、计算机程序以及受聘于报刊社或者通讯社的记者为完成报道任务创作的作品的著作权由单位享有,作者享有署名权。

依本条第一款和第二款的规定,职务作品的著作权由职工享有的,单位可以在其业务范围内免费使用该作品。”

对上述条款的意见主要来自国家广播电视总局、电视台、新闻工作者及外方行业协会。一是认为职务作品无约定或约定不明的,其著作权应由单位享有,符合职务作品制度设计的初衷,因单位提出了要求、支付了对价、承担了责任,且利于对作品的整体保护;二是建议将广播电台、电视台的记者也纳入第二款规定;三是认为“记者”与“承担报道任务”的工作人员并不完全对应,建议进一步明确“记者”的范围。

6. **关于“孤儿作品”**

涉及第二十六条:“报刊社对已经出版的报刊中的作品进行数字化形式的复制,其他使用者以数字化形式复制或者通过信息网络向公众传播作品,应当取得著作权人的许可,对著作权的保护期未届满的作品,使用者尽力查找权利人无果,符合下列条件的,可以向国务院著作权行政管理部门指定的机构申请并提存使用费后使用:

(一)作者以及作品原件的所有人均身份不明的;

(二)作者身份不明,作品原件所有人身份确定但无法联系的;

（三）作者身份确定但无法联系的。

前款具体事项，由国务院著作权行政管理部门另行规定。”

对上述条款的意见主要来自广播电视组织、互联网公司及外方行业协会。一是建议增加广播电视组织使用“孤儿作品”的情形；二建议扩大使用范围，不限于报刊社，建议删除第一款第一句，直接改为“使用者”；三是建议明确一旦作者身份确认，必须向权利人支付合理报酬。

7. **关于合理使用**

涉及第四十二条：“在下列情况下使用作品，可以不经著作权人许可，不向其支付报酬，但应当指明作者姓名、作品名称、作品出处，并且不得侵犯著作权人依照本法享有的其他权利：

（一）为个人学习、研究，复制他人已经发表的文字作品的片段；

（二）为介绍、评论某一作品或者说明某一问题，在作品中适当引用他人已经发表的作品，引用部分不得构成引用人作品的主要或者实质部分；

（三）为报道时事新闻，在报纸、期刊、广播电台、电视台、信息网络等媒体中不可避免地再现或者引用已经发表的作品；

（四）报纸、期刊、广播电台、电视台、信息网络等媒体刊登或者播放其他报纸、期刊、广播电台、电视台、信息网络等媒体已经发表的关于政治、经济、宗教问题的时事性文章，但作者声明不许刊登、播放的除外；

（五）报纸、期刊、广播电台、电视台、信息网络等媒体刊登或者播放在公众集会上发表的讲话，但作者声明不许刊登、播放的除外；

（六）为学校课堂教学或者科学研究，翻译或者少量复制已经发表的作品，供教学或者科研人员使用，但不得出版发行；

（七）国家机关为执行公务在合理范围内使用已经发表的作品；

（八）图书馆、档案馆、纪念馆、博物馆、美术馆等为陈列或者保存版本的需要，复制本馆收藏的作品；

（九）免费表演已经发表的作品，该表演未向公众收取费用，也未向表演者支付报酬；

（十）对设置或者陈列在室外公共场所的艺术作品进行临摹、绘画、摄影、录像并向公众提供，但不得以该艺术作品的相同方式复制、陈列以及公开传播；

（十一）将中国自然人、法人或者其他组织已经发表的以汉语言文字创作的作品翻译成少数民族语言文字作品在国内出版发行；

（十二）将已经发表的作品改成盲文出版；

（十三）其他情形。

以前款规定的方式使用作品，不得影响作品的正常使用，也不得不合理地损害著作权人的合法权益。”

第四十三条："计算机程序的合法授权使用者可以从事以下行为：

（一）根据使用的需要把该程序装入计算机等具有信息处理能力的装置内；

（二）为了防止计算机程序损坏而制作备份复制件。这些备份复制件不得通过任何方式提供给他人使用，并在本人丧失合法授权时，负责将备份复制件销毁；

（三）为了把该程序用于实际的计算机应用环境或者改进其功能、性能而进行必要的修改；未经该程序的著作权人许可，不得向任何第三方提供修改后的程序。”

第四十四条："为了学习和研究计算机程序内含的设计思想和原理，通过安装、显示、传输或者存储等方式使用计算机程序的，可以不经计算机程序著作权人许可，不向其支付报酬。”

对上述三个条款的意见主要来自文化部、工信部、出版行业、广播电台电视台、教学科研机构及外方行业协会。一是建议将第四十二条第（一）项

“文字作品的片段”改为“作品的片段”，与国际公约相一致；二是建议将网络环境下“临时复制”行为增加为“合理使用”的情形之一；三是建议将为公益事业使用相关作品纳入合理使用范畴；四是建议将“盲文出版”改为“视障者可感知的文字格式或音视频作品出版”；五是关于计算机程序的合法授权使用，建议将第四十三条第（三）项“修改”改为“改动”，并增加“不得向任何第三方提供改动后的程序及技术服务等”；六是建议明确第四十四条的主体为“计算机程序复制件的合法所有者”。

8. **关于法定许可**

涉及第四十六条：“为实施九年制义务教育和国家教育规划而编写教科书，可以依照本法第四十八条规定的条件，不经著作权人许可，在教科书中汇编已经发表的作品片段或者短小的文字作品、音乐作品或者单幅的美术作品、摄影作品、图形作品。”

第四十七条：“文字作品在报刊上刊登后，其他报刊可以依照本法第四十八条规定的条件，不经作者许可进行转载或者作为文摘、资料刊登。

报刊社对其刊登的作品根据作者的授权享有专有出版权，并在其出版的报刊显著位置作出不得转载或者刊登的声明的，其他报刊不得进行转载或刊登。”

第四十八条：“根据本法第四十六条、第四十七条的规定，不经著作权人许可使用其已发表的作品，必须符合下列条件：

（一）在首次使用前向相应的著作权集体管理组织申请备案；

（二）在使用特定作品时指明作者姓名、作品名称和作品出处；

（三）在使用特定作品后一个月内按照国务院著作权行政管理部门制定的标准向权利人或者通过著作权集体管理组织向权利人支付使用费，同时提供使用作品的作品名称、作者姓名和作品出处等相关信息。

著作权集体管理组织应当及时公告前款规定的备案信息，并建立作品情况查询系统供权利人免费查询作品使用情况和使用费支付情况。

著作权集体管理组织应当在合理时间内及时向权利人转付本条第一款所述的使用费。”

对上述三个条款的意见主要来自出版界、著作权集体管理组织、广播电视组织及国外行业协会。一是建议第四十六条删除“国家教育规划”,认为范围过大不利于对权利人的保护;二是建议教科书法定许可使用作品的范围扩大为视听作品,因为数字出版日益普遍,电子书包等教育教学形式也在普及;三是建议恢复录音制品法定许可;四是建议恢复广播电台、电视台使用已发表作品的法定许可。

9. 关于著作权集体管理

涉及第五十九条:“著作权集体管理组织的授权使用收费标准由国务院著作权行政管理部门公告实施,有异议的,由国务院著作权行政管理部门组织专门委员会裁定,裁定为最终结果,裁定期间收费标准不停止执行。”

第六十条:“著作权集体管理组织取得权利人授权并能在全国范围代表权利人利益的,可以就下列使用方式代表全体权利人行使著作权或者相关权,权利人书面声明不得集体管理的除外:

(一)广播电台、电视台播放已经发表的文字、音乐美术或者摄影作品;

(二)自助点歌经营者通过自助点歌系统向公众传播已经发表的音乐或者视听作品。”

对上述两个条款的意见主要来自工信部、著作权集体管理组织、音乐公司及外方行业协会。一是建议将第五十九条涉及的定价机制由国家版权局公告改为“由国家版权局指定的媒体上公告”;二是建议第六十条适当扩大延伸集体管理适用作品的范围,如在公开场所使用技术设备向公众传播作品,这对于提高作品传播效率、降低作品交易成本和维权成本,将起到积极的推动作用,尤其是在网络环境下,充分发挥集体管理的作用具有更加突出、紧迫的现实意义;三是建议将“自动点歌”改为“自动点播”,因更多的经营场所除了点歌之外,还可以点播电影;四是建议取消广电组织播放已经发表的文字、音乐、美术或者摄影作品,适用延伸的集体管理,恢复为法定许可;五是建议其他适用延伸集体管理的情形,由国家版权局另行制定。

10. **关于技术保护措施的例外**

涉及第六十七条:“下列情形可以避开技术保护措施,但不得向他人提供避开技术保护措施的技术、装置或者部件,不得侵犯权利人依法享有的其他权利:

(一)为学校课堂教学或者科学研究,向少数教学、科研人员提供已经发表的作品、表演、录音制品或者广播电视节目,而该作品、表演、录音制品或者广播电视节目无法通过正常途径获取;

(二)不以营利为目的,以盲人能够感知的独特方式向盲人提供已经发表的文字作品,而该作品无法通过正常途径获取;

(三)国家机关依照行政、司法程序执行公务;

(四)对计算机及其系统或者网络的安全性能进行测试。”

对上述条款的意见主要来自工信部、出版业和个人。一是建议增加避开技术保护措施的例外情形,如进行加密研究和进行计算机软件反向工程研究;二是建议该条第(二)项将“盲人”改为“视障者”,将“文字作品”改为“视觉作品”;三是建议该条第(四)项安全测试的主体限制为“国家机关或经授权具有相应测试资格的组织”,有利于规范对计算机及其系统或者网络的安全性能进行测试的行为,有利于防止网络黑客借机侵入国家政府机关信息系统破坏或威胁信息安全。

11. **关于其他内容**

一是关于第六十九条网络服务提供者的责任问题,虽然“修改草案”第二稿相较“修改草案”第一稿(征求意见稿),在相对应的条款中增加了“网络服务提供者教唆或者帮助侵权的，与侵权人承担连带责任”的规定，但对本条款的意见与上一次征集到的意见差异不大，仍然是意见比较集中的条款之一；二是关于第七十二条“民事赔偿责任”，收集到的意见与上一次相比无异，仍然集中在增加最低法定赔偿额，提高惩罚性赔偿标准，增加侵权人举证责任等方面。

（二）“修改草案”第三稿的修改情况

“修改草案”第三稿与“修改草案”第二稿相比较，主要修改情况如下。

◆**新增**第四十九条：“广播电台、电视台依照本法第五十条规定的条件，可以不经著作权人许可，播放其已经发表的作品，但播放视听作品，应当取得著作权人的许可。

本条规定适用于中国著作权人以及其作品创作于中国的外国著作权人。”

◆**新增**第六十四条：“著作权和相关权权利人依据本法第十四条和第四十条享有的获酬权，应当通过相应的著作权集体管理组织行使。”

◆将第十一条第三款之（五）：“表演权，即以各种方式公开表演作品，以及通过技术设备向公众传播作品的表演的权利。”**修改为**第十三条第三款之（五）：“表演权，即以演唱、演奏、舞蹈、朗诵等方式公开表演作品，以及通过技术设备向公众传播作品的表演的权利。”

将该款之（八）：“改编权，即将作品改变成除视听作品以外的不同体裁、种类或者形式的新作品，以及对计算机程序进行增补、删节，改变指令、语句顺序或者其他变动的权利。”**修改为**：“改编权，即将作品改变成其他载体和各类的新作品，或者将文字、音乐、戏剧等作品制作成视听作品，以及对计算机程序进行增补、删节，改变指令、语句顺序或者其他变动的权利”，将“摄制权”融入其中，同时**删除**该款之（十）“摄制权，即将作品摄制成视听作品的权利”。

◆将第十二条:“美术、摄影作品的原件或者文字、音乐作品的手稿首次转让后,作者或者其继承人、受遗赠人对原件或者手稿的所有人通过拍卖方式转售该原件或者手稿享有分享收益的权利,该权利不得转让或者放弃,其保护办法由国务院另行规定。

外国人、无国籍人其所属国或者经常居住国承认中国作者享有同等权利的,享有前款规定的权利。”

修改为第十四条:“美术、摄影作品的原件或者文字、音乐作品的手稿首次转让后,作者或者其继承人、受遗赠人对原件或者手稿的所有人通过拍卖方式转售该原件或者手稿所获得的增值部分,享有分享收益的权利,该权利专属于作者或者其继承人、受遗赠人。其保护办法由国务院另行规定。”

◆将第十七条:“制片者使用剧本、音乐等作品摄制视听作品,应当取得著作权人的许可,并支付报酬。

视听作品的著作权由制片者享有,但原作作者、编剧、导演、摄影、作词、作曲等作者享有署名权。

原作作者、编剧、作词、作曲等作者有权就他人使用视听作品获得合理报酬。

视听作品中可以单独使用的剧本、音乐等作品,作者可以单独行使著作权,但不得妨碍视听作品的正常使用。”

修改为第十九条:“制片者使用小说、音乐和戏剧等已有作品制作视听作品,应当取得著作权人的许可;如无相反约定,前述已有作品的著作权人根据第十六条第二款对视听作品的使用享有专有权。

电影、电视剧等视听作品的作者包括导演、编剧以及专门为视听作品创作的音乐作品的作者等。

电影、电视剧等视听作品的著作权中的财产权和利益分享由制片者和作者约定。没有约定或者约定不明的,著作权中的财产权由制片者享有,但作者享有署名权和分享收益的权利。

视听作品中可以单独使用的剧本、音乐等作品，作者可以单独行使著作权，但不得妨碍视听作品的正常使用。”

◆将第十八条：“职工为完成工作任务所创作的作品为职务作品，其著作权归属由当事人约定。

当事人没有约定或者约定不明的，职务作品的著作权由职工享有，但工程设计图、产品设计图、地图、计算机程序以及受聘于报刊社或者通讯社的记者为完成报道任务创作的作品的著作权由单位享有，作者享有署名权。

依本条第一款和第二款规定，职务作品的著作权由职工享有的，单位可以在其业务范围内免费使用该作品。”

修改为第二十条：“职工在职期间为完成工作任务所创作的作品为职务作品，其著作权归属由当事人约定。

当事人没有约定或者约定不明的，职务作品的著作权由职工享有，但工程设计图、产品设计图、地图、计算机程序和有关文档，以及报刊社、通讯社、广播电台和电视台的职工专门为完成报道任务创作的作品的著作权由单位享有，作者享有署名权。

依本条第二款规定，职务作品的著作权由职工享有的，单位有权在业务范围内免费使用该职务作品并对其享有两年的专有使用权。

依本条第二款规定，职务作品由单位享有的，单位应当根据创作作品的数量和质量对职工予以相应奖励，职工可以通过汇编方式出版其创作的作品。”

◆将第二十八条顺序延至第二十九条，前四款内容不变，**增加**第五款“本法实施前保护期届满、但依据本条第一款仍在保护期内的摄影作品，不受本法保护”，第六款“本法第十四条规定的权利保护期，适用本法第一款的规定”，两个款项。

◆将第五十六条:“与著作权人订立专有许可合同或者转让合同的,可以向国务院著作权行政管理部门设立的专门登记机构登记。经登记的专有许可合同和转让合同,可以对抗第三人。

登记应当缴纳费用,收费标准由国务院财政、价格管理部门确定。”

修改为第五十九条:“与著作权人订立专有许可合同或者转让合同的,使用者可以向国务院著作权行政管理部门设立的专门登记机构登记。未经登记的权利,不得对抗善意第三人。

登记应当缴纳费用,收费标准由国务院财政、价格管理部门确定”。明确了可以对抗善意第三人的登记对象是权利本身,而非合同。

◆将第五十九条:“著作权集体管理组织授权使用收费标准由国务院著作权行政管理部门公告实施,有异议的,由国务院著作权行政管理部门组织专门委员会裁定,裁定为最终结果,裁定期间使用费标准不停止执行。”

修改为第六十二条:“著作权集体管理组织应当根据管理的权利提供使用费标准,该标准在国务院著作权行政管理部门指定的媒体上公告实施,有异议的,由国务院著作权行政管理部门组织专门委员会裁定,裁定为最终结果,裁定期间使用费标准不停止执行。

前款所述专门委员会由法官、著作权集体管理组织的监管部门公务员、律师等组成。”

将授权使用收费标准“由国务院著作权行政管理部门公告实施”,**调整**为“在国务院著作权行政管理部门指定的媒体上公告实施”。

◆将第六十条:“著作权集体管理组织取得权利人授权并能在全国范围代表权利人利益的,可以就下列使用方式代表全体权利人行使著作权或者相关权,权利人书面声明不得集体管理的除外:

(一)广播电台、电视台播放已经发表的文字、音乐、美术或者摄影作品;

(二)自助点歌经营者通过自助点歌系统向公众传播已经发表的音乐或

者视听作品。

著作权集体管理组织在转付相关使用费时，应当平等对待所有权利人。”

修改为第六十三条：“著作权集体管理组织取得权利人授权并能在全国范围内代表权利人利益的，可以就自助点歌系统向公众传播已经发表的音乐或者视听作品以及其他方式使用作品，代表全体权利人行使著作权或者相关权，权利人书面声明不得集体管理的除外。

著作权集体管理组织在转付相关使用费时，应当平等对待所有权利人。”

将广播电台、电视台播放已经发表的文字、音乐、美术或者摄影作品排除在延伸性著作权集体管理机制之外，将延伸性著作权集体管理机制严格限制在“以自助点歌系统向公众传播已经发表的音乐或者视听作品以及其他方式使用作品”范畴。

◆将第六十七条：“下列情形可以避开技术保护措施，但不得向他人提供避开技术保护措施的技术、装置或者部件，不得侵犯权利人依法享有的其他权利：

（一）为学校课堂教学或者科学研究，向少数教学、科研人员提供已经发表的作品、表演、录音制品或者广播电视节目，而该作品、表演、录音制品或者广播电视节目无法通过正常途径获取；

（二）不以营利为目的，以盲人能够感知的独特方式向盲人提供已经发表的作品，而该作品无法通过正常途径获取；

（三）国家机关依照行政、司法程序执行公务；

（四）对计算机及其系统或者网络的安全性能进行测试；

（五）进行加密研究或者计算机程序反向工程研究。”

修改为第七十一条：“下列情形可以避开技术保护措施，但不得向他人提供避开技术保护措施的技术、装置或者部件，不得侵犯权利人依法享有的其他权利：

（一）为学校课堂教学或者科学研究，向少数教学、科研人员提供已经发表的作品、表演、录音制品或者广播电视节目，而该作品、表演、录音制品或者广播电视节目无法通过正常途径获取；

（二）不以营利为目的，以盲人能够感知的独特方式向盲人提供已经发表的作品，而该作品无法通过正常途径获取；

（三）国家机关依照行政、司法程序执行公务；

（四）具有安全测试资质的机构对计算机及其系统或者网络的安全性能进行测试；

（五）进行加密研究或者计算机程序反向工程研究。"

第（四）项**增加**了"安全测试机构"安全测试的主体资质；**增加**了第（五）项规定。

◆将第七十一条："计算机程序的复制件持有人不知道也不应当知道该程序是侵权复制件的，不承担赔偿责任；但是应当停止使用、销毁该侵权复制件。如果停止使用并销毁该侵权复制件将给复制件使用者造成重大损失的，复制件使用者可以向计算机程序著作权人支付合理费用后继续使用。"

修改为第七十五条："计算机程序的复制件持有人不知道也不应当知道该程序是侵权复制件的，不承担赔偿责任；但是应当停止使用、销毁该侵权复制件。计算机程序复制件持有人需要继续使用该计算机程序的，应当取得该计算机程序著作权人的许可"。将"复制件使用者可以向计算机程序著作权人支付合理费用后继续使用"，**修改为**"计算机程序复制件持有人需要继续使用该计算机程序的，应当取得该计算机程序著作权人的许可。"

◆将第七十二条："侵犯著作权或者相关权的，侵权人应当按照权利人的实际损失给予赔偿；实际损失难以计算的，可以按照侵权人的违法所得给予赔偿。权利人的实际损失或者侵权人的违法所得难以确定的,参照通常的权利交易费用的合理倍数确定。赔偿数额应当包括权利人为制止侵权行为所支付的合理开支。

权利人的实际损失、侵权人的违法所得和通常的权利交易费用均难以确定的,由人民法院根据侵权行为的情节,判决给予一百万元以下的赔偿。

对于两次以上故意侵犯著作权或者相关权的,应当根据前两款赔偿数额的二至三倍确定赔偿数额。”

修改为第七十六条:“侵犯著作权或者相关权的,在计算损害赔偿数额时,权利人可以选择实际损失、侵权人的违法所得、权利交易费用的合理倍数或者一百万元以下数额请求赔偿。

对于两次以上故意侵犯著作权或者相关权的,人民法院可以根据前款计算的赔偿数额的二至三倍确定赔偿数额。

人民法院在确定赔偿数额时,应当包括权利人为制止侵权行为所支付的合理开支。

人民法院为确定赔偿数额,在权利人已经尽力举证,而与侵权行为相关的账簿、资料主要由侵权人掌握的情况下,可以责令侵权人提供与侵权行为相关的账簿、资料;侵权人不提供或者提供虚假的账簿、资料的,人民法院可以根据权利人的主张判定侵权赔偿数额”。**增加**了权利人请求赔偿方式的选择性,权利人已经尽力举证情况下侵权人的举证责任,以及“侵权人不提供或者提供虚假的账簿、资料的,人民法院可以根据权利人的主张判定侵权赔偿数额”的规定。

◆将第七十三条:“下列侵权行为,同时破坏社会主义市场经济秩序的,可以由著作权行政管理部门责令停止侵权行为,予以警告、没收违法所得,没收、销毁侵权复制品,并可处以罚款;情节严重的,著作权行政管理部门可以没收主要用于制作侵权复制件的材料、工具、设备等;构成犯罪的,依法追究刑事责任：

（一）未经著作权人许可，复制、发行、出租、展览、表演、播放、通过信息网络向公众传播其作品的，本法另有规定的除外；

（二）未经表演者许可，播放、录制其表演，复制、发行、出租录有其表演的录音制品，或者通过信息网络向公众传播其表演的，本法另有规定的除外；

（三）未经录音制作者许可，复制、发行、出租、通过信息网络向公众传播其制作的录音制品的，本法另有规定的除外

（四）未经广播电台、电视台许可，转播、录制、复制其广播电视节目的，本法另有规定的除外；

（五）使用他人享有专有使用权的作品、表演、录音制品或者广播电视节目的；

（六）违反本法第四十八条规定使用他人作品的；

（七）未经许可，使用权利人难以行使和难以控制的著作权或者相关权的，本法第七十一条第一款规定的情形除外；

（八）制作、出售假冒他人署名的作品的。”

修改为第七十七条：“下列侵权行为，可以由著作权行政管理部门责令停止侵权行为，予以警告，没收违法所得，没收、销毁侵权制品和复制件，非法经营额五万元以上的，可处非法经营额一倍以上五倍以下的罚款，没有非法经营额、非法经营额难以计算或者非法经营额五万元以下的，可处二十五万元以下的罚款；情节严重的，著作权行政管理部门可以没收主要用于制作侵权制品和复制件的材料、工具、设备等；构成犯罪的，依法追究刑事责任：

（一）未经著作权人许可，复制、发行、出租、展览、表演、播放、通过网络向公众传播其作品的，本法另有规定的除外；

（二）未经表演者许可，播放、录制其表演，复制、发行、出租录有其表演

的录音制品，或者通过网络向公众传播其表演的，本法另有规定的除外；

（三）未经录音制作者许可，复制、发行、出租、通过网络向公众传播其录音制品的，本法另有规定的除外；

（四）未经广播电台、电视台许可，转播、录制、复制其广播电视节目的，本法另有规定的除外；

（五）使用他人享有专有使用权的作品、表演、录音制品或者广播电视节目的；

（六）违反本法第五十条规定使用他人作品的；

（七）未经许可，使用权利人难以行使和难以控制的著作权或者相关权的，本法第七十四条第一款规定的情形除外；

（八）制作、出售假冒他人署名的作品的。”

增加了对达到不同非法经营额的罚款数额或者罚款倍数。

（三）专家和相关机构对“修改草案”第三稿的意见

与会专家和立法、行政和司法机关有关部门负责人，对“修改草案”第三稿的最终完善发表了意见。

郭寿康教授：“法律草案起草小组”提前将“修改草案”第三稿的草案文本通过电子邮件的方式发给了各位专家委员会委员，会前几天自己反复研读，与过去相比较变化不小，有显著进步。具体情况不重复讲了，我就只提一条意见，关于第四十条合理使用问题，国际条约有合理使用制度，但是对其适用是严加限制的。“修改草案”第三稿将《著作权法实施条例》第二十一条“依照著作权法有关规定，使用可以不经著作权人许可的已经发表的作品的，不得影响该作品的正常使用，也不得不合理地损害著作权人的合法利益”吸收到第四十二条第二款，是很好的立法例。但是该条第一款增加了第（十三）项：“其他情形”。增加这项规定，可能导致现实中极大地增加“合理使用”适用情形,对著作权人的权利可能会构成伤害。因此,建议取消此项规定,保持“合理使用”情形的刚性列举。

吴汉东教授:参加这次会议与前几次专家会心情有所不同,所提意见是技术性的,不是原则性的,是建议性的,不是颠覆性的。对“修改草案”第三稿基本能够接受。关于“合理使用”问题,我比较赞成“修改草案”第三稿的表述,合理使用的情形需要进行具体列举,同时还有一个开放性的条款,符合权利限制的精神和原则,当然设置开放性条款应该遵循“三步检验法”原则。关于“建筑作品”问题,有两种定义方式,一种是按照世界知识产权组织的解释定义,另一种是德国、意大利等国家按具有审美表现形式的物体来定义,如何在这两者之间作出取舍可以再研究。关于“孤儿作品”问题,赞成“修改草案”第三稿的立法思路,但是该项制度属于权利限制范畴,“修改草案”第三稿将其放在第二章“著作权”之第二节“著作权归属”第二十六条规定,逻辑上存在问题,应该将其放到第四章“权利的限制”中规定。关于“公共陈列品合理使用”问题,日本、韩国、俄罗斯等国都有一个限制商业使用问题,建议增加一条不能将其复制品向公众发行传播,限制其商业使用。

李明德研究员:对“修改草案”第三稿肯定的话不多讲了,谈点问题。关于作品的定义问题,“文学艺术和科学领域、独创性、能固定”三要素没问题,但最终将作品落脚到“智力成果”,我认为有问题,“修改草案”出了三个定型稿,我提了三次意见。“智力成果”范围太宽泛,所有的知识产权创新成果都可以称为“智力成果”,但“表达”则是著作权客体区别于其他知识产权客体的唯一形态,所以将作品的落脚点放在“表达”,而非“智力成果”上;关于著作权权利内容(权项)问题,现在的趋势值得肯定,权项不是越来越多,而是越来越整合,我们提交的“专家建议稿”设了六项财产权,“修改草案”第三稿虽然将2010年著作权法十三项财产权整合为十项,我认为还有整合的空间;关于录音制品法定许可问题,国家版权局的公职人员不好表态,我来说,这个问题道理是清楚的，对词曲作者、录音制作者、表演者，以及社会大众都是有利的，应该恢复“修改草案”第四十六条的规定；关于延伸的集体管理问题，从“修改草案”第一稿到第三稿，国家版权局的态度已经非常明朗，我个人觉得建立延伸的著作权集体管理机制肯定是好的，但是有人担心目前我国的著作权集体管理制度不够健全，集体管理组织自身建设还不足，透明度还不高、监督机制还不够完善的情况下，推行延伸性集体管理机制，一定要在加强监督管理上下功夫，让好的机制发挥好的作用。让权利人信任、让使用者支持、让广大公众放心。

张今教授：收到“修改草案”第三稿后对其进行了认真的研读，谈几点具体意见。关于实用艺术作品问题，将其列入著作权保护客体非常必要，但“修改草案”第三稿第五条第（九）项将其定义为“实用艺术作品，是指玩具、家具、饰品等具有实用功能并有审美意义的平面或者立体的造型艺术作品”，采取了“玩具、家具、饰品等”列举方式，这种穷尽式的列举方式限制了实用艺术作品的客体形态，建议删除“玩具、家具、饰品等”的列举方式。

张平教授：关于录音制品制作法定许可规定，“修改草案”第二稿不应该删除“修改草案”第一稿第四十六条的规定，建议恢复，或者保持2010年著作权法的规定；关于作品的定义，作品定义存在不清晰问题，“修改草案”第三稿第五条将各种作品的定义最后落脚到作品上，但美术作品、实用艺术作品、摄影作品却落脚到艺术作品上，而音乐作品、戏剧作品、曲艺作品等都有艺术性却没有落脚到艺术作品上，对此类问题应该有统一的描述。

其他专家，以及立法、行政、司法机关的相关负责人对进一步完善“修改草案”第三稿分别发表了建设性的意见和建议。为“修改草案”送审稿的最终定型，贡献了智慧，发挥了关键作用。

2012年10月26日，“法律草案起草小组”根据著作权法修订工作专家委员会第四次会议各位专家以及立法、行政各司法机关有关负责人提出的具体修改意见和建议，对“修改草案”第三稿进行了最后一次调整，同时对其进行了编辑性处理，形成了著作权法“修改草案”第三稿定稿。

二、高屋建瓴，凝聚共识

2012年10月30日，国家版权局著作权法修订工作领导小组会议在京举行。

领导小组组长、国家版权局局长柳斌杰，领导小组副组长、国务院参事、全国政协委员、中国作家协会副主席、中国文字著作权协会副会长张抗抗，领导小组成员中宣部出版局局长郭义强、全国人大教科文卫委文化室主任朱兵、最高人民法院民三庭庭长孔祥俊、中宣部政策法规研究室副主任贾雨川、文化部政策法规司副司长孙若风、国务院新闻办研究室副主任季星星、国家广播电视总局法规司副司长祝燕南（代表才华司长）、工信部政策法规司法制处处长李长喜（代表李国斌司长）、相关立法部门代表全国人大常委会法工委民法室许灿、国务院法制办教科文卫司司长张建华、国务院法制办教科文卫司副处长何平，国家版权局工作人员王自强、汤兆志、高思、许炜、杨颖、范帆、申亚杰，以及新华社、光明日报、法制日报、中国新闻出版报、中国知识产权报等媒体代表参加了会议。

会议主要内容如下，一是听取著作权法“修改草案”起草工作情况的汇报；二是提请领导小组审议著作权法“修改草案”送审稿。

会议由柳斌杰局长主持。

柳斌杰局长指出，自2011年7月13日著作权法第三次修订工作正式启动以来，国家版权局始终秉承“集思广益、开门立法”的理念，在全社会引起积极反响，修法工作的对外开放度和社会参与度，是前两次修法工作不可比拟的。一年多来，在社会公众的关心关注和版权界的大力支持下，特别是在修法工作领导小组成员单位通力配合、修法工作专家委员会的共同努力下，著作权法第三修订工作阶段性成果已经显现。著作权法第三次修订，国家版权局承担“修改草案”起草工作阶段将要告一段落。这次会议，一是请国家版权局法规司司长、著作权法第三次修订工作领导小组办公室主任王自强同志，向大家就著作权法“修改草案”起草工作情况作简要汇报；二是提请修法工作领导小组审议著作权法第三次修订的阶段性成果著作权法“修改草案”第三稿。

随后，我就著作权法“修改草案”起草工作，从以下四个方面向会议作了汇报。

第一，关于著作权法第三次修订“修改草案”起草工作的基本过程。重点汇报了修法工作前期广泛征集修法意见，委托三家教学科研机构起草“专家建议稿”，开展十个专题研究情况，为找准修法焦点问题、了解专家修法思路、应对突出矛盾问题提前做好思想准备情况。“修改草案”起草阶段两次公开征求意见、召开四次修法工作专家委员会全体会议，以及时了解社会公众对“修改草案”的反应、诉求和意见建议，充分发挥修法工作专家委员会咨询建言情况。

第二，关于著作权法修订的初步成果。在著作权法第三次修订“修改草案”起草过程中，国家版权局呈现给社会公众的只有第一稿（第一次征求意见稿）、第二稿（第二次征求意见稿）和第三稿（送审稿）三个定型稿。但是，在实际修改过程中“修改草案”则十数次易稿，其观点态度各异，分歧碰撞不断，内容取舍复杂曲折。对待不同的诉求和观点，“法律草案起草小组”始终坚持在参与和讨论中形成共识，在争论和碰撞中认识真理。在应对社会公众对修法提出的意见和建议，在内容取舍问题上，凡是不同利益主体能形成基本共识的，基本采纳；凡是理论有依据、实践有需要的，尽可能吸收；凡是讨论深入但尚有争议的，不以单一利益方诉求作取舍。可以说，最后呈现在社会公众面前的八章九十条的著作权法"修改草案"送审稿,是全社会共同参与的结晶,也是国家版权局承担的著作权法第三次修订工作的初步成果,这一成果呈现篇章结构明显优化、权利内容普遍增加、授权机制和交易模式重大调整、权利保护显著提高四大特点,修法成果基本达到了预期目的。

第三,关于社会各界对著作权法修订的基本反应。一是国内关心国际关注。我国著作权法第三次修订工作,因国内外广泛关注,著作权法"修改草案"第一稿(征求意见稿)一经公布社会反响热烈,在较短时间内,百度、新浪两大网站有关著作权法修改的消息和讨论点击率超百万。各界以不同方式表达意见、反映诉求,并组织形式多样的讨论活动。国家广播电视总局、工信部、中国文联等主管部门,高度关注修改草案,组织内部讨论活动,积极提出修改意见,法院系统、律师事务所,教学科研单位积极参与,主动提出富有理论内涵和实践特色的意见建议。著作权人及其权利人组织,出版、广播影视、互联网、软件、字库等产业界主动与"法律草案起草小组"沟通,组织研讨活动,积极反映其利益诉求。美国政府、产业界和权利人组织多次以书面形式或当面会谈的方式表达其关切,欧盟请求与我方共同举办修法问题研讨会,国际作者作曲家协会联合会(CISAC),国际影印复制权组织联合会(IFRRO)两大国际著作权集体管理组织多次来华与我方交流沟通。英国、日本、韩国等国家,以及我国香港、台湾地区也以不同方式表示关注。

二是充分肯定开门立法方式。社会公众高度评价国家版权局开门立法的态度,充分肯定公开透明的立法方式,认为本次修法开创了开门立法、阳光立法的先河,体现了科学立法、民主立法、反映民意、集中民智、凝聚共识的立法精神,值得推广。

三是社会公众对"修改草案"关注点高度一致,希望通过著作权法的修改完善,进一步加强著作权保护,鼓励创作、促进运用,加大打击侵权盗版的力度,增大侵权盗版的责任风险,提高我国著作权保护的整体水平。

第四，关于“修改草案”引发的争议和热点问题。虽然说本次修法工作是在公开透明的环境下进行的，“修改草案”文本可以说是全社会共同参与的结晶。但并不意味着“修改草案”完全吸收了不同利益主体的主张和诉求，并不意味着社会公众对该“修改草案”文本的规定都持一致的看法。比如说在法定许可、集体管理、视听作品的利益分享、表演者和录音制作者的获酬权、追续权、保护期等制度设计上还存在分歧。处理争议问题，不能简单化，既要符合国际规则，也要立足中国实际；既要保护创作者权利，又要有利于作品的传播；既要反对市场垄断，又要防止权利滥用。对于在国家版权局修法环节未被采纳的意见和诉求，并不意味着在著作权法第三次修改过程中就会丧失机会。国家版权局在向国务院和全国人大常委会两个更高层级的立法机构报送“修改草案”送审稿时，一并将未被采纳的诉求及理由同时上报，我们相信，国务院法制办和全国人大法工委更具智慧，更具有包容性，只要意见和建议客观、公正、合理，一定会被国务院和全国人大常委会这两个更高层级的立法阶段所采纳。

我汇报完有关情况后，柳斌杰局长提请修法工作领导小组的成员对“修改草案”第三稿进行审议。

中宣部政策法规研究室副主任贾雨川：本次著作权法修订涉及面非常宽，立法难度很大，“修改草案”第三稿相较于2010年著作权法无论是篇章结构还是内容规范，都做了非常大的改变，建构了新的权利体系。著作权法修订工作量相当大，在一年多的时间内能够拿出现在的成果应该说相当不易。提几点建议，第一，对“修改草案”第三稿中存在比较大争议问题，比如说“著作权”和“相关权利”的内涵外延的表述，其权利范围，权利限制和权利行使和权利保护方面的争议，以后还要加强协调，尽量形成统一的认识；第二，“修改草案”有关概念和提法一些表述还不太准确的地方，建议进一步明确界定，比如第五条第二款第（十四）项“立体作品”，将其落脚为“三维作品”,好像与其他的作品种类存在交叉,比如说立体电影、三维摄影都存在三维立体问题,在表述上应该有所区别;第三,要处理好相关权利的利益平衡问题,比如第五十一条关于孤儿作品,规定了孤儿作品确定后,使用者向有关机构申请并提存使用费后以数字化形式使用,而其他形式申请提存使用好像没有明确,这样可能涉及使用主体不平等问题,建议再斟酌。

文化部政策法规司副司长孙若风:建议将第四十三条第(十二)项“已经发表的作品”改为“文字出版”,并注明残障人士专用。另外,建议增加一项内容,对依法履行保存地方文化遗产的图书馆、档案馆等,可以采集保存具有历史科学和文化价值的公开网络资源,权利人明确禁止的除外,这条意见图书馆要求比较强烈,需要再斟酌。非常期待“修改草案”能够尽快进入下一级立法程序。

国务院新闻办研究室副主任季星星:著作权法应该与中国经济发展相适应。对法律的修订,不同利益主体都从自身的利益出发,诉求和意见很多。“法律草案”起草部门应该有定力,不能什么意见都听。有些利益主体的要求太多,但诉求和意见不一定都正确,甚至可能偏激,控制不好对社会可能产生不良影响。

国家广播电视总局法规司副司长祝燕南:国家广播电视总局和整个广电系统对著作权法修订非常重视,因为广电系统涉及著作权保护的利益主体较多,从维护自己利益出发,在修法过程中会有很多的诉求和意见。由于站位不同,所提诉求和意见比较复杂,甚至比较尖锐,希望谅解。

我插话:广电系统在著作权保护问题上存在认识误区,没有区分清楚其在作品传播过程中所处的相关权主体地位,与其创作影视作品所处的著作权主体地位,把两者混为一谈,往往降低了自己著作权主体的地位,捡了芝麻丢了西瓜。因此,广电系统所提的修法意见,一定要分清楚,是主张著作权权益,还是相关权权益。

祝燕南：是的。目前来看，我们希望著作权法的修订，能够在权利人与传播者之间找到利益平衡点，经多次沟通，反映诉求和意见取得了一定的效果。关于"修改草案"，我们法规司还在研究，认为还没有满足广电系统的诉求，如果要上报国务院建议要慎重，特别是"视听作品"，其外延内涵，还存在一些不同看法，这里涉及是电影电视剧还是广播电视节目问题。还有广播问题，视听作品的概念是有伴音或者无伴音的连续画面，广播剧主要是声音没有画面，声音怎么保护，广播剧怎么保护，这是广电系统关心的问题。还有广播已经发表作品的法定许可问题，附加了限制条件，我们还是有一些不同看法和意见的。关于广播组织权利，我们觉得还不够到位。再一个就是录音制作的获酬权和后续获酬的有关规定还有一些想法，关于集体管理组织机制的完善确实要有一个过程，延伸性集体管理组织的制度设计我们非常赞同。我们主张著作权集体管理多元化，要处理独家与竞争的关系，希望有一个更加公平公正的环境。还有职务作品和行政执法行政问题，需要谨慎对待。总之，著作权法的修订，要与我们中国社会经济发展水平相适应，符合广电发展实际需要。

工信部政策法规司法制处处长李长喜：著作权保护问题，对通信和互联网产业的发展具有至关重要的作用，因此，工信部非常重视著作权法修订工作，并积极参与其中，对前后三个"修改草案"文本都进行了认真的研究。我们有两个直属单位成立了知识产权研究中心，承接了多个知识产权专题研究项目，中国软件产业联盟和互联网协会从产业发展出发，对著作权法修改提出了很多意见和建议，所提意见和建议基本上都被采纳了。我们认为"修改草案"第三稿比较好地体现了产业发展与著作权保护之间的关系。修法过程比较好地体现了民主立法和科学立法两个特点，这为我们做好部门立法工作提供了很好的借鉴范例。对于目前的"修改草案"第三稿结合我们产业发展的形势，我讲两点意见。第一，"修改草案"第三稿第七十三条第二款关于网络服务提供者的法律责任，我们理解跟侵权责任法规定不太一致，侵权责任法规定的是对于危害扩大的部分网络服务提供者承担责任，“修改草案”第三稿第七十三条第二款对其没有作出说明，如果说按照第七十三条第二款规定会带来两个方面的问题，一是在这个法律使用上，著作权法和侵权责任法之间存在不衔接，两个规定不完全一致；二是这样规定会在一定程度上扩大网络服务提供者承担法律责任的范围。我们理解侵权责任法的规定更合理，建议对此问题再行研究。第二，关于播放权和信息网络传播权问题，这个意见曾经反映过，我们认为两者之间边界不是十分清楚，存在一定的交叉，目前通信技术发展出现融合趋势，广播传播和网络传播在实践中如何适用这两项权能，对一般人来讲很难分清。这个问题是一个技术性的问题，我们试图找到解决问题的办法，能不能从技术上切出一条划分线，最后发现挺难，我们没有找到自己满意的解决方案，但是这个问题是存在的，下一步应该在立法过程中研究解决，避免出现法律适用上的混乱。

最高人民法院民三庭庭长孔祥俊：第一点，我认为“修改草案”越修改越完善，著作权法更像保护民事权利的法律，与其他的知识产权法律相比无论体系和内容都非常符合民事权利的特点，包括保护规律，其他的知识产权法律有时候感到行政法的色彩重了一点，设计的时候不像著作权法，所以这个是比较深的感受。第二点，“修改草案”第三稿对“权利体系”的规定比较完善，而且加大了保护力度，“修改草案”第三稿对权利客体、权利内容、权利的限制、权利的行使、权利的保护排列顺序逻辑性很好。并对权利的保护加大了力度，对整体权利体系和各项权能的界定，操作性更强，作为司法系统的代表，我们更希望操作性强一点。从现在“修改草案”第三稿的规定看，操作性是大大增强了。第三点，我体会“修改草案”第三稿的体例和技术也是越来越完善，整个体例很好。法院系统提出的很多修法意见和建议都被吸纳了。另外，关于民间文学艺术作品保护问题，需不需要规范，存在不同意见，要规范是有法律依据的，但规范到什么程度，可能存在一定的疑虑，规范出不来，司法机关审理此类案件就会于法无据。因此，加快民间文学文艺作品著作权保护办法的制定很有必要。

全国人大教科文卫委文化室主任朱兵：第一点，2011年7月国家版权局启动了著作权法第三次修订工作，这是一个大的事情，一年来，组织召开了四次著作权法修订工作专家委员会会议，发挥版权界领军人物在修改著作权法过程中的积极作用和智慧值得赞赏，整个修法过程体现了“民主立法，科学立法”精神，我从事立法工作多年，在我的印象中像这次著作权法整个修改过程如此全方位、大面积地向社会公开征求意见是非常少见的，刚才王自强同志介绍了著作权法整个修改过程情况，总体上感觉“修改草案”是越改越好，可以说是一个比较成功的立法范例。第二点，从全国人大教科文卫委的角度来讲，我只代表我自己，大家知道，本届人大还有几个月的时间就要届满，十二届常委会要组建新的班子，在这个过程中我们委员会一直非常重视著作权法的修订工作，我们也曾经多次向委员会领导汇报有关情况，虽然很着急，但是从修改进程看，委员会非常认可这次修改。同时也希望国家版权局加快修改进程，所以，我们自己在研究工作的时候，包括汇报工作的时候，对国家版权局的著作权法修改工作是持肯定态度的，我们也希望著作权法修订列入下一届常委会的新一轮立法规划中。我部门作为委员会负责文化口立法工作的对口部门，愿意积极支持和配合国家版权局把修法工作做得更好。第三点，虽然会前简单地阅读过“修改草案”第三稿，刚才又听了王自强司长的介绍，但从总体上来说，自己对“修改草案”第三稿的认识还是比较概念性的，要深入了解著作权法修改问题还需要进行认真梳理。因为这次修法不是一个简单的对2010年著作权法的修补，而是一次全面、主动地完善我国著作权保护法律制度的过程，其体例结构和内容规范都产生了巨大变化，从某种意义上讲，是对我国著作权法律的再造，产生一个全新的法律,像这种情况在我国的立法实践中也不是没有过,像《中华人民共和国文物保护法》,经修改完全是一个全新法。这样的结果当然完全是为了适应整个经济社会发展的需要,所以基于这样一个情况,很多工作需要做得更加深入,更加细致。因为著作权法涉及全社会,包括社会各个方面,各个利益群体的利益,社会公众非常关注,对一些重大问题要进行认真梳理,涉及跨部门利益的问题要进行沟通协调取得基本共识,这项工作可能要持续到修法的第二阶段甚至第三阶段,希望大家共同联合起来做好修法工作。

中宣部出版局局长郭义强:认真研阅了"修改草案"第三稿,感觉相对于第一稿和第二稿,进行了比较大的修改,"修改草案"第三稿的结构和体例的变化也很大,权利内容增加很多,内容有显著的提高。应该说"修改草案"第三稿充分考虑、积极回应了社会的关切。"修改草案"第三稿既保护了作者的权利,又保障了社会公众对作品的利用,兼顾了鼓励创作和产业发展,对数字网络时代著作权保护也做了回应,我们觉得取得了非常重要的成果。我们一直关注著作权法修订的整个过程,其中有一点国家版权局也做了大量的工作,特别是社会广泛关注,透明度非常高,实践证明,我们经受了很大的考验;实践证明,只要我们对人民负责,我们国家一部法律做这么大的修改有些不同的意见不可能回避,这也是非常正常的。通过修法过程,我们特别高兴地看到,社会公众如此关注,对增强法律意识实际上是一个普法过程,这么多人关注著作权法的修订,是件好事,也是大家乐见的结果。出版局对"修改草案"第三稿提出过意见,很多意见"修改草案"第三稿都吸收了,我们希望加快修法步伐,赞同大家说的著作权法因为涉及利益主体非常广泛,利益关系非常复杂,立法难度也非常大。这种情况下我们继续为了人民的利益,尽量做到得到大多数人的认可,能够取得大多数人的共识,即使是提交国务院审定期间也要听取广大民众的意见,进一步扩大我们的共识,这个进程是没有头的。最后表个态,我们出版局将继续全力支持国家版权局的工作，做什么工作我们都将会全力以赴。

领导小组副组长、中国作家协会副主席、中国文字著作权协会副会长、国务院参事张抗抗：各位专家的意见我觉得很好，我的总体感觉，“修改草案”从第一稿到第三稿经历了“九死一生”，实属不易，不知道王自强司长和他的工作团队是怎么走过来的。

“修改草案”第一稿（征求意见稿）出来以后迅速向社会各界公开征求意见，引起了社会的极大反响，这是一个创新，是需要勇气的，公开透明为著作权法修订营造了一个良好的外部环境。首先要向国家版权局的各位领导和工作人员付出的巨大努力表示感谢。“修改草案”从第一稿到第三稿的起草过程，确实说明公开征求意见将产生非常高的社会关注度。在美国个人300字以上具有原创性言论或者文字都会得到著作权保护，我们中国人在微信、微博发表的言论和文字都应受到著作权保护，至少我个人是这样认为的。因为，这种保护能激发整个民族的创造能力和创新能力。如果我们人人都能通过著作权保护激励机制，创造出更多更好的作品，我觉得对民族文化的推动是巨大的。因此，建立和完善著作权保护法律制度非常必要，这也是我们关注著作权法修订的原因。著作权法修订过程中所体现出来的那些积极的因素，非常艰难，但我觉得意义重大。关于征求意见，相较于文联系统有十多个协会，我们作家协会是一个单纯的文学创作社会团体，文学创作基本上就是小说、诗歌、散文，其著作权保护没有突出的特殊性，作家协会没有太多的实质性意见和建议。

这几年，我们讲著作权法律制度关系民族创新能力的保护，如果我们老是不保护创新源头的作品，而是不断去抄袭复制，人们不再去创作，我们的民族就会进入不断复制、抄袭的恶性循环，国家就会没有活力。这是一个关系到我们国家文化建设非常根本性的问题，作家实际上是一个非常弱势的群体，前几天我们作家协会刚刚开了第一次权益保障委员会会议，权益保障委员会也吸收了网络作家，现在网络作家的处境非常糟糕，三年前我提出过“遏制网络侵权”的提案，但问题没有得到有效解决。一个文学网站每天要上传八千到一万件作品，很快被其他网站复制或者链接，这个问题不知道新法施行以后能否得到解决。网络侵权涉及技术方面的问题，我们不是专门从事法律工作的，尤其对技术上的一些词语或者概念不太熟悉。但是，关于网络侵权我想再说一下，一个作品上传以后被迅速链接到其他网站上，一般作品的出版都要配置一个图书书号，标志其是正式出版物，网络作品可不可以带有一个“身份证号码”，有了这个号码才可以正式在网络上传播，网络盗版拿不到这个身份证，一旦在网络上出现就立即查处，这样有利于净化网络出版市场秩序，这是个异想天开的技术操作，不知道这个建议行不行得通。现在著作权法正在修订，可以对各种网络服务商，门户网站有更多的限制，或者建立相应的惩罚措施，通过法律手段而非技术措施来解决网络侵权问题。

所以，我比较关注“修改草案”第三稿第七章“权利保护”，只有加大保护力度、增强惩戒措施，罚得侵权者倾家荡产，才能对其他侵权盗版者起到警示作用，我们觉得著作权法这次修改向前迈了一大步。对此，我们期待中国的所有原创作品都能够进入著作权法律保护的新阶段。

领导小组的各位成员发表意见后，柳斌杰局长请列席会议的立法机构的相关负责同志发表意见。

国务院法制办教科文卫司司长张建华：昨天认真阅读了“修改草案”第三稿，感觉每一次修改都有很大的进步，有很大的提高，“修改草案”起草过程工作很扎实，抓得很紧，特别是开门立法，确实创造了一个民主立法的范例。著作权法修订下一步的工作就要转移到法制办，还是感觉到有点压力。一是著作权法律制度相对来讲利益关系确实比较复杂，对其修订社会的关注度也高，“修改草案”第一稿（征求意见稿）公开征求意见时，就成为当时社会关注的热点问题。二是著作权保护理论性很复杂，相较专利、商标等知识产权法律制度是最为复杂的。三是著作权法第三次修订正赶上党的十七届六中全会作出了文化建设的决定，把包括著作权在内的知识产权法律制度上升到事关社会主义文化发展繁荣的重要高度。所以这部法的修订不仅事关保护权利、鼓励创新，还关系到产业发展和文化繁荣。正如刚才张抗抗主席提到的，著作权法确实是一个很重要的法律。著作权法的修订不仅国内关心，而且国际的关注度也很高，因为著作权保护涉及国与国之间的利益问题。在改革开放对外交往过程中，我国承受来自美国和西方国家强烈的知识产权保护压力。所以，修改好著作权法确实感觉压力很大。好在根据王自强司长的介绍，国家版权局为修法工作奠定了比较坚实的基础，下一步，我们很有信心。

关于著作权法怎样修改，为了减轻压力，我们想了一些办法，比如非改不可的一定要改，可改可不改的则不一定改。像惩罚性赔偿原告要提供经营证据，这是商标法已经都改了，明天常委会讨论，所以在知识产权法当中形成共识的，各相关法律应保持一致。现在的篇章结构是先把权利讲完，再讲限制，再讲行使，与2010年著作权法排列方式不同，但各有各的道理，如果说到时候别人提出问题来，先把所有的权利讲完再讲权利的行使也是一种结构，而且权利的限制和权利的行使还没有涉及相关权的问题，还是讲作品的权利限制，这个我觉得问题不是很大。

最后提一个建议，报国务院的时候需要有一个情况说明，情况说明应该把主要问题讲清楚，比如说为什么要修改法律，修法的重点问题是什么，怎样解决问题等。现在总体上说，我们国家的立法叫问题回避型立法，也有一定的道理，因为立法还是根据社会的需要，解决问题才是法律需要修订的根本原因。

全国人大常委会法工委民法室许灿：著作权法修订社会各界很关注，法工委作为人大常委会负责立法工作的专门机构非常关注著作权法的修订工作,在“修改草案”征求意见过程中两次收到国家版权局报送的修改稿,并进行了认真研读。国家版权局在修法过程中做了大量的工作。我们民法室与法制办张建华司长有同感,修法到了人大常委会审议环节,会感到压力非常大。当然,国家版权局前期工作扎实了,法律修改草案比较成熟,再经过法制办的提炼,我们的工作压力应该要小很多。我代表姚红主任表达两个期待,一是期待这部法律在国家版权局、国务院法制办两个环节把修改工作做好,早日提交人大常委会审议;二是希望在人大常委会审议环节,继续得到国家版权局积极配合和支持,使这部法律能顺利出台。

柳斌杰局长在总结时表示,非常感谢大家,一年多来,我们领导小组的同志与专家委员会的各位专家一样,为著作权法的修改付出了很多心血。之所以能够有今天的成果,与大家贡献的意见和智慧不无关系。今天大家又集中提出了很多很好的意见和建议,“法律草案修改小组”要抓紧时间认真梳理和消化,能够吸收的尽量吸收,暂时还吸收不了的要向大家反馈理由,对大家的意见和建议我们要保持认真负责的态度,我们一定要向社会提供一部求真务实、操作性强的著作权法修改草案。刚才人大法工委、国务院法制办的领导同志都讲了意见,版权局向国务院提交著作权法修订“法律草案”之前我们要认真做好工作,该协调的协调,该听意见的听意见,特别是与其他有关法律的关系问题一定要做好沟通协调工作,保证国家法律体系的一致性。

在一年多的修法过程中,国家版权局坚持开门立法的理念,实际上是一个宣传普及著作权法律保护知识的过程,社会公众对著作权保护的认识大大提高了,这是一个了不起的成绩,为社会树立了尊重创作的良好习惯。中国的著作权法律保护起步比较晚,与西方社会三百多年的保护历史相比较,仅是人家1/3的时间。1910年,清朝政府颁布了《大清著作权律》,开创了中国著作权立法的先河。但这部法律实际上是一纸空文，随着1911年清朝政府退出历史舞台，1915年和1928年，北洋政府和国民政府分别颁布过著作权法，但在当时社会动荡、战乱连绵的社会背景下，根本没有得到实施。

中华人民共和国成立以后，特别是改革开放时期，邓小平同志第一次出访美国，与美方谈判的几个经济、科技合作协定，就因为著作权的问题没有签成。要与国际社会打交道，特别是与美欧西方国家打交道，与其开展经贸和科技合作，没有知识产权法律保护制度是万万不行的。所以，在对外开放的历史背景下，中国必须要有自己的知识产权保护法律制度，从那时候起我们用十年的时间制定出了《中华人民共和国著作权法》，并于1991年6月1日正式实施。但是，这部法律毕竟是我国还处于计划经济环境且没有著作权法律保护社会实践状况下产生的，虽然来之不易，但水平不够高，一是不能很好地体现现代性，内容规范比较陈旧，与时代发展存在差距；二是国际性不够强，仅适用于国内需要，与国际公约很难接轨；三是现实性不足，很难适应数字网络技术发展和运用给著作权保护制度带来的新挑战。虽然著作权法实施之后，我国分别于2001年和2010年对其进行过两次修改，但是这两次修改都有“被动性”和“局部性”两个共同特点，没有针对该法实施以来我国内外部形势变化，进行主动的、有针对性的修改。第三次修法则是一次主动和全面的修法，主要解决前两次修法没有能够解决的问题。

推进著作权法第三次修订大概有这么几个原因，一是适应经济社会的快速发展，当前中国已经是创造力很强的国家，经济发展的速度和质量，在很大程度上取决于高质量的创新成果和高水平的知识产权保护，为适应快速发展经济形势，促进国家融入经济全球化、提高国际竞争力，需要对著作权法进行修订。二是文化创作繁荣，特别是党的十七届六中全会以来我们提倡全民创造精神，而文化创造精神离开知识产权保护是不可能的。我们讲科学技术创造成果是专利权，商业活动创造成果的是商标权，而文化创造成果则是著作权，在内容为王的今天，离开了文学、艺术和科学作品这一战略资源，文化产业的繁荣和发展是难以想象的。三是人民群众创造的积极性应该得到保护，著作权保护针对的是全体公民，而非少数几个作家和艺术家，加强著作权保护，完善著作权法律制度，可以极大地释放全体国民文学、艺术和科学作品创作的能量，保护其创作的积极性。四是适应国内司法审判的实际需要，从最高人民法院统计的知识产权审判案件的数量看，著作权案件的占比达60%以上，为了适应情形各异的著作权案件需求，做到审判案件于法有据，著作权法的法律规范必须做到全面管用。五是应对国际压力，前年冬天胡锦涛主席访问美国，美方给我们开出的问题单子，第一个就是知识产权问题，他们非常关心中国著作权保护两个问题，一是电影盗版问题，二是微软公司的软件保护问题，并向我们施压，要求提高对美在华企业的著作权保护水平。两会期间温家宝总理指出涉外知识产权问题其核心就是著作权法的问题，并做出了加紧著作权法修改的批示。美国在经济文化交流方面对著作权保护有很强烈的要求，包括互联网领域的著作权保护问题，中美双方围绕这一问题进行过多次的磋商和讨论。这次著作权法修法国际关注度很高、反响也很大。六是社会的强烈反映，包括作者、出版者、表演者、录制者、广播电台电视台、使用者、版权产业界、社会公众各方面都希望著作权法都能反映其利益诉求，进一步明确著作权、邻接权权利体系，建立科学合理的作品授权使用交易机制，加大打击侵权盗版力度。修法工作需要满足不同利益主体的诉求，形成一部各方都满意的著作权法，是非常困难的。但是只要坚持怎样有利于鼓励作品创作、有利于作品的传播、有利于满足社会公众的精神文化需求，在作者、作品传播者和社会公众中找到合理的平衡点，问题是可以得到解决的。

以上背景，推动了著作权法的修改，反映了经济社会的发展，反映了中国社会的文明进步，反映了人民创造的精神力量。这次著作权法的修改，我们力求高水平、体现高质量，于2011年7月13日根据国务院的指示启动了修法工作。大家知道，一年多来，我们做了很多工作，进展情况总体上是良好的，国务院法制办的同志也做了大量的工作。从修法结果上看，达到了我们预期的目标。

第一，刚才大家提到这次著作权法修订要解决什么问题，首先是解决目前我国著作权保护存在的突出矛盾。比如，著作权保护力度不够，侵权盗版现象还普遍存在，有的领域甚至还十分猖獗，不利于鼓励作品的创作，需要完善法律救济措施，加大侵权者的法律责任风险。再如，著作权授权使用机制不畅，不利于作品的广泛传播，需要建立科学合理的作品许可使用交易机制，实现著作权人的经济利益，促进版权产业的健康快速发展。又如，直面数字网络技术对著作权保护制度的挑战，需要解决数字网络环境下著作权保护的突出问题。抓住了以上主要矛盾，就抓住了本次修法需要解决的重点问题。

第二，要处理好“强保护”与“加强保护”的关系问题。美国等西方发达国家著作权创新能力很强，其创新成果在全球被广泛使用，他们想要得到相应的利益回报，所以对著作权实行“强保护”。比如，在美国盗版一张光盘就够起刑标准，而中国盗版光盘的起刑标准是500张。但美方要把他们的“强保护”标准强推给我国，这是完全不能接受的。目前我们的著作权保护力度还不够，还不足以有效控制侵权盗版行为，所以需要加强保护，提高打击侵权盗版的力度，而非实施脱离中国国情的“强保护”。在著作权法修订过程中不能被美西方国家的“强保护”牵着鼻子走。

第三，著作权法律体系要科学。就著作权法本身而言，“权利客体、权利内容、权利限制、权利行使、权利保护”五个部分应合理布局，相互衔接形成一个整体，不能偏重某一方面；就著作权法外部关联性看，一是著作权法律规范要保持法律、行政法规、部门规章以及司法解释相互连接、层次清楚、各有侧重，二是著作权法与其他相关基本法律保护协调一致，不冲突、不矛盾。

著作权法第三次修订整个修改过程，可以说是对整个著作权法制建设工作的一次检验。事实证明，通过大家的共同努力经受住了社会的检验。应该说较好地完成了“修改草案”起草任务。“修改草案”总体上值得肯定，体现了较高的水平。我觉得，“修改草案”第三稿能够达到较高的水平，其原因有以下几个方面。

第一，中央领导（全国人大、国务院）在著作权法修改问题上坚持“立足中国实际、解决中国问题”指导思想。在具体修法过程中，坚持问题导向，“既要与时俱进，又不盲目超前，既不因循守旧，又不裹脚不前”，很好地把握了修法的“势”与“度”，较好地遵循了“独立性、平衡性、国际性”三个原则，追求了“高效率、高质量、高水平”的立法效果。

第二，在方法上将“公开透明、民主立法”贯穿修法工作的全过程，不回避矛盾、不惧怕意见分歧，汇集民意、集中民智，充分发挥社会和公众的智慧，让修法工作在阳光下进行，采取一系列措施让社会公众了解修法目的并积极参与到修法工作中。

第三，整个版权界通力合作贡献智慧，特别是发挥著作权相关领域领军人物在修法过程中的独特作用，群策群力、建言献策，共同推进修法工作。

第四，全国人大常委会法工委、国务院法制办悉心指导，有关立法、行政和司法部门配合支持，大家齐心协力共谋大计，使修法工作在良好的合作氛围中有序推进。

在肯定修法成绩的同时，也要客观地看到“修改草案”并非尽善尽美，还有很多不够完善的地方，在不少问题上还存在分歧和争议，还需要继续打磨和推敲。“修改草案”仅仅是著作权法第三次修订工作迈出的第一步，接下来还要经过国务院审定和全国人大常委会审议两个阶段。国家版权局将继续跟踪著作权法第三次修订的后续工作，接受立法部门的质询，配合立法部门进一步完善“修改草案”。

此次会议结束后，领导小组的工作就要告一段落。“法律草案起草小组”要抓紧梳理各位与会代表的意见和建议，再对“修改草案”进行一次认真的修改，并写出高质量的修法说明，确保在2012年年底前将“修改草案”送审稿提交给国务院审定。

2012年11月8日至9日，为落实国务院2012年立法工作计划，加快推进著作权法第三次修订工作，国家版权局与欧盟驻华使团在上海举行“中欧著作权法专题研讨会”，就与著作权法修订有关的孤儿作品、追续权、著作权集体管理和数字环境下著作权保护等议题进行专题研讨。

来自全国人大教科文卫委、最高人民法院、中宣部、国务院法制办、国家版权局、中国版权协会、中国文学艺术界联合会、中国美术家协会、北京市高级人民法院、上海市版权局、上海市第一中级人民法院、上海市第二中级人民法院、中国音乐著作权协会、中国音像著作权集体管理协会、中国文字著作权协会、中国电影著作权协会、中国摄影著作权协会、北京君策知识产权发展中心、北京市浩天信和律师事务所、中国社会科学院知识产权中心、中国人民大学、同济大学、上海大学、华东政法大学、厦门大学、西南政法大学等中方代表，以及欧盟驻华代表团、国际作者作曲者协会联合会亚太地区办事处、国际唱片业协会亚洲办公室、中欧商会知识产权工作组、中欧商会政府事务部知识产权工作组、中欧知识产权项目（二期）、里德爱斯维尔集团政府事务部、里德爱斯维尔集团中国区政府事务部、芬兰和英国有关律师机构等各方代表参加了专题研讨会。

2012年11月30日，国家版权局就著作权法第三次修订法律草案起草工作，向国务院法制办作了专题汇报，向法制办教科文卫司请示了下一步将“修改草案”送审稿正式呈报国务院的有关程序性问题，并听取国务院法制办教科文卫司和中宣部政策法规研究室关于著作权法修订下一阶段工作的指导意见。

国务院法制办教科文卫司张建华、何平、冯勇、郭薇，中宣部政策法规研究室高青云，国家版权局版权管理司段玉萍，国家版权局法规司王自强、高思、许炜、杨颖、范帆等参加了专题汇报会。

2012年12月28日，国家版权局将《中华人民共和国著作权法（修改草案送审稿）》正式提交国务院。至此，著作权法第三次修订国家版权局所承担的“法律草案”起草工作正式落下帷幕。

三、多方努力，终出成果

2011年7月，国家版权局根据国务院立法计划安排，启动了著作权法第三次修订工作，在社会各界的积极参与和大力支持下，著作权法“修改草案”十余次易稿，其中形成过“修改草案”第一稿（第一次征求意见稿）、“修改草案”第二稿（第二次征求意见稿）和“修改草案”第三稿送审稿，并经过两次公开征求意见，四次修法工作专家委员会会议、数十场专题研讨会的洗礼，形成了如下初步成果。

中华人民共和国著作权法

（修改草案送审稿）

目　　录

第一章　总　则

第二章　著作权

　第一节　著作权人及其权利

　第二节　著作权的归属

　第三节　著作权的保护期

第三章　相关权

　第一节　出版者

　第二节　表演者

　第三节　录音制作者

　第四节　广播电台、电视台

第一章　总则

第一条　为保护文学、艺术和科学作品作者的著作权，以及传播者的相关权，鼓励有益于社会主义精神文明、物质文明建设的作品的创作和传播，促进社会主义文化、科学和经济的发展与繁荣，根据宪法制定本法。

第二条　中国自然人、法人或者其他组织的作品，不论是否发表，受本法保护。

外国人、无国籍人的作品，根据其所属国或者经常居住地国同中国签订的协议或者共同参加的国际条约，受本法保护。

未与中国签订协议或者共同参加国际条约的国家的作者和无国籍人的作品，首次在中国参加的国际条约的成员国出版的，或者在成员国和非成员国同时出版的，受本法保护。

第三条　中国自然人、法人或者其他组织的版式设计、表演、录音制品和广播电视节目，受本法保护。

外国人、无国籍人的版式设计、表演、录音制品和广播电视节目，根据其所属国或者经常居住地国同中国签订的协议或者共同参加的国际条约，受本法保护。

未与中国签订协议或者共同参加国际条约的国家的外国人和无国籍人，其在中国境内的表演或者在中国境内制作、发行的录音制品，受本法保护。

第四条 外国人、无国籍人的实用艺术作品以及根据本法第十四条享有的权利，其所属国或者经常居住地国对中国权利人给予保护的，受本法保护。

第五条 本法所称的作品，是指文学、艺术和科学领域内具有独创性并能以某种形式固定的智力表达。

作品包括以下种类：

（一）文字作品，是指小说、诗词、散文、论文等以文字形式表现的作品；

（二）口述作品，是指即兴的演说、授课等以口头语言形式表现的作品；

（三）音乐作品，是指歌曲、乐曲等能够演唱或者演奏的带词或者不带词的作品；

（四）戏剧作品，是指戏曲、话剧、歌剧、舞剧等供舞台演出的作品；

（五）曲艺作品，是指相声小品、快板快书、鼓曲唱曲、评书评话、弹词等以说唱为主要形式表演的作品；

（六）舞蹈作品，是指通过连续的动作、姿势、表情等表现思想情感的作品；

（七）杂技艺术作品，是指杂技、魔术、马戏、滑稽等通过连续的形体和动作表现的作品；

（八）美术作品，是指绘画、书法、雕塑等以线条、色彩或者其他方式构成的有审美意义的平面或者立体的造型艺术作品；

（九）实用艺术作品，是指玩具、家具、饰品等具有实用功能并有审美意义的平面或者立体的造型艺术作品；

（十）建筑作品，是指以建筑物或者构筑物形式表现的有审美意义的作品，包括作为其施工基础的平面图、设计图、草图和模型；

（十一）摄影作品，是指借助器械在感光材料或者其他介质上记录客观物体形象的艺术作品；

（十二）视听作品，是指由一系列有伴音或者无伴音的连续画面组成，并且能够借助技术设备被感知的作品，包括电影、电视剧以及类似制作电影的方法创作的作品；

（十三）图形作品，是指为施工、生产绘制的工程设计图、产品设计图，以及反映地理现象、说明事物原理或者结构的地图、示意图等作品；

（十四）立体作品，是指为生产产品、展示地理地形、说明事物原理或者结构而创作的三维作品；

（十五）计算机程序，是指以源程序或者目标程序表现的、用于电子计算机或者其他信息处理装置运行的指令，计算机程序的源程序和目标程序为同一作品；

（十六）其他文学、艺术和科学作品。

著作权自作品创作之日起自动产生，无须履行任何手续。

第六条　本法所称的相关权，指出版者对其出版的图书或者期刊的版式设计享有的权利，表演者对其表演享有的权利，录音制作者对其制作的录音制品享有的权利，广播电台、电视台对其播放的广播电视节目享有的权利。

相关权自使用版式设计的图书或者期刊首次出版、表演发生、录音制品首次制作完成和广播电视节目首次播放之日起自动产生，无须履行任何手续。

第七条 著作权人行使著作权、相关权人行使相关权，不得违反宪法和法律，不得损害公共利益。

国家对作品的传播依法进行监督管理。

第八条 著作权人和相关权人可以向国务院著作权行政管理部门设立的专门登记机构进行著作权或者相关权登记。登记文书是登记事项属实的初步证明。

登记应当缴纳费用，收费标准由国务院财政、价格管理部门确定。

著作权和相关权登记管理办法由国务院著作权行政管理部门另行规定。

第九条 著作权保护延及表达，不延及思想、过程、原理、数学概念、操作方法等。

本法不适用于：

（一）法律、法规，国家机关的决议、决定、命令和其他具有立法、行政、司法性质的文件，及其官方正式译文；

（二）通过报纸、期刊、广播电台、电视台、网络等媒体报道的单纯事实消息；

（三）历法、通用数表、通用表格和公式。

第十条 民间文学艺术表达的保护办法由国务院另行规定。

第十一条 国务院著作权行政管理部门主管全国的著作权和相关权管理工作；地方人民政府著作权行政管理部门主管本行政区域的著作权和相关权管理工作。

第二章 著作权

第一节 著作权人及其权利

第十二条 著作权人包括：

（一）作者；

（二）其他依照本法享有著作权的自然人、法人或者其他组织。

第十三条　著作权包括人身权和财产权。

著作权中的人身权包括：

（一）发表权，即决定作品是否公之于众的权利；

（二）署名权，即决定是否表明作者身份以及如何表明作者身份的权利；

（三）保护作品完整权，即允许他人修改作品以及禁止歪曲、篡改作品的权利。

著作权中的财产权包括：

（一）复制权，即以印刷、复印、录制、翻拍以及数字化等方式将作品固定在有形载体上的权利；

（二）发行权，即以出售、赠与或者其他转让所有权的方式向公众提供作品的原件或者复制件的权利；

（三）出租权，即有偿许可他人临时使用视听作品、计算机程序或者包含作品的录音制品的原件或者复制件的权利，计算机程序不是出租的主要标的的除外；

（四）展览权，即公开陈列美术作品、摄影作品的原件或者复制件的权利；

（五）表演权，即以演唱、演奏、舞蹈、朗诵等方式公开表演作品，以及通过技术设备向公众传播作品或者作品的表演的权利；

（六）播放权，即以无线或者有线方式公开播放作品或者转播该作品的播放，以及通过技术设备向公众传播该作品的播放的权利；

(七)信息网络传播权,即以无线或者有线方式向公众提供作品,使公众可以在其个人选定的时间和地点获得作品的权利;

(八)改编权,即将作品改变成其他体裁和种类的新作品,或者将文字、音乐、戏剧等作品制作成视听作品,以及对计算机程序进行增补、删节,改变指令、语句顺序或者其他变动的权利;

(九)翻译权,即将作品从一种语言文字转换成另一种语言文字的权利;

(十)应当由著作权人享有的其他权利。

信息网络传播权的保护办法由国务院另行规定。

第十四条 美术、摄影作品的原件或者文字、音乐作品的手稿首次转让后,作者或者其继承人、受遗赠人对原件或者手稿的所有人通过拍卖方式转售该原件或者手稿所获得的增值部分,享有分享收益的权利,该权利专属于作者或者其继承人、受遗赠人。其保护办法由国务院另行规定。

第二节 著作权的归属

第十五条 著作权属于作者,本法另有规定的除外。

创作作品的自然人是作者。

由法人或者其他组织主持或者投资,代表法人或者其他组织意志创作,以法人、其他组织或者其代表人名义发表,并由法人或者其他组织承担责任的作品,法人或者其他组织视为作者。

如无相反证明,在作品上署名的自然人、法人或者其他组织推定为作者。

第十六条 以改编、翻译、注释、整理等方式利用已有作品而产生的新作品为演绎作品,其著作权由演绎者享有。

使用演绎作品应当取得演绎作品的著作权人和原作品的著作权人许可。

第十七条　两人以上合作创作的作品，其著作权由合作作者共同享有。没有参加创作的人，不能成为合作作者。

合作作品可以分割使用的，作者对各自创作的部分单独享有著作权，但行使著作权时不得妨碍合作作品的正常使用。

合作作品不可以分割使用的，其著作权由各合作作者共同享有，通过协商一致行使；不能协商一致，又无正当理由的，任何一方不得阻止他方使用或者许可他人使用，但是所得收益应当合理分配给所有合作作者。

他人侵犯合作作品著作权的，任何合作作者可以以自己的名义提起诉讼，但其所获得的赔偿应当合理分配给所有合作作者。

第十八条　汇编若干作品、作品的片段或者不构成作品的数据或者其他材料，对其内容的选择或者编排体现独创性的作品，为汇编作品，其著作权由汇编者享有。

使用汇编作品应当取得汇编作品的著作权人和原作品的著作权人许可。

第十九条　制片者使用小说、音乐和戏剧等已有作品制作视听作品，应当取得著作权人的许可；如无相反约定，前述已有作品的著作权人根据第十六条第二款对视听作品的使用享有专有权。

电影、电视剧等视听作品的作者包括导演、编剧以及专门为视听作品创作的音乐作品的作者等。

电影、电视剧等视听作品的著作权中的财产权和利益分享由制片者和作者约定。没有约定或者约定不明的，著作权中的财产权由制片者享有，但作者享有署名权和分享收益的权利。

视听作品中可以单独使用的剧本、音乐等作品，作者可以单独行使著作权，但不得妨碍视听作品的正常使用。

第二十条 职工在职期间为完成工作任务所创作的作品为职务作品，其著作权归属由当事人约定。

当事人没有约定或者约定不明的，职务作品的著作权由职工享有，但工程设计图、产品设计图、地图、计算机程序和有关文档，以及报刊社、通讯社、广播电台和电视台的职工专门为完成报道任务创作的作品的著作权由单位享有，作者享有署名权。

依本条第二款规定，职务作品的著作权由职工享有的，单位有权在业务范围内免费使用该职务作品并对其享有两年的专有使用权。

依本条第二款规定，职务作品由单位享有的，单位应当根据创作作品的数量和质量对职工予以相应奖励，职工可以通过汇编方式出版其创作的作品。

第二十一条 受委托创作的作品，其著作权归属由当事人约定。

当事人没有约定或者约定不明的，委托作品的著作权由受托人享有，但委托人在约定的使用范围内可以免费使用该作品；当事人没有约定使用范围的，委托人可以在委托创作的特定目的范围内免费使用该作品。

第二十二条 作品原件所有权的移转，不产生著作权的移转。

美术、摄影作品原件的所有人可以展览该原件。

作者将未发表的美术或者摄影作品的原件转让给他人，受让人展览该原件不构成对作者发表权的侵犯。

陈列于公共场所的美术作品的原件为该作品的唯一载体的，原件所有人对其进行拆除、损毁等事实处分前，应当在合理的期限内通知作者，作者可以通过回购、复制等方式保护其著作权，当事人另有约定的除外。

第二十三条　作者死亡后，其著作权中的署名权和保护作品完整权由作者的继承人或者受遗赠人保护。

著作权无人继承又无人受遗赠的，其署名权和保护作品完整权由著作权行政管理部门保护。

第二十四条　作者生前未发表的作品，如果作者未明确表示不发表，作者死亡后五十年内，其发表权可由其继承人或者受遗赠人行使；没有继承人又无人受遗赠的，其发表权由作品原件的所有人行使。

第二十五条　著作权属于自然人的，自然人死亡后，著作权中的财产权在本法规定的保护期内，依照《中华人民共和国继承法》的规定转移。

著作权属于法人或者其他组织的，法人或者其他组织变更、终止后，著作权中的财产权在本法规定的保护期内，由承受其权利义务的法人或者其他组织享有；没有承受其权利义务的法人或者其他组织的，由国家享有。

第二十六条　合作作者之一死亡后，其对合作作品享有的著作权中的财产权无人继承又无人受遗赠的，由其他合作作者享有。

第二十七条　作者身份不明的作品，其著作权除署名权外由作品原件的所有人行使。作者身份确定后，其著作权由作者或者其继承人、受遗赠人行使。

第三节 著作权的保护期

第二十八条 署名权、保护作品完整权的保护期不受限制。

第二十九条 自然人的作品,其发表权、著作权中的财产权的保护期为作者终身及其死亡后五十年;如果是合作作品,其保护期计算以最后死亡的作者为准。

法人或者其他组织的作品、著作权(署名权除外)由单位享有的职务作品、视听作品,其发表权的保护期为五十年,但作品自创作完成后五十年内未发表的,本法不再保护;其著作权中的财产权的保护期为首次发表后五十年,但作品自创作完成后五十年内未发表的,本法不再保护。

实用艺术作品,其发表权的保护期为二十五年,但作品自创作完成后二十五年内未发表的,本法不再保护;其著作权中的财产权的保护期为首次发表后二十五年,但作品自创作完成后二十五年内未发表的,本法不再保护。

前三款所称的保护期,自作者死亡、相关作品首次发表或者作品创作完成后次年1月1日起算。

本法施行前保护期已经届满、但依据本条第一款仍在保护期内的摄影作品,不受本法保护。

本法第十四条规定的权利的保护期,适用本条第一款的规定。

第三十条 作者身份不明的作品,其著作权中的财产权的保护期为五十年,自该作品首次发表后次年1月1日起算。作者身份确定后适用本法第二十九条的规定。

第三章 相关权

第一节 出版者

第三十一条 本法所称的出版,是指复制并发行。

本法所称的版式设计，是指对图书和期刊的版面格式的设计。

第三十二条　出版者有权许可他人使用其出版的图书、期刊的版式设计。

前款规定的权利的保护期为十年，自使用该版式设计的图书或者期刊首次出版后次年1月1日起算。

第二节　表演者

第三十三条　本法所称的表演者，是指以朗诵、演唱、演奏以及其他方式表演文学艺术作品或者民间文学艺术表达的自然人。

第三十四条　表演者对其表演享有下列权利：

（一）表明表演者身份；

（二）保护表演形象不受歪曲；

（三）许可他人以无线或者有线方式公开播放其现场表演；

（四）许可他人录制其表演；

（五）许可他人复制、发行、出租其表演的录制品或者该录制品的复制件；

（六）许可他人以无线或者有线方式向公众提供其表演，使公众可以在其个人选定的时间和地点获得该表演。

前款第（一）项、第（二）项规定的权利的保护期不受限制；第（三）项至第（六）项规定的权利的保护期为五十年，自该表演发生后次年1月1日起算。

被许可人以本条第一款第（三）项至第（六）项规定的方式使用作品，还应当取得著作权人许可。

第三十五条　演出组织者组织表演的，由该演出组织者取得著作权人许可。

第三十六条 表演者在职期间为完成工作任务进行的表演为职务表演,其权利归属由当事人约定。

当事人没有约定或者约定不明的,职务表演的权利由表演者享有,但集体性职务表演的权利由演出单位享有,表演者享有署名权。

依本条第二款规定,职务表演的权利由表演者享有的,演出单位可以在其业务范围内免费使用该表演。

依本条第二款规定,职务表演的权利由演出单位享有的,单位应当根据表演的数量和质量对表演者予以奖励。

第三十七条 制片者聘用表演者制作视听作品,应当签订书面合同并支付报酬。

视听作品中的表演者根据第三十四条第(五)项和第(六)项规定的财产权及利益分享由制片者和主要表演者约定。如无约定或者约定不明的,前述权利由制片者享有,但主要表演者享有署名权和分享收益的权利。

第三节 录音制作者

第三十八条 本法所称的录音制品,是指任何对表演的声音和其他声音的录制品。

本法所称的录音制作者,是指录音制品的首次制作人。

第三十九条 录音制作者对其制作的录音制品享有下列权利:

(一)许可他人复制其录音制品;

(二)许可他人发行其录音制品;

(三)许可他人出租其录音制品;

(四)许可他人以无线或者有线方式向公众提供其录音制品,使公众可以在其个人选定的时间和地点获得该录音制品。

前款规定的权利的保护期为五十年，自录音制品首次制作完成后次年1月1日起算。

被许可人复制、发行、出租、通过信息网络向公众传播录音制品，还应当取得著作权人、表演者许可。

第四十条　以下列方式使用录音制品的，其录音制作者享有获得合理报酬的权利：

（一）以无线或者有线方式公开播放录音制品或者转播该录音制品的播放，以及通过技术设备向公众传播该录音制品的播放；

（二）通过技术设备向公众传播录音制品。

第四节　广播电台、电视台

第四十一条　本法所称的广播电视节目，是指广播电台、电视台首次播放的载有声音或者图像的信号。

第四十二条　广播电台、电视台对其播放的广播电视节目享有下列权利：

（一）许可他人以无线或者有线方式转播其广播电视节目；

（二）许可他人录制其广播电视节目；

（三）许可他人复制其广播电视节目的录制品。

前款规定的权利的保护期为五十年，自广播电视节目首次播放后的次年1月1日起算。

被许可人以本条第一款规定的方式使用作品、表演和录音制品的，还应当取得著作权人、表演者和录音制作者的许可。

第四章　权利的限制

第四十三条　在下列情况下使用作品，可以不经著作权人许可，不向其支付报酬，但应当指明作者姓名或者名称、作品名称、作品出处，并且不得侵犯著作权人依照本法享有的其他权利：

（一）为个人学习、研究，复制他人已经发表的作品的片段；

（二）为介绍、评论某一作品或者说明某一问题，在作品中适当引用他人已经发表的作品，引用部分不得构成引用人作品的主要或者实质部分；

（三）为报道新闻，在报纸、期刊、广播电台、电视台、网络等媒体中不可避免地再现或者引用已经发表的作品；

（四）报纸、期刊、广播电台、电视台、网络等媒体刊登或者播放其他报纸、期刊、广播电台、电视台、网络等媒体已经发表的关于政治、经济、宗教问题的时事性文章，但作者声明不得使用的除外；

（五）报纸、期刊、广播电台、电视台、网络等媒体刊登或者播放在公众集会上发表的讲话，但作者声明不得使用的除外；

（六）为学校课堂教学或者科学研究，翻译或者少量复制已经发表的作品，供教学或者科研人员使用，但不得出版；

（七）国家机关为执行公务在合理范围内使用已经发表的作品；

（八）图书馆、档案馆、纪念馆、博物馆、美术馆等为陈列或者保存版本的需要，复制本馆收藏的作品；

（九）免费表演已经发表的作品，该表演未向公众收取费用，未向表演者支付报酬，也未以其他方式获得经济利益；

（十）对设置或者陈列在室外公共场所的艺术作品进行临摹、绘画、摄影、录像并复制、发行以及向公众传播，但不得以该艺术作品的相同方式复制、陈列以及公开传播；

（十一）将中国自然人、法人或者其他组织已经发表的以汉语言文字创作的作品翻译成少数民族语言文字作品在国内出版；

(十二)将已经发表的作品改成盲文出版;

(十三)其他情形。

以前款规定的方式使用作品,不得影响作品的正常使用,也不得不合理地损害著作权人的合法利益。

第四十四条　计算机程序的合法授权使用者可以从事下列行为:

(一)根据使用的需要把该程序装入计算机等具有信息处理能力的装置内;

(二)为了防止计算机程序损坏而制作备份复制件;这些备份复制件不得通过任何方式提供给他人使用,并在本人丧失合法授权时,负责将备份复制件销毁;

(三)为了把该程序用于实际的计算机应用环境或者实现其功能而进行必要的改动;未经该程序的著作权人许可,不得向任何第三方提供修改后的程序以及专门用作修改程序的装置或者部件。

第四十五条　为了学习和研究计算机程序内含的设计思想和原理,计算机程序的合法授权使用者通过安装、显示、传输或者存储等方式使用计算机程序的,可以不经计算机程序著作权人许可,不向其支付报酬。

第四十六条　计算机程序的合法授权使用者在通过正常途径无法获取必要的兼容性信息时,可以不经该程序著作权人许可,复制和翻译该程序中与兼容性信息有关的部分内容。

适用前款规定获取的信息,不得超出计算机程序兼容的目的使用,不得提供给他人,不得用于开发、生产或者销售实质性相似的计算机程序,不得用于任何侵犯著作权的行为。

第四十七条 为实施国家义务教育编写教科书，依照本法第五十条规定的条件，可以不经著作权人许可，在教科书中汇编已经发表的短小的文字作品、音乐作品或者单幅的美术作品、摄影作品、图形作品。

第四十八条 文字作品在报刊上刊登后，其他报刊依照本法第五十条规定的条件，可以不经作者许可进行转载或者作为文摘、资料刊登。

报刊社对其刊登的作品根据作者的授权享有专有出版权，并在其出版的报刊显著位置作出不得转载或者刊登的声明的，其他报刊不得进行转载或者刊登。

第四十九条 广播电台、电视台依照本法第五十条规定的条件，可以不经著作权人许可，播放其已经发表的作品；但播放视听作品，应当取得著作权人的许可。

本条规定适用于中国著作权人以及其作品创作于中国的外国著作权人。

第五十条 根据本法第四十七条、第四十八条和第四十九条的规定，不经著作权人许可使用其已发表的作品，必须符合下列条件：

（一）在首次使用前向相应的著作权集体管理组织申请备案；

（二）在使用作品时指明作者姓名或者名称、作品名称和作品出处，但由于技术原因无法指明的除外；

（三）在使用作品后一个月内按照国务院著作权行政管理部门制定的付酬标准直接向权利人或者通过著作权集体管理组织向权利人支付使用费，同时提供使用作品的作品名称、作者姓名或者名称和作品出处等相关信息。前述付酬标准适用于自本法施行之日起的使用行为。

著作权集体管理组织应当及时公告前款规定的备案信息，并建立作品使用情况查询系统供权利人免费查询作品使用情况和使用费支付情况。

著作权集体管理组织应当在合理时间内及时向权利人转付本条第一款所述的使用费。

第五十一条　著作权保护期未届满的已发表作品，使用者尽力查找其权利人无果，符合下列条件之一的，可以在向国务院著作权行政管理部门指定的机构申请并提存使用费后以数字化形式使用：

（一）著作权人身份不明的；

（二）著作权人身份确定但无法联系的。

前款具体实施办法，由国务院著作权行政管理部门另行规定。

第五章　权利的行使

第一节　著作权和相关权合同

第五十二条　著作权人可以通过许可、转让、设立质权或者法律允许的其他形式行使著作权中的财产权。

第五十三条　使用他人作品，应当同著作权人订立许可使用合同，本法规定可以不经许可的除外。

许可使用合同包括下列主要内容：

（一）作品的名称；

（二）许可使用的权利种类和使用方式；

（三）许可使用的是专有使用权或者非专有使用权；

（四）许可使用的地域范围、期限；

（五）付酬标准和办法；

（六）违约责任；

（七）双方认为需要约定的其他内容。

使用作品的付酬标准由当事人约定，当事人没有约定或者约定不明的，按照市场价格或者国务院著作权行政管理部门会同有关部门制定的付酬标准支付报酬。

第五十四条 许可使用的权利是专有使用权的，许可使用合同应当采取书面形式。

合同中未明确约定许可使用的权利是专有使用权的，视为许可使用的权利为非专有使用权。

合同中约定许可使用的方式是专有使用权，但对专有使用权的内容没有约定或者约定不明的，视为被许可人有权排除包括著作权人在内的任何人以同样的方式使用作品。

报刊社与著作权人签订专有出版权合同，但对专有出版权的期限没有约定或者约定不明的，专有出版权的期限推定为一年。

第五十五条 图书出版合同中约定图书出版者享有专有出版权但没有明确其具体内容的，视为图书出版者享有在合同有效期内和在合同约定的地域范围内以同种文字的原版、修订版出版图书的专有权利。

第五十六条 图书出版者重印、再版作品的，应当通知著作权人，并支付报酬。

图书脱销后，图书出版者拒绝重印、再版的，著作权人有权终止合同。著作权人寄给图书出版者的两份订单在6个月内未得到履行，视为图书脱销。

第五十七条 转让著作权中的财产权利，应当订立书面合同。

权利转让合同包括下列主要内容：

（一）作品的名称；

（二）转让的权利种类、地域范围；

（三）转让金；

（四）支付转让金的日期和方式；

（五）违约责任；

（六）双方认为需要约定的其他内容。

第五十八条　许可使用合同和转让合同中著作权人未明确许可或者转让的权利，未经著作权人同意，被许可人或者受让人不得行使。

未经著作权人同意，被许可人不得许可第三人行使同一权利。

第五十九条　与著作权人订立专有许可合同或者转让合同的，使用者可以向国务院著作权行政管理部门设立的专门登记机构登记。未经登记的权利，不得对抗善意第三人。

登记应当缴纳费用，收费标准由国务院财政、价格管理部门确定。

第六十条　以著作权出质的，由出质人和质权人向国务院著作权行政管理部门办理出质登记。

登记应当缴纳费用，收费标准由国务院财政、价格管理部门确定。

第二节　著作权集体管理

第六十一条　著作权集体管理组织是根据著作权人和相关权人的授权或者法律规定，以集体管理的方式行使权利人难以行使和难以控制的著作权或者相关权的非营利性社会组织。

著作权集体管理组织管理权利时，可以以自己的名义为著作权人和相关权人主张权利，并可以作为当事人进行著作权或者相关权的诉讼、仲裁和调解活动。

第六十二条 著作权集体管理组织应当根据管理的权利提供使用费标准，该标准在国务院著作权行政管理部门指定的媒体上公告实施，有异议的，由国务院著作权行政管理部门组织专门委员会裁定，裁定为最终结果，裁定期间使用费标准不停止执行。

前款所述专门委员会由法官、著作权集体管理组织的监管部门公务员、律师等组成。

第六十三条 著作权集体管理组织取得权利人授权并能在全国范围内代表权利人利益的，可以就自助点歌系统向公众传播已经发表的音乐或者视听作品以及其他方式使用作品，代表全体权利人行使著作权或者相关权，权利人书面声明不得集体管理的除外。

著作权集体管理组织在转付相关使用费时，应当平等对待所有权利人。

第六十四条 著作权和相关权权利人依据本法第十四条和第四十条享有的获酬权，应当通过相应的著作权集体管理组织行使。

第六十五条 两个以上著作权集体管理组织就同一使用方式向同一使用者收取使用费的，应当共同制定统一的使用费标准，并且协商确定由一个著作权集体管理组织统一收取使用费。收取的使用费应当在相应的著作权集体管理组织之间合理分配。

第六十六条 国务院著作权行政管理部门主管全国的著作权集体管理工作，负责著作权集体管理组织的设立、业务范围、变更、注销以及其他登记事项的审批和监督管理。

国务院其他主管部门在各自职责范围内对著作权集体管理组织进行监督管理。

第六十七条　著作权集体管理组织的设立方式、业务范围、权利义务、著作权许可使用费的收取和分配，对其监督和管理，授权使用收费标准异议裁定等事宜由国务院另行规定。

第六章　技术保护措施和权利管理信息

第六十八条　本法所称的技术保护措施，是指权利人为防止、限制其作品、表演、录音制品或者广播电视节目被复制、浏览、欣赏、运行、改编或者通过网络传播而采取的有效技术、装置或者部件。

本法所称的权利管理信息，是指说明作品及其作者、表演及其表演者、录音制品及其制作者的信息、广播电视节目及其广播电台电视台，作品、表演、录音制品以及广播电视节目权利人的信息和使用条件的信息，以及表示上述信息的数字或者代码。

第六十九条　为保护著作权和相关权，权利人可以采用技术保护措施。

未经许可，任何组织或者个人不得故意避开或者破坏技术保护措施，不得故意制造、进口或者向公众提供主要用于避开或者破坏技术保护措施的装置或者部件，不得故意为他人避开或者破坏技术保护措施提供技术或者服务，但是法律、行政法规另有规定的除外。

第七十条　未经权利人许可，不得进行下列行为：

（一）故意删除或者改变权利管理信息，但由于技术上的原因无法避免删除或者改变的除外；

（二）知道或者应当知道相关权利管理信息被未经许可删除或者改变，仍然向公众提供该作品、表演、录音制品或者广播电视节目。

第七十一条　下列情形可以避开技术保护措施，但不得向他人提供避开技术保护措施的技术、装置或者部件，不得侵犯权利人依法享有的其他权利：

（一）为学校课堂教学或者科学研究，向少数教学、科研人员提供已经发表的作品、表演、录音制品或者广播电视节目，而该作品、表演、录音制品或者广播电视节目无法通过正常途径获取；

（二）不以营利为目的，以盲人能够感知的独特方式向盲人提供已经发表的作品，而该作品无法通过正常途径获取；

（三）国家机关依照行政、司法程序执行公务；

（四）具有安全测试资质的机构对计算机及其系统或者网络的安全性能进行测试；

（五）进行加密研究或者计算机程序反向工程研究。

第七章　权利的保护

第七十二条　侵犯著作权或者相关权，违反本法规定的技术保护措施或者权利管理信息有关义务的，应当依法承担停止侵害、消除影响、赔礼道歉、赔偿损失等民事责任。

第七十三条　网络服务提供者为网络用户提供存储、搜索或者链接等单纯网络技术服务时，不承担与著作权或者相关权有关的审查义务。

他人利用网络服务实施侵犯著作权或者相关权行为的，权利人可以书面通知网络服务提供者，要求其采取删除、断开链接等必要措施。网络服务提供者接到通知后及时采取必要措施的，不承担赔偿责任；未及时采取必要措施的，对损害的扩大部分与该侵权人承担连带责任。

网络服务提供者知道或者应当知道他人利用其网络服务侵害著作权或者相关权，未及时采取必要措施的，与该侵权人承担连带责任。

网络服务提供者教唆或者帮助他人侵犯著作权或者相关权的，与该侵权人承担连带责任。

网络服务提供者通过网络向公众提供他人作品、表演或者录音制品,不适用本条第一款规定。

第七十四条　使用者使用权利人难以行使和难以控制的权利,依照与著作权集体管理组织签订的合同向其支付会员的报酬后,非会员权利人就同一权利和同一使用方式提起诉讼的,使用者应当停止使用,并按照相应的著作权集体管理使用费标准赔偿损失。

下列情形不适用前款规定:

(一)使用者知道非会员权利人作出不得以集体管理方式行使其权利的声明,仍然使用其作品的;

(二)非会员权利人通知使用者不得使用其作品,使用者仍然使用的;

(三)使用者履行非会员诉讼裁决停止使用后,再次使用的。

第七十五条　计算机程序的复制件持有人不知道也不应当知道该程序是侵权复制件的,不承担赔偿责任;但是应当停止使用、销毁该侵权复制件。计算机程序复制件持有人需要继续使用该计算机程序的,应当取得该计算机程序著作权人的许可。

第七十六条　侵犯著作权或者相关权的,在计算损害赔偿数额时,权利人可以选择实际损失、侵权人的违法所得、权利交易费用的合理倍数或者一百万元以下数额请求赔偿。

对于两次以上故意侵犯著作权或者相关权的,人民法院可以根据前款计算的赔偿数额的二至三倍确定赔偿数额。

人民法院在确定赔偿数额时,应当包括权利人为制止侵权行为所支付的合理开支。

人民法院为确定赔偿数额，在权利人已经尽力举证，而与侵权行为相关的账簿、资料主要由侵权人掌握的情况下，可以责令侵权人提供与侵权行为相关的账簿、资料；侵权人不提供或者提供虚假的账簿、资料的，人民法院可以根据权利人的主张判定侵权赔偿数额。

第七十七条 下列侵权行为，可以由著作权行政管理部门责令停止侵权行为，予以警告，没收违法所得，没收、销毁侵权制品和复制件，非法经营额五万元以上的，可处非法经营额一倍以上五倍以下的罚款，没有非法经营额、非法经营额难以计算或者非法经营额五万元以下的，可处二十五万元以下的罚款；情节严重的，著作权行政管理部门可以没收主要用于制作侵权制品和复制件的材料、工具、设备等；构成犯罪的，依法追究刑事责任：

（一）未经著作权人许可，复制、发行、出租、展览、表演、播放、通过网络向公众传播其作品的，本法另有规定的除外；

（二）未经表演者许可，播放、录制其表演，复制、发行、出租录有其表演的录音制品，或者通过网络向公众传播其表演的，本法另有规定的除外；

（三）未经录音制作者许可，复制、发行、出租、通过网络向公众传播其录音制品的，本法另有规定的除外；

（四）未经广播电台、电视台许可，转播、录制、复制其广播电视节目的，本法另有规定的除外；

（五）使用他人享有专有使用权的作品、表演、录音制品或者广播电视节目的；

（六）违反本法第五十条规定使用他人作品的；

（七）未经许可，使用权利人难以行使和难以控制的著作权或者相关权的，本法第七十四条第一款规定的情形除外；

（八）制作、出售假冒他人署名的作品的。

第七十八条　下列违法行为，可以由著作权行政管理部门予以警告，没收违法所得，没收主要用于避开、破坏技术保护措施的装置或者部件；情节严重的，没收相关的材料、工具和设备，非法经营额五万元以上的，可处非法经营额一倍以上五倍以下的罚款，没有非法经营额、非法经营额难以计算或者非法经营额五万元以下的，可处二十五万元以下的罚款；构成犯罪的，依法追究刑事责任：

（一）未经许可，故意避开或者破坏权利人采取的技术保护措施的，法律、行政法规另有规定的除外；

（二）未经许可，故意制造、进口或者向他人提供主要用于避开、破坏技术保护措施的装置或者部件，或者故意为他人避开或者破坏技术保护措施提供技术或者服务的；

（三）未经许可，故意删除或者改变权利管理信息的，本法另有规定的除外；

（四）未经许可，知道或者应当知道权利管理信息被删除或者改变，仍然复制、发行、出租、表演、播放、通过网络向公众传播相关作品、表演、录音制品或者广播电视节目的。

第七十九条　著作权行政管理部门对涉嫌侵权和违法行为进行查处时，可以询问有关当事人，调查与涉嫌侵权和违法行为有关的情况；对当事人涉嫌侵权和违法行为的场所和物品实施现场检查；查阅、复制与涉嫌侵权和违法行为有关的合同、发票、账簿以及其他有关资料；对于涉嫌侵权和违法行为的场所和物品，可以查封或者扣押。

著作权行政管理部门依法行使前款规定的职权时，当事人应当予以协助、配合，无正当理由拒绝、阻挠或者拖延提供前款材料的，可以由著作权行政管理部门予以警告；情节严重的，没收相关的材料、工具和设备；构成犯罪的，依法追究刑事责任。

第八十条 当事人对行政处罚不服的，可以自收到行政处罚决定书之日起六十日内向有关行政机关申请行政复议，或者自收到行政处罚决定书之日起三个月内向人民法院提起诉讼，期满不申请行政复议或者提起诉讼，又不履行的，著作权行政管理部门可以申请人民法院执行。

第八十一条 著作权和相关权的使用者在下列情形下，应当承担民事或者行政法律责任：

（一）复制件的出版者、制作者不能证明其出版、制作有合法授权的；

（二）网络用户不能证明其通过网络向公众传播的作品有合法授权的；

（三）出租者不能证明其出租视听作品、计算机程序或者录音制品的原件或者复制件有合法授权的；

（四）发行者不能证明其发行的复制件有合法来源的。

第八十二条 著作权人或者相关权人申请行为、财产或者证据保全的，适用《中华人民共和国民事诉讼法》有关保全的规定。

第八十三条 人民法院审理案件，对于侵犯著作权或者相关权的，可以没收违法所得、侵权制品和复制件以及进行违法活动的财物。

第八十四条 著作权和相关权纠纷的当事人可以按照《中华人民共和国仲裁法》向仲裁机构申请仲裁，也可以申请调解。

第八十五条　著作权行政管理部门可以设立著作权纠纷调解委员会,负责著作权和相关权纠纷的调解。调解协议的司法确认,适用《中华人民共和国民事诉讼法》有关确认调解协议的规定。

著作权调解委员会的组成、调解程序以及其他事项,由国务院著作权行政管理机关另行规定。

第八十六条　著作权人和相关权人对进口或者出口涉嫌侵害其著作权或者相关权的物品,可以申请海关查处。具体办法由国务院另行规定。

第八章　附则

第八十七条　本法所称的著作权即版权。

第八十八条　相关权的限制和行使适用本法中著作权的相关规定。

第八十九条　本法规定的著作权人和相关权人的权利,在本法施行之日尚未超过本法规定的保护期的,依照本法予以保护。

本法施行前发生的侵权或者违约行为,依照侵权或者违约行为发生时的有关法律、规定和政策处理。

第九十条　本法自年月日起施行。

四、内容形式,皆出新意

2012年12月28日,国家版权局向国务院呈送的《中华人民共和国著作权法(修改草案送审稿)》与2010年著作权法相比较,篇章结构和内容规范均发生了重大变化,由2010年著作权法的六章六十一条增加至“修改草案”送审稿的八章九十条;文字量由8700多字增加至14000多字。两者之间如此大的变化，在我国法律修订史上也是罕见的。

"修改草案"送审稿的修改成果归纳起来，主要体现在以下四个方面。

（一）激励创造，整合权利体系

整合权利体系主要立足解决著作权的确定性问题。"修改草案"送审稿对著作权的权利客体、权利内容、权利归属、权利保护期和权利限制五个方面进行了调整。

1. 调整权利客体

所谓权利客体是指著作权法保护的对象，即作品。这次修法对著作权客体的调整，主要体现在以下四方面。

第一，将著作权客体"作品"，以及各不同种类"作品"的定义和概念，由《著作权法实施条例》规定上升到著作权法直接规定，提升了权利客体及其种类定性的法律地位。

第二，取消了部分权利客体。例如，取消了"录像制品"相关权客体。其原因在于，一是国际公约没有相应的客体种类；二是录像制品与电影作品在实践中难以区分，导致在司法实践中如何划分涉案客体性质的困惑。比如卡拉OK涉及的MV，以及反映体育赛事的连续画面是制品还是作品争议很大，实践中存在巨大认识分歧。

第三，调整了部分作品的名称，比如将原来的"电影作品和以类似摄制电影的方法创作的作品"改为"视听作品"。这种改动顺应了国际公约和各国立法的惯常做法，也解决了"电影作品"与"录像制品"区分难的矛盾。世界知识产权组织制定的《视听表演北京条约》也采用了"视听作品"的概念。再如，将"计算机软件"调整为"计算机程序"，把计算机文档纳入文字作品范畴，新的概念定义更趋科学合理性。

第四，增加了"实用艺术作品"的权利客体种类。增加"实用艺术作品"

权利客体种类考虑了两个因素。一是我国2010年著作权法没有将“实用艺术作品”设定为权利客体,为了履行我国加入国际著作权公约所承担的最低保护义务,国务院颁布的《实施国际著作权条约的规定》对境外权利人的“实用艺术作品”给予了特别保护,给人们造成了“境外实用艺术作品权利人在华享受了超国民待遇,我国的权利人在现有著作权法律制度框架下受到不公正对待”的印象。二是国际著作权条约规定,其成员国通过国内法规定其法律在何种程度上适用于“实用艺术作品”,并规定其保护期限不应少于二十五年。因此,如果我国的著作权法不设定“实用艺术作品”这一权利客体种类,实际上“实用艺术品”将作为“美术作品”得到保护,这样将大大提高“实用艺术作品”保护标准、扩大其保护期限。在我国“实用艺术作品”创新能力还不够强大情况下,我们将付出更大的保护义务。例如,由色彩和几何形状形成的“乐高游戏积木”,在世界各国一般按“实用艺术作品保护”,通常情况下只能获得二十五年的保护期限。但如果中国著作权法不设定“实用艺术作品”权利客体种类,就得将它视为美术作品保护,其保护期就与美术作品的保护期相同,我们对其保护的期限就增长了一倍,这将有利于“实用艺术作品”创作能力强的西方发达国家,增大了我国对其“实用艺术作品”保护的责任。因此,“修改草案”送审稿增加“实用艺术作品”的权利客体种类,既不减损国人的权益,又能减轻对外不必要的保护责任。

第五,调整了作品种类列举结构,将戏剧、曲艺、舞蹈、建筑等以综合性列举的作品种类,修改为非综合性的单项列举,增加了“立体作品”的单项列举。将2010年著作权法第三条第(九)项“法律、行政法规规定的其他作品”修改为“其他文学、艺术和科学作品”,避免了有人将2010年著作权法只保护其刚性列举的几类权利客体,凡未列入刚性列举范围的作品则不予保护的不正确认识。

2. **调整权利内容**

“修改草案”送审稿对权利内容进行了整合，一是归纳简化了著作权的人身权和财产权的权项，削减了少数不必要的权项；二是从实践出发，重新划分或界定了部分权项的权利边界，以解决有关权能可能存在的交叉问题。具体讲从以下四个方面进行了调整。

第一，整合著作权权利内容。关于著作权权利内容如何设定，在学术界和司法界存在两种不同的观点，一种观点认为权利内容设定应采用详细列举方式，权项规定得越具体越好，便于法官在审理案子时对号入座；另一种观点认为详细列举权利内容的立法方式，很难适应著作权权利内容随科技发展不断变化而变化的情况，在科技飞速发展的今天，面对全新作品传播手段和使用方式，会产生司法审判适用法律于法无据的现象，主张对财产权的设定采用“复制权”“公开传播权”和“演绎权”三种权项的概括式立法模式，这三大权项像个大筐，凡是以介质类方式使用作品涉及的权利都放到“复制权”中调整，凡是以非介质类方式使用作品涉及的权利都放到“公开传播权”中调整，凡是根据已有作品再创作作品涉及的权利都放到“演绎权”中调整，这样的权项设计，不管著作权权利内容随科技发展如何演变，所产生的新权能都能纳入“复制权”“公开传播权”和“演绎权”三大权项的大筐中，并从概括性的三大权项中体现出来。对此，“修改草案”送审稿考虑到现实性和法律继承性两个因素，采取了中庸的态度，对著作权权项（权利内容）的设计，既没有采取机械的详细列举方式，也没有进行简单的高度概括，而是采取了列举加概括的立法方式，将2010年著作权法规定的17项精神和财产权利整合为13项。具体讲，在精神权利中，保留“发表权”和“署名权”，将“修改权”并入“保护作品完整权”中；在财产权利中，将“汇编权”并入“复制权”，“摄制权”并入“改编权”，“放映权”并入“表演权”。这种立法模式有较强的包容性和适应性，虽然从表面看著作权权项（权利内容）减少了，但著作权人享有的权能一点都没有减少，甚至略有增加。

第二，增加了追续权，即增加了美术作品著作权人在其美术作品有形载体首次转让后的再销售享有经济收益的权利。

第三，将2010年著作权法的“广播权”修改为“播放权”。这种调整基于两个方面的考虑。一是《伯尔尼公约》第十条之二将“广播权”表述为三种情形：其一，授权广播其作品或以任何其他无线传送符号、声音或图像的方法向公众传播其作品；其二，授权由原广播机构以外的另一机构通过有线传播或转播的方式向公众传播广播的作品；其三，授权通过扩音器或其他任何传送符号、声音或图像的类似工具向公众传播广播的作品。该条规定未赋予以有线方式向公众传播作品的权利。我国2010年著作权法设定的“广播权”，几乎是《伯尔尼公约》第十条之二规定的翻版，同样未赋予以有线方式向公众传播作品的权利。“修改草案”送审稿对2010年著作权法关于“广播权”的规定进行了修改，将“有线与无线方式公开播放作品或者转播该作品的播放”作出了一致性的规定。简单讲，无论是以无线还是有线方式公开传播作品，其适用条件没有区别。也就是说“修改草案”送审稿的规定，已经不是《伯尔尼公约》第十条之二规定的翻版，为了与其在“广播权”定义上区别开，将2010年著作权法的“广播权”改成了“播放权”。二是解决现行著作权设定的“广播权”与“信息网络传播权”难以区分的矛盾。在如何区分“广播权”与“信息网络传播权”问题上，很多人存在困惑，有人主张以行为主体来划分这两个权利，即凡是广播组织公开传播作品的行为都由“广播权”控制。相反，凡是网络媒体公开传播作品的行为都由“信息网络传播权”控制。但问题是，随着科学技术的不断进步，三网融合渐成趋势，广播媒体与网络媒体在传播作品问题上，你中有我，我中有你，以主体来划分两项权利，可谓是“剪不断、理还乱”。因此，此种划分行不通。既然行不通，就要转变思维方式，以行为而非主体来区分这两种权利。具体来讲，凡是以非交互方式使用作品，无论行为主体是电台、电视台，还是网络（比如网站的定时播放或是现场直播）都适用“播放权”。与此相反，凡是以交互方式使用作品，无论行为主体是电台、电视台（如电台、电视台的即时点播），还是网络媒体，都适用“信息网络传播权”。这样的制度设计，无论应对传统的广播电视媒体和网络媒体各自为阵使用作品，还是处理三网融合环境中广播媒体和网络媒体以共同的方式使用作品，都不会出现适用法律的困惑。

第四，适当增加了相关权的权利的内容。一是增加了表演者的出租权，以及表演者在其表演的“视听作品”被他人使用有分享收益的权利。二是增加了唱片制作者对其制作的“录音制品”被以广播和公开表演的形式使用有获得报酬的权利。三是将2010年著作权法规定的广播组织享有的权利，由“禁止权”调整为“专有权”。总体来讲，无论是著作权人还是相关权人其享有的权利内容都有所增加，著作权保护水平有所提高。

3. 调整权利归属

关于作品的权利归属，“修改草案”送审稿改变2010年著作权法直接将特定作品的权利归属赋予某一利益主体的状况，将作品权利归属的权利交给创作该作品的相关利益主体自主决定，体现利益主体意思自治和约定优先原则。对凡是涉及多方利益主体的作品，其权利归属首先由相关当事人约定，如果相关当事人没有约定或者约定不明，则综合考虑相关当事人在创作或者传播作品过程中所发挥的作用、承担的责任风险，以及行使权利难易状况等因素，进而将权利赋予创作作品过程中贡献最大、责任最重且在行使作品权利过程最能实现利益最大化的相关当事人，相关当事人在非依约定享有作品权利归属的同时，要兼顾其他当事人的合法权益。简单讲，在作品权利归属问题上，法律不简单生硬地把权利赋予某方利益主体，而是将决定权交给相关当事人决定，当事人未行决定或者约定不明的，再按照法律补充性规定决定作品归属的相关当事人，并顾及其他相关当事人的合法利益。

4. **权利的保护期**

“修改草案”送审稿延长了“摄影作品”的保护期,将“摄影作品”的保护期限由2010年著作权法规定的50年(首次发表时起算),修改为作者有生之年加死后50年。

5. **权利的限制**

关于权利的限制,2010年著作权法的规定主要体现在第二十二条规定的12项合理使用情形。本次修法,对合理使用问题如何修改,存在两种不同的观点,一种观点认为,对权利限制应采用穷尽列举方式,严格限定合理使用的具体情形,如为适应数字网络技术产生的变化确需增加限制内容的,应该在法律中明示,即对合理使用情形作出刚性列举,凡是未列入刚性列举范围的行为不能适用合理使用规定;另一种观点认为,著作权的权利内容和使用方式受科学技术发展的影响极大,为适应科学技术的发展,特别是适应数字网络技术发展运用对著作权保护的影响,在符合“三步检验标准”前提下,法律规定应该有一定的弹性。对此问题,著作权法修订工作专家委员会的30个专家发生过激烈讨论和强烈碰撞,多数专家赞同弹性式合理使用立法模式。“修改草案”送审稿最终采纳了列举加《伯尔尼公约》有关权利限制基本原则相结合的立法方式。即在保留2010年著作权法第二十二条列举方式的前提下,增加了国际公约“三步检验标准”的兜底性规定,为增加可能发生的合理使用情形留下了一定的法律空间,在实践中更具可行性。

(二)促进运用,调整交易规则

兼顾著作权人和作品传播者的正当权益,优化许可使用机制、调整市场交易规则,这是本次修法需要解决的突出问题之一。目前,我国的著作权保护面临两大难题,一是著作权作为国民经济发展的战略资源,对促进文化产业发展的基础性作用不断显现,产业界利用著作权资源的意识逐渐增强,但著作权的授权机制和交易规则不健全，著作权固有的授权使用机制，很难满足版权产业界对著作权资源的旺盛需求，也不利于广大著作权人经济利益的实现，著作权市场供需脱节矛盾日益突出。二是著作权人的维权意识和社会公众的著作权保护意识不断提高，但著作权司法和行政救济能力不能适应著作权保护的现实要求，侵权盗版行为没有得到有效遏制，著作权保护形势不容乐观。

为破解我国的著作权保护面临的两大难题，“修改草案”送审稿基于我国著作权保护的现实，将“保护著作权人的正当权益与促进作品合法广泛传播的一致性”作为追求的目标，努力构建科学、合理、规范的著作权授权机制的交易规则。一方面在不损害著作权人正当权益前提下，拓宽授权使用作品的渠道，增加实现其经济利益的方式；另一方面降低作品市场运用交易成本，破解作品使用者无法通过合法途径获得海量作品授权使用的困境，促进版权产业依法健康发展，化解版权产业界与版权学术界在“如何建立科学合理的著作权交易规则和授权机制”问题上存在的认识分歧，“修改草案”送审稿在以下五个方面作了大胆尝试。

第一，增加著作权和相关权登记的规定。设定著作权和相关权登记制度，为了降低著作权和相关权的交易成本、避免侵权风险、解决权属争议提供技术和证据支持。

第二，增加专有许可合同和权利转让合同的登记制度，有效解决著作权交易中的“一权二卖”“一女二嫁”现象，确保著作权交易安全和作品使用者的合法权益。在这个问题上，有很多学者反对，他们认为不能采取行政手段干预市场主体的交易行为。需要说明的是，不管是著作权和相关权的登记，还是专有合同和专有权利的转让合同的登记，既不是为行政部门设定权力，也不是行政行为，而是保证无形财产交易安全的制度安排，其目的是降低著作权交易成本、保护作品使用者的正当权益、防止著作权人滥用权利，维护正常的著作权市场交易秩序。

第三，调整著作权“法定许可”机制。“法定许可”与“合理使用”同属著作权权利限制范畴。两相比较，后者在特定情形下使用作品，既不需经权利人同意，也无须向权利人支付报酬。前者同样是在特定情形下使用作品，不需经权利人同意，但应当向权利人支付报酬，其核心是保证著作权人获得报酬的权利。根据《伯尔尼公约》关于权利限制的有关规定，我国2010年著作权法设定了“教材编写”“报刊转载”“录音制作”“广播电视组织使用已发表作品”“广播电视组织使用录音制品”五种法定许可情形。著作权法建立“法定许可”机制的初衷，是在考虑我国特定领域使用作品的历史状况前提下，一是解决特定领域使用者使用作品授权难的困境，二是增加权利人（特别是数量众多、支配其权利能力有限的权利人）实现财产收益的渠道。其主观愿望是好的，但是，2010年著作权法对法定许可机制设计不合理，缺乏对违反法定许可规定、不履行付酬义务行为的惩戒机制，导致在其施行过程中，使用者不经权利人许可使用作品，不向权利人支付报酬并不承担任何法律责任成为普遍现象，将“法定许可”变成了“合理使用”，极大地损害了著作权人的经济利益，法律的权威性也受到了极大的挑战。为了改变这种既不正常也不合理的状况，“修改草案”送审稿将2010年著作权法的五种“法定许可”情形缩减为三种，仅保留了“教材编写”“报刊转载”和“广播电台电视台”使用已发表作品的法定许可情形，同时提高了适用“法定许可”的准入门槛，明确了违反法定许可行为的法律责任。具体讲，一是使用者适用“法定许可”规定需要履行登记备案手续；二是使用者依法定许可规定使用作品不履行支付报酬义务的，权利人组织可以集体维权，著作权行政管理机构可对侵权使用者实施行政处罚。

第四，为解决数字网络环境下使用海量作品的授权问题，最大限度地用好为数众多存量作品资源，增加了有关孤儿作品的相关规定，即“以数字网络方式使用海量作品，对无主作品经过严格程序查找作者或者权利人无果的，采用报酬提存方式对其使用，一旦作者或者权利人复活，提存报酬归作者或者权利人并终止使用其作品”的制度设计，重点解决大量无主作品的有效、合法使用问题。

第五，进一步完善著作权集体管理制度。为有效解决一方面广大著作权人对其作品的非专有许可权（小权利）得不到有效保护；另一方面数量众多的使用者又无法通过合法的渠道获得数量众多的作品的非专有许可权（小权利）授权的困境，优化了集体管理制度，增加了延伸性集体管理的规定，同时强化了对集体管理组织的监督和管理。

（三）加强保护，强化救济功能

加强权利保护既是建立著作权法律制度的出发点，也是本次修法需要解决的两大重点问题之一，“修改草案”送审稿在加大保护著作权保护力度，增大侵权盗版行为人法律责任风险方面作了以下调整：

第一，扩大了权利人主张权利的范围。2010年著作权法第四十七条列举了应当承担民事法律责任的十一种侵权行为。这种立法方式，在司法审判实践中可能被理解为，法律对民事侵权行为种类作出了刚性规定，凡不在第四十七条列举范围内侵害著作权人权利的违法行为，司法机关将不予受理，限制了著作权人受到他人以2010年著作权法列举范围之外的侵权行为侵害时，不能向司法机关提请法律救济。为了消除上述规定在司法审判实践中可能产生的歧义，“修改草案”送审稿将2010年著作权法侵权行为列举式改为概括式，其第七十二条明确规定：“侵犯著作权或者相关权，违反本法规定的技术保护措施或者权利管理信息有关义务的，应当依法承担停止侵害、消除影响、赔礼道歉、赔偿损失等民事责任”。与2010年著作权法相比较，实际上扩大了权利人主张权利的范围。

第二,加强保护力度,强化保护措施。“修改草案”送审稿增加了网络服务提供者的法律责任的规定,改变了网络服务提供者的著作权法律责任由国务院行政法规规定的状态。当前信息网络已经成为著作权使用和传播最广泛的途径,以“复制权”为中心的作品传播时代已经逐渐被以“传播权”为中心的作品传播时代所替代。为顺应社会的发展,突出“传播权”在数字网络时代的重要性,网络服务提供者的著作权法律责任承担,应当从行政法规层面规定上升到由法律层面规定。因此,“修改草案”送审稿将网络服务提供者的法律责任承担直接进行了规范。

第三,调整了权利人请求赔偿的选择方式。按照2010年著作权法的规定,当权利人向法院提起诉讼,主张利益损害赔偿时,法院要严格按照权利人实际损失、侵权人的违法所得、法定赔偿等先后顺序取证断案,只有在前一法定损失证据取证不能的情况下,才能适用下一损失赔偿情形。也就是说,只有在不能证明权利人实际损失时,才能适用侵权人违法所得赔偿方式;只有在侵权人违法所得不能计算时,才能适用法定赔偿方式。“修改草案”送审稿将2010年著作权法“依秩序递进赔偿方式”修改为“侵犯著作权或者相关权的,在计算损害赔偿数额时,权利人可以选择实际损失、侵权人的违法所得、权利交易费用的合理倍数或者一百万元以下数额请求赔偿”的选择性赔偿方式,增大了著作权人或者相关权人请求赔偿方式的选择权,也增强了司法机关适用赔偿标准的灵活性。

第四,加大保护力度,强化执法措施。一是将2010年著作权法规定的法定赔偿数额由50万元提高到100万元,加大了侵权盗版行为人的法律责任风险。二是增加了行政执法的扣押,化解了行政管理机关多年以来行政执法非常困惑的一个难题。按照现行行政执法的规定,行政部门不能对侵权复制品实施扣押,现实中为侵权人转移侵权复制品提供了方便,往往导致行政处罚所依据的证据和大量侵权制品不翼而飞,达不到惩戒侵权盗版和消除侵权制品的目的。增加行政执法的扣押手段,将有效阻止侵权复制品转移后再次流入市场,彻底改变侵权者“受罚不损利”的现象。三是扩大了作品使用者过错推定的范围。将2010年著作权法只对发行者不能说明其发行作品的合法来源推定为侵权,扩大到所有使用作品方式的使用者说明不了其使用作品合法来源的情形。

第五,为了缓解司法压力,增加了行政调解的规定。在整个知识产权领域,著作权争议点多、面广,其纠纷数量远远大于专利权和商标权,司法审判承受的压力相对更大。据法院系统统计,著作权争议案件占整个知识产权争议案件总量的60%以上,而著作权纠纷类型广、标的小、数量多,占用的司法审判资源也越多。近年来,各级人民法院积极支持政府部门和行业协会开展著作权调解工作,一定程度上减缓了人民法院的审判压力。这次尝试写入了行政调解条款,增加了解决一般著作权纠纷的渠道,实践中将大大缓解司法机关审理著作权纠纷的压力。

(四)科学规范,完善体系结构

本次修法涉及范围广、内容增幅大。因此,合理的篇章布局显得非常重要。结合本次修法增加的内容,以及著作权保护的基本法律逻辑,对著作权法的体例结构作了如下调整。

第一,增加了章节内容,“修改草案”送审稿由2010年著作权法的六个章节增加到八个章节。一是将2010年著作权法“第二章著作权”中的第四节“权利的限制”,单列为第四章“权利的限制”。二是增加了“第六章技术保护措施和权利管理信息”,以解决2010年著作权法存在一个逻辑问题,即2010年著作权法在没有设定“技术保护措施和权利管理信息”的权利内容情况下,却规定了破坏“技术保护措施”和删除“权利管理信息”行为的法律责任,而仅在2006年国务院颁布的《信息网络传播权条例》对“技术保护措施”和

“权利管理信息”进行了具体规定。为了正本清源，消减著作权立法逻辑上存在的不足，“修改草案”送审稿将“技术保护措施和权利管理信息”的法律规范，由有关行政法规规定上升到法律层面规定，建立了逻辑清晰的“技术保护措施和权利管理信息”法律规范。三是在第五章“权利的行使”，增加了第二节“著作权集体管理”，用八个条文对涉及著作权集体管理一般性原则问题进行了规范。

第二，修改了部分章节的称谓。“修改草案”送审稿将2010年著作权法“第四章出版、表演、录音录像、播放”的称谓修改为“第三章出版者、表演者、录音制作者、广播电台电视台”。该章主要规范与著作权相关的权利，其具体指向是权利主体及其权利而非主体的行为。而2010年著作权法本章的称谓则指向是主体行为，没有体现权利主体和权利本身，与第一章“著作权”的设计不相同，在逻辑上存在问题。因此，本次修订将其称谓修改为具有主体特征的“出版者、表演者、录音制作者、广播电台电视台”。

第三，调整了章节的顺序。“修改草案”送审稿将2010年著作权法“总则，著作权，著作权许可使用和转让合同，出版、表演、录音录像、播放，法律责任的执法措施，附则”六大章，调整为“总则、著作权、相关权、权利的限制、权利的行使、技术保护措施和权利管理信息、权利的保护、附则”八大章，体现了权利在前、行为在中、责任在后的著作权法律保护逻辑递进关系。

第四，明确了与其他法律的关系。一是将其他实体法和程序法已经规定的，诸如诉前禁令、证据保全、财产保全、行政诉讼、行政复议、质权登记等非著作权专用的法律规范，不再在“修改草案”送审稿中重复规定，而是通过一种衔接方式直接指向相关的法律；二是将《实施国际著作权条约的规定》《计算机软件保护条例》主要规范纳入“修改草案”送审稿，以保证将来废止这两部行政法规后适用法律规范的连续性。

著作权法“修改草案”送审稿，最终以“体系结构重大变化，权利内容不断增加，授权机制重大调整，保护水平进一步提高”的阶段性成果，为国家版权局著作权法第三次修订法律文本草案起草工作画上了句号。

第四章

著作权法第三次修改中的热点、焦点和争议问题及我之见

国家版权局在著作权法第三次修订法律文本草案起草过程中，始终坚持“听取民意、集中民智、凝聚共识”开门立法的修法理念，最大程度地调动社会各界共同参与“修改草案”起草工作，多次公开征求社会公众特别是听取版权界的意见和建议，力求在重大基本问题上达成社会共识，并尽可能地吸纳不同利益主体和法学界提出的合理建议。但在著作权保护法律制度不断修改完善过程中，存在不同利益主体的基本诉求各有不同和法学界理论观点各有差异的客观状况，著作权法第三次修改涉及的重大基本问题很难全部形成社会共识，“送审稿”也不可能全部吸纳来自不同利益主体和不同理念的法学学者提出的所有意见和建议。不同的利益主体和不同的法学理念学者，在著作权法第三次修订过程中不同利益主体诉求相互碰撞、不同法学观点彼此交锋，必然产生争议问题，引发社会公众关注，并将注意力集中到热点焦点的争议问题上，是十分正常的。这些在法律修改过程中所产生的热点、焦点和争议问题，也应该随着修法进程的不断深入，通过沟通讨论、理性协商逐步得到化解。

下面详细阐述著作权法第三次修改中热点、焦点和争议问题产生的原因及应对。

在知识产权权利体系，甚至在整个民事权利领域，著作权是利益主体最多元和法律关系最复杂的权利之一。在著作权权利资源配置方面，作品创作者（权利人）、作品传播者（版权产业）和作品消费者（社会公众）等不同的利益主体其立场不同、诉求各异，都力求通过修法获得更大的利益或者有利于自己的修法结果；在处理复杂的法律关系方面，持不同法学观念的学者，都希望自己认同的法学理念能够成为支撑法律基本概念和法律具体规范的法理依据。因此，在利益主体多元、法学理念多样的情况下，只要涉及著作权法律保护问题，都会产生不同的利益诉求和不同的法学主张，并可能就同一问题在“性质定位、权利分配、资源配置、法理运用”等方面产生认知分歧、引发争议，这种分歧和争议时时刻刻都存在着，只不过更有可能通过著作权法律制度创制或者修订过程集中反映出来。

在著作权法第三次修订过程中，不同利益主体都会抓住这一难得的机会，尽最大可能提出有利于自己利益的诉求，以最充分的理由争取其利益最大化，并希望以法律的形式将其利益诉求确定下来。不同法学理念的法律工作者，同样会利用修法机会以自己认同的法学理论和法律严谨去解构著作权法律关系，希望自己所主张的法学理论和学术观点能被法律认可，并成为支撑法律结构和内容规范的重要法理依据。而作为著作权法“修改草案”起草者的国家版权局，坚持公开透明的民主修法方式，欢迎社会各界和公众积极参与到修法进程中来，客观上提高了社会公众对著作权法修改的参与度和关注度，著作权人、版权产业界，以及法学界自然会将注意力聚焦到法律修改重大问题的革新和重要权利资源的配置问题上，并使不同利益主体和不同法学理念主张者对修法重大问题改革和重要权利资源配置的不同诉求和不同认知走向台前，将著作权法“修改草案”起草过程中的热点、焦点和争议问题呈现在社会公众面前。

关于如何定性“热点、焦点和争议问题”，我认为，所谓“热点、焦点和争议问题”：一是指国家版权局在著作权法第三次修订负责起草“修改草案”阶段反映出来的社会关注度高或者有利益冲突和不同认知的问题；二是指法律工作者在法学理论和法律逻辑，以及不同利益主体在利益得失方面关注度高并有不同认识的问题。这些在修法过程中产生的关注度高的认知分歧，反映了著作权利益主体的正常利益诉求，以及法律工作者的修法法理主张，没有对与错，更不存在是与非。但对其如何处理以及取舍与否，关系到著作权法修改的结果是否科学合理，即关系到“修改草案”呈现的著作权权利和义务配置是否均衡、权利保障和义务履行是否有效、权利行使和交易机制是否科学、权利维护和法律救济是否具备有效性和可操作性等重大问题。

关于如何产生“热点、焦点和争议问题”，我认为，产生这些热点、焦点和争议问题的原因主要有以下三点。第一，不同利益主体对同一问题存在不同的利益诉求，甚至同一利益主体内部对同一问题也存在利益诉求差异，导致对同一问题存在不同的看法甚至争议。第二，我国知识产权法律制度建立的时间不长，相应的法律知识普及程度不高，不仅一般的公众和利益主体，包括法律学者都会站在各自的立场去解读著作权问题，不同的观点和看法自然会得出不同的结论，加之不排除部分利益关系人和法律学者对“修改草案”存在误读、误解，甚至曲解，产生争议问题是自然的。第三，“修改草案”起草者及“修改草案”自身存在客观局限性，囿于“修改草案”起草者思想认识和判断能力有限，一方面对著作权的本质属性及其基本规律认识存在偏差；另一方面在内容选择的科学性、法规规范的层次性、文字表达的合理性上有偏差，主观愿望与客观结果的一致性出了问题，也可能引起社会争议。

关于如何对待“热点、焦点和争议问题”，首先，应当充分尊重来自不同利益主体和不同法学理念者提出的著作权法修改不同意见建议和不同认识理解，法律“修改草案”尽可能吸纳其合理因素。但是，“修改草案”不能也不可能全部采纳来自社会公众提出的意见和建议，对没有采纳的意见和建议应该说明理由，说明理由不便的，应将这些意见和建议“原汁原味”地报送下一环节立法机构知晓或者参考借鉴。其次，对具有争议性的意见和建议的取与舍，应坚持以下三条原则。第一，凡是通过深入的交流、讨论、碰撞，能够形成共识的，应该采纳；第二，通过深入交流、讨论、碰撞，仍存在一定意见分歧，但能够体现著作权本质属性、符合著作权基本规律、实践中行得通的，可以保留性采纳；第三，通过认真交流、讨论、碰撞，仍存在重大问题意见分歧、利益分配难以协调、法理依据不可融合的，不以任何单方面利益主体的诉求和意见建议作取舍。对没有形成共识，特别是对没有被采纳的意见建议，应将涉及争议问题的所有意见和建议连同著作权法“修改草案”送审稿一并提交立法部门，向其如实反映各种未采纳意见和建议，由下一环节的立法机构再作取舍。

所谓热点问题，是指著作权法修订，特别是“修改草案”第一稿（征求意见稿）公开向社会各界征求意见，直至其第三稿（送审稿）定稿期间，社会公众普遍关心的问题；所谓焦点问题，是指社会公众普遍关心的修法问题中最受关注、最具聚焦点的重要问题；所谓争议问题，是指修法过程中利益诉求相左、法学理念各异的问题。在著作权保护问题上，只要涉及多主体的利益，以及多学派的法学理念，就必然会产生普遍性的争议问题。但是，在修法过程中，不应该把主要精力放在解决普遍性争议问题上，而应该抓住主要矛盾，重点研究解决具有焦点性质的争议性问题。

一、关于“作品”问题

“作品”，即著作权保护的客体，也是著作权保护的起始点。“作品”定义科学与否，关系到作品创作者的根本利益，即作品创作者创作出的文学、艺术和科学智力成果是否受到著作权保护的重大问题。缺少了“作品”这一受著作权保护的客体，著作权法律制度中的权利内容、权利限制、权利行使和权利保护将失去赖以生存的物质基础，建立著作权保护法律制度就毫无意义。因此，如何定义“作品”是建立著作权法律制度应该回答的首要问题。

国家版权局在起草著作权法“修改草案”时考虑到了“作品”定义问题，将2010年著作权法第三条（权利客体作品）：“本法所称的作品，包括以下列形式创作的文学、艺术和自然科学、社会科学、工程技术等作品：

（一）文字作品；

（二）口述作品；

（三）音乐、戏剧、曲艺、舞蹈、杂技艺术作品；

（四）美术、建筑作品；

（五）摄影作品；

（六）电影作品和类似摄制电影的方法创作的作品；

（七）工程设计图、产品设计图、地图、示意图等图形作品和模型作品；

（八）计算机软件；

（九）法律、行政法规规定的其他作品”。

修改为“修改草案”第一稿（征求意见稿）第三条：“本法所称的作品，是指文学、艺术和科学领域内具有独创性并能以某种形式固定的智力成果。

作品包括以下种类：

（一）文字作品，是指小说、诗词、散文、论文等以文字形式表现的作品；

（二）口述作品，是指即兴的演说、授课、法庭辩论等以口头语言形式表现的作品；

（三）音乐作品，是指歌曲、交响乐等能够演唱或者演奏的带词或者不带词的作品；

（四）戏剧作品，是指话剧、歌剧、地方戏等供舞台演出的作品；

（五）曲艺作品，是指相声、快书、大鼓、评书等以说唱为主要形式表演的作品；

（六）舞蹈作品，是指通过连续的动作、姿势、表情等表现思想情感的作品；

（七）杂技艺术作品，是指杂技、魔术、马戏等通过形体动作和技巧表现的作品；

（八）美术作品，是指绘画、书法、雕塑等以线条、色彩或者其他方式构成的有审美意义的平面或者立体的造型艺术作品；

（九）实用艺术作品，是指具有实际用途的艺术作品；

（十）建筑作品，是指以建筑物或者构筑物形式表现的有审美意义的作品；

（十一）摄影作品，是指借助器械在感光材料或者其他介质上记录客观物体形象的艺术作品；

（十二）视听作品，是指固定在一定介质上，由一系列有伴音或者无伴音的画面组成，并且借助技术设备放映或者以其他方式传播的作品；

（十三）图形作品，是指为施工、生产绘制的工程设计图、产品设计图，以及反映地理现象、说明事物原理或者结构的地图、示意图等作品；

（十四）模型作品，是指为展示、试验或者观测等用途，根据物体的形状和结构，按照一定比例制成的立体作品；

（十五）计算机程序，是指为了得到某种结果而可以由计算机等具有信息处理能力的装置执行的代码化指令序列，或者可以被自动转换成代码化指令序列的符号化指令序列或者符号化语句序列，同一计算机程序的源程序和目标程序为同一作品；

（十六）其他文学、艺术和科学作品。

著作权自作品创作完成之日起自动产生，无需履行任何手续”。

在该条第一款中增加了“作品”的定义，在给出的“作品”定义中，明确了“文学、艺术和科学领域的智力成果”“具有独创性的智力成果”及“能够固定的智力成果”三个构成“作品”的基本要素。

对构成作品的三个基本要素，无论是社会公众、版权界，还是中国社会科学院知识产权中心、中国人民大学知识产权学院、中南财经政法大学知识产权研究中心起草的“专家建议稿”，对“修改草案”以“文学、艺术和科学领域的智力成果”“具有独创性的智力成果”及“能够固定的智力成果”三个基本要素来定义“作品”，基本不持异议。但是，在如何解释“独创性”问题上却存在严重分歧。一种观点认为，所谓的“独创性”是指独自创作或者原始创作，即凡是作者独自或者原始创作的文学、艺术和科学智力成果，而非抄袭剽窃他人文学、艺术和科学的智力成果符合“独创性”要求，其创作成果构成著作权客体——作品，受著作权法保护。另一种观点则认为，所谓“独创性”并非完全等同“独自创作”或者“原始创作”，而是指必须达到一定“高度”的创作，即只有作者所创作的文学、艺术和科学智力成果达到一定的创作“高度”，才符合“独创性”要求，其创作的成果才能构成著作权保护客体——作品，受到著作权法保护。有学者甚至认为，所谓的“创作高度”是划分著作权保护客体（作品）或者相关权保护客体（制品）的决定性因素，创作程度高者归著作权客体，创作程度低者归相关权客体。我认为将“独创性”定义为一定“高度”的创作是值得商榷的。

首先，从语言文字学角度看，将“创作高度”解释为“独创性”不太成立。根据《现代汉语词典》的释义，其所列的“独创”条目有两种含义，一是独特创造，二是独自创造。独特创造意指，独此一格别无他样，创造结果的唯一性。这一释义显然不符合著作权客体独创性性质，因为著作权保护客体不排斥雷同，不同的作者只要是背靠背独自创作的作品，即便出现相似甚至相同的结果，其创作成果作品仍受著作权法保护。独自创造，意指独立完成创造，而非模仿、抄袭他人的创造，这一释义符合著作权客体独创性要件，凡是作者独立创作的文学、艺术和科学领域的智力成果都受著作权保护。很显然，《现代汉语词典》中的“独创”，与所谓的“高度”是两个完全不同的独立词汇，如果将不在“独创”词意范畴的“创作高度”硬塞进构成作品“独创性”要素中，在逻辑上是站不住脚的。

其次，从法律规范角度看，得不出“创作高度”等同于“独创性”，或者“创作高度”与独创性有内在关联性的结论，所谓“高度”最多只能算作对构成作品要素之一的“独创性”附加的条件。我查阅了由中国人民大学知识产权学院组织翻译，清华大学出版社出版的《十二国著作权法》有关国家著作权法对作品的定义。

《巴西著作权法》第二编“智力作品”，第二章“受保护的作品”之7：“受保护的智力作品是指智力创作成果，而无论其表达形式如何，也无论其以任何有形的或无形的、现在已知的或将来可能开发的载体固定，例如……”

《埃及知识产权保护法》（著作权部分）第三编“著作权和邻接权”第138条：“以下术语适用于本法条款时，其含义如下：1. 作品指在文学、艺术或者科学领域内的任何创造性作品，不论其种类、表达方式、意义或者宗旨如何。”

《法国知识产权法典》第一部分“文学和艺术产权”第一卷“著作权”第一

章“著作权性质”L111—1条规定：“智力作品的作者，仅仅基于创作的事实，就该作品享有独占的及可对抗一切他人的无形财产权。”第二章“受保护的作品”L112—1条规定：“本法典的规定保护一切智力作品的著作权，而不问作品的载体、表达形式、艺术价值或功能目的。”

《德国著作权法》未对作品作出定义，仅在第二节“著作”第2条“受保护的著作”之1列举了7类著作。

《印度著作权法》第三章“著作权”第十三条规定：“享有著作权的作品(1)在符合本条规定及本法其他规定的情况下，以下几类作品在全印度享有著作权，即——(a)独创的文学、艺术、音乐和美术作品……”

《意大利著作权法》第一编“著作权的一般规定”第一章“受保护的作品”第一条规定：“具有独创性的文学、音乐、平面艺术、建筑、戏剧和电影领域的作品，无论其表达方法或者形式，均受本法保护。”

《日本著作权法》第一章“总则”第一节“一般规定”第二条“定义”第一款之(一)规定：“作品，指文学、科学、艺术、音乐领域内，思想或者感情的独创性表现形式。”

《俄罗斯联邦民法典》第四部分第七编“智力活动成果和个性化表达方法的权利”第七十章“著作权”第1259条著作权客体一规定：“科学、文学和艺术作品系为著作权客体，而不论作品的价值和用途如何，也不论其表现方式如何。”

《南非版权法》第一章“原创作品的版权”之“具备取得版权资格的作品”之(1)规定：“依照本法之规定，下列作品如具有原创性则可取得版权……”

《韩国著作权法》第一章“总则”第二条定义：“本法使用的术语的定义如下：1. 作品是指对人的思想或情感的独创性表达。”

《英国版权法》第一编“版权”第一章“版权之存续、权属及存续期间”规定：“1. 版权与作品(1)版权是依据本编存在下列作品中的一种财产权——

(a)独创性的文字、戏剧、音乐或者艺术作品……”

《美国版权法》第一章“版权客体及范围”第102条“版权客体”:“一般规定(a)以任何现在已知的或者以后出现的物质表达方式——通过此种方式可以直接或者借助于机械或装置可感知、复制或以其他方式传播作品——固定的独创作品,依本编受版权保护。作品包括以下种类:……”

在以上十二个国家的著作权法规定中,法国、德国、印度、意大利、俄罗斯、南非和英国七个国家未对“作品”作出定义,但法国著作权法对著作权客体(作品)的保护,没有出现“独创性”表达,明确规定智力作品的作者,仅仅基于创作的事实,就该作品享有独占的及可对抗一切他人的无形财产权;印度著作权法规定,独创的文学、艺术、音乐和美术作品享有著作权;意大利著作权法对著作权客体的保护,提到了独创性表达;俄罗斯在对待著作权客体问题上采取了类似法国著作权法L112—1条的规定,即:“科学、文学和艺术作品系为著作权客体,而不论作品的价值和用途如何,也不论其表现方式如何”,同样没有出现“独创性”表达;南非著作权法明确规定,依其法律规定的各类作品,具有原创性则可以取得版权,“独创性”不是作品成为著作权客体的因素。巴西著作权法定义的“智力作品”,同样没有出现“独创性”表达。埃及、日本、韩国和美国四个国家的著作权法在定义作品时都有“独创性”或者“创造性”表述,但是何为“独创性”法律并未进一步解释,也未对“独创性”与“创作高度”的关联性作出任何有效解释。

再来看世界知识产权组织《伯尔尼公约》对著作权客体作品的表述。该公约第二条“文学和艺术作品”包括文学、科学和艺术领域内的一切成果,不论其表现方式或形式如何。该规定并未采用“独创性”和“可固定或可表达”两个作品构成要素的表述,以极小的内涵无限扩大了受著作权保护客体(作品)的外延,为其成员国定义著作权保护客体(作品)留下了足够大的选择空间。

从上述情况看,无论是国际公约还是各国著作权法在定义著作权客体

（作品）时，均未出现“创作高度”的表述，也没有关于“创作高度”与作品构成要素之一的“独创性”相互关联性的有效性解释。所以，得不出“创作高度”等同于“独创性”，或者说“创作高度”与“独创性”有内在关联的结论。

最后，从社会实践的角度看，以“创作高度”作为“独创性”的附加条件来判定作者创作的智力成果是否构成著作权客体，并享有著作权，对作品创作者将产生难以估量的结果。不可否认，持“创作高度”是判断作者创作的智力成果是否构成著作权客体的基本要素的观点，无论是在学术界还是司法实践中都有相当多的支持者，甚至在学术观念上占据主导地位。但是，支持者众多、观念上占主导地位并不代表其一定正确。要印证“创作高度”能否成为构成作品的基本要素，以及能否将其高低程度作为认定作者创作的具体智力成果是受著作权保护的作品还是受相关权保护的制品的决定性因素，不仅仅是一个理论问题，而且也是一个社会实践问题。因此，应该在社会实践中去寻找正确答案。

关于“创作高度”能否成为构成作品的重要要素，首先应明确“创作高度”中“高度”的词意是什么。从语言文字学上看，《现代汉语词典》对“高度”作出了多种词意释义，在多种词意释义中，最主要有两种释义：一是作为衡量事物高低程度的量词；二是反映事物状态的形容词。很显然，与“创作高度”相关联的“高度”其词意只能是量词而非形容词。既然在“创作高度”中的“高度”属于量词范畴，是衡量作者创作智力成果的创作程度高低，并决定其是否构成著作权客体的具体量化标准，那么在具体实践中就应该有一个社会公认的、没有丝毫主观意志的客观标准。但遗憾的是，任何国家的著作权法中都没有出现“创作高度”的表达，更没有所谓“创作高度”的客观标准，而且即便是主张“创作高度”构成作品要素的专家学者也给不出毫无争议所谓“高度”的量化标准。在现实中，用一个没有客观标准的主观意志去决定作者创作的智力成果是否成为著作权客体，对作品创作者来讲是完全不能接受的。而在现实中涉及作品独创性著作权争议司法诉讼案件时，法官是不可能找到准确判断作者智力成果创作是否达到所谓“创作高度”客观量化标准的法律依据的，只能通过其主观认知作出判断，并据此作出审判结果。如果在具体的作品独创性著作权争议案件中，法官仅靠其主观认知对案件作出判决，是十分不可取的。原因在于，对同一案件不同的办案法官不可能存在完全相同的主观认知，如果同一案件由具有不同主观认知的法官审理，必然产生不同的审判结果。姑且不说这样的审判结果正确与否，即使其审判结果是正确的，那也不是出自法律正义，而是出于法官的主观认知碰巧对上了自然正义。但是，谁又能保证所有审理作品独创性著作权争议案件的主审法官的主观认知都能对上自然正义呢？如果没对上，对涉案当事人来讲将是灾难性的。

再换一个角度来思考这一问题，大家都知道钱锺书、王蒙是我国文坛上两位知名作家。钱锺书在平常生活中所写的来往家书，以及王蒙在外出游所记录的生活日记，都是其思想表达的外在表现，人们绝不会质疑其是受著作权保护的作品，既然是著作权保护的作品，按照所谓的“创作高度”决定论，说明两位老先生所写家书和所记日记达到了“创作高度”的标准，否则其不会受到著作权保护。但是，如果是普通百姓的往来家书和中小学生的出行日记，同样是反映其生活琐事，同样也是其思想的外在表达，与两位老先生的家书和日记作同样的类比，其达没达到所谓的“创作高度”？能不能构成著作权客体作品？应不应该受到著作权保护？就这些问题，人们又会给出什么样的答案呢？无非两种结论。第一种结论是，两者所写的家书和所记录的日记，都是其思想的表达，而且都符合所谓“创作高度”标准，构成著作权的客体，受到著作权保护。如果这一结论成立，就会得出另外一个结论，即任何作者创作的智力成果都将符合所谓“创作高度”的标准，构成著作权客体，并受到著作权保护。得出这一结论的理由非常简单，一是没有任何人能拿出判断两者创作“高度”存在差异的客观量化标准，二是很难想象作者创作其他作品还有比自己写家书、记日记创作“高度”更低的情况。这一结论同时还说明创作作品的作者无论水平高低、知识多寡，其创作成果质量优劣等都不重要，重要的是体现了作者具体的思想表达，其创作成果构成著作权保护意义上的作品，受到著作权保护是自然的，那种将所谓的“创作高度”作为判断作者创作智力成果构不构成著作权客体作品的要素则是毫无意义的，否定了著作权客体“创作高度”决定论，或者说将“创作高度”还原为“独立创作”或者“原始创作”，即作者创作的智力成果，是否构成著作权客体作品应不应该受到著作权保护，取决于是否独立创作作品的事实，而非其创作作品高与低的程度。第二种结论是，一方创作的智力成果达到“创作高度”，构成著作权客体作品，应该受著作权保护，另一方创作的智力成果则因未达到所谓的创作“高度”，被排除在著作权客体之外，并得不到著作权保护。如果这一结论成立，被排除在著作权客体作品之外的智力成果，一定是普通百姓的往来家书和中小学生的出行日记。因为在现实中钱、王两位作家的家书或日记受著作权保护是有实际案例的，毫无争议。这种结果的出现如果不是建立在可量化的创作“高度”客观标准之上，仅仅因为前者是大文豪、大作家，后者是普通百姓和学识还处于成长期的青少年，导致两者创作结果待遇迥异，那么“创作高度”岂不成了把绝大多数普通百姓创作的智力成果排除出著作权客体的挡箭牌，使作品创作“贵族化”？这样的结局不仅会将大量普通民众创作的作品排除在著作权保护之外，而且与《伯尔尼公约》“‘文学和艺术作品’包括文学、科学和艺术领域内的一切成果，不论其表现方式或形式如何”的规定也是背道而驰的。

大家再来分析“创作高度”高低与否是划分作者创作智力成果属于著作权保护客体（作品）还是相关权客体（制品）的决定性因素问题。这个问题同样涉及判断标准的量化，即达到什么样的具体量化高度，作者的创作成果才能构成著作权客体。反之,没有达到什么样的量化高度作者的创作成果只能成为相关权客体。试问,现实中谁能拿出可以量化创作高低度的客观标准? 至少到目前为止所谓的客观量化标准没有出现。在司法审判的个案中,创作的高低程度实在难以量化,法官往往以创作的难易程度和复杂程度来替代创作的高低程度。无论怎样讲,以创作"高度"划分智力创作的客体属性的主张,完全是脱离实际的。

这不是一个理论问题,只需要举两个实际例子,就能说明其是一个假议题。其一,将作为著作权客体的汇编作品与作为相关权客体的录音制品两相比较,虽然两者在创作的高低程度问题上无法进行量化比较,但两者在创作智力成果的难易度和复杂度问题上是完全可以判断的。就汇编作品而言,按照出版界的行内话,过去叫"剪刀加糨糊",现在叫"复制加粘贴",只要创作者独自对已经发表的作品或者作品片段进行选择,并按一定的顺序进行排列,创作过程既不困难也不复杂,其结果可构成著作权客体,受到著作权法保护。而录音制品在录制过程中,要将曲谱文稿转换成声音,要对原曲谱重新配器配声,将原始的单旋律改为能够演奏或演唱的多旋律,要认真挑选演唱者或演奏者,进入录音程序后要反复调试修改,其创作难度和复杂度远远大于汇编作品。按照关于"创作高度"的高低来划分创作成果的权利属性的逻辑,录音制品的"创作高度"要明显高于汇编作品,前者更应该属于著作权客体,而后者则因其"创作高度"低于前者,则应该属于相关权客体。但事实正好相反,"创作高度"低的汇编作品属于著作权客体,而"创作高度"高的录音制品则是实实在在的相关权客体。这样的实际例子可让所谓"创作高度"划分权利属性的逻辑不攻自破。

其二,关于"舞台剧",比如一台话剧,其与电影作品相比较,除了没有摄影之外,编剧、导演、作词、作曲、演员、灯光设计、舞台美术等一样不少,其创作难度(对应"高度")远远大于一般的文字、美术、音乐、视听等作品。按照以创作高低程度来划分创作成果的权利属性的逻辑，舞台剧作为整体，应该构成著作权客体作品，受到著作权法保护，然而事实并非如此。其著作权保护现状比较复杂，实际上被拆分为多个部分分别受著作权或者相关权保护，舞台剧作为整体以表演者权利受到相关权保护，对舞台剧组成部分中的剧本、音乐、舞台美术等则属于著作权客体受著作权保护。这一例子同样不支持以“创作高度”的高低来划分创作成果的权利属性的逻辑认知。原因在于，作为舞台剧组成部分的剧本、音乐、舞台美术等智力成果的创作“高度”，肯定不会高于将其包含在内的舞台剧，但前者是无可争议的著作权保护客体，后者则是实实在在的相关权保护客体，在不可辩驳的事实面前，以“创作高度”的高低来划分智力创作成果的权利属性观点还能立得住吗？

总之，无论从文字语言角度、法律规范角度，还是社会实践角度，都得不出“创作高度”等同于“独创性”，是构成作品的基本要素的结论。“独创性”的基本含义应该是独立创作或者原创性，即独立创作或者原始性创作，而非模仿、抄袭他人的创作。正如法国著作权法规定的“智力作品的作者，仅仅基于创作的事实，就该作品享有独占的及可对抗一切他人的无形财产权”。再者，对“独创性”的定位，不是简单的学术观点的理论认知问题，如果定位不准确，将导致作者创作的大量智力成果被排除在著作权保护客体之外，背离了《伯尔尼公约》著作权保护“文学、科学和艺术领域的一切成果，不论其表现形式或者方式如何”的初衷。

二、关于录音制品法定许可问题

讨论录音制品法定许可争议问题，首先要清楚我国著作权法有关录音制品法定许可制度的立法现状和立法渊源，以及“修改草案”对其调整的基本情况。

（一）关于我国著作权法有关录音制品法定许可制度的立法现状

2010年著作权法第四十条第三款：“录音制作者使用他人已经合法录制为录音制品的音乐作品制作录音制品，可以不经著作权许可，但应当按规定支付报酬；著作权人声明不许使用的不得使用。”

（二）关于我国著作权法法定许可制度的法律渊源

《伯尔尼公约》第九条规定：“1. 受本公约保护的文学艺术作品的作者，享有授权以任何方式和采取任何形式复制这些作品的专有权利。2. 本联盟成员国法律得允许在某些特殊情况下复制上述作品，只要这种复制不损害作品的正常使用也不致无故侵害作者的合法利益。3. 所有录音或者录像均视为本公约所指的复制。”

《伯尔尼公约》该条之2的规定，为联盟成员国对“复制权”的限制提供了法律依据，联盟成员国可在特殊情况下对“复制权”以合理使用、法定许可、强制许可的方式有条件的作出限制性规定。我国著作权法设置录音作品法定许可机制，其法律渊源来自《伯尔尼公约》，符合著作权国际公约的基本要求，其合法性没有问题。

（三）关于著作权法修订对法定许可制度的调整

“修改草案”第一稿（征求意见稿）第四十六条：“录音制品首次出版3个月后，其他录音制作者可以依照本法第四十八条规定的条件，不经著作权人许可，使用其音乐作品制作录音制品。”

著作权法“修改草案”第一稿（征求意见稿）第四十六条与2010年著作权法第四十条第三款规范内容两相比较，“修改草案”第一稿（征求意见稿）对2010年著作权法规定作了三处改动。一是增加了适用法定许可的时间性规定，即录音制品首次出版3个月后，其他录音制品制作者方可以法定许可的方式使用音乐作品制作录音制品；二是增加了以法定许可方式使用音乐作品制作录音制品需符合本法条四十八条规定的条件，提高了适用法定许可的门槛和要求，三是删除了2010年著作权法“但书”规定，即“著作权人声明不许使用的不得使用”。

（四）关于我国著作权法法定许可制度争议问题的讨论

2012年3月31日，国家版权局通过其官方网站推出著作权法“修改草案”第一稿（征求意见稿）对外公开征求后，社会各界立即作出反应，特别是中国音像协会唱片工作委员会（以下简称“唱工委”）高晓松等人对“修改草案”第一稿（征求意见稿）第四十六条规定表达了强烈不满，并通过多家媒体表明其对“修改草案”第一稿（征求意见稿）第四十六条规定的反对态度，使录音制品法定许可制度修改情况迅速成为社会公众对著作权法修订最为关注的焦点问题。唱工委向国家版权局反馈意见认为：“修改草案”第一稿（征求意见稿）第四十六条规定“录音制品首次出版3个月后”，其他录音制品制作者就可以适用法定许可方式录制同一作品，其3个月的过渡期限时间太短，应该延长至3年；“修改草案”第一稿（征求意见稿）取消2010年著作权法的例外规定，目的是要将法定许可演变为强制许可。其修改结果对音乐人是灾难性的。并建议：一是将“3个月”的过渡时间改为“3年”；二是将其他录音制品制作者依法定许可录制的录音制品仅用于发行（即不能成为相关权的客体，不享有除发行以外的相关权权利）；三是恢复2010年著作权法关于“著作权人声明不许使用的不得使用”的规定。

针对唱工委发表的观点及提出的建议，我谈谈自己的看法。

1. 关于时间期限问题

2010年著作权法对录音制作者制作录音制品适用法定许可在时间上采用“零起点”，即只要音乐作品一经合法录制，任何录音制作者都可以不经著作权人授权许可，在支付相应作品使用费前提下使用该录制录音制品。“修改草案”第一稿（征求意见稿）则在2010年著作权法法定许可制度“零起点”基础上，增加了3个月的过渡期，实际上是考虑到了作品首录音者的利益因素，适当增加了适用法定许可的时间限制条件，对音乐作品著作权人的权利限制也略低于2010年著作权法。如果将适用法定许可的时间过渡期延长到音乐作品首次合法录制3年后，无论对词曲作者、音乐产业，以及广大音乐消费者都会产生消极影响。原因在于，一个音乐作品的版权生命周期很长（作者有生之年加上死后五十年），但它的黄金价值高峰期却十分有限，特别是在快节奏、碎片化的数字网络时代，其黄金价值高峰期还有不断缩短的趋势。一个好的音乐作品在其黄金价值高峰期时段，具有十分可观的消费市场，会吸引大量的社会资本投入音乐产业中，而不同的录音制作者可以根据其不同的创作理念和表达方式去演绎和诠释同一音乐作品，创作出大量风格不同、性格各异、形式多样的录音制品成果，以满足不同消费观念的消费者多种欣赏需求，既能促进音乐产业的发展，也可以给词曲作者带来一定的音乐作品使用收入。如果将适用法定许可的过渡时间延长到制作录音制品首次出版3年后，实际上是从法律规定上给予音乐作品首录者三年市场垄断的权利，排除了其他录音制作者演绎和诠释同一音乐作品的权利，同时也基本耗尽了同一音乐作品的黄金价值高峰期。在音乐作品黄金价值高峰期风光不再的3年以后，还有多少录音制作者再有兴趣去诠释已经很难给其带来黄金收益的音乐作品呢。显然，为获取更高的经济回报，受投入产出性价比影响，有更多的录音制品制作者更愿意在音乐作品黄金价值高峰期录制录音制品。其结果将是，在某一个音乐作品黄金价值高峰期间，就会有多个录音制品制作者为获取更好的经济效益，以不同的方式演绎和诠释音乐作品，产生同一音乐作品创作出不同风格和表现形式的录音制品，这样不但激活了音乐产业，也为著作权人提供了相应的合理报酬，同时也满足了社会公众对同一音乐作品不同表现形式的欣赏需求。相反，如果在音乐作品的黄金价值高峰期，法律限制3年内非首录录音制品制作者录制该音乐作品，著作权人就会失去更多录音制品制作者因法定许可可能为其带来的作品使用费收益，音乐产业将处于一枝独秀毫无生机的境地，社会公众只能同享无可选择的单一音乐作品表现形式的状况。这样的结果是著作权人、音乐产业界和广大音乐需求不同的消费者乐见的吗？

但是唱工委认为，录音制品首次出版3个月过渡期的法定许可机制，首先受到损害的是对音乐作品享有专有使用权的首次录音制作者，其理由是首录公司推广新产品要投入巨额宣传费用，而其他依法定许可机制使用已出版音乐作品，录制录音制品的录制者无宣传成本投入，此举将打击唱片公司推广新产品的积极性；其次受到损害的是表演者，其理由是表演者的商业价值是靠他所表演的录音制品在市场上受欢迎的程度实现的，无数山寨版相同歌曲不同表演者的录音极大地损害了原唱表演者的表演市场。

我认为，唱工委提出的上述理由稍为牵强、结论有点武断，按照上述理由的逻辑顺序作以下回应性分析。

首先，关于“3个月过渡期”导致首次录音制作者受损害的理由，以及影响著作权人对作品的正常使用的结论难以成立。因为对于任何录音制作者来说，对使用同一个音乐作品制作录音制品，无论是首次录制，还是依法定许可规定的非首次录制，都是一次全新的录制过程，都要对作者的曲谱进行配器配声的重新调整，都要选择自己认可的演唱或者演奏的表演者，都要选择不同的演唱（如民族唱法或者美声唱法）和演奏（如民乐或者西洋乐）形式，音乐作品的首录者与依法定许可的录制者录制的录音制品，除源于同一个原始音乐作品的曲谱和歌词外，其演唱演奏的表演者、演唱演奏的风格和表现形式各不相同，其欣赏和消费的对象各异，只要是非公益性的商业录制，都存在制订营销攻略和市场推广宣传计划，都希望通过成功的营销攻略和有效的宣传推广，达到经济利益最大化的目的，这是任何一个市场经营主体所应具备的最起码的经营常识。那种认为依法定许可规定使用作品制作录音制品，无宣传成本投入，并由此认定将打击唱片公司推广新产品的积极性，这种理由是否过于武断。从结论来看，依法定许可制作录音制品设定首次录制后3个月也好、3年也罢的过渡期，其过渡期针对的是非首次录制作品的录音制作者，对被录制音乐作品的著作权人而言，无论有多少录音制作者依法定许可录制其音乐作品，既不影响其已经授权的录音制品制作者行使录制权，也不影响今后音乐作品的权利人继续授权其他录音制作者录制自己的音乐作品。当然，由于法定许可机制的出现，拓展了作品的使用空间、使用频率和使用数量，必然导致在同一时间不同空间多个使用者同时使用同一作品的现象，打破了著作权人在同一时间不同空间只授权一个使用者独占（专有）使用作品的状况。总而言之，在法定许可的环境下，作品独占（专有）使用将是不复存在的，但是这与所谓的“3个月”过渡适用期毫无关系。那种仅仅因为“修改草案”第一稿（征求意见稿）增加录音制品法定许可3个月的过渡适用期，就影响了音乐作品著作权人对其作品的正常使用的结论似乎略显武断。

其次，关于"3个月过渡期"导致表演者受到损害的理由，实在太离谱。将依法定许可正常使用音乐作品制作的录音制品与山寨版录音相提并论，该条理由根本没有提到依法定许可使用作品制作录音作品问题，直接将山寨版录音对表演者造成的损害等同于依法定许可正常使用音乐作品制作的录音制品产生的影响，明显是"关公战秦琼"式的思维逻辑，我认为，对这种张冠李戴的逻辑错乱问题实在没有讨论的价值和必要。

2. 关于"'修改草案'第一稿（征求意见稿）取消2010年著作权法的例外规定，目的是要将'法定许可'演变为'强制许可'，其修改结果对音乐人是灾难性的"问题

首先，应该澄清"法定许可""强制许可"和"音乐人"三个基本概念。概念不清对上述问题的讨论在逻辑起点上就会出现问题。关于法定许可、强制许可的定义，两者都属著作权权利限制的范畴。不同的是，前者是指在特定情形下，作品使用者不经权利人许可直接依据法律授权使用已经发表的作品，但是应当向权利人支付报酬的作品使用机制；后者则是作品使用者必须首先通过正常渠道请求权利人授权使用，只有在其请求被权利人拒绝后，或者找不到权利人授权许可前提下，向政府主管部门提出申请，经审查批准后方能使用作品，但是应当向权利人支付报酬的作品使用机制。强制许可是合理使用、法定许可、强制许可三种著作权权利限制机制中，对权利限制最轻的。显然关于"修改草案"第一稿（征求意见稿）取消2010年著作权法的例外规定，目的是要将法定许可演变为强制许可，其修改结果对音乐人是灾难性的问题提出者，混淆了法定许可、强制许可的基本概念，将对权利人权利限制最轻的强制许可，误认为是比法定许可对权利人权利限制更大的权利限制机制，导致问题提出者提出的"修改草案"第一稿（征求意见稿）取消2010年著作权法的例外规定，目的是要将法定许可演变为强制许可。其修改结果对音乐人是灾难性的的文字表述，显然不能反映其提出问题的本意。因为将法定许可对权利限制相对较高的限制机制演变为强制许可对权利限制相对较低的限制机制，对所谓音乐人更具灾难性，逻辑上根本不能成立。

关于“音乐人”的定义，经查阅《现代汉语词典》，也未找到其释义，但有一点可以肯定，在录音制品问题上，所谓“音乐人”至少涉及音乐作品的作者、演唱或者演奏音乐作品的表演者，以及录制音乐作品的录音制品制作者三个利益主体，姑且就将三者都定义为“音乐人”。如果按照我认知的“法定许可”“强制许可”和“音乐人”三个基本概念，那么问题提出者提出的“修改草案”第一稿（征求意见稿）取消2010年著作权法的例外规定，目的是要将法定许可演变为强制许可，其修改结果对音乐人是灾难性的文字描述因概念偏差，并没有清楚表达出问题提出人的准确意图，其原本想表达的意图应该是“修改草案”第一稿（征求意见稿）取消2010年著作权法的例外规定，目的是要将附条件的法定许可演变为法定许可，其修改结果对音乐作品的作者、表演者和录音制品制作者是灾难性的。

接下来，就依本人推论对问题提出者的本意进行讨论和分析。按照问题提出者“法定许可机制的施行，其结果是音乐作品的作者、表演者和录音制品制作者的灾难”的逻辑，可以从法定许可机制的合法性，以及由其给音乐人造成什么样的灾难两个角度进行分析。

一方面，从法定许可机制的合法性看。之前已经介绍了法定许可与强制许可同属著作权权利限制范畴，后者对权利的限制略小于前者，两者的唯一区别在于前者直接依法律规定使用作品，后者则需要在使用作品前增加向政府部门申请的程序。前者主要体现在中国的著作权法律制度中，后者几乎在全球所有国家或者地区的著作权法律制度中都有所规定，而且该项机制根本就没有所谓“权利人声明不得使用”的例外规定。后者作为比前者对权利限制程度略小的权利限制机制,在全球范围普遍适用,从来没有人怀疑其合法性,也没有受到任何所谓是音乐人灾难的质疑,为什么中国的法定许可机制,与其他国家的强制许可机制同样不规定“权利人例外声明”,其合法性就存疑了呢?又怎样成了音乐人的灾难呢?这个问题还是留给问题提出人回答为好。

另一方面,从法定许可机制给音乐作品的作者、表演者和录音制品制作者造成什么样的灾难看。法定许可机制,实质上是为录音制作者使用已经发表的音乐作品制作录音制品,在向权利人支付报酬的前提下,解决其获取授权难的困境所设计的。这套机制的施行对所谓“音乐人”即音乐作品的作者、表演者和录音制品制作者会产生什么样的后果呢?其一,就音乐作品的作者而言,最显著的变化是,因权利行使受到限制,未受限制之前的授予他人使用作品的“独占”或称“专有”授权许可方式不复存在,不经其同意“非专有”使用其作品成为常态,但这种变化对权利人而言并非弊大于利。因为,著作权法赋予音乐作品作者对其创作的作品,享有其有生之年加上死后五十年的保护期限,如果权利人坚持以独占(专有)许可的方式,授权他人使用其作品录制录音制品,在同一个时间段就只能由一个录音制品制作者使用其作品录制录音制品,并按独占(专有)使用的对价向其支付作品使用费。但在法定许可机制下,在同一时间段就会有不受数量限制的多个录音制品制作者使用其作品,并按法定许可的报酬标准向其支付作品使用费。也许有人会讲,同一时间段,一个独占许可授权获取的使用费报酬,可能会多于以非专有方式使用其作品获得的报酬。对此,我持相同意见,但两者后续产生的经济效果却明显不同。具体讲,独占许可在同一时间阶段只能产生一个录音制品,这就意味着音乐作品的权利人在所有的经营场所(网络、商场、酒店、机场、车站、码头等)二次使用其作品时,只能以一个录音制品载体通过著作权集体管理组织收取其表演权或者广播权使用费;而在法定许可下,同一时间段会产生数个对其作品进行录制的录音制品，音乐作品的权利人就能在所有的经营场所二次使用其作品时，以数个录音制品载体通过著作权集体管理组织收取其表演权或者广播权使用费。两者收取二次使用费标准是统一的，但因数量差别较大，后者的收益将是前者的数倍甚至数十倍，而且这种表演权或者广播权的二次使用费收取将持续到权利人有生之年加上死后五十年。因此，独占授权使用为权利人带来的后续收益与法定许可所产生的后续收益是无法企及的。简单来讲，法定许可机制不仅为著作权人拓展了获得财产收益的渠道，而且产生了更多可以为权利人收取二次报酬权利客体数量，这样的结果难道是著作权人的灾难吗？其二，就表演者而言，法定许可机制能让更多表演者，以其不同的演唱或者演奏方式去演绎和诠释同一音乐作品，形成风格不同、表现各异的表演成果，使其成为演唱或者演奏音乐作品成果的相关权人，享有表演者的完整权利。法定许可机制对表演者产生的实际社会效用，难道这是表演者的灾难吗？其三，就录音制作而言，法定许可机制本身就是为解决其获取已经发表的音乐作品授权许可难题而设计的，破解了录音制品制作者不经权利人同意使用已经发表的音乐作品制作录音制品的难题，让更多的录音制品制作者选择不同的表演艺术家，以其对音乐作品的不同理解，诠释出与首录音乐作品的录音制品完全不同的艺术表现形式，使整个音乐产业呈现百花齐放的景象，难道是对录音制作者的灾难吗？其答案是不言自得的。

3. 关于“将其他录音制品制作者依法定许可录制的录音制品仅用于发行”问题

不知道作为中国音像协会专门机构的唱工委提出该问题时，有没有考虑到提出该问题对中国唱片（录音制品）产业将会产生怎样的后果？

首先，按照唱工委的建议，我国著作权法赋予的“录音制品制作者对其制作的录音制品，享有许可他人复制、发行、出租、通过信息网络向公众传播并获得报酬的权利”将不复存在。这样实际上是剥夺了法律赋予音乐作品非首录制作者相关权中最重要的复制权、出租权和信息网络传播权。非首录制者不享有相关权，与音乐作品首录者享有完整的相关权形成巨大的落差，不能阻止任何对其录音制品侵权盗版的行为，他们的正当权益应如何维护？

其次，按照唱工委的建议，在中国，任何一个优秀的音乐作品只能产生一个享有完整相关权保护的录音作品。而且由于将非首录录音制品制作者的权利仅限于发行，在数字网络时代，仅依靠录音制品有形载体发行维持其再生产几无可能，谁还愿意做非首录音乐作品的赔本买卖呢？其结果只能是任何一个优秀音乐作品在中国音乐产业中只有一个孤身独影的录音制品，中国的音乐产业繁荣发展、百花齐放的局面将在何处？

再次，按照唱工委的建议，争夺优秀音乐作品的首录权将是中国唱片企业的头等大事，否则唱片公司将无法生存。但华语优秀音乐作品的首录权谁能拿到？答案很简单、现实很严酷，当然是实力最强的唱片公司。在索尼唱片、华纳音乐、环球唱片等国际唱片公司参与华语音乐市场竞争的情况下，还有多少中国本土唱片公司能拿到多少优秀华语音乐作品的首录权，再加之拿不到首录权的录制行为基本不产生经济收益，谁还愿意投资中国音乐市场，中国的音乐产业生存与发展的路在何方？

最后，按照唱工委的建议，在中国本土唱片公司争夺音乐作品首录权难，制作非首录录音制品不能（既不能产生权利，也不能产生效益）的两难状况下，在著作权法第三次修订过程中，中国唱片产业苦苦追寻的录音制品制作者的表演权和广播权，谁将成为最大的受益者，中国唱片业为此付出的巨大努力谁来买单？

综上，我对上述反对著作权法“修改草案”第一稿（征求意见稿）第四十六条的理由及建议持否定态度。既然如此，为什么“修改草案”第二稿将其删除？其实道理很简单，在这个问题上再一次证明，国家版权局坚持开门立法，公开征求社会公众意见，第一稿真心实意听取各方意见，特别是不同意见和反对意见。其实，在录音制品制作法定许可问题上，著作权人刚开始并不持反对意见，“修改草案”第一稿（征求意见稿）一经对外公开征求意见，中国音乐著作权协会立即表态支持第四十六条的规定。但是由于个别人的误读、误解，并通过各种媒介大肆渲染，向社会发出该条规定将导致权利人的私权“被限制”“被定价”，在社会上产生了一定的影响。首先是中国音乐著作权协会改变了立场，并以书面形式向国家版权局提出删除该条规定的要求，再加之代表录音制作行业的唱工委本身就是反对该条规定的发起者，以及媒体舆论积极的呼应，形成了反对该条规定的社会舆论趋势。国家版权局认为，再合理的制度设计，如果著作权人、作品传播者，以及社会公众都持反对态度，使其失去了立法的民意基础，取消也是自然的事情。在对待“修改草案”第一稿（征求意见稿）第四十六条的问题上，由于误解、误导，导致中国音乐著作权协会代表音乐著作权人集体反对，唱工委代表音乐产业集体反对，媒体公众也响应权利人和录音制品制作者的反对态度，如果国家版权局在此情况下还坚持所谓的合理性，就违背了民意，因此“修改草案”第二稿将其删除了。

虽然国家版权局起草的“修改草案”送审稿取消了录音制品制作法定许可的条文，但是，法定许可机制在中国著作权法律制度中是一个体系性安排，涉及教科书编写，报刊转载，录音制品制作，广播电台、电视台播放等多种形态，其任何一种具体形态的增加或者删除，都具有特殊的意义。因此，在录音制品制作法定许可机制的去留问题上，立法者一定会慎重考虑作出合理选择的。

三、关于法定许可问题

可以毫不夸张地说，我国是使用作品适用法定许可情形最多的国家之一。

我国的著作权法定许可制度始于1984年6月文化部颁布的《图书、期刊版权保护试行条例》。该条例第十七条规定："在下列情况下使用他人已经发表的作品，可以不经版权所有者同意，但应向其支付报酬，说明作者姓名、作品名称和出处，并尊重作者依本条例第五条规定享有的其他权利：

（一）县和县以上的专业艺术团体演出；

（二）国家音像出版单位录制唱片、录音带、录像带出版；

（三）期刊互相转载，但作者或出版者声明'不经许可、不得转载'者除外"。

1990年9月，经全国人大常委会审议通过的著作权法延续了《图书、期刊版权保护试行条例》有关法定许可的规定，并将其延伸到表演者、录音制作者、广播电视组织使用已经发表的作品等方面，规定了报刊转载（第三十二条）、表演者表演（第三十六条）、录音制品制作（第三十七条）、广播电视组织播放（第四十条）四种法定许可情形。

2001年10月，经全国人大常委会审议通过的著作权法，增加了教材编写和广播电视组织播放已出版的录音制品两项法定许可规定，删除了1990年著作权法第三十六条表演者表演法定许可规定，共设置了教材编写（第二十三条）、报刊转载（第三十二条）、录音制品制作（第三十九条）、广播电视组织播放已发表作品（第四十二条）和广播电视组织播放已经出版的录音制品（第四十三条）五种法定许可情形。

2010年2月，经全国人大常委会审议通过的著作权法除了对条款排序稍作调整外，全面维持了前法规定的五种法定许可适用情形。

客观讲，《图书、期刊版权保护试行条例》和著作权法都是在我国处于计划经济制度特定环境下产生的，两者存在紧密的逻辑继承关系，所形成的法律规范一定要反映计划经济体制条件下的社会现实和基本要求，其法定许可制度设计也不能例外。我认为，在计划经济环境下两个关键因素导致法定许可制度的产生。一是在计划经济条件下，全社会对私权缺乏应有的尊重，国家和社会都强调知识公有，并设立了一定数量国有性质的作品传播机构推动作品的广泛传播，以满足社会公众的精神文化需求。在计划经济的特定环境下，社会大众并不认为作品未经许可被传播使用侵害了作者的权利，反而认为作者创作的作品能被国有传播机构选中向社会和公众公开传播，是一件十分光荣的事情，为社会公众获取知识和分享精神文化成果作出了贡献。二是国家批准成立的国有性质作品传播机构中，存在数量不少的作品传播机构专门从事作品的转载摘登，或者开设专门转载摘登的版面或者栏目。比如，在报刊领域，《新华文摘》、中国人民大学书报资料中心、《读者文摘》(今《读者》)、《文摘报》等专门从事转载摘登的机构不在少数；像《人民日报》《光明日报》《经济日报》等定期转载摘登专栏或专版更是不计其数。但是上述作品传播媒介，仅靠其自身的能力获取数量庞大的著作权人授权几乎是不可能的。为了保证上述传播媒介在建立著作权保护法律制度的情况既能继续存在，为传播作品发挥作用，又能让其行为合法正当，不为社会质疑，就必须解决作品传播者使用作品获取授权难的问题，而建立法定许可制度就成为解决问题的可选择方案。因此，《图书、期刊版权保护试行条例》创设的法定许可制度，客观反映计划经济环境下使用和传播作品现实状况，有其历史必然性。

始于1979年，完成于1990年的著作权法，与制定出台《图书、期刊版权保护试行条例》所处的社会环境尚未发生根本变化，仍处于计划经济体制阶段。如果著作权法坚持“先授权、后使用”的著作权保护许可使用基本原则，取消《图书、期刊版权保护试行条例》创制的法定许可制度，在现实中就会出现两种情况。第一种情况是，由于法律明确规定，使用他人作品必须取得著作权人授权，报刊社在通过努力仍不能获得著作权人授权，其使用作品的合法性将不复存在，从而导致为数不少专门从事作品转载摘登的传播机构关门歇业，不计其数的转载摘登专版、栏目从此消失。第二种情况是，在法律明确规定必须经著作权授权才能使用作品，但报刊社因获取授权不能，却仍然按照过去的方式未经权利人授权许可继续使用作品，必然导致全行业的经营传播行为全部处于违法侵权状态。在现实中无论出现以上任何一种情况，不管是我国处于三十多年前计划经济环境的昨天，还是三十多年后市场经济环境的今天，都是不可接受的。因此，著作权法继承了《图书、期刊版权保护试行条例》有关法定许可的制度设计。

法定许可制度被正式写进《图书、期刊版权保护试行条例》之初的前几年，因我国尚未加入任何国际著作权条约，其调整范围仅适用于国内，没有引起版权界太大的关注和重视。但随着著作权法的出台，特别是1992年后我国陆续加入国际著作权条约之后，版权界、特别是法律界的眼光不再只关注国内著作权保护问题，其注意力逐渐向国际著作权保护方面转移，开始注重对国内著作权制度与国际著作权制度进行比较研究，思考国内著作权法律制度与国际著作权条约存在的差距。随着国内法与国际公约比较研究的不断深入，法律界出现了质疑我国法定许可制度不符合国际著作权条约的声音。再加之著作权法关于法定许可的制度设计确实存在不够完善，缺乏著作权人获得报酬的有效保障机制，在实际运用过程中效果不佳等因素，围绕法定许可制度对与否、存与废的争议持续不断，一直到现在尚未停止。在这场争议中，多数法律学者认为我国著作权法有关法定许可的规定不符合

《伯尔尼公约》关于权利限制“三步检验法”标准，应该取消，或至少应该缩减或者增加限制性条件。

比如在著作权法第三次修订期间，国家版权局委托三家教学科研机构起草的“专家建议稿”不约而同地都对2010年著作权法规定的法定许可情形进行了缩减，中国社会科学院知识产权中心“专家建议稿”删除了2010年著作权法第四十四条：“广播电台、电视台播放已经出版的录音制品，可以不经著作权人许可，但应当支付报酬。当事人另有约定的除外。具体办法由国务院规定”；中国人民大学知识产权学院“专家建议稿”删除了2010年著作权法第三十三条第二款：“作品刊登后，除著作权人声明不得转载、摘编的外，其他报刊可以转载或者作为文摘、资料刊登，但应该按照规定向著作权人支付报酬”；中南财经政法大学知识产权研究中心“专家建议稿”删除了2010年著作权法第四十三条第二款：“广播电台、电视台播放他人已经发表的作品，可以不经著作权人许可，但应当支付报酬”。有意思的是，虽然以上三个教学科研机构提交的“专家意见稿”对缩减法定许可的立场是统一的，但删除法定许可的具体情形各不相同，没有形成相同的删除理由。而且其任何一个“专家建议稿”对其他两个“专家建议稿”删除的法定许可的具体情形并不持反对态度，三个“专家建议稿”在法定许可制度的存与废及其理由等问题上并没有形成基本共识。在这场争议中，版权产业界多数人不赞同法律学者的观点，他们认为法定许可制度不是中国创造，早在中国还没有建立著作权法律制度之前，其他国家著作权法律中已经存在与法定许可类似的法律规范，这种制度的建立，不仅仅解决作品传播者使用作品获取授权难的困境，同时也增大了著作权人传播其作品的机会、扩大了著作权人实现经济利益的途径，其产生有很强的现实意义和合理性。

关于法定许可制度的存废问题，两种不同意见相持不下，互不相让。但结合我国的著作权创造、运用和保护的社会实际，要将2010年著作权法中规定的五种法定许可情形全部取消几乎是不可能的。既然法定许可制度不可能取消,但也不能让存在重大制度设计缺陷的法定许可制度原封不动地“躺在”著作权法中,必须对其进行制度性完善。

关于我国2010年著作权法法定许可制度存在“重大制度设计缺陷”的观点,是我根据该项制度在社会实践产生的实际结果提出的。我毫不怀疑立法者设置法定许可制度的初衷,其立法目的是要在保证著作权获得合理报酬的前提下,解决作品传播者使用作品获取授权难问题,达到既保证著作权人获取正当经济收益,又促进作品传播者合法使用作品的双赢局面。但由于该项制度设计过于简单,没有形成有效的利益保障机制和有力的侵权违法责任追究机制,导致在社会实践中,作品传播者使用作品问题解决了,而著作权人获得报酬的权利基本上落空了,将一个本该是限制著作权人财产权利行使的法定许可制度,演变成现实中对著作权人经济权利剥夺的作品使用方式。从著作权法设置法定许可制度到启动著作权法第三次修改的二十余年期间,除人民教育出版社、山东教育出版社、读者杂志社、知音杂志社、意林杂志社、青年文摘杂志社等为数不多的作品使用者,依法定许可规定使用作品自觉向著作权人或中国文字著作权协会支付报酬之外,其他众多依法定许可规定使用作品的使用者均未履行向著作权人支付报酬的义务。更有甚者,作为以法定许可方式使用作品大户的广播电台、电视台,二十余年间,以播放的方式使用已经发表的作品,不但从未向著作权人支付一分钱的报酬,甚至连基本的法定许可付酬标准都未制定出来,没有付酬标准竟成为其不向著作权人支付报酬的理由。

实践证明,法定许可制度的实际运行,严重背离了立法初衷,因制度设计的缺陷,将对著作权人权利行使的限制演变为对著作权人获取报酬权利的剥夺。有人可能会说,面对作品使用者依法定许可使用作品拒不支付报酬的违法行为,著作权人可以通过民事诉讼的方式维护自己的获酬权。是的,这种想法理论上毫无疑问,但在现实中却是一个不具操作性的问题。因为在法定许可情形下,绝大多数著作权人连自己的作品被谁使用都不可能知道,怎么让其行使诉权?退一万步说,即便著作权人知道某一使用者使用其作品不向其支付报酬,但区区百十元的赔偿数额(适用法定许可的一般都是短小作品或者作品的片段,其使用费报酬通常都在百十元上下,一次使用其获得的报酬很难超过五百元)还不足以支付其为诉讼一天时间所要付出的人工费用,如果是异地诉讼其成本费用会更高,维权成本与维权所得的巨大差异,会让著作权人面对侵权望而却步。作品使用者正是抓住了在法定许可情形下著作权人行使诉权不能的实际,才毫无忌惮地违反法律规定在使用著作权人作品的情况下不向其支付报酬。

面对2010年著作权法法定许可存在的制度性缺陷,著作权法"修改草案"对其进行了三个方面的调整完善:一是统一了五种法定许可的限制条件,取消了编写教科书、报刊转载和录音制品附条件法定许可的"著作权人声明不得使用"的例外规定,使编写教科书使用作品、报刊转载使用作品、制作录音制品使用作品、广播电视组织播放已发表作品、广播电视组织播放已出版录音制品的限制条件保持一致性。二是提高了法定许可的适用条件,要求使用者依法定许可方式使用作品,应该在首次使用作品前向相应的著作权集体管理组织申请备案;在使用作品时指明作者姓名或者名称、作品名称及作品出处,由于技术原因无法指明的除外;在使用作品一个月内按照国务院著作权行政管理部门制定的付酬标准直接向权利人或者通过著作权集体管理组织向权利人支付使用费。同时提供使用作品的名称、作者姓名或者名称和作品的出处等相关信息;著作权集体管理组织应当及时公告备案信息,并建立作品使用情况查询系统供权利人免费查询作品使用情况和使用费支付情况。三是增加了违反法定许可规定的责任追究种类,明确规定违反著作权法法定许可条件的应当承担行政责任。

著作权法“修改草案”有关法定许可制度调整经过反复征求意见和交流讨论，最终形成的结果，就著作权集体管理组织、版权产业界而言，除互联网企业仍希望将网络媒体使用已发表作品纳入法定许可制度外，基本持赞成态度。但是，法律工作者则有不同意见。有的仍然认为法定许可制度不符合国际著作权条约的规定，另外一部分人则站在维护私权的道德高度，认为法定许可制度剥夺了著作权人就其作品被他人使用时与作品使用者议价的权利，著作权人被“定价”了。

关于我国有关法定许可制度是否符合国际著作权条约的规定，不应该由仅具学理解释性质的专家意见决定，而应该由对国际著作权条约具有有效解释权力的世界知识产权组织或者世界贸易组织决定。要说明我国著作权法定许可制度是否符合国际著作权条约的规定，还得从我国著作权立法的源头说起。不可否认，我国的著作权法律制度是改革开放的产物。但是，也不能否认其产生与美国政府的施压有关。改革开放初期，邓小平同志访问美国，希望中美双方在科技领域开展交流与合作。美方的态度很明确，双方开展科技交流合作可以谈，但前提是彼此都必须同时拥有保护科技发明创造的知识产权法律制度，中国如果没有建立知识产权法律制度，中美科技交流合作免谈，并以此向我国施压，要求我国尽快建立包括著作权法在内的知识产权法律制度。访美之后，邓小平同志深刻认识到建立知识产权法律制度对促进我国科学技术发展进步、开展对外科技交流与合作的重要性，要求我国法律界加快知识产权立法步伐，建立符合中国国情的知识产权法律体系。我国的著作权法律制度就是在这样的历史背景下产生的。从当时的历史状况看，我国建立著作权法律制度，首先考虑“有”法可依的问题，迫切需要解决国内面临的著作权保护问题，表明中国建立了著作权法律制度，而关于其保护水平的高低，以及是否达到国际著作权条约的基本要求并非当务之急。即便如此，中国这个当时拥有十三亿体量的人口大国，于1990年9

月正式颁布著作权法后，立即引起了国际知识产权界的高度关注。世界知识产权组织对中国建立著作权法律制度给予高度评价，并期待中国早日加入世界知识产权组织《伯尔尼公约》，成为著作权国际保护大家庭的成员。中国政府积极回应了世界知识产权组织的期待，表示愿意在世界知识产权组织的帮助支持下尽快完善著作权法律制度，使法律规范达到国际著作权条约的基本要求，尽早加入《伯尔尼公约》。但是，考虑到著作权法颁布实施时间不长，重新启动法律修改工作可能性不大，加之法律修改要经历国务院行政主管部门起草法律修改草案、国务院法制专门机构程序性审理法律修改草案、全国人大常委会审议通过法律修正案一整套立法程序，修法工作没有一两年时间很难完成。如果通过法律修改的方式来完善著作权法，我国加入《伯尔尼公约》的时间将会无期限延长。经与世界知识产权组织沟通协商，拟以国务院制定行政法规的方式，弥补我国著作权法律与国际著作权条约的差距，扫清加入《伯尔尼公约》的法律规范障碍。

世界知识产权组织赞同中国的打算，并愿意为我国制定相关行政法规提供技术支持，专门指定其版权司菲彻尔（Ficsor）司长保持与国家版权局联系，全程帮助我国制定符合《伯尔尼公约》基本要求的行政法规。在世界知识产权组织的大力支持、著作权专家的具体指导下，经过认真研究、反复论证，1992年9月25日，国务院第105号令颁布了《实施国际著作权条约的规定》，对实施中国参加《伯尔尼公约》以及与外国签订有关著作权双边协定后承诺的义务作出了规定。同年10月15日，《伯尔尼公约》在中国正式生效。在世界知识产权组织支持帮助下制定的《实施国际著作权条约的规定》在法定许可问题上，仅规定对报刊转载使用外国人作品，应该取得著作权人授权，对其他三种法定许可情形并未作出限制性规定。由此可以说明，我国著作权法有关法定许可的制度设置并非全部都不符合《伯尔尼公约》规定的基本原则，法定许可制度性安排并未成为我国加入《伯尔尼公约》的法律障碍。

因此，得不出我国著作权法不符合《伯尔尼公约》基本要求的结论。

另外，从我国著作权法是否符合世界贸易组织《与贸易有关的知识产权协定》的基本要求看，为满足我国加入世界贸易组织有关知识产权保护的要求，1996年国务院启动了著作权法第一次修订，重点针对《与贸易有关的知识产权协定》的规范内容进行对照性修改，对不符合该协定规范的内容进行删除，对不能满足该协定规范的内容进行增加。2001年10月，全国人大常委会审议通过了著作权法修正案。2001年著作权法在法定许可规范方面，虽然删除了前法第三十五条第二款“表演者使用他人已经发表的作品进行营业性演出，可以不经著作权人许可，但应当按照规定支付报酬；著作权人声明不得使用的除外”，但同时增加了第二十三条“为实施九年制义务教育和国家教育规划而编写出版教科书，除作者事先声明不许使用的外，可以不经著作权人许可，在教科书中汇编已经发表的作品片段或者短小的文字作品、音乐作品或者单幅的美术作品、摄影作品，但应当按照规定支付报酬，指明作者姓名、作品名称，并且不得侵犯著作权人依照本法享有的其他权利”，以及第四十三条“广播电台、电视台播放已经出版的录音制品，可以不经著作权人许可，但应当支付报酬，当事人另有约定的除外”两项新的法定许可情形。2001年12月11日，我国正式加入世界贸易组织，著作权法并未成为我国加入世界贸易组织的障碍。而且在我国加入世界贸易组织后，每两年接受一次成员方对我国政策和法律制度的审议过程中，经受住了以美国为首的西方国家的挑战，说明我国包括法定许可在内的著作权法律规范是符合《与贸易有关的知识产权协定》基本原则的，世界贸易组织从来都未质疑过我国著作权法不符合国际著作权条约。

关于法定许可制度，剥夺了著作权人的作品被他人使用与使用者议价的权利，即“被定价”问题。对此问题，一时还不能清楚把握问题提出者想表达的准确意图，因为法定许可环境下，著作权人“被定价”可以从两个方面去理解。一是问题提出者并不反对法定许可制度设计,认为在法定许可环境下,作品被他人使用过程中著作权人有与使用者议价的权利,但法律规定其付酬标准由国家版权局制定,剥夺了著作权人的议价权,应该纠正,还“定价权”于著作权人。二是认为我国著作权法设置的法定许可制度剥夺了著作权人与作品使用者就其作品被使用议价的权利,付酬标准由国家版权局制定,是公权介入私权,违反了私权自治原则,该项制度应该取消。

关于第一种“被定价”意图分析。该观点的核心意思是法定许可付酬标准应该由谁来制定,关注点在于著作权人的议价权不能被剥夺。分析这一问题应该从法定许可的定义说起。所谓法定许可,是著作权权利限制的一种具体形态,是指在特定情况下,作品使用者可以不经著作权人同意,直接依据法律授权使用已经发表的作品,但是应当向著作权人支付报酬,并且不得损害著作权人的其他合法权利。法定许可制度本质上是对著作权人行使作品许可权的限制,其结果是作品使用者无须著作权人的直接授权即可使用作品。这样的结果必然导致著作权人不知道也不能掌握自己已发表作品被谁使用了,在这种情形下著作权人实际上已经丧失了与作品使用者就使用作品进行议价的可能性。因此,在著作权人已经丧失议价权的情况下,还“定价权”于著作权人没有任何意义。如果在著作权人不可能就自己作品被使用与作品使用者议价的情况下,再任由作品使用者单方面决定使用作品的付酬标准,对著作权人来说是极其不公平的。因此,在法定许可使用作品付酬标准著作权人议价不能的情况下,由没有利益关系的第三方介入法定许可付酬标准的制定,对法定许可利益关系双方当事人来说是比较公平的选择。国家版权局作为国务院主管全国著作权事务的职能部门且不是法定许可使用作品的利益当事人,其作为无利益关系的第三方,承担法定许可付酬标准的制定任务也是顺理成章的。而且从世界范围看,凡是适用法定许可或者强制许可制度的国家,其付酬标准无一例外都是由相关政府部门制定。当然有人认为国家版权局作为公权力机构，不宜介入私权性质的使用作品付酬标准的制定。对此观点并非不能接受，如果能找到比国家版权局更适合制定法定许可付酬标准的具有社会公信力的非公权力机构，为避免公权介入私权之嫌，国家版权局退出法定许可付酬标准的制定工作是完全可以接受的。但是，那种在法定许可情形下，著作权人实际上已经丧失与作品使用者就使用其作品议价机会的情况下，还提出要还“议价权”于著作权人的观点在实践中是毫无意义的。

关于第二种“被定价”意图分析。该观点的核心意思是公权力介入法定许可付酬标准制定，著作权人的议价权被剥夺，违反私权自治原则，法定许可制度应取消。在分析第一种“被定价”的观点时，已经分析出在法定许可制度下，著作权人所谓的议价权是根本不存在的，为公平起见其付酬标准应该由没有利益关系的第三方制定。所以，在讨论第二种“被定价”的观点时，再谈论所谓著作权人的议价权被剥夺已经没有意义。只能围绕公权介入私权、违反私权自治两个要素开展讨论。但是对中国而言，讨论这两个要素就显得非常简单了，就像分析第一种“被定价”的观点时提到的，只要找到一个合适的非公权力机构替代国家版权局制定法定许可付酬标准，所谓“公权介入私权、违反私权自治”就不复存在，进而取消法定许可制度的理由也消失了。但中国法定许可公权力介入付酬标准的问题解决了，不等于问题提出者提出的问题，在世界各国的著作权法律中类似法定许可公权力介入付酬标准制定问题也同样得以解决。因为世界各国著作权法中，凡是涉及法定许可、强制许可和补偿金制度，其付费标准无一例外地都由政府相关机构制定，都存在所谓公权介入私权、违反私权自治原则、剥夺著作权人与作品使用者议价的权利问题。例如，《日本著作权法》第一章总则第八节“根据裁定对作品的使用”第六十七条：著作权人不明等情况下作品的使用；第六十七条之二：裁定申请中的作品；第六十八条：作品的播放；第六十九条：在商业录音制品上的录音等以上多个条款中都作出了“文化厅长官规定的、相当于一般使用费补偿金”的规定。《韩国著作权法》第一章总则第五节“作品的法定许可使用”第五十条：著作财产权人不明时作品的使用；第五十一条：已公开作品的广播；第五十二条：商业录音制品的制作者，均规定其付酬由文化体育观光部或文化体育观光部长官制定。《印度著作权法》第六章“许可”第三十一条“关于公众无法获得的作品的强制许可”明确规定：“向著作权所有人支付由著作权委员会确定的报酬”。法国、意大利等国家有关个人复制、公众无法获得的作品的强制许可涉及补偿金或者使用费标准均明确由相关政府部门制定。如果按照问题提出者的观点，这些国家是不是应将法定许可、强制许可和补偿金制度清除出著作权法之外呢？

权利限制是著作权法律制度的一个显著特征，根据《伯尔尼公约》权利限制规定的基本原则，世界各国根据其国情分别作出合理使用、法定许可或者强制许可的不同规定。凡是适用法定许可或者强制许可制度，在限制权利人行使权利的同时，也限制了权利人与作品使用者就使用作品付酬标准的议价机会。如果在法定许可或者强制许可情况下，再来谈论权利人的“议价权”，其意义就是从根本上否定这两类权利限制制度，就得重新改变著作权法律制度的历史。

我并不是法定许可制度的坚定支持者，但是这套制度的设计，不仅解决了作品使用者使用已经发表的作品再使用获取授权难的问题，同时也为广大短小作品权利人提供了实现其经济利益的渠道。大家知道，著作权人所谓的财产权，是指可以为权利人带来经济收益的权利，但其能否带来实际的经济利益，关键在于权利人的作品能否被使用。我清楚地记得，在著作权法“修改草案”第一稿（征求意见稿）征求意见期间，国家版权局在与中国互联网协会讨论是否应该增加网络法定许可问题时，时任该协会理事长的胡启衡女士借用一位美国著名学者的话讲，“对于一个普通的作者而言，对其创作作品享有的权利,不要奢谈其私权,任何人不得干预,他能找到一个愿意出版其创作作品的出版者,就是他最大的福音了”。这句话道出一个浅显的道理,著作权法赋予了任何作品作者有生之年加上死后五十年的保护期,但是对于一般的作品创作者而言,其创作的作品因找不到愿意使用其作品的使用者,其所谓财产权将难以实现,其作品也难以面世,著作权保护对其只是一个可望而不可即的幻境。即使其短小作品被某一报刊刊载后,再通过作者的授权让其他报刊使用,概率也十分有限。因此,对数量众多的普通作者而言,并不需要将自己创作作品所产生的权利,被奉为至高无上不可触碰、口惠而实不至的“私权”神坛的道德说教,而更希望能将其创作作品产生的权利,转化为实实在在的经济回报。从这个意义上讲,法定许可制度并非普通著作权人不能接受的。由此,又想起了另一篇文章《东方风来满眼春——邓小平同志在深圳纪实》。这篇于1992年首发于《深圳特区报》的长篇通讯文章,一经刊出,全国各地的报刊竞相转载,如果我国著作权法定许可机制是完善的,作品使用者又能依法承担其使用作品的付酬义务,作者将会收到成百上千笔法定许可作品使用报酬,但遗憾的是该文章的作者并未获得法律规定其应该获得的报酬,说明当行的法定许可制度形同虚设。举以上两个例子,是想表明两个观点:一是科学合理的法定许可制度,在不损害权利人权利的前提下,既能破解作品使用者获取授权难的困境,又能为权利人提供作品被再次使用获得报酬的途径;二是不科学的法定许可制度是万万不可行的,如果该套制度在已经限制权利人行使权利的情况下,又不能保障权利人的获酬权,就是对权利人财产权利的赤裸裸剥夺,这样的制度不要也罢。

四、关于著作权集体管理问题

著作权集体管理，是著作权法第三次修订需要重点解决的我国著作权保护存在的两大主要矛盾之一——“著作权授权机制和交易规则不畅，难以保障使用者合法、便捷、有效地取得授权和传播使用作品，不足以激活版权产业健康发展”中必须面对的核心内容。著作权法“修改草案”第一稿（征求意见稿）一经对外征求意见，社会立刻对著作权集体管理有关规定作出反应，支持和反对者纷纷表明态度，使其迅速成为对著作权法“修改草案”第一稿（征求意见稿）反馈意见最多、意见分歧最大的热点问题之一。讨论这一问题对完善我国著作权法律规范意义重大，但在讨论这些出自不同的利益主体和持不同观点看法的法律工作者的意见和建议之前，应该弄清著作权集体管理究竟是什么，从何而来、到哪里去等基本问题，否则其讨论就缺乏基本的逻辑基础，在不同的语义前提下各说各话，达不到讨论的目的。

（一）著作权集体管理是什么（基本定义）

著作权集体管理是指，由一个专门机构经权利人的授权或者依法律规定，集中权利人难以行使和难以控制的特定财产权项，代表被集中特定财产权项的权利人向所有有使用作品特定财产权项需求的作品使用者统一发出授权许可（俗语称为“一揽子授权”），集中收取相应的权利使用费后，向其所代表的权利人分配使用费，并以自己的名义开展诉讼或者仲裁维护其管理的权利的管理模式。其管理的权利来源，一是权利人授权，二是法律规定；其管理权利的性质，仅指权利人难以行使和难以控制的特定权项，凡是权利人能够独立行使的其他财产权均不在集体管理范畴。所谓“难以行使和难以控制”是指，一是权利人知道自己的作品未经其授权在同一时间不同空间被他人广泛、大量、重复地使用，二是权利人不知道也不可能知道谁在具体使用自己的作品，三是权利人没有能力控制这些广泛、大量、重复对其作品使用的行为，四是权利人不能从这些使用中获得正常的报酬。其管理权利的授权方式，是在同一时间、不同空间任何使用作品的使用者都能同时使用的非专有使用授权（适用集体管理的“非专有使用权”俗称“小权利”），而非在同一时间不同空间只由一个使用者独占使用的授权。也就是说，适用集体管理是有严格的准入条件的，其管理的权利内容是有严格限制的，仅适用特定权项的非专有使用情形。

目前，世界各国在著作权集体管理机构设置采取两种不同的方式。一种是以英美法系为代表以经营性企业的方式组建集体管理机构，只要通过公司注册就可以从事集体管理经营活动，在集体管理问题上允许市场竞争；另一种是以大陆法系为代表以非经营社会组织的方式组建集体管理机构，其机构作为权利人维护其权利的自治组织，得经过政府批准，且通常情况下一种权利人难以行使的难以控制的权项针对特定的使用行业只组建一个集体管理机构。

（二）著作权集体管理从何而来

著作权集体管理制度的产生是由著作权的特殊性决定的。著作权的特殊性不但有别于有形财产权，也有别于其他知识产权。

著作权较之于有形财产权，其一，在权利与载体的依存关系上，著作权与有形财产权明显不同，有形财产权的权利与载体不可分离，控制其载体就控制了权利，载体灭失则权利自然消亡，有形财产权的权利人完全可以通过自身的能力控制其有形财产的载体，从而把控其有形财产的权利；而著作权的权利与载体可以分离，控制其载体不等于控制权利，载体灭失而其权利仍然存在，由于载体与权利的分离，著作权人则很难通过自身的能力把控其权利。

其二，在权利运用功效上，著作权与有形财产权也不尽相同，有形财产权在同一时间，只能在同一空间由特定的人以特定的方式使用，其运用功效相对单一，而且在通常情况下有形财产的持有人（权利人）可以实际控制有形财产载体的优势把控权利的运用；而著作权在同一时间，则可以在不同空间由不同的人以不同的方式使用，其功效多元化，因为载体与权利相互分离，作品一经发表，任何人都会轻而易举地以多种方式（著作权的权项有多少种，使用者的使用方式就有多少种）在不受著作权人控制的情况下使用作品，一般情况下权利人仅凭一己之力根本不可能把控其权利的运用。

因此，著作权与有形财产权两相比较，在权利运作规律和适用原则方面有着明显差异。

著作权较之于其他知识产权。其一，其他知识产权（专利权、商标权）是单一权利，只具有权利专用（自己使用或者授权他人使用）一项权能；而著作权是复合权利，既有经济权利，又有人格权利，其权项呈多元状态。与此相对应，专利权、商标权的授权使用方式和渠道相对单一稳定，权利人完全可以通过自身的能力控制其权利，并向使用者授权以专有或者非专有方式使用其专利或者商标，在行使权利时也不存在难以行使和难以控制的现象；而著作权的授权使用渠道和方式则多元可变，权利人仅靠自身的能力很难控制复杂多变的授权使用作品的状况。

其二，专利权、商标权是一种静态权利，其权能的多少不受科技发展的影响，始终保持稳定性；而著作权则是一种动态权利，其权能随科学技术的发展运用而不断增加，具有与时俱进的动态性。与此相对应，专利权、商标权的授权使用空间相对单一固化，其运行规律相对简单；而著作权的授权使用空间则广泛或不可预测，其运行规律相对复杂多变。

因此，著作权与其他知识产权在权利运作规律及适用原则方面同样存在差异。

综上，著作权作为民事权利，其运作应该遵循民事权利运行的一般规律及基本原则。但是，著作权以其独特属性，与有形财产权和其他知识产权在权利运作规律及适用原则客观上存在明显的差异。面对差异，特别是为破解权利人对其权利难以行使和难以控制的困境，需要建立与此相适应的一套特殊规则和制度，这一特殊规则和制度就是“著作权集体管理”。而这一规则和制度，是著作权特定权项在特定领域运作的客观反映和必然产物，也是广义民事权利运行的一般规律及基本原则不能替代的，相对于有形财产权和其他知识产权的权利运作的一般规则和制度也是独一无二的。

（三）著作权集体管理制度到哪里去?

1. 维护最广大著作权人的合法利益

著作权是一种复合性权利，仅经济（财产）权利就多达十余个权项，在作品使用的社会实践中，著作权人行使其表演权、广播权、展览权和信息网络传播权等权项，存在难以行使和控制的客观现象。作者的作品一旦发表，不管权利人愿不愿意，都会被他人以广播、表演、网络等形式使用，而且使用者数量众多、分布广泛。权利人不要说能否控制这些使用，或者从使用者处获得应有报酬，就连使用者都有谁、身在何方都不得而知，想通过诉讼维权根本找不到诉讼对象，面对自己的权利处于被侵犯状况却无能为力。为化解权利人行使权利难和维护权利难的双重困境，著作权集体管理组织依照法律的规定，以著作权人自治维权组织的形式出现，以专业的手段整合著作权权利资源，代表著作权人向数量众多、分布广泛的使用者进行一揽子授权使用作品，并向使用者收取合理报酬进而分配给广大著作权人，破解了权利人行使权利的双重困境。对拒不接受集体管理组织授权而继续无偿使用作品的使用者，集体管理组织则可以代表权利人向司法机关提起维权诉讼，从根本上维护著作权人的合法权益。

2. **促进作品的市场运用，降低著作权交易成本**

先授权后使用，是著作权保护遵循的基本原则，任何使用者未经授权使用他人的作品都属于侵权行为。但是以广播、表演、网络、卡拉OK点歌等形式使用他人作品，即使使用者愿意依法获得权利人授权后使用，但仅通过自身的努力寻找分布广泛、数量众多的著作权人，并获得其授权几乎是不可能的。退一万步说，即便使用者通过努力找到遍布全球、数量众多的权利人，并一一签署使用合同，其高昂的成本，也是不可承受的。以卡拉OK经营者直接与权利人签约为例，其供消费者点唱的曲库通常在2万~5万个音乐作品，就算以2万个最小音乐作品数的曲库计，一年一个音乐作品按100元向著作权人支付使用费，仅使用费支出一年最少200万元人民币，而且签约费标准还是建立在著作权人愿意接受一个音乐作品100元/年授权使用费基础上的，如果再加上人工和差旅费用，这样的交易成本几乎可以将任何一家卡拉OK经营者压垮。如果将卡拉OK经营者购买作品使用费的签约方式，由与权利人直接签约改为以集体管理组织规定作品使用标准签约，按50个房间为基数，每个房间以12元/天的最高付费标准计算，每一作品一年所支付的作品使用费仅4.38元人民币。与集体管理组织签约，不仅降低了作品使用费支出，同时还减少了人工成本和差旅支出。也许有人会说，4.38元的年作品使用费，这不是集体管理组织拿权利人的低收益当“卖身契”吗？非也，因为4.38元仅是权利人一个音乐作品在一家卡拉OK经营者处获得的一年作品使用费收益，但在2008年前后卡拉OK鼎盛时期，全国经营商户达到10万~15万家，如果以30%的商户依法经营计，一个音乐作品的权利人一年就可以从全国合法使用作品的卡拉OK经营者手中获得将高达14万~20万元人民币的作品使用费。著作权集体管理组织通过一揽子的方式向使用者提供使用作品授权，在确保著作权人正当收益的前提下，既保证了作品使用者使用作品的合法性，又极大地降低了使用作品的交易成本，促进了作品的市场运用。

3. **防止权利滥用，节约司法资源**

通常情况下，著作权人授权他人使用其作品时，存在专有使用和非专有使用两种形态，而这两种形态是根据著作权使用的特定环境划分的，两种授权使用形态在特定情形下不能相互替代。比如以出版或者摄制电影的方式使用作品，一般都适用专有授权的方式；而以广播、表演、网络、卡拉OK点歌等方式使用作品只能适用非专有授权。如果在应该以非专有使用的方式授权他人使用作品的情形下，著作权人坚持以专有使用的形式授权使用，就是对权利的滥用，而且这种授权方式根本不可能达到专有使用的目的，反而导致作品使用者支付了专有使用作品的对价却享受不到专有使用作品的效果。此外，按照先授权后使用的原则，在非专有使用作品的情形下，所有的著作权人都不将其相应的权利授予集体管理组织，自己又无法行使其对作品的许可使用权，相关作品使用者因不能获得权利人的授权，其使用作品均处于非法状况，如果继续使用未经授权的作品，将面临难以计量的侵权诉讼，就会耗用大量的司法资源。还是以卡拉OK经营者为例，其供消费者欣赏曲库中有数万个音乐作品，如果未经权利人授权使用，理论上将面临同等数量的侵权诉讼，需要耗用同等数量的司法资源。但是，如果有著作权集体管理的存在，著作权人又愿意通过集体管理组织管理其难以行使和难以控制的权利，上述问题就会迎刃而解。

4. **连接利益主体，促进作品传播**

著作权保护是一项利益主体多元化的社会活动，涉及作者（权利人）、作品传播者（使用者）和社会公众（作品消费者）多个利益主体及其利益关系。如何处理多主体及其利益关系，是著作权法律保护必须面对的实际问题。

在该问题上，著作权集体管理制度将以最佳的姿态，发挥其纽带桥梁作用，将多个利益主体及其利益关系连接起来，既保护作者权利、促进作品的传播，又繁荣发展文化、满足公众精神需求，推进作品创造、运用、消费良性发展。

有人会质疑，讨论著作权法修订涉及有关著作权集体管理的内容规范是否科学合理，并对其去与留作出评价，还需要绕一个大圈去谈论所谓何为集体管理，其从何而来、到哪里去，有这个必要吗？我的回答是肯定的。因为了解著作权集体管理"是什么、为什么"等基本常识，有利于社会公众客观、理性地看待著作权法"修改草案"涉及的著作权集体管理的问题；有利于消除将本属于著作权人自治维权机构的集体管理组织，被有心人定义为违背私权自治、限制权利人行使权利的异己力量；将我国著作权集体管理组织目前还存在"管理不够科学、行为不够规范、工作不够透明"的原因，归结于著作权集体管理制度本身，从而否定我国的著作权集体管理制度；将我国著作权集体管理制度的不断修改完善，视为为公权力揽权，为"不够科学、不够规范、不够透明"的集体管理组织背书等极端立场，还著作权集体管理制度的本来面目。

阐述完著作权集体管理是什么，从何处来、到哪里去后，下面就反对著作权法"修改草案"第一稿（征求意见稿）有关著作权集体管理制度的观点进行逐一讨论。

（四）著作权集体管理条文该如何完善

观点一，建议删除"修改草案"第一稿（征求意见稿）第六十条："著作权集体管理组织取得权利人授权并能在全国范围代表权利人利益的，可以向国务院著作权行政管理部门申请代表全体权利人行使著作权或者相关权，权利人书面声明不得集体管理的除外。"理由是，该条规定违背私权自治原则，限制权利人行使权利。

且不说该规定是附条件的延伸性集体管理，著作权人如果不接受该项制度设计，完全可以依法作出例外声明，保留自己独立行使授权他人使用作品的权利，而不受该条规定的约束。何为违背私权自治？如何限制了权利人行使权利？其他国家可以建立著作权集体管理延伸性制度，为什么中国的著作权法就不能接受相较于北欧及其他近十个国家刚性的延伸集体管理更具弹性的延伸性集体管理制度呢？

此外，法国、英国、意大利、德国等国家著作权法分别就特定情形下使用作品作出了强制性集体管理规定，具体情况如下。《法国著作权法》L217—2："对自欧洲共同体成员国远距离传送的表演艺术者的表演、录音制品、录像制品进行有线、同步、完整及不加变动转播的权利，仅由一报酬收取及分配协会行使。"《英国版权法》114A—："与有线再传输相关权利的集体行使(2)有线再传输仅仅能通过许可机构向有线运营商主张。"《意大利著作权法》第五编"保护和行使著作权的公共组织"第118条："作为居间人直接或者间接介入、居间、代理、代表，或者转让表演、演奏、朗诵，或者通过卫星向公众传播在内的无线电播放、机构录制和电影拍摄受保护的作品的权利，由意大利作者和出版者协会排他性享有。"《德国集体管理组织法》第二节"集体管理组织的权利与义务"第十三条c事实权限之推定，有线传播的局外人："1. 某项询问要求只能由集体管理组织主张的，推定主张该要求的集体管理组织管理全国权利人的权利。……3. 权利人未向集体管理组织转让著作权法第20条b第1款第一句规定的有线转播权的，视为由集体管理组织有权管理该项权利。"

难道法国、英国、意大利、德国等国家推进的上述强制集体管理制度，就没有违背观点一问题提出者所谓私权自治原则，没有限制权利人行使权利吗？如果观点一问题提出者不否认法国、英国、意大利、德国等国强制性集体管理制度同样存在所谓违背私权自治原则，限制权利人行使权利的问题，为什么法国、英国、意大利、德国等国家可以建立远高于延伸性集体管理的强制性集体管理制度，难道中国的著作权法就容不下附条件的延伸性集体管理制度吗？为什么提出“修改草案”第一稿（征求意见稿）第六十条（延伸性集体管理）应该删除的人，对其他国家的著作权集体管理制度如此宽容，而对自己国家的著作权集体管理制度又如此苛求呢？

观点二，建议删“修改草案”第一稿（征求意见稿）第六十条（延伸的集体管理）。理由是：在未经权利人授权的状况下，法律直接规定集体管理组织可以代表权利人管理其权利，违背私权自治原则，导致私权“被代表”。

这不是一个理论问题，只要看看权利人在其权利难以行使和难以控制情况下，不被集体管理组织“代表”将产生什么样的结果。

案例一，中国台湾地区著名的词曲作者、同时也是表演艺术家的Z先生，他所创作的音乐作品，以及他的演唱水平在全球华语地区都有相当的影响力，他作为台湾音乐著作权协会（集体管理组织）的会员，其音乐作品的表演权由台湾音乐著作权协会代为行使。但是他认为，台湾音乐著作权协会没有给他带来理想的音乐作品使用报酬，于2009年宣布退出该集体管理组织。说到Z先生因集体管理组织未给他带来理想的作品使用费收入而退会，顺便介绍一个情况，在集体管理制度下，集体管理组织管理的权利是权利人难以使用和难以控制的权利，相对应的授权使用方式是所有作品使用者在同一时间内都能使用的非专有许可使用。因此，在对待作者和作品问题上，既没有特殊的作者，也没有特殊的作品，任何作者及其作品不分高低贵贱都处于平等地位，都是按照统一的使用费标准收取并分配报酬。但是，这并不意味集体管理搞平均主义，其不同会员同量的作品获得同样的报酬。实际情况是，虽然会员所持作品数量相同，但因作者名气大小、作品质量优劣不同，实际使用频率也不同，使用频率不同，使用费收入高低自然不同。

名气大、作品质量高的权利人凭借高频率的使用,与同样数量作品的一般权利人相比较会获得更多的作品使用费。

再回到原话题。虽然Z先生退出了台湾音乐著作权协会,但是,包括中国台湾地区在内的整个华语地区,并不会因为Z先生退出台湾音乐著作权协会而停止对他的音乐作品的使用。面对全球华语地区对其音乐作品的使用,Z先生无论下多大的功夫、调动多少律师资源都无法阻止,并且无法从这些大量存在的使用中收取到自己作品被使用应获取的报酬,无法摆脱自己著作权受到极大侵害的困境。无奈之下,Z先生转而加入了亚洲另一个国家的音乐著作权协会,通过该协会与包括中国台湾地区在内的华语地区音乐著作权协会签署相互代表协议来维护自己的权利,收取其音乐作品被使用的使用费,达到保护其音乐作品的著作权获取经济利益的目的。

案例二,根据中国音乐著作权协会提供的相关信息,中国移动2011年的网络音乐经营额达300亿元人民币,如果按1%的版权率(低得不能再低的标准,因图书出版的版税率一般在5%~10%左右),中国移动应该向音乐著作权人支付不少于3亿元人民币的作品使用费。而实际上中国移动仅向中国音乐著作权协会支付了30万元左右人民币的作品使用费,仅占中国移动应向著作权支付报酬总额3亿元人民币的0.1%。剩余99.9%的作品使用费因未经权利人授权使用,也不知道权利人身处何方,无法向其支付使用费报酬。中国音乐著作权协会作为音乐作品著作权人的集体管理组织,只能收取为数不算多的作品使用报酬的原因在于,一是其会员相较于社会上所有音乐作品作者的数量非常有限,二是其有限的会员中大部分并未将信息网络传播权委托给协会管理。因此,中国音乐著作权协会收取到的30万元人民币,仅是其能够代表为数不多且将音乐作品的信息网络传播权授予协会管理的部分会员的作品使用报酬。中国移动非常清楚自己使用的大量音乐作品是未经权利人授权的,承担着向权利人支付报酬的义务,只是苦于不知道权利人身在何方，无法向其支付作品使用报酬。一旦权利人找上门来，他们不但要向其支付报酬，而且要以高于集体管理组织付酬标准的数额支付作品使用报酬。

以上两个现实案例足以引起人们对集体管理制度的思考。从第一个案例中，我们至少能得出一个结论，无论著作权人在外名声有多大，社会影响有多高，维权能力有多强，在其权利难以行使和难以控制的特定情况下，离开了集体管理组织所谓的“被代表”，不要说制止不了分布广泛、数量众多未经授权使用其作品的侵权行为，就连最起码的作品使用费都追讨不到，其权利根本得不到保护。有名望有影响的著作权人尚且如此，更何况数量众多不具备维权意识和维权能力的著作权人。结局只有一个：在著作权人对其权利“难以行使、难以控制”情况下，权利不“被代表”等于放弃权利，任由侵权行为横行于市，著作权人束手无策。面对这样的结局，那些站在维护私权的道德高度，高举为权利人请命大旗，以“被代表”违背私权自治否定集体管理制度的人，情何以堪！他们真的关心和维护权利人的私权吗？

第二个案例引出的思考。首先，中国移动网络使用音乐作品，仅向中国音乐著作协会所代表的会员和个别有维权意识的著作权人支付了其应该向权利人支付的报酬总量的很少一部分，而绝大部分的应付报酬因寻找权利人不能，无法向绝大多数权利人支付，客观上损害了数量众多且缺乏维权意识和维权能力权利人的合法利益。我们设想，如果实施延伸的集体管理制度，中国音乐著作权协会可以代表全体音乐作品权利人，向中国移动发放一揽子授权许可，并将收到的授权使用费分配给权利人，其收取的作品使用费就不再是区区30万元人民币，而是全体音乐作品权利人共同享有的3亿多元人民币的作品使用报酬。这样的结果，既保障了集体管理组织会员的合法权利，也极大地维护了数量巨大的非会员权利人的利益，难道得不到权利人的认同吗？有人也许会问，集体管理组织收到作品使用费后，面对数量众多的权利人能够做到公平分配吗？回答是“能”！这对专门从事权利集中管理的集体管理组织来说，只是一个正常的业务操作问题。因为中国移动开展网络音乐经营活动，必须建立一个庞大的可供消费线上欣赏、线下下载的音乐作品数据池。数据池客观记录了音乐作品的作者、作品名称及作品数量，集体管理组织可以根据记载的实际情况，首先对进入数据池的每一个作品确定一个相同的基准数付酬标准，再加上作品使用者提供的作品在线欣赏和线下下载的频率和次数作为加权指数，确定每一个作品实际被使用的变量付酬标准，再将基准付酬标准与变量付酬相加，就能精准地得出每一个作品实际运用应获得的使用报酬，并进行公平的分配。支付问题相较于认识问题更容易解决。

其次，类似于中国移动通过网络大量使用音乐作品的网络经营者，绝大多数都没有获得权利人授权许可，其经营行为违反了“先授权、后使用”的著作权许可使用原则，处于侵权状态，侵害了著作权人的合法权利。但是像中国移动这样为数不少的网络经营主体，从主观上是愿意依法经营的，但苦于无法找到分布广泛且数量巨大的音乐作品权利人签约授权，使其处于要么坚持“先授权、后使用”的著作权许可使用原则，因在找不到权利人授权许可而关闭歇业，要么在未经权利人授权许可情况下，为了获取经济利益继续违法经营的两难选其一的困境。而延伸的集体管理制度则能破解这一困境，既可以通过一揽子授权许可解决网络经营者合法经营的难题，又能保障权利人获得经济利益。这样的制度难道不能被采纳吗？如果延伸的集体管理制度不被法律所认可，大量类似于中国移动这样愿意依法经营的市场主体，将永远解决不了以非专有使用方式使用大量作品的授权许可问题，如果他们继续违法经营，中国政府保护知识产权的形象将受到极大的影响。如果著作权经营主体就此歇业关闭，中国的版权产业将百业凋敝，著作权人也将失去实现其经济利益的渠道。这样的结果，大家能接受吗？

最后，类似于中国移动未经著作权人授权使用其作品，又无法向著作权人支付作品使用费的现象在我国普遍存在。在此状况下，众多的著作权人的合法权利处于被侵害状态，不要说保证其行使作品许可使用权，就连起码的作品使用报酬都拿不到。面对著作权人其权利受到实实在在的伤害的现状，那些以著作权是私权，不能“被代表”“被限制”为由，诟病著作权集体管理制度的人，是不是应当不仅仅站在道德的高度喊几句口号，而是找出具体办法让著作权人走出其权利“难以行使和难以控制”的困境，摆脱被侵权状态，体现其是真正在关心和维护私权？

观点三，认为“修改草案”第一稿（征求意见稿）第七十条：“使用者依照与著作权集体管理组织签订的合同或者法律规定向著作权集体管理组织支付报酬的，对权利人就同一权利同一使用方式提起诉讼，不承担赔偿责任，但应当停止使用，并按照相应的集体管理使用费标准支付报酬”，与第六十条相配套，具有中国特色，是把中国著作权人强行纳入会员管理的“霸王条款”，建议删除。理由是，该条规定彻底摆脱了著作权未经授权不得使用的一般原理，颠覆了民事侵权损害赔偿的基本原则。

讨论这一观点，首先，要澄清一个基本认识问题，即著作权集体管理并未摆脱“先授权、后使用”的著作权使用基本规则，而是集中管理根据著作权人的授权或者法律规定著作权人“难以行使和难以控制”的权利。

其次，关于颠覆了民事侵权损害赔偿的基本原则问题。集体管理组织管理的权利仅限于著作权人难以行使和难以控制的权利，其授权使用是以“非专有使用”的方式向使用作品的使用者发放授权许可，而非以“独占使用”的方式向使用作品的使用者发放授权许可。“非专有使用”与“独占使用”两种不同的授权许可方式，其“对价”也不相同。用一个比较形象的话讲，前者是“白菜价”，后者是“黄金价”，两者相互不能代替。2005年以来，录音录像制作者，对卡拉OK歌厅经营者未经授权使用其音像画面发起了一轮维权诉讼，司法机关在审理这类案件时，其作出的侵权判赔是以音像画面制作成本或者“独占使用”标准作出的，其判赔金额是集体管理（非专有使用）授权使用报酬标准的百倍以上。为应对不断增长的此类作品“非专有使用”诉讼案件，最高人民法院民三庭（知识产权庭）组织全国知识产权审判机关进行了多轮讨论，基本形成了支持此类作品“非专有使用”侵权案件的商业诉讼，并形成了会议纪要，打算在全国推广。国家版权局版权管理司对发布该会议纪要并在全国推广持反对态度，明确表示，如果司法机关支持此类商业案件的诉讼，并坚持适用以独占（专有）许可的使用标准作为判定以非专有使用侵权案件赔偿的参照系，不符合民事侵权损害赔偿的“填平”原则，将引发社会矛盾、产生社会对立，颠覆集体管理制度、危及企业生存，容易泛诉滥诉、消耗司法资源的不良后果。最高人民法院民三庭顾及国家版权局版权管理司的意见，最终没有对外发布会议纪要。

国家版权局版权管理司表明的意见和态度并非危言耸听，结合司法机关已审结的作品“非专有使用”侵权商业诉讼案件的实际情况，分析国家版权局版权管理司的担忧。前面提到，司法机关审理“非专有使用”侵权商业诉讼案件，所依据的判赔标准不是“非专有使用”的“白菜价”标准，而是被侵权客体的制作成本或“独占使用”的“黄金价”付酬标准。实际判赔数额一个音像画面从最低500元，高至成千上万元，是一个音像画面“非专有使用”正常授权许可使用支付报酬的百倍以上。这样的结果引起广大作品使用者的强烈不满和集体管理组织的担忧，音像画面经营者认为，其经集体管理组织一揽子授权许可使用作品，一个音像画面一年平均支付的使用费报酬不到5元人民币，而司法机关判定的损害赔偿数额则是正常使用作品支付使用费的百倍以上，使其承受了不可承担的巨大经济压力，加深其与以商业诉讼的方式主张权利的权利人之间的矛盾和对立，如果司法机关明确支持这样的商业诉讼，将产生“蝴蝶效应”，其他权利人会陆续跟进以商业诉讼的方式追讨侵权使用费,其结果将致所有音像画面经营者于死地。集体管理组织则担心,司法机关对此类案件的审判结果,导致权利人之间的利益不平等,通过集体管理组织行使权利的权利人获得使用费,与通过商业诉讼实现经济利益的权利人相比较获利差距巨大,因而促使其会员为追求利益最大化,纷纷退出集体管理组织,从而动摇集体管理的根基。版权管理司的担心是,审判结果所产生的"蝴蝶效应",将使权利人重新考虑其获利方式,如果通过商业诉讼能够使其获利百倍于通过集体管理组织管理权利给其带来的经济收益,必然选择退出集体管理组织,退出集体管理组织后,其行使权利又回到"难以行使和难以控制"的状态,只能以商业诉讼而非向使用者授权许可的方式获取经济利益。权利人的纷纷退出,不仅仅是动摇集体管理制度根基那么简单,实际上是阻断了以"非专有使用"方式使用作品的使用者获得合法授权许可的唯一渠道,导致特定领域使用特定作品的正常市场交易秩序的坍塌。正常交易秩序的坍塌,必然加速权利人通过商业诉讼获得利益的步伐,从而占用更多的司法资源,给司法机关带来巨大的审判工作压力。更为关键的是,司法机关依作品"独占使用"权利的"黄金价"交易标准,去判定本属于作品"非专有使用"侵权行为(缺乏了集体管理的授权许可的途径,任何作品使用者使用权利人"难以行使和难以控制"权利情形指向的作品,都会处于违法侵权状态)实际承担的赔偿损失,将成为压倒相关作品使用者(版权相关企业)的"最后一根稻草"。正是为了体现民事侵权损害赔偿公平原则,保证集体管理会员和非会员权利在行使作品授权许可或者维权诉讼所得经济收益的非歧视性,"修改草案"第一稿(征求意见稿)增加了非故意侵权的作品使用者承担赔偿责任的第七十条的规定。不可否认,"修改草案"第一稿(征求意见稿)第七十条"使用者依照与著作权集体管理组织签订的合同或者法律规定向著作权集体管理组织支付报酬的,对权利人就同一权利同一使用方式提起诉讼,不承担赔偿责任,但应当停止使用,并按照相应的集体管理使用费标准支付报酬”的规定过于原则、抽象，会引发人们的不同解读。但经过两次公开征求意见和两次修改调整后，形成了“修改草案”第一稿（征求意见稿）第七十四条：“使用者使用权利人难以行使和难以控制的权利，依照与著作权集体管理组织签订的合同向其支付会员的报酬后，非会员权利人就同一权利和同一使用方式提起诉讼的，使用者应当停止使用，并按照相应的著作权集体管理使用费标准赔偿损失。

有下列情形的不适用前款规定：

（一）使用者知道非会员权利人作出不得以集体管理方式行使其权利的声明，仍然使用其作品的；

（二）非会员权利人通知使用者不得使用其作品，使用者仍然使用的；

（三）使用者履行非会员诉讼裁决停止使用后，仍然使用的。”

该条规定删除了前稿“不承担赔偿责任”的表述，并细化了适用该条的具体条件。

综上，观点三问题提出者关于该条规定“彻底摆脱了著作权未经授权不得使用的一般原理”结论不成立，“颠覆了民事侵权损害赔偿的基本原则”的评价不符合著作权法“修改草案”第一稿（征求意见稿）。

观点四，建议删除或增加“修改草案”第一稿（征求意见稿）第五十九条：“著作权集体管理组织是根据著作权人和相关权人的授权或者法律规定，以集体管理的方式行使著作权或者相关权的非营利性组织。

著作权集体管理组织管理权利时可以以自己的名义为著作权人或者相关权人主张权利，并作为当事人进行著作权或者相关权的诉讼、仲裁活动。

国务院著作权行政管理部门负责著作权集体管理组织的审批和监督管理”中的有关规定或者表述，具体为：建议该条第一款删除“或者法律规定”六个字；建议第二款后面增加“但在行使权利管理时须经著作权人和相关权人的明确授权。著作权人和相关权人声明不得行使著作权管理或没有明确授权的,著作权集体管理组织不得行使著作权管理,也不得作为当事人进行著作权或者相关权的诉讼、仲裁活动";建议将第三款修改为"著作权集体管理组织依据《社会团体登记管理条例》设立,国务院著作权行政管理部门负责著作权集体管理组织的监督管理。允许每个行业成立不少于三个著作权集体管理组织",删除该款"国务院著作权行政管理部门负责著作权集体管理组织的审批"。

其理由是,著作权是私权,著作权集体管理组织管理的权利范围只能根据著作权人或者相关权人的授权,"法律规定"不能直接赋予集体管理组织管理的权利;同理,著作权集体管理组织的设立不需要政府部门审批,应该由权利人自主决定。

"观点四"问题提出者是真不知"著作权集体管理"是什么,还是明明知道而故意为之。这也是为什么要在讨论关于著作权集体管理问题之前,一定要先介绍著作权集体管理"是什么""从哪里来""到哪里去"的原因所在。实际上只要清楚著作权集体管理的基本定义,"观点四"所提问题根本无须讨论。但是,出于对问题提出者的尊重,还是就问题提出者对"修改草案"第一稿(征求意见稿)第五十九条所提具体删除或增加建议是否合理,作如下对应性分析。

第一,关于建议删除"修改草案"第一稿(征求意见稿)第五十九条第一款"著作权集体管理组织是根据著作权人和相关权人的授权或者法律规定,以集体管理的方式行使著作权或者相关权的非营利性组织"中"或者法律规定"六个字问题。该款实际上是对中国著作权集体管理组织下的定义。问题提出者的意图非常清楚,即以著作权是私权,其哪些权利可以适用集体管理组织管理,只能由权利人决定为由,把法律直接赋予著作权集体组织管理的权利排除出集体管理组织管理权利的范围。但是,从世界各国建立著作权集体管理制度的情况看,集体管理组织所管理的权利,均来自权利人授权和法律直接赋予两个渠道。正如在讨论“观点一”时提到的法国、英国、意大利、德国等国强制性集体管理制度，无一例外都由法律直接将特定权利的管理赋予集体管理组织。此外，凡是建立作品使用补偿金制度的国家，同样无一例外地由法律直接规定其报酬收转的权利由集体管理组织管理。事实证明，删除该条第一款“法律规定”的建议，不符合世界各国关于著作权集体管理组织其管理权利的来源不仅限于权利人授权，还来源于法律规定的实际情况。仅仅以著作权是私权，将法律直接赋予著作权集体管理组织管理的权利排除在外的情形，在世界各国著作权集体管理制度中并不存在。

第二，关于建议“修改草案”第一稿（征求意见稿）第五十九条第二款后面增加“但在行使权利管理时须经著作权人和相关权人的明确授权。著作权人和相关权人声明不得行使著作权管理或没有明确授权的，著作权集体管理组织不得行使著作权管理，也不得作为当事人进行著作权或者相关权的诉讼、仲裁活动”问题。“修改草案”第一稿（征求意见稿）第五十九条规定的一、二、三款是一个有机整体，相互关联上下衔接，其第一款已经明确规定集体管理组织管理的权利来自权利人的授权或者法律规定，而第二款则是在符合第一款规定的权利人授权或者法律规定前提下，集体管理组织管理权利时，可以以自己的名义为著作权人或者相关权人主张权利，并可以作为当事人进行著作权或者相关权的诉讼、仲裁活动，其表述不会产生任何歧义，如果在该款中再加上“但在行使权利管理时须经著作权人和相关权人的明确授权。著作权人和相关权人声明不得行使著作权管理或没有明确授权的，著作权集体管理组织不得行使著作权管理，也不得作为当事人进行著作权或者相关权的诉讼、仲裁活动”实属多余。问题提出人提出该问题实际上是将“法律规定”排除出集体管理组织管理权利来源的翻版，强化了集体管理组织管理的权利须经权利人明确授权，而非经法律直接赋予，要去除集体管理组织管理权利来源的“法律规定化”，其意图是中国不能出现法律规定的强制和延伸两种著作权集体管理制度情形。关于集体管理组织管理权利的来源能不能由法律规定，以及世界各国有关法律直接赋予著作权集体管理组织管理权利来源的实际现状，前面已经作出分析或者介绍，不再重复。但是中国完全有理由按照世界各国界定著作权集体管理组织管理权利来源的通常做法，来设计自己的著作权集体管理组织管理权利的来源。

第三，关于建议将第三款修改为“著作权集体管理组织依据《社会团体登记管理条例》设立，国务院著作权行政管理部门负责著作权集体管理组织的监督管理。允许每个行业成立不少于三个著作权集体管理组织”，删除该款“国务院著作权行政管理部门负责著作权集体管理组织的审批”问题。该问题实际上是与对第一款、第二款的建议环环相扣、一脉相承，其核心仍然是著作权是私权，著作权集体管理组织建立与否、建立多少，不能由著作权政府主管部门审批，只能由权利人自行规定，只要权利人有意愿建立著作权集体管理组织，只需履行社会团体登记即可。关于如何解读这一问题，在介绍著作权集体管理是什么，从哪里来、到哪里去时提到，目前，世界各国在著作权集体管理机构设置上采取两种不同的方式，一种是以及英美法系为代表的市场经营性集体管理机构，另一种是以大陆法系为代表的非经营性集体管理机构。前者属于企业法人，后者则是非经营性社会团体。欧洲除英国之外多数国家，以及中国、日本、韩国、中国台湾地区等，著作权集体管理组织都属于非经营性社会团体。该类集体管理组织的组建，一般都由著作权人发起，经政府管理部门批准成立。起码到目前为止，世界各国此类集体管理组织还没有未经政府主管部门批准成立的先例。退一步说，即便按问题提出者所言，不经国务院著作权行政管理部门批准，“著作权集体管理组织依据《社会团体登记管理条例》设立”在中国也是行不通的。因为《社会团体登记管理条例》第三条明确规定：“成立社会团体，应当经其主管业务单位审查同意，并依照本条例的规定进行登记。”此外，其提出的“允许每个行业成立不少于三个著作权集体管理组织”在实践中同样行不通,《社会团体登记管理条例》第十三条规定:“有下列情形之一的,登记管理机关不予批准筹备:(二)同一行政区域内已经有业务相同或者相似的,没有必要成立的。”因此,问题提出者提出的该问题,理论上无依据、实践中行不通,在建立和完善著作权集体管理制度中没有建设性意义。

著作权集体管理制度,对中国而言是一个比较新的议题。因此,在著作权法修订时,对“修改草案”第一稿(征求意见稿)有关著作权集体管理条款,无论是权利人、作品使用者,还是法学工作者站在不同的角度,都会有不同认识和立场,并提出各自的意见和建议,包括激烈的反对意见,都是非常正常的。但是,如果对“修改草案”第一稿(征求意见稿)第五十九条、第六十条、第七十条提出系统性的反对意见,并付之于相应的行动,问题就不那么简单了。究其根本原因,是著作权集体管理制度断了其想利用权利人“难以行使和难以控制”的权利,以“非专有使用”方式使用作品获取经济利益的发财路。他们想继续实现其利用权利人“难以行使和难以控制”的权利,以“非专有使用”方式使用作品获取经济利益的愿望,采取了两手策略,一是另起炉灶成立著作权集体管理组织,以正当的方式利用权利人“难以行使和难以控制”的权利,以“非专有使用”方式使用作品获取经济利益;二是另起炉灶不能,又阻止不了“修改草案”第一稿(征求意见稿)有关著作权集体管理条文成案的趋势,就付诸行动动员其所有会员退出集体管理组织,让集体管理组织无权利可管理,并鼓动会员进行商业诉讼,获取高额的侵权赔偿。要实现其另起炉灶的目标,首要问题是要清除延伸性集体管理、法律直接向著作权组织赋权、国务院著作权行政管理审批三个法律障碍,他们非常清楚三个障碍不清除,另起炉灶绝无可能。因此,提出了否定“修改草案”第一稿(征求意见稿)第六十条(延伸性集体管理),以及修改增删第五十九条(法律赋权、政府部门审批)的意见。要实现通过商业诉讼获取高额侵权赔偿的目的，同样存在法律障碍风险的可能，因为“修改草案”第一稿（征求意见稿）第七十条如获通过，以“非专有许可”方式使用作品的商业诉讼，其判赔标准的参照系将不再是“专有使用”的黄金价格，而是与其相对应的集体管理使用费标准。这样的结果，同样会断了其通过商业诉讼获取高额赔偿的可能，因此，提出了删除“修改草案”第一稿（征求意见稿）第七十条。对“修改草案”第一稿（征求意见稿）第五十九条、第六十条、第七十条提出系统性的反对意见，并付之于相应的行动的意见提出者，所提意见和建议完全出于自身利益，而非从完善制度角度思考问题，虽然值得尊重，但不具建设性意义。

也许有人会说，笔者在对待“著作权集体管理”问题上，有明显的倾向性。是的，笔者毫不隐瞒自己的观点，坚决支持中国的著作权法律制度必须要有符合本国国情的著作权集体管理机制。而且始终认为，著作权集体管理制度是否科学健全，是衡量一个国家或地区著作权保护水平高低的重要标志。

环顾全球，作者和作品使用者关系和谐，著作权授权体系和交易机制顺畅，一定是著作权集体管理机制发挥良好作用的国家和地区。目前，我国著作权授权机制和交易规则不够健全和完善，难以保障作品使用者合法、便捷、有效地获取许可授权，难以促进作品的有效运用，既不能有效实现权利人的经济权益，又不能适应版权产业智力资源需求，已经成为著作权保护突出问题之一。要破解这一突出问题，必须着眼于制度建设，构建科学合理的著作权集体管理制度。

五、关于录音制品制作者表演权和广播权问题

录音制品制作者因其使用音乐作品制作录音制品，成为与著作权有关权利（邻接权）的权利主体。根据《保护表演者、录音制品制作者和广播组织的国际公约》（以下简称《罗马公约》）的规定，录音制品制作者对其制作的录音制品，享有授权或者禁止他人直接或间接复制其录音制品的权利，以及以商业目的发行的录音制品或此类唱片的复制品直接用于广播或者任何向公众传播，使用者应向其支付报酬的权利。1990年9月，我国颁布的著作权法第三十九条第一款规定："录音录像制作者对其制作的录音录像制品，享有许可他人复制发行并获得报酬的权利，该权利的保护期为五十年，截止于该制品首次出版后第五十年的12月31日。"著作权法颁布时，因为我国尚未加入任何国际著作权条约，也不是《罗马公约》的成员国，所以没有赋予录音制品制作者其录音制品或复制品直接用于广播或者任何向公众传播，使用者应向其支付报酬的权利，保护水平明显低于《罗马公约》。1993年4月，世界知识产权组织《保护录音制品制作者防止未经许可复制其录音制品公约》在我国正式生效，这是我国加入的第一个与著作权有关权利（邻接权）保护的国际公约，表明我国将承担保护与著作权有关权利（邻接权）的国际义务。

1996年12月，为应对数字网络技术发展和运用对著作权（与著作权相关权利）保护制度的挑战，世界知识产权组织关于版权和邻接权新条约外交会议在日内瓦审议通过了《世界知识产权组织版权条约》（即"WCT"）和《世界知识产权组织表演和录音制品条约》（即"WPPT"）两个互联网条约。《世界知识产权组织表演和录音制品条约》第三章"录音制品制作者的权利"用四个条款分别赋予录音制品制作者复制权、发行权、出租权和提供录音制品的

权利(信息网络传播权)四种专有权利;其第四章"共同条款"第十五条"因广播和向公众传播获得报酬的权利":"(1)对于将为商业目的发行的录音制品直接或间接地用于广播或用于对公众的任何传播,表演者和录音制作者应当享有获得一次性合理报酬的权利;……(3)任何缔约方可在向世界知识产权组织总干事交存的通知书中,声明其将仅对某些使用适用本条(1)款的规定,或声明其将以某种其他方式对其适用加以限制,或声明其将根本不适用这些规定。"《世界知识产权组织表演和录音制品条约》与《罗马公约》相比较,增加了录音制品制作者的出租权、提供录音制品的权利(信息网络传播权),以及录音制品直接或间接地用于广播或用于对公众的任何传播,录音制作者应当享有获得一次性合理报酬的权利(可保留)三项权利,全面提升了对录音制品制作者与著作权相关权利的保护水平。

2001年10月,经第九届全国人大常委会第二十四次会议审议通过的著作权法,将前法第三十九条第一款"录音录像制作者对其制作的录音录像制品,享有许可他人复制发行并获得报酬的权利,该权利的保护期为五十年,截止于该制品首次出版后第五十年的12月31日",修改为其第四十一条第一款"录音录像制作者对其制作的录音录像制品,享有许可他人复制、发行、出租、通过信息网络向公众传播并获得报酬的权利;权利的保护期为五十年,截止于该制品首次制作完成后第五十年的12月31日",增加了录音制品制作者的出租权和信息网络传播权两项权利,但回避了《世界知识产权组织表演和录音制品条约》第十五条关于"录音制品直接或间接地用于广播或用于对公众的任何传播,表演者和录音制作者应当享有获得一次性合理报酬的权利"的规定。

2007年6月,《世界知识产权组织版权条约》和《世界知识产权组织表演和录音制品条约》两个互联网条约在中国正式生效。但是中国政府在加入两个互联网条约的同时,对《世界知识产权组织表演和录音制品条约》第十五条"因广播和向公众传播获得报酬的权利"："(1)对于将为商业目的发行的录音制品直接或间接地用于广播或用于对公众的任何传播，表演者和录音制作者应当享有获得一次性合理报酬的权利"，作出了中国著作权法不适用该条款的例外声明。

实事求是地讲，在以"复制权"为核心的著作权权利体系的非"数字化的信息网络"时代，录音制品制作者凭借著作权法赋予其复制发行专有权利，依赖其录音制品的专有复制发行优势，曾经有过一个好的录音制品其发行量轻松达到百万以上的发行记录，创造过中国音像产业的高光时刻。但是，随着数字网络技术的不断进步和广泛运用，作品和录音制品的传播手段和使用方式发生了巨大变化，以非介质手段和方式传播使用作品或者录音制品已经成为常态，导致著作权权利核心由依赖有形介质传播的"复制权"向不依赖介质传播的"公开传播权"转移。数字网络时代著作权权利核心的转移，对录音制作者而言是命运攸关的重大变革，如果著作权法律对其保护不作出相应的调整，其生存与发展将会受到致命的影响。因为在非"数字化的信息网络"时代，人们消费和欣赏音乐，主要以购买唱片、磁带或者CV光盘方式来实现。为满足音乐消费者的欣赏需求，录音制品制作者通过其独自享有的录音制品复制发行专有权利，制作和销售大量录音制品的复制品，既满足了消费者的欣赏需求，又获得了相应的经济回报，同时也为录音制品的再生产提供了资金保障。但是在"数字化的信息网络"时代，社会公众对音乐作品的消费和欣赏，基本不再依靠购买唱片、磁带或者CV光盘的方式来实现，而是转由通过广播、技术设备或者信息网络的点播或者下载来实现，录音制品的营利模式发生了重大变化。

因此，在"数字化的信息网络"时代，复制权和发行权对录音制品制作者生存和发展的重要意义大不如前，而公开传播权则显得非常重要。因此，在数字网络时代，如果不赋予录音制品制作者广播、表演和信息网络等权利，录音制品制作者乃至音乐产业将难以为继。正是基于应对数字网络技术的发展和运用对著作权法律制度带来的挑战,为维护著作权人和与著作权有关权利人的正当利益,世界知识产权组织制定了《世界知识产权组织版权条约》和《世界知识产权组织表演和录音制品条约》两个互联网新条约,分别增设了著作权人和与著作权相关权利人的权利内容,提高了著作权和与著作权有关权利的保护水平。但是,由于《世界知识产权组织表演和录音制品条约》赋予录音制品制作者的多项权利,在2001年10月修订的著作权法中没有被完全吸纳,法律修正案仅增加了录音制品制作者出租权和信息网络传播权两项权利,没有赋予其录音制品被以广播和技术设备的方式使用获取报酬的权利,录音制作者认为其面临极大生存危机的关键因素没有完全消除。此后,中国音乐产业界一直呼吁著作权法增加录音制品制作者其录音制品被以广播和技术设备的方式使用获取报酬的权利。

为破解数字网络时代录音制品制作者生存和发展的困境,著作权法"修改草案"第一稿(征求意见稿)新增了第三十六条:"将录音制品用于无线或者有线播放,或者通过技术设备向公众传播,表演者和录音制作者共同享有获得合理报酬的权利"的规定。对于该条规定,录音制品制作者持欢迎态度,认为其苦苦追寻多年的录音制品以广播和表演形式使用获得合理报酬的愿望终于见到了一丝曙光。但是,录音制品的使用者广播组织则持反对态度,并以我国加入《世界知识产权组织表演和录音制品条约》时对其第十五条(1)作出了保留声明,"修改草案"第一稿(征求意见稿)不应该作出第三十六条规定,该条规定增加广播组织对录音制品制作者的付酬负担,以及该条规定不利于广播组织、录音制品制作者和表演者三种邻接权人之间的利益平衡为由,要求删除该条规定。

接下来,就广播组织提出的删除"修改草案"第一稿(征求意见稿)第三条的三条理由谈谈认识。

首先,从广播组织提出的“我国加入《世界知识产权组织表演和录音制品条约》时对其第十五条(1)作出了保留声明,‘修改草案’第一稿(征求意见稿)不应该作出第三十六条规定”这条理由看,必须承认,我国在加入《世界知识产权组织表演和录音制品条约》时,确实对其第十五条“因广播和向公众传播获得报酬的权利”:“(1)对于将为商业目的发行的录音制品直接或间接地用于广播或用于对公众的任何传播,表演者和录音制作者应当享有获得一次性合理报酬的权利”的规定,作出了中国著作权法不适用该条款的例外声明。但是,需要澄清的是,任何国家和地区建立著作权保护法律制度,以及加入相应的国际著作权条约,其基本出发点都是围绕鼓励智力创造、保护智力成果、促进智力成果的运用,推动版权产业发展进行的。

但是,我国在加入世界知识产权组织两个互联网条约,作出对《世界知识产权组织表演和录音制品条约》第十五条(1)不适用中国著作权法的例外声明的决策,并非基于对录音作品的创造、保护、运用,以及音乐产业发展等因素考量,而是基于中国的广播电视组织以广播的形式使用录音制品,以及以技术设备的方式表演录音制品继续不承担向录音制品制作者支付报酬义务的因素考量。这种考量的价值取向,仅仅顾及录音制品使用者的经济利益,继续延续其享受使用录音制品免费午餐的不合理制度安排,并没有考虑到录音制品制作者制作的录音制品因传播手段和使用方式发生重大变化所产生的生存与发展危机,违背了著作权保护法律制度是保护著作权和与著作权相关权利的初衷。我国加入世界知识产权组织《世界知识产权组织版权条约》和《世界知识产权组织表演和录音制品条约》两个互联网条约时,对《世界知识产权组织表演和录音制品条约》第十五条(1)作出的不适用的例外声明,既不利于对录音制品制作者与著作权有关权利的保护,更不利于中国音乐产业的持续健康发展,而且会因中国著作权法律制度继续认可录音制品使用者以广播或者表演的形式免费使用录音制品,在著作权国际社会产生消极影响。因此,不仅应该对我国加入《世界知识产权组织表演和录音制品条约》对其第十五条(1)例外声明的决策考量进行深刻反思,更不能以我国加入《世界知识产权组织表演和录音制品条约》时已经对其第十五条(1)作出了不适用于中国的著作权保护制度例外声明为由,阻止录音制品与著作权相关权利的法律规范顺应时代不断变化形势所进行的修改和完善。

其次,从"修改草案"第一稿(征求意见稿)第三十六条规定"增加广播组织对录音制品的制作者和表演者的付酬负担"这条理由看,稍微把话题延伸一点,从录音制品制作对音乐作品的传承和传播的重大意义谈起。众所周知,音乐属于听觉类作品,人们接触和欣赏音乐的主要方式,不是通过纸质形式的乐谱或歌词出版物,而是通过将乐谱或歌词转换为声音的录音制品,没有录音制品制作者将乐谱或歌词转换为声音,音乐作品的传承和传播将受到极大限制。正如中国音乐家协会党组书记徐沛东所言:"词曲作家与音像出版者的关系很重要,没有音像出版者将词曲作家的曲谱和歌词转换成声音,音乐作品就不可能流传,音像出版者不好,我们作曲家也不会好。"可以毫不夸张地讲,音乐作品的作者与录音制品制作者是命运共同体,著作权法对两者的保护的任何价值倾斜都会产生利益失衡,受损害的一定涉及双方的利益。广播组织与录音制品制作者的关系何尝不是如此,如果广播组织仅因"修改草案"第一稿(征求意见稿)第三十六条规定增加了广播组织对录音制品制作者的付酬负担而反对该条规定,其结果受损害的一定是双方,而非录音制作者一方。原因在于,该条规定的实施从短期上看,广播组织从免费使用录音制品转变为应该向录音制品制作者支付合理报酬,确实增加了其经营成本和经济负担,但是其所支付的使用费报酬并非不可以承受;从长远看,其有偿使用录音制品,使得录音制品制作者获取了相应的经济回报,也为录音制品的再生产提供了资金支持,能保证音乐产业永续发展,并为其提供源源不断的录音制品可利用资源。如果广播组织坚持反对该条规定，短期内肯定不会增加使用录音制品经济负担，但是录音制品制作者的正当权益得不到法律的保护，其维持录音制品再生产的能力将逐步减弱，录制音乐作品的能力和愿望也将大打折扣，很难推出新的录音制品，从而导致可供广播和技术设备使用的新的录音制品资源将不断枯竭。录音制品可利用资源的逐渐枯竭，就会造成广播组织拿着钱都很难找到新的录音制品可用的结果。正可谓“皮之不存，毛将焉附”，录音制品制作者生存危机的出现，必然会影响广播组织。因为广播组织也是大量录音制品的制作者，其录制的广播剧，演唱、演奏专题晚会等录音制品，也将会被他人以技术设备的方式广泛无偿使用。因此，其以“修改草案”第一稿（征求意见稿）第三十六条规定增加了广播组织对录音制品制作者的付酬负担为由，不接受该条规定，对己对人都不是化解矛盾的最佳方案。

最后，从“修改草案”第一稿（征求意见稿）第三十六条规定“不利于广播组织、录音制品制作者和表演者三种邻接权人之间的利益平衡”这一理由看，表演者、录音制品制作者、广播组织都是与著作权相关权利（邻接权）的权利主体，其权利均来自国际邻接权公约，即《罗马公约》和《世界知识产权组织表演和录音制品条约》，任何国际邻接权公约的成员国或者地区，都不能超越这两个邻接权公约，在表演者、录音制品制作者、广播组织的权利设置问题上搞你增我减的所谓利益平衡。从《罗马公约》看，该公约第十三条规定：“广播组织应当有权授权或禁止：(a)转播其节目广播。(b)固定其节目广播。(c)复制：(1)未经其同意制作的其节目广播的固定物；(2)根据第十五条的规定制作的其节目广播的固定物，如果复制的目的不符合该条规定的。(d)向公众传播其电视节目广播，如果此种传播在公众支付入场费进入的地点进行的。行使此权利的条件由被要求保护的缔约国的国内法律确定。”该规定赋予了广播组织四项专有或者禁止权利。我国2010年著作权法第四十五条规定：“广播电台、电视台有权禁止未经其许可的下列行为：（一）将其播放的广播、电视转播；（二）将其播放的广播、电视录制在音像载体上以及复制音像载体。”与《罗马公约》相比较该条规定少了一项“在经营性场所，向公众传播其电视节目广播”的权利［2010年著作权法第四十五条第（二）项规定了“录制音像载体”和“复制录制的音像载体”两种使用情形］。而我国2010年著作权法第四十二条规定录音制品制作者“复制、发行、出租和信息网络传播权”，与《罗马公约》和《世界知识产权组织表演和录音制品条约》相比较，均少了“为商业目的发行的录音制品直接或间接地用于广播或用于对公众的任何传播，表演者和录音制作者应当享有获得一次性合理报酬的权利”。著作权法“修改草案”第一稿（征求意见稿）第三十六条规定，无非是找齐了2010年著作权法与两个国际邻接权公约的差距，其修改意图与平衡所谓的广播组织、录音制品制作者和表演者三种邻接权毫无关系。如果广播组织认为“修改草案”第一稿（征求意见稿）第三十六条的规定涉及广播组织、录音制品制作者和表演者三种邻接权利益平衡问题，那么对应的“修改草案”第一稿（征求意见稿）应该相应增加广播组织“在经营性场所，向公众传播其电视节目广播”的权利，而非取消第三十六条规定。

著作权法第三次修订，是我国第一次全面主动对著作权法律规范进行修改，实际上也是对著作权法实施二十年来的总结和梳理，因调整范围大、涉及内容多、社会参与度高，产生的争议问题自然会很多，如视听作品权利归属、视听作品二次获酬权、追续权、孤儿作品、专有许可合同和转让合同登记、行政执法、行政调解等问题。针对这些问题进行深入的讨论和研究，无论讨论结果如何，对完善中国的著作权法律制度都具有十分重要的意义。

第五章

版权问题随想

一、版权的变与不变*

“变”与“不变”是事物发展的客观现象，包括版权在内的任何事物发展都是在变与不变过程中不断演进的。

版权作为一种智力成果保护权，是市场需求与技术发展相结合的必然产物。18世纪初叶，受市场经济相对成熟及工业革命兴起的影响，现代意义上的版权法律保护制度诞生于英国，其颁布的《安妮法》首次确认对已印书籍作者权利的保护，但其保护客体和权利内容仅限于单一的已印书籍，以及相对应的复制（重印）权。这一结果，绝不是立法者的粗心和疏忽，而是当时作品形态和传播方式的客观反映。

《安妮法》颁布300多年来，随着声光电技术的不断发展和运用，特别是数字网络技术的快速发展和广泛运用，版权保护的内涵和外延都是发生了深刻变化。首先，从保护客体看，由单一的文字（已印书籍）作品发展为文字、音乐、戏剧、舞蹈、美术、摄影、视听、图形、计算机软件等多样化的作品形态。其次，从权利内容看，由单一的复制权演进为复制、发行、出租、展览、表演、广播、改编、翻译、汇编、信息网络传播等多项权利；从传播方式看，由单一的图书出版发行扩展到出版、表演、展览、院线放映、广播电视、信息网络等众多渠道。科学技术成果在版权领域的广泛运用，不仅改变了作品创作与传播的手段、丰富了作品的种类及其权利内容，而且极大地促进了版权产业的发展，极大地满足了人们的精神文化需求。当然，在充分肯定技术发展及其运用对版权保护产生不断变化的积极影响的同时，也要看到由此产生的消极因素，即侵权盗版现象滋生和蔓延，并由此带来的盗版与维权、邪恶

---

* 原载于《中国版权》2016年第5期卷首语。

与正义的激烈较量。

为应对技术发展及其运用对版权制度带来不断变化的双重影响，国际版权界及世界各国、各地区都在积极寻求其版权保护赖以不变的原则。自《安妮法》颁布300多年来，国际版权界的确找到了这种不变的原则，即“保护创作、促进运用”。这一原则，既能保障创作的活水源头，维护创作者的合法权益，又能及时地将智力资源转化为现实社会财富，促进版权产业的发展，满足社会公众的精神需求。

如果说，技术的发展及运用对版权保护制度所产生的变化不以人们的意志为转移的客观规律，那么“保护创作、促进运用”的原则则是人类社会对版权保护制度的主观选择。把握住“变”的规律，充分运用技术发展对版权保护的影响，就会赢得市场、赢得竞争、赢得版权保护的主动权；坚守“不变”的原则，由理性的思维完善版权保护制度，就会站在道德的制高点，坚持正义，赢得未来。

二、我国著作权法律制度的建立及其完善*

四十年前，党的十一届三中全会作出了“把全党的工作重点转移到社会主义现代化建设上来”的战略决策，其意义不仅仅限于全党全国工作重心的转移，而且关乎结束“文革”后，我国面临各项事业百废待兴、思想路线拨乱反正、发展路径如何选择的重大现实问题，更是一场伟大的思想解放运动，从而揭开了我国波澜壮阔的改革开放帷幕。改革，就是要革除各种阻碍社会发展的体制机制弊端，坚持实事求是，探寻符合我国社会发展规律的科学路径；开放，就是要摒弃闭关锁国的僵化思维，打开关闭的国门，融入国际社会、加强国际合作和遵守国际规则，拓展我国的国际发展空间。正是受改革开放精神的鼓舞，从1979年起饱受“文革”极左思潮压抑的广大文学、艺术和科学工作者，为改变“十年内乱”八个样板剧独步天下，文学艺术创作万马齐喑，广大作家的创作活动得不到鼓励，创作成果得不到尊重的局面，发出了启动著作权立法的时代呼唤，为我国制定著作权法提供了舆论准备。也许是机缘巧合，我国对外开放迈出的第一步是实现中美关系正常化。1979年1月的中美建交，使两国在经济、文化和科技方面的交流与合作步入正轨。就在中美建交当月，双方签订的《中华人民共和国国家科学技术委员会和美利坚合众国能源部在高能物理领域进行合作的执行协议》提到了相互保护著作权问题。此后，双方在商谈经贸合作过程中，美方再次提出著作权保护问题，希望中国在尚未完成著作权保护立法之前，双方按照《世界版权公约》的规定保护彼此的著作权。为履行中美双方科技与经贸有关磋商及协议作出的承诺，国家出版局于1979年4月向国务院呈报了《关于中美贸易

* 原载于《知识产权》2018年第9期。

协定中涉及版权问题的请示报告》,建议我国着手制定著作权法。该报告经国务院转请党中央,时任中共中央秘书长兼宣传部长的胡耀邦同志批示:"同意报告,请你们尽快着手,组织班子,草拟版权法。"为此,我国著作权立法正式启动。经过十一年的艰苦努力,1990年9月7日第七届全国人民代表大会第十五次会议审议通过了《中华人民共和国著作权法》(以下简称"著作权法"),新中国第一部著作权法正式诞生。

(一)著作权法颁布实施的历史意义

著作权法作为改革开放的产物,在中国著作权保护法律史上有着十分重要的意义。

1. 实现了著作权法律保护从"立起来"到"用起来"的历史转变

著作权法在中国历史上,虽然不是第一部著作权保护方面的专门法律,但是其历史地位不容否定。作品作为著作权保护的客体,是先于著作权保护制度存在的。作品成为著作权保护的对象,需要满足两个前提:一是技术发展,二是市场需求。中国作为有着五千年悠久历史的文明古国和"四大发明"的故乡,注定与著作权保护制度有深厚的历史渊源。自人类社会产生后,作为"人"就有了区别于其他动物的智力创作活动,而这些智力创作活动的成果一般表现为语言和符号(文字)。但由于缺乏相应的技术手段支持,这些成果受困于始发地无法对外传播,故此形不成基于交换的市场需求,也就无所谓权利。我国"四大发明"中的"造纸术"的出现,解决了作为智力成果的语言和符号(文字)低成本固定问题,为智力成果的对外传播提供了必要的物质条件;而"印刷术"的发明和运用,解决了智力成果的跨地域传播问题,使智力成果的市场交换成为现实。可以说,造纸术和印刷术的发明与运用,为著作权保护制度的产生提供了坚实的技术支持和物质保障。造纸术与印刷术的广泛运用不但成就了中国的出版产业,而且催生了我国南宋时期保护出版者权利的历史事件,即:刻印在《东都事略》一书中"眉山程舍人宅刊行,已申上司,不许覆板"的牌记。这一牌记称得上是著作权保护历史上最原始的雏形。但遗憾的是,由于中国社会长期处于相对封闭的自给自足的农耕状态,缺乏商品交易的成熟市场机制,未形成作品的广泛市场需求和行业竞争,即便在当时我国技术发明和运用处于相对领先地位且已经出现著作权保护萌芽的情况下,现代意义上的著作权保护制度仍没有首先在中国形成。相反,处在工业革命前夜的英国,凭借不断进步的工业技术和比较成熟的市场经济,于1710年创立了现代意义上的著作权法律保护制度,颁布了保护作者权利的《安妮法》,开启了全球著作权法律保护的历史进程。

二百年后的1910年1月,中国清朝政府颁布《大清著作权律》,开创了中国现代著作权法律制度的先河,在中国著作权法律制度史上具有里程碑意义。随后,北洋军阀政府和国民政府分别于1915年和1928年颁布了《北洋政府著作权法》和《中华民国著作权法》。这也表明自清朝政府以来,不同时期的政府均颁布过著作权法。然而这三部著作权法律,由于清朝政府的倒台,以及在1949年之前,我国长期处于军阀割据、国内革命战争、抗日战争和全面内战状态,在内忧外患和极不稳定的社会状态下均未得到有效实施,其制定的相关规范也未真正惠及所有的作品创作者。

著作权法的颁布实施彻底改变了上述状况。改革开放后的今天,在神州大地的每一个角落,人人都有进行文学、艺术和科学作品创作的自由,每个人的创作成果都会得到社会的尊重,人人都可以拿起著作权保护这一法律武器来维护自己基于创作作品享有的权利,中国的著作权法律保护制度真正实现了从"立起来"到"用起来"的历史转变。如果说在中国著作权保护法律史上,《大清著作权律》因实现了"立起来"而具有里程碑作用,那么著作权法则落实了"用起来",同样具有里程碑意义。

2. **体现了对人的创造性劳动及其成果的尊重与保护**

著作权保护是对人及其创作成果的尊重与认可，是基本人权观念在知识产权领域的具体体现。中国传统社会崇尚儒家文化，推崇“仁义礼智信”的社会价值取向，但也存在“窃书不为偷”等不尊重知识的社会陋习。新中国成立以来，由于长时间推行计划经济体制，一切社会资源由国家统一调控，知识共享一度成为社会的基本价值取向，对知识的尊重和保护没有引起全社会的足够重视。

改革开放这一场伟大的思想解放运动，使国家、社会和公众对知识与创新，以及著作权保护的认知发生了根本的变化。随着我国改革开放和民主法制建设进程的加快，1982年12月，国家颁布的《中华人民共和国宪法》(以下简称“宪法”)第四十七条规定，“中华人民共和国公民有进行科学研究、文学艺术创作和其他文化活动的自由。国家对于从事教育、科学、文学、艺术和其他文化事业的公民的有益于人民的创造性工作，给以鼓励和帮助”，从宪法层面为保护著作权提供了法律依据。1986年4月，第六届全国人民代表大会第四次会议审议通过《中华人民共和国民法通则》(以下简称“民法通则”)，其第九十四条规定，“公民、法人享有著作权(版权)，依法有署名、发表、出版、获得报酬等权利”，第一次以国家基本法的形式明确规定公民、法人享有包括精神和经济双重性质的著作权。1990年9月颁布的著作权法则将宪法和民法通则确定的著作权保护精神和原则具体化，全面规范了著作权保护的主体、客体、权利限制、权利行使和法律救济等内容，形成了较为系统的著作权保护专门法律，基本解决了著作权保护的可操作性问题。从1982年宪法有关著作权保护的原则性规定，到1984年民法通则对著作权权利保护的基本确认，再到1990年著作权法对著作权保护的系统规范，不仅从法律层面揭示著作权法律制度的形成，更彰显了国家和社会对尊重知识观念的改变、对创作精神的尊重、对创作自由的确认和对创作成果的保护，充分体现了《世界人权宣言》有关“人人有权自由参加社会文化生活、享受艺术，并分享科学进步及其产生的福利；人人对由于他所创作的任何科学、文学或美术作品而产生的精神和物质的利益，享有受保护的权利”的人权精神。著作权法律保护制度在我国的建立，表明我国在人文理念方面取得了显著的社会进步。

3. 成就了我国版权事业和产业由小到大的发展飞跃

五千年的中华文明史，不但创作出《诗经》、《论语》、唐诗、宋词、元曲，以及《三国演义》《西游记》《水浒传》《红楼梦》等享誉全球的文学作品，也养育了杜甫、李白、关汉卿、曹雪芹、巴金和茅盾等文学巨匠，他们为人类文学艺术的发展作出了积极的贡献。新中国成立后，国家提出“为人民服务”“为社会主义服务”“百花齐放”“百家争鸣”的文艺方针。我国的文学艺术创作呈现出的繁荣景象，极大地丰富了社会大众的精神生活。但是这种繁荣局面被“十年内乱”一步步摧毁殆尽。人们不会忘记“文革”期间“八个样板剧”垄断舞台，《地道战》《地雷战》《南征北战》独步银屏，《金光大道》《艳阳天》《欧阳海之歌》苦撑文坛，文学、艺术和科学作品的创作几乎到了崩溃边缘的景象；也不会忘记“十年内乱”结束后，国人对改善精神文化生活的追求与渴望，《中国青年》《青年文摘》《当代》《十月》《小说月刊》等文学杂志一刊难求的场景。“十年内乱”导致的文学、艺术和科学作品创作凋零状态，既谈不上著作权法律保护，更谈不上版权事业和版权产业的发展和繁荣。

著作权法的颁布实施，则将“十年内乱”造成的文学、艺术和科学作品创作枯竭凋敝的局面扭转，重新激发了文学、艺术和科学作品创作者的创作热情，我国文学、艺术和科学作品的创作与运用逐步进入稳步发展的快车道。经过著作权法律保护二十多年的社会实践，我国文学、艺术和科学作品创造与运用生产力得到了极大的释放，社会精神文化需求空前高涨，进而推动了版权产业的快速发展。据统计，2016年我国出版图书近50万种、制作电视剧334部近15 000集、拍摄电影故事片772部、制作电视动画片425部总时长232 135分钟、软件著作权登记量超过40万件；2015年版权产业的行业增加值达50 054.14亿元，占全国国内生产总值的比重达7.3%。可以毫不夸张地说，今天的中国已经成为名副其实的作品创作和运用大国。著作权法的实施，助推我国版权事业和版权产业由小到大的发展飞跃。

（二）著作权法的历史局限与不足

客观地讲，著作权法的制定借鉴了国际社会的成功经验，基本符合我国20世纪80年代末90年代初的基本国情，是一部比较好的法律，对鼓励智力创造，保护智力成果，促进著作权运用，推动我国经济、文化和科学事业的发展产生了积极作用。但是，从著作权法颁布前我国所处的著作权保护历史环境，以及其实施后我国面临的国内国际发展态势看，明显存在两个不足。

第一，著作权法是在我国处于计划经济体制条件下形成的，其立法先天基础准备不足。

（1）改革开放之前，我国长期实行计划经济制度，客观地讲，著作权作为市场经济与科学技术相结合的产物，在不承认私权的单一计划经济环境下，是不具备民事法律调整的社会基础的。新中国成立以来，在相当长的时间里，对著作权的保护是通过非法律性质的政策来调整的。而这些由政府主导的政策，一是时断时续，凡遇大的政治运动都会受到一定的影响，甚至暂时中断；二是调整面窄，主要涉及书报刊出版领域，没有体现出著作权保护的全面性和核心价值。这也反映出在著作权法颁布之前，我国缺乏著作权保护法律意义上的社会实践。

（2）在计划经济条件下强调资源共享，知识私有几乎成了理论探讨的禁区，而著作权作为具有人格和财产双重性质的私权，自然成了被排斥在理论研究和学术探讨大门外的另类。直到改革开放之前，在我国仍鲜见著作权法律保护方面的理论性文章，也没有涉及著作权问题的公开刊物，更遑论学术专著。没有理论的指导，就没有对事物发展规律的准确把握，而著作权法就是在我国缺乏成熟的著作权法律保护理论体系的条件下产生的。

(3)新中国成立后，我国一直推行以政府主导、政策先行的著作权保护模式。因此，不能简单地说没有著作权保护制度。但严格讲，至少在改革开放之前，我国没有通过立法机构制定著作权保护的相关法律、法令，没有形成法律意义上的著作权保护制度。在缺乏著作权法律保护实践支持，缺乏著作权保护成熟理论体系指导的前提下，我国在著作权立法问题上是无经验可循的。著作权法是在缺乏立法经验、通过自我探索和积极借鉴情况下产生的。

没有著作权法律保护社会实践支持，就很难精准把握我国著作权保护当时所处的客观社会现状；没有成熟系统的著作权理论指导和学术支撑，就很难科学预测我国著作权保护未来发展的基本趋势；没有著作权保护的立法经验积累，就可能导致他人经验在我国的简单重复。因此，在社会实践、理论体系和立法经验相对缺乏条件下产生的著作权法，存在历史的局限性是自然的。

第二，著作权法是在国内国际形势深刻变化的条件下实施的，其规范本身存在后天养分补充不足。

著作权法实施以来，我国面临的国内国际形势发生了重大变化。

(1)我国成功实现了经济转型和社会转轨，确立市场经济制度，社会利益格局发生了根本变化。市场经济制度的确定，一个非常明显的变化就是私权得到确认和尊重。著作权作为一种私权，不仅在知识产权体系中占有重要地位，而且在整个民事法律体系中也占有重要一席。著作权法是在计划经济条件下产生的，不可避免地带有浓厚的计划经济烙印，行政之手介入著作权保护事务在所难免。为适应我国市场经济体制的建立和不断完善，现行著作权法需要进行相应的调整。

(2)全球科学技术迅猛发展,特别是数字、网络技术的快速发展和广泛应用,深刻地改变了作品创作、传播和授权使用的传统方式,打破了作品创作者与传播者的传统分工,打破了传播行业界限分明的格局,打破了内容提供者和技术服务商的界限。同时丰富了著作权客体的内容,催生了新兴的版权业态,对传统的著作权保护制度产生巨大的冲击和挑战。为适应这种挑战,现行著作权法需要进行相应的调整。

(3)经济全球化的不断深化,凸显了知识产权的极端重要性。当今世界,经济全球化发展的一个重要特征,就是包括著作权在内的知识产权已经成为国际经贸关系的重要载体,知识产权问题改变了国际经贸关系的基本格局,其载体形式由《关税及贸易总协定》的"货物贸易、服务贸易"两项,演变为世界贸易组织"货物贸易、服务贸易和知识产权"三足鼎立。创造、拥有和使用知识产权已经成为世界各国、各地区抢占经济发展制高点的重要抓手。要适应经济全球化的发展趋势,必须进一步完善我国的知识产权法律制度,对著作权法进行相应的调整。

(4)国家发展理念发生了根本变化,由"资源消耗、投资拉动"向"资源节约、创新驱动"转变。创新已经成为转变发展方式、调整产业结构的中心环节。而作为创新成果的知识产权,已经成为保障国民经济健康发展的战略性资源。国家制定创新驱动发展战略,强调产权保护,推进完善知识产权保护制度。为适应国家发展理念的改变,鼓励创新意识、保护创新成果、促进创新运用,著作权法应该进行相应的调整。

著作权法颁布实施以来,虽然经历两次修改,但都是在"被动"情况下进行的局部性修改。2001年10月完成的第一次修法,是为满足加入世界贸易组织的基本条件,主要对不符合世界贸易组织《与贸易有关的知识产权协定》规定的条款进行了修改。2010年2月完成的第二次修法,仅为履行世界贸易组织贸易争端裁决，对个别条款进行了修改。但是，著作权法实施二十多年来，面对我国国内、国际形势的深刻变化，立法者没有对其进行主动的、系统的、全面的调整。面对新形势、新情况、新特点和新问题，著作权法存在不足是不言而喻的。这些不足集中反映在以下两个方面。

一是对著作权的保护不够，难以有效遏制侵权行为，不足以激励创作者的积极性。

著作权法正式施行以来，我国作品创作、运用和保护的社会环境发生了深刻变化是不争的事实。在肯定成绩时，不得不承认当前我国侵权盗版现象还普遍存在，在特定时段和特定领域甚至还比较猖獗。这一问题的存在，固然与著作权人维权意识还不够强，行政、司法执法力度不够到位有一定关联，但是从根本上讲，问题主要还是出在法律制度不尽完善上。比如，著作权法对有关保护客体的定义不够科学，给人以较大的解读空间，不同的解读运用到行政和司法救济实践中，就会出现“同案不同判”现象，从而影响社会公平正义。再如，不够严谨的“列举式”立法模式，同样给人以较大的解读空间，不同的解读，可能导致部分作品被排斥在权利保护之外，而某些客观存在的侵权行为因未列举在侵权责任条款中，可能会躲过法律制裁。更为突出的是，我国法定许可制度的不科学和不完善，放任了作品使用者不履行法定付酬义务，严重损害了著作权人的合法权益。我国是使用法定许可较多的国家，这是由我国的历史条件所决定的。为满足广大公众的精神需求、促进文化繁荣和产业发展，对著作权人的权利进行适当的限制有其一定的合理性，但这一限制应是以保障著作权人的获酬权为基本前提的。在法定许可状况下，如果著作权人的获酬权得不到保障，就是对著作权人权利的剥夺。但是，在实践中，由于法定许可法律救济机制不完善，单个权利人几乎不可能掌握其作品被使用情况。权利人即使通过一定渠道了解到自己作品的使用情况，但是囿于适用法定许可的一般为短低作品，且多为异地使用，再小的诉讼成本都远远高于通过诉讼的获利，进而放弃维权。而享有法定许可制度好处的作品使用者，正是抓住了法定许可存在的制度缺陷，认准了著作权人在法定许可条件下不可能自我维权的软肋，普遍不履行法定付酬义务，且鲜有受到法律制裁，从而极大地降低了著作权人的合法权益，同时也极大地损害了作品使用者的社会信誉。当然，如果把不履行法定许可付酬义务的责任，全都推给作品使用者也是不公平的。因为法定许可施行二十多年来，国家在法定许可的特定领域，从来就没制定相关的付酬标准，无章可循也就成了作品使用者为自己不履行法律责任开脱的最好理由。

正是由于著作权法自身的不够完善，侵权盗版行为人才有可乘之机，侵权盗版才会有一定的市场，文学、艺术和科学作品创作者的合法权益才会受到不同程度的伤害，其创作积极性才不能得到充分的释放。

二是著作权授权机制和交易规则不畅，难以保障使用者合法、便捷和有效地取得授权和传播使用作品，不利于版权产业的健康发展。

人们常说，著作权是一种特殊的民事权利，这是不言而喻的。比如说，针对物权而言，两相比较：物权的特点是载体与权利的一致性，拥有载体通常情况下就拥有权利，其权利在同一时间只能在同一空间由特定的人使用，权利的行使适用“点对点”的授权许可方式。而著作权的特点是载体与权利的分离性，拥有载体并不当然拥有权利，其权利在同一时间，可以在不同的空间面向不同的人以不同的方式使用，权利的行使不能简单地采用“点对点”的授权许可方式，特别在解决海量需求问题上，更不适用点对点的授权许可方式。

著作权的这一特点反映在现实生活中，从著作权人的角度看，其一部音乐作品一旦发表，在同一时间，会被不同地域、不同的人，分别以出版、录音、演唱或者演奏的形式使用，而这种使用单凭著作权人能力是无法控制的，必须借助科学合理的授权机制和交易模式来维护自己的权利；从作品使用者的角度看，作为一个新闻媒体也好，还是音乐公司也罢，每天需要使用来自世界各地的、海量的新闻类作品和音乐作品，而他们对所需的海量作品根本做不到“点对点”授权许可，要使其使用作品合法化，同样需要借助科学合理的授权机制和交易模式。因此，数字网络环境下海量使用作品，仍然坚持“点对点”的授权许可方式，在实践中就会出现，著作权人忙于维权，满世界打官司，作品使用者穷于应对天天面临侵权诉讼的局面。而现行著作权法在应对海量作品需求的授权机制和交易规则问题上显得比较机械和僵化。

在现行著作权法的当下，由于缺失针对海量作品需求科学合理的授权机制和交易规则的制度设计，中国大多数新闻媒体和音乐公司都会处于要么严格按照法律规定，只有经过每一个著作权人的“点对点”授权许可后才使用海量作品，如果做不到就应该关门歇业，要么在未经著作权人“点对点”授权许可情况下，仍坚持继续使用海量作品不歇业，但必须随时做好应对著作权人提起海量诉讼的两难境地。

在数字网络时代，面对使用作品的海量需求，不能及时有效地建立科学合理的授权机制和交易规则，不仅将极大地损害著作权人的合法权益，也不利于我国版权产业的健康快速发展。以音乐作品为例，据有关协会的年度报表反映，2016年，德国音乐作品演出与机械复制协会（GEMA）年度著作权许可收益11.68亿美元，法国作词者、作曲者和音乐发行人协会（SACEM）年度著作权许可收益10.24亿美元，英国音乐表演版权协会（PRS）年度著作权许可收益8.08亿美元，美国作曲家、作家和发行商协会（ASCAP）年度著作权许可收益10.59亿美元，（美国）广播音乐公司（BMI）年度著作权许可收益10.60亿美元，日本音乐著作权协会（JASRAC）年度著作权许可收益10.05亿美元，韩国音乐著作权协会（KOMCA）年度著作权许可收益1.31亿美元。而同期，作为拥有全球最大音乐市场、最多音乐用户的中国，其中国音乐著作权协会（MCSC）则只有0.27亿美元的著作权许可收益。当然，我国与发达国家相比较，在音乐产业方面有如此大悬殊，其原因是复杂的，存在多方面的因素，但授权许可和交易规则制度建设不健全不能不说是重要原因之一。

要突破著作权法先天的历史局限，弥补后天的养分不足，不断修改和完善其规则和规范是不能回避的。

（三）著作权法的修改和完善

“著作权法的修改和完善永远在路上”，绝不是一个哗众取宠的时髦口号，而是由著作权法的实际功效和著作权的基本特点决定的。

首先，从我国著作权法的实际功效看，其颁布实施确实改变了新中国著作权保护的生态环境，全社会的著作权保护意识不断提高，作品创作者的创作能量得到极大释放，版权产业快速发展，司法行政救济体系日臻完善，学术科研全面推进，国际应对日趋成熟，著作权保护呈现良好的发展势头。与此同时，我国的著作权保护在创造、运用和保护等方面还存在盲点和误区，创新能力不够强，成果运用不够通畅和保护水平不够高等现象还未根本改变。特别是侵权盗版现象还未彻底根除，我国从版权大国到版权强国道路还十分漫长。要解决我国著作权保护面临的突出问题，不断提高保护水平，修改和完善著作权法律制度是必然的选择。

其次，从著作权的特点看，相较于包括专利权和商标权在内的其他几乎所有民事权利，著作权是一种动态权利，其权利内容随着科学技术的发展和运用的不断变化而变化。比如说：英国1710年颁布的全球第一部现代著作权法《安妮法》，仅赋予了作者的单一作品（出版物涉及的图文作品）的单一权利（出版物的重印权）。该法颁布三百多年后的今天，随着声光电等技术的发展与运用，不仅极大地丰富了作品的种类，拓展了作品的传播渠道，而且不断地增加了著作权的权利内容。就我国著作权法有关权利内容的规定看，其第十条规定了多达“12+N”项财产权，而这些权利的设定无一例外都与科学技术的发展和运用有关。而其他民事权利的权利内容则是相对稳定的,几乎不受科学技术发展变化的影响。科学技术发展无止境,著作权法律制度的修改完善就不会停息。这也是在世界各国各地区,著作权法法律制度频繁修改的重要原因。

我国建立著作权法律保护制度的时间不长,其成熟度自然不会高,要充分发挥其鼓励创造、促进运用、加强保护的作用,使其成为惠及广大作品创作者、惠及广大社会公众、惠及版权产业发展,服务国家创新驱动发展战略的法律制度,就应该根据不断变化的国内、国际形势进行不断地调整和完善。因此,“著作权法的修改和完善永远在路上”不应该只是一个话题,而应该成为一个社会现实。

然而,著作权法的修改又是一个十分复杂的问题。著作权是一个利益主体最多元的权利形态,不仅涉及作者和作品使用者的权利,而且涉及全体公众的利益。著作权立法实际上就是不同利益主体之间的权利博弈,著作权法修改则是权利再平衡。因此,在修法过程中有不同的利益主张,甚至激烈的利益碰撞是十分正常的。遇到矛盾和冲突,不能绕开问题走,更忌回避矛盾、回到原点。著作权法修改是需要勇气的,而勇气是建立在社会共识上的,社会共识的形成是建立在社会广泛参与基础上的。改革开放四十年后的今天,谈论著作权法修改,同样应该发扬改革开放的开拓精神,动员社会力量,共同参与,形成合力。立法者要有担当作为,秉承公开透明的民主科学精神,敢于善于听取不同利益主体的意见和建议,特别是面对各种不同意见,不回避矛盾,加强协调沟通,注重利益平衡,立足解决实际问题,不以牺牲多数弱势利益主体的合理诉求,来满足少数强势利益主体的主张。专家学者要有学术坚守,以科学的态度,抓住著作权的本质,尊重著作权的运行规律,坚持法律规范的基本逻辑,讨论问题、提出主张,不为利益所动,不受利益驱使,不轻易选择单一立场,不为单一利益主体站台背书,应客观公正地发表意见、阐述观点，为修改法律营造良好的学术氛围和交流环境，提供坚实科学的理论学术支持。权利人要有基本的社会责任感，在坚定维护其合法权利的同时，充分认识权利和义务这一矛盾共同体，权利是相对于义务而存在的，过度强调权利的绝对性，可能导致矛盾共同体的崩溃，权利者也就无权利可言，像《马拉喀什条约》这样具有人权性质的国际公约就不会产生，社会的弱势群体就得不到关爱，著作权的平衡功能也将不复存在，著作权保护制度就会走向畸形。作品使用者（文化产业或版权产业的代称）要有必要的义务承担，作者是文化产业的“衣食父母”，作品是文化产业的基本资源，没有作者的创作就没有作品的存在，而没有作品，文化产业将成为无源之水、无本之木。作品使用者应该认识到著作权法的平衡功能是建立在尊重作者权利基础上的，文化产业的发展不能以牺牲作者权利为代价，尊重作者的著作权应该是作品使用者必须承担的基本社会义务。如果在著作权法修改问题上社会各界、各阶层能够达成共识，并在此基础上形成合力，完成著作权法修改和完善就不应该是一件艰难的事。

今天，具有主动、全面性的著作权法第三次修订工作自2011年7月启动以来已七年有余，而且已经进入国务院审议的阶段。我们热切期待修法工作借纪念改革开放四十年的东风，发扬改革开放的开拓精神，早日完成修法工作，使我国著作权法律制度再上一个新台阶。

三、顺应时代发展趋势，完善版权法律制度——著作权法颁布三十周年有感*

今年，是《中华人民共和国著作权法》颁布三十年的纪念年。本人作为一名曾经从事版权保护工作三十余年的老版权工作者，见证了我国版权法律制度不断完善的历史过程，也目睹了我国版权保护事业不断发展的时代变迁。回顾过往，百感交集，面对未来，充满希望，特撰此文以表对版权的眷念和憧憬。

（一）著作权法的历史地位

9月7日，对中国版权界而言，是一个特殊的日子。30年前的今天，第七届全国人大常委会第十五次会议审议通过了《中华人民共和国著作权法》（以下简称“著作权法”）。该法是中国历史上，继1910年《大清著作权律》、1915年《北洋政府著作权法》、1928年《中华民国著作权法》之后的第四部版权法律。《大清著作权律》的颁布，改写了中国这个拥有五千年文明史和“四大发明”的古老国度没有现代意义上版权法律制度的历史，开创了中国版权立法的先河，在中国版权法律史上具有开创性里程碑地位。但是，由于国家政权更替、战争连续不断、社会动荡不安等原因，前三部版权法律没有在中国得到有效施行。著作权法的颁布，结束了新中国成立以来长期没有版权保护法律制度的历史，并在华夏大地得以有效施行，开启中国版权保护事业的新纪元，同样在中国版权法律史上具有现实的里程碑意义。《大清著作权律》开创了版权法律制度在中国立起来的先河，著作权法实现了版权法律制

* 原载于《中国版权》2020年第6期。

度在中国用起来的现实。

(二)著作权法的现实作用

著作权法颁布三十年来,我国版权保护生态环境发生了根本性的变化,版权保护的各项事业取得了丰硕成果。

第一,版权保护法律制度不断完善,建立起了以宪法为指导,以著作权法与国际公约为基础,以行政法规为配套,以司法解释和部门规章为补充的较为完备的版权保护法律体系,为保护创作、促进运用提供了坚实的法律制度保障。第二,版权保护社会环境不断改善,尊重知识、尊重人才、尊重创造的良好社会氛围逐步形成,版权所有者的维权意识和版权企业的守法意识明显增强,反盗维权已经成为全社会的基本共识。第三,版权保护救济机制逐步完善,司法审判在化解版权纷争、制裁盗版犯罪方面发挥了主导作用,行政执法有效震慑了各种损害公共利益的侵权盗版行为,版权保护市场环境和法律救济措施不断改善。第四,版权教学科研机构蓬勃发展,人才培养机制逐步形成,版权领军人才辈出,版权学术交流日益频繁,理论学术研究成果不断涌现。第五,版权社会服务体系基本建立,集体管理、法律救济、版权贸易、行业组织等社会组织不断成长,在激励创作、反盗维权、促进运用等方面发挥了不可替代的积极作用。我国的版权事业和版权产业实现了由小到大的发展飞跃,版权保护法律制度在促进我国经济发展、文化繁荣、科技进步方面的作用日益显现。

(三)著作权法的局限与不足

客观地讲,著作权法的制定借鉴了国际社会的成功经验,符合我国20世纪80年代末90年代初的基本国情,是一部较好的法律规范,为鼓励作品创作、促进作品运用、打击侵权盗版、推动产业发展提供了重要的法律保障,其历史地位和现实作用是毋庸置疑的。但是，在充分肯定著作权法的同时，也要客观地看到其历史局限与不足。从著作权法的实施效果看，本人认为其存在两个比较突出的问题。其一，版权保护的措施不够到位，难以有效遏制侵权盗版行为，不足以激励文学、艺术和科学作品创作者的积极性。比如，该法设定的"法定许可"制度，即在特定情况下不经作者授权使用其已发表的作品，但应向作者支付报酬，其立法本意没有问题，是符合当时中国历史现状的。但是，该制度设计缺乏基本的法律救济措施，如果在现实生活中，作品使用者依据法定许可的规定使用作品，却不依法向作者履行付酬义务，则是对作者权利财产权的剥夺。而实践证明，绝大多数使用者在法定许可条件使用作品，并未向作者支付报酬，作者的法定获酬权益没有得到有效的保障。其二，版权授权机制和交易规则不畅，难以保障使用者合法、便捷、有效地取得使用作品授权和许可，不足以促进版权产业的健康发展。比如，该法缺乏科学的对权利人财产权非专有使用的授权交易规则（集体管理制度）设计，特别是在数字网络条件下，缺乏非点对点的海量使用作品授权交易机制，从而导致数字和网络版权企业随时会陷入侵权盗版的困境中，不利于版权产业健康有序发展。

我认为，著作权法产生上述局限与不足的主要原因，有以下两个方面。

第一，现行著作权法的立法条件存在先天基础准备不足。该法是在我国处于计划经济体制的特定环境，缺乏基本的版权法律保护社会实践、缺乏成熟的版权保护理论学术支持、缺乏相应的版权保护立法经验的条件下产生的。客观讲，在不承认私权的单一计划经济环境中，是不完全具备具有私权性质的版权保护法律关系调整的社会基础的，由此产生的版权法律规范，必然带有一定行政色彩，以及权利自治不足、市场导向不充分等计划经济烙印。其存在一定的历史局限性和不足是可以预见的，也是正常的。

第二，现行著作权法的内容规范存在后天养分补充不足。著作权法颁布三十年来，我国面临的国际国内形势发生了深刻变化。其一，我国成功实现了经济转型和社会转轨，确立了市场经济制度，社会利益格局发生了根本变化，版权作为私权得到了进一步的确认和尊重，尊重作品创作者权利自治，以及按照市场规律来规范作品的运用已经成为历史之必然。其二，全球科学技术迅猛发展，特别是数字网络技术的发展运用对版权保护制度产生了深远影响，深刻地改变了作品创作、运用和保护的方式，同时也对传统的版权保护制度带来了巨大的冲击和挑战。其三，经济全球化不断深化，知识产权已经成为国际经贸交流的重要载体，世界各国、各地区都将提高包括版权在内的知识产权创造和运用能力，作为抢占经济发展制高点的重要抓手，其在国际竞争中的极端重要性日益突出。其四，国家发展理念发生根本变化，"创新驱动"已经成为时代发展的主旋律，在竞争日趋激烈的知识经济时代，包括版权在内的知识产权已经成为国民经济发展的重要战略资源，谁拥有更多、更好的知识产权和智力成果，谁就会占据经济、文化和科技发展的主动权，"创新驱动"不仅仅是一个理念问题，它更需要变为全体中国人的行为自觉，这个行为自觉需要包括版权在内的知识产权法律制度强有力的保驾护航。

以上国际国内形势的发展变化，必然将对我国版权法律制度的进一步完善产生深刻影响。为适应不断变化的国际国内发展形势，著作权法应该做出及时和必要的调整。

面对我国版权法律制度存在的局限与不足，特别是针对时代的发展变迁，我国曾经分别于2001年和2010年对著作权法进行过两次修改。但是这两次修改，其动因是被动的，结果是局部的。两次修改都是在特定的时期、针对特定的事项，做出的特定性调整。这部脱胎于计划经济时代的著作权法，从体例结构到内容规范尚未发生根本性的变化。客观地讲，近三十年来我国尚未根据不断变化的国际国内形势，对现行著作权法进行很好的系统深刻总结，更缺乏进行一次主动、全面、系统的调整。因此，近些年来，为适应时代发展变化，打造一部现代化的著作权法，版权界要求加快修法的呼声一直不断。

（四）顺应时代发展趋势，完善版权法律制度

版权是市场经济与科学技术相结合的产物，其相应的法律制度具有突出的实践性和动态性特征。市场是实现社会需求的重要载体。进入人类社会以来，就有包括作品在内的智力创作活动，同时产生相应的社会需求。然而，在自耕自足的封闭农耕社会，智力创作成果与社会需求是脱节的，没有需求作品创作就会窒息。市场的出现为智力成果与社会需求之间架起了一座桥梁，将智力创造与社会需求有机地连接在一起，只要有市场需求，作品创作就永远不会停步。因此，市场需求是作品创作永续的根本动力。科学技术的创新运用，则是作品创作和版权保护的重要技术支持和物质保障，其发展和运用，不断改变着作品的创作方式、表现形态和传播方式，丰富着作品的权利体系和保护手段。回顾历史，300年前在印刷术条件下产生英国的第一部现代意义的版权法律——《安妮法》，其保护的客体仅限于图书小册子（文字作品），传播手段只针对纸质出版，权利内容仅有单一的重印权（复制权）。再看300多年后的今天，随着声光电技术的发明运用，作品的创作与传播的方式发生了深刻的变化，作品形态更加多样，权利内容不断丰富，权利保护制度更加完善，没有科学技术的不断创新和运用，版权保护制度就会停滞不前，只要科学技术不停息，版权法律制度的完善就永远在路上。因此，科学技术是推进版权保护制度不断完善的根本动因。

当今世界已经进入百年未有之大变局的时代，新一轮科技革命和工业革命不但加速对世界和中国的重塑，同样加快对中国版权法律制度的重塑。科学技术的发展，特别是数字技术的发展运用，对版权保护制度产生了革命

性的影响和重大挑战。

其影响表现如下。一是作品创作的平民化,数字网络技术的发展和运用,改变了过去作品的创作通常专属于所谓的文学家、剧作家、画家、摄影家等专业人士的状况,人人都可以成为创作者;二是作品传播的自由化,数字网络技术的发展和运用,改变了过去作品传播只能通过出版社、广播电视组织、演出团体等专门机构的状况,人人都可以通过网络传播自己创作的作品;三是版权产业的一体化,数字网络技术的发展和运用,改变了过去文字、音乐、声像、舞蹈等作品的传播分别由出版、广播、影视、演艺等不同行业运作的状况,所有不同类型的作品、不同形态的版权产业都可在网络平台上同时运行,实现了版权产业发展的大融合。数字网络技术发展的上述深刻影响,必然带来版权法律制度的相应调整。

其挑战表现如下。一是打破了作品创作者与传播者的传统分工。在数字网络环境下,人人都可以是作品的创作者或传播者,人人都可能成为作品的权利人或使用者,人人都可能成为权利的受益者或加害人,权利人和使用者的界限呈现模糊状态,维权与侵权相互交织。二是打破了作品传播手段清晰明了的状态。在传统条件下,分别受出版、表演、广播等传播手段控制的文字、音乐、美术、摄影、影视等作品,可以在数字网络一个平台上实现传播,这一格局的打破,如果不能有效解决数字网络环境下的侵权盗版问题,不但作者的权利受到侵害,而且对传统的出版、表演、广播、影视产业将形成毁灭性打击。三是打破了内容提供者与技术服务者的界限。数字网络技术的快速发展模糊了内容提供者和技术服务者的边界,单纯的技术服务者基本不存在,这就使得在法律意义上完全不同的两个独立概念,在实践中相互交织,难以辨别,特别是法律救济过程中,在司法审判和行政执法的具体实践中会造成极大的困惑。四是打破了“点对点”作品交易传统的授权方式。“海量性”是数字网络环境下使用作品的重要特点,“点对点”的传统授权方式已经不能满足数字网络海量使用作品的需求，如何破解数字网络条件下“点对点”授权使用作品的困境，已经成为世界各国各地区关注的焦点。面对挑战，现行版权法律制度同样应该给出相应的应对之策。

面对时代的变迁，特别是科学技术的快速发展，对著作权法进行相应的调整已经成为中国版权保护事业的当务之急。为回应版权界强烈的修法呼声，2011年，国务院决定启动著作权法第三次修改。国家版权局作为国务院主管版权事务的主管部门，承担了第三次修法初始草案的起草任务，并于当年7月13日正式拉开了修法帷幕。当时，本人就职于国家版权局的法制部门，有幸参与了著作权法第三次修改的起草工作，与国家版权局的同事和版权界的朋友们一道共谋修法大计。实事求是地讲，版权界对著作权法的第三次修改是抱有极大期待的。希望这次修法：其过程是科学、民主、开放、包容，反映民意、集中民智、凝聚共识的；其结果是面向世界、面向未来、面向现代化，高质量、高水平的制度完善，而非因循守旧、不思进取，更不是抱残守缺、无所作为文字过场。

面对版权界的期待，当时国家版权局提出了“坚持一个理念、遵循三个原则、追求三个效果”的修法思路。坚持一个理念，是指坚持“集思广益、解决问题”的理念。就是坚持开门立法、民主立法，秉承“听取民意、集中民智、凝聚共识”的科学态度，充分听取社会各界意见，坚持在沟通和交流中形成共识，在争论与碰撞中认识真理，使修法工作在阳光下进行；就是坚持问题导向，避免学说争议，立足中国版权保护的实际，找准影响我国版权保护存在的突出问题，并提出切实可行的解决方案。所谓遵循三个原则：一是遵循独立性原则，在修法过程中，坚持国家主权独立，不受外部环境的干扰，更不接受外部强者下指导棋。二是遵循平衡性原则，面对版权法律调整主体多元化的实际，要在保护作者权利前提下，合理调整作者、作品使用者和社会公众之间的利益，实现鼓励作品创作、促进作品传播、满足公众精神文化需求的目的。三是遵循国际性原则,版权保护需要跨国界的国际合作,遵守共同的行为准则,我国作为国际版权大家庭的成员,在修法过程中应信守国际承诺、履行国际义务,做一个负责任的发展中大国。所谓追求三个效果:一是追求高效率,为适应我国政治、经济、文化、科技和社会事业的快速发展,及时弥补必要的法律空白,修法工作要以只争朝夕的精神加快进程,提高修法效率。二是追求高质量,修法工作要找准突出矛盾,分析问题原因,提出解决方案,既要充分有效地保护作者权益,又要保障作品的合法传播,既要促进文化产业的繁荣发展,又要满足社会公众的精神文化需求,切实提高修法质量。三是追求高水平,版权法律制度的完善,要解决好法律制度的相对稳定性与社会发展动态性的矛盾,提高版权立法的前瞻性和预见性,使经修改的著作权法成为一部面向世界、面向未来、面向现代化高水平的法律规范。

国家版权局在明确修法基本思路的前提下,集中版权界各方力量和智慧,经过广泛深入的互动沟通,甚至激烈的火花碰撞,用一年左右的时间内完成了著作权法修改初始草案的起草工作,并于2012年12月向国务院提交了著作权法修改草案送审稿。

八年后的今天,著作权法第三次修改的进程,已经进入全国人大常委会审议的最后收官阶段。版权界已经看到久已期盼的进一步完善著作权法的曙光。本人作为曾经的版权工作者衷心地祝福和真诚地期盼著作权法第三次修法圆满成功,其最终修法结果能够取得:不负伟大时代,顺应发展趋势,立足中国国情,反映版权本质,符合版权规律,惠及所有文学、艺术和科学作品的创作者,激励创造、保护有力、运用通畅,面向世界、面向未来、面向现代化,高质量、高水平的全新版权保护法律制度。

四、著作权法修订助推版权产业发展*

现代著作权保护制度，是科技进步与市场经济相结合的产物。其本质是对人类智力创造成果从精神和产权两个层面提供法律保障，有效地保护文学、艺术和科学作品创作者、传播者的合法权益，最大限度地激发社会的创造活力，为促进经济发展、文化繁荣和科技进步提供制度保障。

著作权法是调整和规范文学、艺术和科学作品创作、传播与保护的基本法律制度。版权产业是建立在文学、艺术和科学作品的创作、传播和消费之上，以版权为基本资源、以法律保护为手段的相关产业。前者是务虚、是制度、是保障，后者是务实、是行为、是实践。因此，建立科学、合理、规范的著作权法律制度，对保障版权产业健康发展意义重大。

根据国务院2011年的立法计划和工作安排，国家版权局作为国务院主管全国版权管理工作的职能部门，具体承担了著作权法第三次修订的起草工作。本次修订工作历时一年半，秉承"科学立法、民主立法、集中民意、反映民智、凝聚共识"的思路，坚持开门立法，社会参与度高，于2012年12月向国务院提交了《中华人民共和国著作权法》(修改草案送审稿)(以下简称"送审稿")。

关于为什么要第三次修订著作权法，社会各界以及不同的利益主体从不同的角度给出了自己不同的理由。我认为，本次修法的主要原因是现行著作权法存在两个方面的突出问题：一是对著作权保护不够，难以有效遏制未经授权的侵权盗版行为，不足以激励创作者的积极性；二是著作权授权机制和交易规则不畅，难以保障传播者便捷、有效地获得授权，不足以鼓励版

* 原载于《法制日报》2013年6月28日。

权产业的健康发展。而解决这两个方面存在的问题，是本次修法的最大关注点。

（一）加大版权保护力度，为版权产业发展提供有效资源

《国家知识产权战略纲要》指出，知识产权日益成为国家发展的战略性资源和国际竞争力的核心要素，成为建设创新型国家的重要支撑和掌握发展主动权的关键。版权作为知识产权资源的重要组成部分，支撑着文学艺术、新闻出版、广播影视、文化娱乐、工艺美术、计算机软件、网络信息等版权相关产业。没有质高量大的文学、艺术和科学作品资源的支撑，版权产业将成为无源之水、无本之木，经济发展、文化繁荣和科技进步将成为一句空话。

著作权法是文化资源的保障法，一方面保障创作者的人格尊严，赋予其精神权利，另一方面保障创作者的再生产能力，赋予其财产权，为文学、艺术和科学作品的不断涌流提供法律保护。送审稿加大了版权保护力度，在权利客体、权利内容，以及保护措施方面作出一些新的规定。

第一，提高了权利客体的法律地位。送审稿第五条将“作品”定义由国务院行政法规规定上升为法律规定；将“电影作品和以类似摄制电影的方法创作的作品”更名为“视听作品”，取消了“录像制品”的规定；增加了“实用艺术作品”的客体内容，赋予其二十五年的保护期。

第二，增加了权利内容。根据我国艺术品市场的发展状况和艺术家的呼吁，增加了“追续权”的规定。在相关权方面，根据相关国际公约要求和我国产业发展的现状，送审稿第三十四条增加了表演者的出租权，第三十七条增加了表演者对视听表演的获酬权，第四十条增加了录音制作者对他人以表演和播放方式使用其录音制品的获酬权，第四十二条将广播电台电视台享有的权利由“禁止权”修改为“许可权”。

第三，完善了权利人的救济手段。一是扩大了权利人主张权利的范围，送审稿第七十二条将民事侵权情形由列举式修改为概括(开放)式。二是第七十六条提高了侵权责任的法定赔偿数额，并允许权利人选择损害赔偿的计算方式，同时增加了惩罚性赔偿的规定，增加了侵权人的举证责任。三是在行政执法方面，第七十七条和第七十八条提高了罚款的数额，第七十九条增加了版权行政管理部门"查封和扣押"相关场所或者侵权盗版制品和复制件的执法手段，强化了执法力度。四是第八十五条增加了版权纠纷行政调解的规定，为化解矛盾提供了新的途径。

(二)调整版权授权机制和交易规则，为版权产业发展提供良好的市场环境

促进知识产权创造和运用，是《国家知识产权战略纲要》的基本原则。如果说鼓励知识产权创造是实施国家知识产权战略的前提的话，那么促进知识产权成果的运用则是实施国家知识产权战略的落脚点。因为唯有运用，经济才能发展、文化才能繁荣、科技才能进步。这一点，我国著作权法开宗明义，在立法宗旨中作了明确的诠释。

著作权法是版权产业的促进法，在产业促进方面，版权法律制度一方面为作品的创作与传播构建合理的衔接机制，另一方面严厉制裁侵权盗版行为，为版权产业的健康发展提供良好的市场环境。但是，版权作为一种无形财产权，其特点是权利人对其控制能力非常有限。比如，一部作品一经发表，权利人就无法控制其使用，全国乃至全球任何一个市场使用主体都能轻而易举地获得该作品，并在不经权利人的授权情况下进行使用。但使用者(版权产业的主体)要通过所谓合法途径获得量大、面广的权利人的点对点授权在现实中几乎是不可能的。这样一来，在现实中就会出现这样的尴尬局面：一方面数量众多且没有维权能力和维权意识的权利人的作品在未经

其许可的情况下大量地被他人使用，其版权受到实际侵害；另一方面同样数量众多的版权产业主体在未经许可的情况下大量地使用他人的作品，其行为处于违法状态。版权授权机制和交易规则不科学、不合理，是造成版权市场混乱，侵权盗版屡禁不止的根本原因，也是制约版权产业健康发展的主要因素。因此，著作权法要在鼓励作品创造、保护作者权利与促进作品的合法传播、保障版权产业发展两个方面找准平衡点，建立一套科学合理的版权市场授权机制和交易规则，达到促进知识产权创造和运用的目的。送审稿在这方面做了一些尝试。

第一，促进运用，调整了版权市场授权机制和交易规则。送审稿在其第五章中增设了著作权集体管理一节，对集体管理组织的性质、集体管理收费标准及其裁判机制、延伸著作权集体管理制度、权利人法定许可获酬权的实现渠道、统一收费标准及渠道、行政监管职责、集体管理组织的实施办法等作了一般性规定，为建立科学合理的版权市场授权机制和交易规则进行了系统规范。

第二，对特定作品以特定方式使用，设计了延伸著作权集体管理制度。为保持保护著作权人权利与促进作品广泛传播的一致性，改变当前我国一方面著作权人的权利得不到应有的尊重，另一方面作品传播者无法通过合法途径获得海量作品的授权许可的困境，送审稿第六十三条对延伸的集体管理制度作出了特殊规定，该规定既解决了数量众多且没有维权能力和维权意识的权利人维权难，以及同样数量众多的版权产业市场主体愿意依法获得合法授权但却无渠道问题，又照顾到部分权利人不愿意通过集体管理组织行使权利的特殊要求，为权利人保留权利作出了例外规定。

第三，区分了愿意遵守法律义务的作品传播者与主观故意侵权者的法律责任。版权授权机制和交易规则不科学、不合理，造成版权市场混乱最坏的后果是不分是非，将愿意遵守法律规定的市场主体与有主观恶意的侵权盗分子同等对待，而产业规模大、社会知名度高的企业往往成为这种制度设计的“替罪羊”，这对愿意遵守法律、愿意通过合法授权使用作品、愿意向权利人支付报酬的使用者是极不公平的。因此送审稿第七十四条对愿意接受集体管理制度、愿意承担法定义务的市场主体与主观故意的侵权盗版者区分开来，前者承担付酬义务，后者承担侵权责任。

随着我国加快转变经济发展方式，推进经济结构战略性调整，版权产业作为资源节约型、环境友好型、知识密集型产业，符合科学发展、可持续发展的需要，一定大有可为。我期待着，著作权法第三次修订工作更多地从推动和促进版权产业发展的角度出发，科学合理地调整和规范版权创造、运用和消费的权利义务关系，为全力打造我国经济升级版，提升我国“软实力”贡献力量。

五、数字网络技术发展与运用中版权制度所面临的真挑战*

(一)版权保护制度是市场经济和科学技术发展与运用相结合的产物

市场经济源于资源配置的供求关系,资源配置的供求关系涉及利益的分配,作品作为一种市场资源,其利益分配需要法律制度来规范权利义务关系。

科学技术的发展与运用为作品的广泛传播提供了物质条件。造纸术的发明及运用,使文学、艺术和科学作品等智力成果有了经济适用的基本载体形式,印刷术的广泛运用使足不出户的智力成果得以广泛传播,客观上助推了作品的市场供求关系,在作品使用的市场关系形成过程中发挥了关键性的作用。在18世纪初叶,成熟的市场经济制度与科学技术为先导的工业革命的结合,使现代意义的版权保护制度产生于英国,这套制度的产生是市场经济与科学技术发展的必然结果。历史证明。市场利益关系与科学技术的发展相结合催生了版权保护制度。

(二)科学技术的发展不仅为作品的创作、传播创造了条件,而且不断丰富了版权保护的权利内容

版权作为一种民事权利,与其他知识产权(专利权、商标权)相比较,有

* 原载于《中国版权》2014年第6期。

两个显著的特点：一是权利的复合性，二是权利的动态性。所谓权利的复合性，是指版权权项相对于专利权、商标权权项的多样性，即商标权、专利权的权项是单一的，仅控制对专利技术和商标标识经营性使用的权利，而版权的权项是复数的，既有财产权，也有人身权，而财产权又由多个权项构成，故具有复合性。

所谓权利的动态性，是指专利权和商标权是种静态权利，不因为时代和技术的发展而使权利内容发生任何变化；而版权的权利内容是随着科学技术的发展变化而不断变化的。

回顾历史，1709年第一部现代意义的著作权法《安妮法》仅赋予了作者对其作品享有的印刷权和重印权，即相当于现在的复制权，也就是说版权法律制度创制之初，法律仅赋予作者单一的复制权。但其后，随着声、光、电等科学技术成果的发展与广泛应用，作品的创作与传播方式发生了深刻的变化，作品的表现形式越来越丰富，由单一的文字表现形式逐渐演变为摄影、唱片、影视等多种表现形式；作品的传播手段也越来越多样化，比如说作品可以图书形式通过出版传播，作品也可以声音形式通过广播传播，作品还可以影视作品形式通过机械表演传播，所有作品形态均可以通过数字网络传播。与之相适应，作者对其享有的财产权的权项也越来越多，从英国《安妮法》对其设定的一项复制权，发展到今天包括出租、展览、表演、广播、信息网络等多项权利。以我国现行的著作权法为例，其第十条规定了17项权利，其中4项精神权利、13项财产权利，而此种权利内容的发展和变化都是科学技术发展的必然结果。每项科学技术成果，凡适用于作品的创作与传播，都可能带来版权财产权权能的不断增加。所以说，科学技术的发展以及广泛应用，既造就了版权权项的复合性，也反映了版权权利内容的动态性，并不断地丰富着著作权的权利内容，是形成版权区别于其他知识产权显著特点的根本所在。

（三）数字和网络技术的发展与运用，版权保护制度面临着真正的挑战

前面讲到，随着声、光、电技术的发展和运用，带来了作品表现形式和传播手段的多样化，也使版权的权利内容越来越多，但是在数字网络技术产生之前，版权的权利内容之间基本上不存在交叉，不同的传播手段也基本上不发生冲突。比如，复制权一般通过出版途径来实现，而表演权、广播权、摄制权分别控制表演者、广播电视组织和制片人的行为，版权的授权与使用关系呈现出比较清晰和明了的状态，"先授权、后使用"的传统版权保护制度多年来未受到严重挑战。但是，随着数字和网络技术的发展和广泛应用，打破了传统版权保护制度长期形成的授权与交易规则，清晰明了的平衡状态，使传统版权保护制度遇到了真挑战。这种挑战源于数字网络技术的特殊性，可以说数字网络技术在作品的创作与传播方面是现有声、光、电技术的集大成者，它在使用和传播作品方面呈现出速度快、传播广、数量大的特点，完全颠覆了使用和传播作品的传统方式，对其传统版权保护制度形成的挑战体现在以下四个方面。

第一，打破了作品创作者与传播者的传统分工。在数字网络技术环境下，人人都可以是作品的创作者，也可以是作品的传播者，人人既可是作品的权利人，也可以是作品的使用者，人人既可是权利的受益者，也成为权利的加害人，权利人和使用者的界限呈现模糊状态，维权与侵权相互交织。

第二，打破了作品传播手段清晰明了的状态。在传统条件下，分别受出版、表演、广播等传播手段控制的文字、音乐、美术、摄影、影视等作品都可以在数字网络一个平台上实现，这种格局的打破，如果不能有效地解决数字和网络环境下的侵权盗版问题，不但作者的权利受到侵害，而且对传统的出版、表演、广播、影视产业将形成毁灭性打击。

第三，打破了内容提供商和技术服务商的界限。网络数字技术的快速发展模糊了内容提供商和技术服务商的边界，这就使在法律意义上完全不同的两个概念，在实践中相互交织，难以辨别，特别是法律救济，在司法审判和行政执法的具体实践中造成巨大的困惑。

第四，打破了作品交易“点对点”的传统授权方式。使用作品的海量性是数字网络环境下的重要特点，点对点的使用作品授权方式显然满足不了其需求，如何解决海量使用作品与“点对点”授权机制制度设计的矛盾，世界各国的法律制度还没有找到切实可行的解决方案。

（四）国际社会如何应对数字网络对传统版权制度的挑战

1. 从国际组织层面看

1996年世界知识产权组织作出了积极反应，签署了两个与互联网有关的国际公约，即《世界知识产权组织版权条约》（WCT）和《世界知识产权组织表演和录音制品条约》（WPPT），这两个国际公约从法律制度上确认了作者及其相关权利人在数字网络环境下，对其作品以及录音制品和表演享有的专有权利，同时确认了与版权及其相关权有关的技术保护措施和权利管理信息的基本内容。但是世界知识产权组织只是对网络环境下，版权所有者和相关权所有者享有的权利及保护权利的手段作了原则性规定，具体怎么保护，国际公约将这个问题交给了世界各国，由世界各国自寻解决方案。

2. 从世界各国（地区）看

世界各国的反应当然首先来自欧美发达国家。上世纪末本世纪初，美国颁布了《数字千禧年版权法》（DMCA），欧盟颁布了关于数字网络版权保护的《欧盟指令》。这两部法律确定了在数字网络环境下保护版权及相关权的基本原则，重点规范了网络服务商作为作品传播者的权利义务。

客观来讲，欧盟指令和美国的《数字千禧年版权法》对推动数字网络环境下版权保护起到了积极作用，也成为世界各国立法可参照的实际范例。但是，这两部法律的效果还是有限的，没有完全解决数字网络技术的发展和运用给传统版权保护制度带来的挑战，世界各国的借鉴也是有限的。基于此，美国和欧盟不满足于现有两部法律的规定，在美国和欧盟的倡导下，美国在全球范围内积极推动《反假冒贸易协定》的签署，同时美国在国内也推动制定《禁止网络盗版法案》，但是这两个法案到现在都没有生效，《反假冒贸易协定》在欧盟议会审议时受阻，到现在仍无音讯，前途未卜。美国的《禁止网络盗版法案》实际上演变成了好莱坞与网络界之间的一场战争，因彼此双方在利益问题上互不相让，这个法律草案到现在也没能颁布实施。目前，如何应对数字网络技术对传统版权保护制度的挑战，做到既能充分运用先进技术来传播受版权保护的作品，促进数字网络新兴产业的发展，又能有效遏制不断猖獗的网络侵权盗版行为，切实维护版权所有人的合法权益，在权利人、使用者和公众之间并没有完全达成共识，因数字网络技术的运用带来的版权问题也还没有得到真正解决。

此外，法国、新西兰、韩国，以及中国台湾地区，祭出“三振出局”原则以遏制网络侵权盗版行为，但其打击对象不是非法传播作品的盗版者，而是针对网络用户，其效果不如预期。因此，该法案没有被世界多数国家所效仿。

3. 我国数字网络环境下的版权立法情况

为了适应世界知识产权组织两个与互联网有关的国际公约确定的基本原则，我国在2001年第一次修订著作权法时，在权利内容方面，增加了信息网络传播权的权项，为我们2006年加入世界知识产权组织两个国际公约奠定了法律基础。

2001年著作权法的修订，仅确认作者对创作的作品享有信息网络传播权，但该权利如何行使并未作出进一步的具体规定。因此，该法第五十八条明确规定:“信息网络传播权保护办法由国务院另行规定。”在国务院尚未出台的情况下,为解决司法审判过程中涉及的有关网络侵权盗版问题,2002年以来,最高人民法院连续出台了多个涉及审理数字网络环境下版权纠纷的司法解释,为各级司法机关审理数字网络版权纠纷提供了现实的法律依据。

2006年国务院颁布了《信息网络传播权保护条例》,该条例对数字网络环境下版权保护的基本原则、权利属性、权利限制、权利行使、法律责任,包括技术保护措施和权利管理信息,作出了相对全面的规定。至此,应该说我国从法律制度层面,已经对数字网络环境下版权保护问题作出了系统设计。但是,这套制度建设是初步的,还需要逐步完善。

(五)关于第三次修法涉及的数字网络问题

当前,我国正对现行著作权法进行第三次修订。2012年年底,国家版权局向国务院提交了著作权法“修改草案”送审稿。该送审稿对现行著作权法作出了较大调整,由现行法的六章六十一条调整为送审稿的八章九十条,字数由现行法的8700字增加至14 100字,净增了5400字,本次修订调整内容非常广泛,其中数字网络问题是大家关注点之一。涉及数字网络的主要体现在以下四个方面。

第一是明确了信息网络传播权与播放权的界限。在现行法里没有播放权的称谓,在广播和数字网络领域使用作品,对应的权利分别为广播权和信息网络传播权。这样一来,在实践中就带来一个问题,广播电台、电视台和网站在使用作品时涉及上述两项权利怎么区分。有的观点认为应根据主体区分,有的主张以行为区分。送审稿采纳了以行为区分的主张,如果根据主体区分的话,网络里面有转播和实时播放,不是交互的,而广播组织也可以以交互式的方式传播作品,特别是“三网融合”后主体界限将被打破,两种不同的权项就无从区分了。因此,送审稿将原来的广播权改为播放权,它控制直播、转播等非交互式的情况下使用作品的情形，而信息网络传播权则控制以交互式使用作品的情形。

第二是增加了“孤儿作品”的相关规定。所谓“孤儿作品”，按老百姓的语言就是“找不到爹妈”的作品。数字网络环境下涉及海量作品的使用，而且使用者通常难以找到具体的作者。大家知道，在2008年我国颁布的《国家知识产权战略纲要》明确提出，知识产权是国民经济发展的战略性资源，而版权应该说是文化产业的基本资源，离开了版权资源，文化产业就成为无源之水、无本之木。在当代作品里面，有大量作品是找不到作者的，如果将这些无主作品（不是真正的无主，而是法律推定为无主）闲置，就是对战略性资源的闲置，对文化产业的持续健康发展带来不利影响。为了解决数字网络环境下使用海量无主作品的问题，著作权法“修改草案”送审稿增加了关于“孤儿作品”的规定，即使用者通过尽力查寻作者无果，可以在提存报酬后使用无主作品，为合法使用无主智力成果提供了法律依据。

第三是增加了信息网络服务商的法律责任的规定。根据我国现行著作权法律制度的设计，信息网络传播权主要是通过国务院颁布的行政法规来规范的。但是，当前数字网络已经成为版权保护面临的主要问题，其规范应该在法律层级中体现。因此，本次修法将由《信息网络传播权保护条例》规定的基本内容上升到法律层面，提升了它的法律层级，其规定与《信息网络传播权保护条例》基本保持了一致。

第四是增加了技术保护措施和权利管理信息的相关规定。为什么增加这一内容，是从两个方面考虑的。其一，现行法存在较大的法律瑕疵，即现行法在没有对“技术保护措施”和“权利管理信息”作任何定义和表述的情况下，却规定了侵犯“技术保护措施”和“权利管理信息”的法律责任。作为法律制度设计，应先有概念和地位，然后才有行为规范，因此现行法在“技术保护措施”和“权利管理信息”的具体规定上有重大缺陷，应该在修法时给予补正。其二,《信息网络传播权保护条例》对"技术保护措施"和"权利管理信息"作了相对完整的规定和规范,虽然"技术保护措施"和"权利管理信息"的制度设计主要源于数字技术和网络技术的发展与运用,但不仅仅限于数字网络技术,也适用于传统版权领域,把它上升到法律层面来,其适用范围更宽、更广泛,制度设计更完善。

以上就是本次修法涉及数字网络领域的主要方面。但我个人认为,国家版权局起草的著作权法"修改草案"送审稿并没有完全反映数字网络环境下涉及的所有版权保护问题。比如,我前面讲到的四个挑战中的最后一个挑战,即数字网络技术的快速发展和广泛运用,客观上冲击了传统条件下"点对点"的版权授权机制,如何应对这一挑战,送审稿没有直接回应。有专家学者认为,要适应数字网络环境中海量使用作品的现实,就应该将法定许可制度引进网络环境下使用作品的情形,而这种制度在最高人民法院所作的司法解释中曾经规定过。从现实情况看,最近大家关注的"今日头条"版权争议事件就很能说明问题。诚然,在这个版权争议中,"今日头条"是出了问题,它用抓取信息和搬运新闻的方式来满足消费者的阅读需求,但它抓取了不该抓取的信息,搬运了不该搬运的新闻,违反了法律的规定,受到了有关权利人的强烈反对,并承担了相应的法律责任。但是,这事件也应引起我们的反思,像"今日头条"这样一类网络新兴媒体,其一天传播的作品信息量在万数单位以上,如果要让它在很短的时间内获得如此众多作品版权所有者的许可,现实中无论如何都是做不到的。因此,解决类似"今日头条"这样的新型网站海量使用作品的合法性问题,"法定许可"不失为可选择的授权机制和交易规则。既然如此,国家版权局在这次著作权法修订起草过程中,为什么未将网络环境下使用作品的法定许可制度写进草案,一个重大的原因是:现行法律制度规定了五项法定许可制度,但这套制度的设计存在缺陷,导致著作权法实施以来,这套制度基本形同虚设,作者的基本获酬权没有得到有效的维护。

法定许可制度，简单讲，就是在法律的特定情况下，可以不经作者授权，但是要向作者支付报酬。向作者支付报酬，是法定许可制度设计的根本所在，如果说作者在法定许可制度下连获酬都得不到保障，实质上是权利人的权利受到了剥夺。如果现行的法定许可制度不进行调整，再简单地把网络环境下使用作品的法定许可制度写进法律，将造成对海量作品著作权人更广泛的伤害，那就真是天下大乱了。但如果我国现行的法定许可制度经改造后，作者的获酬权能够得到切实的保障，网络法定许可制度就有其存在的现实性、必要性和合理性，将法定许可制度适用于网络环境是尊重现实、符合事物发展规律的。这次修法还在进行，网络环境的法定许可制度能否写进法律，还没有最终的定论，虽然国家版权局起草的修订草案未将其纳入，但并不意味着法律草案提交到国务院和全国人大常委会后仍坚持该选择。我始终相信，国务院和全国人大常委会更具智慧、更具包容心，只要是有利于社会发展、有利于保护作者权利、有利于作品传播的科学的制度设计，他们都将采纳，并以法律的形式固定下来，网络法定许可制度也不例外。

六、保护版权就是保护核心竞争力*

知识经济时代，谁拥有智力资源，谁就能抢占经济发展的制高点，就能赢得市场的竞争优势。

改革开放以来，我国用三十年的时间，逐步建立起了一套适应社会主义市场经济需要、符合国际版权保护规则、具有中国特色的版权保护体系，法律制度不断完善、执法力度不断加强、版权社会公共意识逐步提高、版权市场机制和公共服务体系逐步建立，为鼓励智力成果的创造和运用提供了法律保障，为推进中国版权事业的发展奠定了制度基础。

进入新世纪以来，随着经济全球化的不断深化和科学技术的迅猛发展，政府更加重视知识产权保护工作，提出了“提高自主创新能力、建设创新型国家”的战略构想，把知识产权提升到国家基本战略的高度来推进。去年6月，国务院颁布实施了《国家知识产权战略纲要》，明确提出了“激励创造、有效运用、依法保护、科学管理”的基本方针，对国家未来一段时期的知识产权保护工作作了全面部署，进一步凸显了知识产权保护在经济、文化和社会事业中的重要作用。

说到底，知识产权问题主要是一个经济和发展问题。温家宝总理多次指出，“世界未来的竞争是知识产权的竞争”，强调了在经济全球化和科学技术快速发展的当今世界，知识产权保护对提高一个国家经济发展质量和国际竞争力的重要性。版权作为知识产权的重要内容和组成部分，对提升国家核心竞争力具有十分重要的作用。

---

* 原载于《出版商务周报》2009年8月14日。

(一)在知识经济时代,受版权保护的智力成果是重要生产要素和基本资源,支撑着一个产业群

人类社会进入文明时代后,主要经历了农业经济、工业经济和知识经济三种经济形态。知识经济形态的发展,其重要生产要素和基本资源是知识和智力成果,谁拥有智力资源,谁就能抢占经济发展的制高点,就能赢得市场的竞争优势,就能掌握经济发展的主动权。

受版权保护的智力成果,作为一种具有财富属性、产品属性和高附加值属性的重要生产要素和基本资源,支撑着新闻出版、广播影视、文学艺术、文化娱乐、广告设计、工艺美术、计算机软件、信息网络等数量众多的产业群。没有文字、音乐、戏剧、影视和软件等受版权保护的智力成果的支撑,版权相关产业的发展将成为无源之水、无本之木。就专利、商标和版权三种基本知识产权权利而言,版权与专利、商标比较,不仅仅涉及产业的竞争力,而且具有基本资源的独特属性,简言之,任何产业或企业如果不拥有专利发明和商标,其缺少的是产品的竞争力和企业的商业信誉,产业和企业只能低水平发展,但不影响其存在;但有的产业或企业如果没有受版权保护的作品,其影响就不单纯是产品竞争力和企业信誉问题,而是缺少了存在的基础。因此,版权和版权保护对促进经济、文化和社会事业的发展,提高国家核心竞争力具有十分重要的作用。

《国家知识产权战略纲要》指出,当今世界,随着知识经济和经济全球化深入发展,包括版权在内的知识产权日益成为国家发展的战略性资源和国际竞争力的核心要素,成为建设创新型国家的重要支撑和掌握发展主动权的关键。《国家知识产权战略纲要》的这一表述,准确地诠释了版权的创造、运用、保护和管理对提高国家核心竞争力、掌握经济发展主动权的关系,凸显了包括版权在内的知识产权对发展经济的重要性。

（二）以受版权保护的智力成果作为重要生产要素和基本资源的版权相关产业，在国民经济发展中具有举足轻重的作用

今天，版权相关产业建立在版权作品的创作、生产、传播和消费之上，以智力成果为基本资源、以版权保护为手段的版权相关产业发展迅猛，产业规模不断壮大，版权产品日益丰富，大大促进了经济、文化和社会事业的快速发展。

在经济全球化和知识经济时代的当今世界，世界各国都把版权相关产业放到了优先发展的重要位置，并取得了显著的成效。新世纪以来，世界知识产权组织在全球范围内积极推进版权相关产业对国民经济贡献率的调研活动，总结和探索版权保护对促进经济发展和文化繁荣的经验与思路。美国、英国、芬兰、丹麦、澳大利亚等国开展的版权相关产业对国民经济贡献率的调查显示，版权相关产业在促进经济发展中发挥着十分重要的作用，其发展速度远远高于国民经济其他产业，版权相关产业的增长率高于其他国民经济产业增长率的一倍。例如，美国2005年全部版权产业产值高达1.38万亿美元（占当年美国GDP的11.12%），其核心版权产业产值8190.6亿美元（占GDP的6.56%），对外贸易额达到1108亿美元，超过了食品、纺织、飞机、烟草、石油、煤炭等产业的总和。

在我国，版权相关产业呈现出良好的发展势头。不仅图书报刊、音像电子、广播影视、文学艺术、文化娱乐等与版权相关的传统产业保持了良好的发展势头，计算机软件、数字网络等新兴版权相关产业更是表现出强劲的发展势头。有关统计显示，我国的软件产业销售收入从2001年的700多亿元上升到2008年的7560亿元，年均增长率近40%；广播影视产业2008年的总收入达1667.21亿元，比上年度增长20.49%（其中广播电视产业1350.04亿

元，比上年度增长19.54%；电影产业票房收入43.41亿元，比上年度增长30.48%；电影产业综合收益84.33亿元，比上年度增长25.38%）；数字出版经营额由2007年的360亿元上升到2008年的530亿元，增幅高达46%，今年可望达到750亿元，首次超过传统图书出版经营额；网络游戏2008年的运营收入达183.8亿元，比上年度增长76.6%；软件、广播影视、网络和数字出版等版权相关产业的经济增长率远远高于同期我国国民经济增长率。2007年，北京市版权相关产业资产总额达7260.8亿元，比上年度增长17.9%；实现收入4601.6亿元，同比增长27.3%。上海、广东等经济发达地区，版权相关产业发展势头同样非常强劲，版权相关产业的产值在其国民经济的比重越来越高。

特别是面对当前全球金融风暴带来的经济危机，我国经济处于低潮的情况下，版权相关产业更是逆势而上，仍然保持了较为强劲的发展势头。例如，今年全国各大城市图书和电影市场火爆，春节期间北京的影院更是一票难求。据有关统计，今年前两个月，全国主流院线电影票房达9.96亿元、89.61万场次、3259万人次（观众），与上年同期相比分别增长63.5%、11.6%、43.8%。今年上半年，全国图书销售增长20%以上，新媒体出版增长40%以上，新闻出版业投资增长36%，今年北京图书订货会订货码洋同比增长18%，图书馆采购同比增长26%，今年第九届全国图书博览会订货码洋和现场销售额分别达19.6亿元和1290万元，创造了历史新纪录。国家大剧院自开馆一年多来，不但已安排各种舞台演出上千场，而且，今明两年的演出档期已全部排满，舞台演出显示出供需两旺的良好势头。此外，仅北京地区，今年第一季度文学艺术、文化娱乐、广播影视等九大领域构成的文化创意产业实现收入482.7亿元，同比增长21%，增幅比第三产业高3.9个百分点。以上情况充分显示了版权相关产业抵御经济危机的能力和市场竞争力。

(三)保护版权就是鼓励知识创新,就是保护国家的核心竞争力

以智力成果支撑的版权相关产业是高投入、高风险的产业。一部传世佳作可能要耗费一位作者的毕生精力,一款好的软件产品需要投入巨额资金来开发并长期注资进行升级维护,一部好的电影作品的创作需在较短的时间内投入大量经费。而这些能够创造巨大社会财富的作品一旦公开发布,权利人对自己创作的作品完全处于不设防状态,其权利极易受到不法分子侵权盗版的侵害。这种侵害不仅仅损害创作者的经济利益,而且可能造成版权产品的投资人和相关版权企业血本无归。侵权盗版不仅侵害创作者的合法权利,而且极大地挫伤民族创新精神,破坏市场经济秩序,阻碍版权相关产业的发展,影响国家的核心竞争力。因此,保护版权就是保护民族创新精神、保护公平竞争的市场秩序、保护版权相关产业健康发展、保护国家核心竞争力。中国政府在加强版权保护方面重点做了并应继续做好以下几个方面的工作。

一是进一步完善版权保护法律制度。中国政府先后制定了《中华人民共和国著作权法》《著作权法实施条例》《著作权集体管理条例》《信息网络传播权保护条例》,以及一系列部门规章,加入了《伯尔尼公约》《世界版权公约》《录音制品公约》《世界贸易组织与贸易有关的知识产权协定》《世界知识产权组织版权条约》《世界知识产权组织表演和录音制品条约》等主要版权国际条约,形成了较为完整的版权法律体系,为中国的版权保护提供了法律保障。当前,我们针对科学技术发展的新特点和国际版权保护的新动向,正在开展著作权法第二次修法的调研工作,为进一步完善中国的版权法律制度做准备。

二是进一步强化版权执法体系。版权法律制度建立后,版权保护工作

的重点任务是保障法律规范的有效实施。中国在知识产权保护方面实行的是司法与行政保护并行的双轨执法体系。实践证明,这套体系既有利于发挥司法保护在版权保护中的基础性、主导性作用,又有利于发挥行政执法及时、快捷、高效的优势。当前,司法和行政部门正在认真贯彻落实《国家知识产权战略纲要》,最高人民法院颁布了《关于当前经济形势下知识产权审判服务大局若干问题的意见》,国家版权局重新修订了《著作权行政处罚实施办法》,进一步加大司法和行政执法力度,努力营造良好的版权保护社会环境。

三是进一步建立和完善版权市场机制。进一步完善版权质押、作品登记、转让合同备案、版权价值评估、版权投资融资等制度,提高版权公共服务水平;拓展版权利用方式,降低版权交易成本和风险;鼓励各级政府和市场主体积极参与常态化的版权交易机制建设,充分发挥版权集体管理组织、行业协会、代理机构等社会组织在版权市场化中的作用,促进版权相关产业的健康发展。

四是进一步加强版权宣传教育活动。版权保护的效果如何,关键在于社会和公众对版权保护的认知程度,只有版权保护成为一种社会共识和自觉行动,中国的版权保护状况才会有根本好转。因此,中国政府高度重视知识产权宣传教育工作,并建立了以“4·26世界知识产权日”为重要载体的常态性知识产权宣传机制。通过宣传教育,在全社会形成“尊重知识、尊重劳动、尊重人才、尊重创造”的良好风气,营造良好的版权保护社会环境。

七、体育赛事节目著作权保护问题探讨*

国际奥林匹克委员会关于奥运赛事传播问题(2008年北京奥运会),国际足球联合会、美国职业篮球联盟(NBA)、英国足球超级联赛等关于体育赛事电视、网络传播问题,均涉及当事方的重大经济利益。这些机构以知识产权为由来维护自己的利益,引发的体育赛事节目著作权保护问题备受争议,本文试图从基本概念入手进行探讨。

(一)本文涉及的几个基本概念

本文涉及竞技体育、体育赛事、体育(广播电视)节目、体育赛事作品几个概念。

竞技体育:亦称竞技运动,是体育的重要组成部分,它是以体育竞赛为主要特征,以创造优异成绩、夺取比赛优胜为主要目标的社会体育活动。

体育赛事:竞技体育比赛活动,如足篮排比赛、田径比赛、体操比赛、游泳比赛等。

体育(广播电视)节目:其可以拆分为两个概念,一个是节目,即指文艺演出或者广播电台、电视台播送的内容项目(主要针对表演和播放两种情况);另一个是体育广播电视节目,即指播电台、电视台以体育赛事为内容的播送项目。

体育赛事作品:是指基于体育赛事或者以体育活动为题材创作的作品。比如,对赛事过程的文字报道和评论、反映体育比赛的摄影图片、对赛事过程固定机位的机械录制或者活动机位的选择摄制影像,以及以体育为题材

* 原载于《知识产权》2015年第11期。

创作的影视剧等。

明确以上几个基本概念，有助于分析“体育赛事节目”著作权保护问题。

（二）有关体育赛事节目著作权保护问题分析

1. 关于竞技体育和体育赛事

竞技体育与体育赛事是同一属性不同层级的概念。竞技体育是对以体育竞赛为主要特征、创造优异成绩、夺取比赛优胜为主要目标的社会体育活动的总体描述，而体育赛事则是竞技体育项目比赛的具体化。两者都不是文学、艺术和科学领域的智力成果，不是著作权保护的客体，不受著作权法保护。

虽然体育赛事不是著作权保护的客体，但中超5年的赛事转播“版权费”却卖到80亿元。其实，这是体育界将体育赛事转播权与根据体育赛事创作作品的权利画了等号。有文章明确指出，所谓体育赛事转播权，是指赛事组织者授权媒体机构播送体育赛事以获得经济利益的权利。这种授权不是基于创作作品产生的权利，而是基于对赛事资源的把控。众所周知，体育场馆受时空限制，只能满足部分人到现场观看体育赛事的需求，但对赛事有欣赏需求的人众多，而且不受时空限制，要满足众多人对体育赛事的欣赏需求，只能通过现代媒体手段来实现。到现场观看体育赛事要买门票，通过广播电视网络等媒体观看体育赛事也不能成为免费的午餐。因此，体育赛事组织者凭借对赛事资源的把控，对媒体想借助其技术手段播送体育赛事的行为，要求其付出相应的对价。从这个角度上看，体育赛事转播权与著作权保护本身没有直接关系。

有人将“体育赛事”与“文艺表演”作类比，认为两者都应受著作权法保护，其实这完全是两类不同性质的问题。“表演”属著作权保护的文学、艺术和科学领域范畴，而“赛事”则不在这个范畴。关键在于，表演之前已经存在

“音乐”和“舞蹈”等作品，演员只是通过其表演将作品演绎出来，前提、过程和结果都是确定的，完全符合著作权法保护的主客观条件。而“赛事”是追求优胜、锦标，既没有事先可操作的方案，也不会出现竞技双方都想要的过程，其结果完全取决于运动员的竞技状态和临场表现，前提、过程和结果都存在不确定性，所以也不会产生著作权法意义上的作品。

2. **关于体育(广播电视)节目**

本文认为，广播电视节目不是著作权意义上的概念。这一概念首见于我国1990年颁布的著作权法第四十条的规定：“广播电台、电视台使用他人未发表的作品制作广播、电视节目，应当取得著作权人的许可，并支付报酬。”这一规定存在逻辑问题。在2010年第一次修改著作权法时将其调整为第四十二条：“广播电台、电视台播放他人未发表的作品，应当取得著作权人许可，并支付报酬。”

之所以专门提出广播电视节目这个概念，是因为这个概念搅乱了人们的思维逻辑。具体而言，在著作权法领域，它属于著作权范畴还是属于相关权范畴，是著作权人的权利还是广播组织的权利？如果是著作权人的权利，但它是针对广播组织的概念，若广播组织处于著作权人的地位，那广播组织的相关权怎么体现？如果是广播组织的权利，能仅仅因为一件作品或者制品经广播组织传播就成其为广播组织的权利了吗？作者的权利何在？这显然不合理。因此，本文认为，著作权法不应再沿用这一不确定的概念。对广播组织而言，作品经其传播，其能享有的权利是被传播作品的信号，而不是作品本身。为什么出现广播电视节目这一定义，本文认为，这是我国对《罗马公约》的不同翻译所致。

《罗马公约》第十三条广播组织应当有权授权或禁止有两种翻译。其一，广播组织应当有权授权或禁止：(甲)转播他们的广播节目；(乙)录制他们的广播节目；(丙)复制：略。其二，广播组织享有权利授权或禁止：a. 转播其节目广播;b. 固定其节目广播;c. 复制:略。前一种翻译,把“权利”落脚到“节目”上,即广播组织对其播放的作品或制品享有权利,他人的作品或者制品一经播放就成了广播组织的权利。后一种翻译,则把“权利”落脚到“广播”上,即广播组织只对其播放作品或制品的“广播”享有权利,也就是说,其只对其播放内容的信号享有权利,而不是对播放的内容本身享有权利。本文认为,后一种翻译更准确,更符合广播组织权利的定义。

3. **关于体育赛事作品**

竞技体育和体育赛事不是体育赛事作品,但是,体育赛事作品的创作源于竞技体育和体育赛事。

竞技体育和体育赛事与文化、经贸会展、婚庆仪式,乃至江河山川一样,都是人类社会活动或客观世界的自然呈现。但是,当人们用文字来赞美江河山川,记录展会盛况;用镜头来锁定风光景色,拍摄婚庆过程等就会产生著作权意义上的作品,就会与著作权保护有关。同理,竞技体育和体育赛事通过文字、镜头等创作活动同样可以产生受著作权法保护的作品或制品。

如果说竞技体育是著作权法保护的客体,那么其保护对象就不应该仅仅限于体育赛事用于广播电视传送的录制品和摄制品,还应包括对赛事过程的文字报道和评论、对体育比赛的摄影图片以及体育为题材的影视剧等。事实上,体育赛事组织者从来就没有因为上述创作方式基于竞技体育过程而向创作者主张权利。其原因就是竞技体育不是著作权法保护的客体,这一点体育赛事组织者是非常清楚的。

有人会进一步提出,广播组织和网络播送的体育赛事节目究竟是录像制品还是影视作品。这个问题在我国是一个事实问题,因为,我国现行著作权法存在“电影作品”与“录像制品”两个概念,判断一个体育赛事节目是制品还是作品应该由主张权利的人举证。这一问题涉及对赛事过程固定机位的机械录制或者活动机位的选择拍摄两种情形,本文认为前者产生制品,后者产生作品。

4. **关于体育赛事转播权与体育赛事作品著作权的区别**

第一，体育赛事转播权是赛事组织者把控赛事资源产生的经济权利；体育赛事作品著作权是作者基于体育赛事创作作品享有的著作权。第二，体育赛事转播权是一次性使用的权利，即过期不候，针对特定的赛事活动不能反复使用的权利；体育赛事作品著作权是有期限的权利，即在法定范围内可以不受时间和空间限制反复使用的权利。

（三）体育赛事作品著作权保护的相关主体

涉及体育赛事作品著作权保护的相关利益主体包括体育赛事组织者、体育赛事作品创作者、体育赛事作品的传播者。体育赛事作品组织者是体育赛事资源的控制者和权利人，但不是著作权意义上的权利人；体育赛事作品创作者是著作权意义上的权利人；体育赛事作品的传播者是著作权意义上的相关权利（邻接权）人。

以上三者的概念定位应该说是明确的，但在利益问题上是相互关联的，而且体育赛事在广播、电视、网络状态下播送，利益主体往往会产生竞合，同一主体会同时扮演不同的角色。

比如，赛事组织者仅将某一项具体比赛活动的广播、网络播送权授予某一市场主体，而不向其提供任何录制制品或摄制作品，那么，他则仅仅是通过掌控体育赛事资源获得经济利益的非著作权权利主体。而如果赛事组织者不仅将某一项具体比赛活动的广播、网络播送权授予某一市场主体，同时又向这一市场主体提供赛事活动的录制制品或摄制品，他就同时扮演着资源控制利益主体和著作权人（相关权人）两个角色。

按照上述逻辑推导，如果某一市场主体仅从赛事组织者获得具体赛事的广播、网络的播送权，但是其到现场通过自己的设备录制、摄制赛事过程，并向公众传播，他就是该录制、摄制体育作品的著作权人和相关权（邻接权）人。如果某一市场主体在获得赛事组织者某项具体比赛活动的广播、网络播送授权的同时，又得到了赛事组织者提供的赛事活动录制或摄制影像，在著作权意义上其仅为体育影像的传播者（仅获得专有或非专有使用权）。

澄清体育赛事著作权保护相关利益主体，对解决体育赛著作权保护问题非常必要。

结　语

本文认为，明晰了有关概念及其相互关系、主客体定位等问题，所谓的体育节目著作权保护问题就能迎刃而解，也就不存在困境或找出路的问题。

八、关于体育赛事直播有关版权保护问题的再思考*

近些年来，在相当长的一个时期，体育赛事网络直播相关版权保护问题一直是版权领域广受关注的热点，不同的参与者重点围绕直播所涉及的内容表现形式是否构成版权保护的客体、应不应该受到保护，以及受到何种保护，展开了激烈的讨论。但到目前为止，可以说是观点各异，没有形成共识。

版权法律制度是市场经济与技术发展的产物，技术的不断发展和运用既对现行版权法律制度提出了新的挑战，同时又推动着该制度不断完善。当前，大家正在讨论的体育赛事网络直播有关版权问题，源于网络技术的发展和运用，而且感到解决这一问题，从现行著作权法中还难以找到一对一的直接答案，或者说现行法律虽有规定，但如何理解规定仍存在不同的看法，所以需要从事实、理论和法律层面进行新的论证并达成一定的共识，从而得到解决问题的“新钥匙”。

当然，在论证问题的过程中出现不同的观点和看法是极为正常的。对于不同的观点和看法，持不同立场的参与者可以不赞同对方的见解，但应该尊重对方的表达。因为，在讨论问题的过程中出现的任何观点和看法都不会产生直接的法律效果，也不可能产生直接的正负社会效应，对最终解决问题都具有建设性作用。但是，如果这些观点和看法直接转化为司法审判和行政处罚的依据，且对同类性质的案件产生了截然不同的处理结果，这样就会出现问题，就会影响法律以及司法和行政的权威，影响社会的公平正义。因此，通过讨论和交流继续寻找符合事实规律和法律原则的破解网络直播

---

* 原载于《知识产权》2018年第7期。

有关版权问题的方案是十分必要的。

三四年前,笔者曾经就此问题发表过自己的看法。近两三年中,社会对该问题的讨论从未停止过,进入司法救济程序的此类案件也越来越多,而且无论是讨论的观点还是审判结果仍然不尽相同。因此,笔者拟结合当前人们对该问题的不同观点,再谈谈自己的一孔之见,以供同仁们批判和商榷。

(一)讨论的逻辑起点是体育赛事节目版权问题

凡事都得有一个共同的逻辑起点。就体育赛事网络直播版权问题而言,不是讨论体育赛事网络“直播”的版权保护问题,而是讨论网络直播“体育赛事节目”的版权问题,这是讨论该问题的逻辑起点。

笔者个人观点:“直播”是指针对特定的即时景象,通过信息技术手段,将与实景同步的某种表达形式对外进行传(播)送的信息传播行为。“直播”包括3个关键要素:一是“即时景象”,指自然江河山川和人类社会活动(包括会议、庆典、文艺表演、体育竞技等)等当下存在或正在进行的现实景象;二是“信息技术”,指能够将即时景象信息传递出去的广播、电视、网络等技术手段;三是“表达形式”,指反映即时实景的内容,包括文字、声音和声像画面等。“直播”传(播)送的即时景象不限于体育赛事,能够涵盖人类自然和社会生活的方方面面。“直播”的技术形态也不仅限于互联网,还包括广播、电视、移动互联网等。比如,广播直播主要通过语言的方式传送即时景象,电视直播以声像画面的方式传送即时景象,而互联网则以图文和声像画面两种方式传送即时景象。但无论是通过广播还是电视、网络直播即时景象,都属于信息传播行为,而行为本身不是版权保护的客体。因此,讨论体育赛事有关版权保护问题,不应该将其指向聚焦到“直播”概念上,而应该将其导向“直播”传送的内容——“体育赛事节目”所承载的内容,即所展现的即时景象的语言、图片、文字和声像画面等表达是否构成版权保护客体上。

（二）体育赛事节目受不受著作权法保护存在三种观点及原因分析

当前，人们对体育赛事节目及所承载的语言（声音）、图片、文字和声像画面表达（以下讨论问题时，主要以网络直播涉及的有伴音和无伴音连续声像画面为主）是否构成版权保护的客体，受不受著作权法保护，主要存在以下几种观点和看法：

观点一，认为体育赛事节目不构成著作权法所定义的作品，不应受到著作权法保护；

观点二，认为体育赛事节目虽然构成著作权法意义上的作品，但不属于著作权法规定的作品范围，所以不应受到著作权法保护；

观点三，认为体育赛事节目符合著作权法保护客体的构成要件，可视不同情况，依据著作权法分别以口头作品、文字作品、电影作品以及录像制品受到保护。

关于观点一“体育赛事节目不构成著作权法所定义的作品，不应受到著作权法保护”观点的理由分析。

持观点一的人认为，体育赛事节目（声像画面）不符合著作权法关于作品“独创性”构成要件，以及电影作品“固定”构成要件。

理由一：体育赛事节目是对赛事本身的忠实记录，是对赛事进程被动选择，且缺乏主导性，所以不具独创性。

理由二：体育赛事直播过程中，整体比赛画面并未被稳定地固定在有形载体上，其并不能满足电影作品中有关固定的要求。

理由一分析。该理由有3个关键词：“忠实记录”“被动选择”“缺乏主导性”，从而得出“不具独创性”的结论。

其一，“忠实记录”不具独创性理由混淆了不受版权保护的客观事实与根据客观事实创作作品的关系。体育赛事是一种竞技活动，与婚庆活动和自然山水一样，其本身并不是版权保护的客体，但是它不排斥人们通过笔、照相和摄像设备，以文字、照片和影像画面的形式反映出来，形成版权意义上的文字作品、摄影作品和电影（类电）作品或者录像制品。比如，桂林山水作为自然景观，不是版权保护的客体，但当某人将相机的镜头对准它并按下快门时所形成的“漓江晨曦”照片，毫无疑问是对自然实景的客观记录，而没有人会以不具独创性为由，怀疑其版权意义上摄影作品的性质；再引申一步，如果手持相机的人将镜头对准桂林山水实景时，不是按下摄影快门，而是启动摄像功能，是不是对桂林山水实景的忠实记录？所形成的“山水相连、竹筏穿梭、鱼鹰戏水、游人欢笑”有伴音和无伴音的“十里画廊”优美影像画面，与前面提到的“漓江晨曦”照片相比，虽然不能武断地说独创性提高了，难道能说其独创性反而更低了吗？前者可作为版权保护的摄影作品，后者就不能成为版权意义上的类电作品或录像制品吗？

同理，面对正在进行的俄罗斯世界杯足球比赛，体育记者手持摄录像设备，面对同样的比赛场景，分别拍下单幅照片和摄制双方激烈对抗的动态影像画面，其结果是不是与前面列举的桂林山水情形相同呢？照片与影像画面独创性谁高、谁低还需要重新论证吗？面对同样不受版权保护的体育赛事和自然景观，同样以笔、照相和摄像设备，以文字、照片和影像画面形式反映出来，如果前者不属于版权保护的客体，后者则受到版权保护，试问逻辑何在？

可能有人会说，请不要转移话题，现在是讨论体育赛事节目直播的版权问题，你只字不提直播却大谈摄影和摄像问题，同样在逻辑上讲不通。说得好，讨论体育赛事节目版权问题是以直播为前提的，离开直播谈体育赛事节目的版权问题，会脱离讨论的主题。但是，笔者在前面“讨论问题的逻辑起点”部分已经专门阐述了“直播”问题。并重点强调其是一种信息传播方式，而包括直播在内的任何传播方式都不可能改变其传播内容的性质。具体讲每一个影像画面的形成，与先制作再传播（录播）或者边制作边传播（直播）没有必然的因果关系。因此，以“忠实记录”之名否定根据不受版权保护体育赛事实景摄制的声像画面的“独创性”是站不住脚的。

其二，“被动选择”“缺乏主导性”不具独创性理由，是对摄制体育赛事节目（影像画面）重大的误解。来看一个体育竞赛实景直播模拟，即世界体操锦标赛在北京举行，马上将进行男子6个单项决赛，来自数十个国家和地区的40余名运动员参加角逐，参赛国家和地区经赛事主办方批准（非版权意义的赛事控制权），携带直播设备入场直播比赛实况，他们面对同样的单杠、双杠、跳马、吊环、自由体操、鞍马6个单项平行排列的赛场安排，同样一批参赛的运动员、同样的比赛流程、同样的比赛周边环境，向所在国家和地区的观众直播其制作的比赛进程的现场景象。问题是，这些所有参与直播的传送方所摄制的赛事实景影像画面（体育赛事节目）有没有一个完全相同的？答案非常清楚：“没有”。

为什么面对如此众多的相同条件的现场实景会出现不同的直播结果，其原因是不同的国家和地区对体育比赛的欣赏观念和欣赏需求不同，还与6个单项中有没有其运动员参加、其运动员能取得什么样的成绩以及本国（地区）观众更喜欢什么样的比赛花絮等众多因素有关。简言之，“不同”源于不同的需求所产生的不同选择。在现实生活中，对任何不受版权保护的自然景象和社会活动，人人都有通过笔、照相机、摄影机进行创作和传播的权利（当然有权利不等于有能力）。比如，在某体育场正在进行一场开放式的足球比赛，入场的观众人人都可以拿出手机对正在进行的比赛实景进行摄像，其结果肯定是千人千面各不相同，而导致不同结果的原因正是自我主导和自己选择。因此，所谓体育赛事节目摄制是“被动选择”“缺乏主导性”的，进而否定其结果的独创性是一个伪命题，在现实中是根本不存在的。

理由二分析。该理由的核心是指，直播指向的“体育赛事节目”没有固定，不符合电影作品“摄制在一定介质上”的构成要件，所以体育赛事节目（声像画面）不构成作品。其实这涉及声像画面摄制与声像画面传送的基本常识问题。

一般人都知道摄制是传播的前提，是先摄制后传播（也称录播或延时播），还是边摄制边传播（直播），只能反映摄制内容传播信息的时效问题，摄制所产生的声像画面不会因为直播或延时播的传送方式不同而有所改变。而体育赛事直播过程，同时完成了三件事：一是摄，即将实景场面拉入镜头；二是固，即将纳入镜头的画面以数字或模拟信号的方式固定在介质上；三是传，即与现场实景同步将纳入镜头的画面传送出去。笔者可以举出大量的事例证明，电视台或互联网在直播体育赛事过程中已经完成了声像画面的固定。比如，羽毛球、排球比赛的鹰眼回放和跳水比赛的慢动作回放，如果没有先前的固定，回放从何而来？持非固定观点的人会说，其强调的是“现场直播过程中，整体比赛画面并未被稳定地固定在有形载体上，其并不能满足电影作品中固定的要求”。

笔者认为，这样的观点更不值得一驳，难道电影作品的固定要件还分局部和整体吗？如果真是这样，不法分子盗用正在拍摄但尚未全部完成的电影作品，并以该电影尚未完成整体的稳定固定为由逃避法律责任吗？笔者认为答案应该是不辩自明的。

关于观点二“体育赛事节目不属于著作权法明确列举作品种类范畴，不应受到著作权法保护”观点的理由分析。

持这一观点的人并不否认体育赛事节目的作品属性，但认为它不在著作权法第三条规定的作品范畴，因此，不应该受到著作权法的保护。

理由分析。在分析这一问题前，笔者冒昧地向立法者提一个问题：凡是不在著作权法第三条规定范畴的其他各种作品，著作权法都不给予保护吗？

当然，单凭假设性的提问是解决不了问题的，只有回到理性层面，从法律精神和法律逻辑两个层面进行分析，才能找到问题的答案。

先从法律精神层面看，众所周知，作品是版权保护的客体，《伯尔尼公约》第二条受保护的作品规定："'文学和艺术作品'是指文字、科学和艺术领域内以任何方法或形式表现的一切产物，诸如……"该公约针对该条款作了进一步阐述："公约首先提出保护文学、科学和艺术领域内的一切产物的总括原则，其次规定作品的表现形式或方法绝不影响对它的保护。"《伯尔尼公约》的这一规定及其指南的阐述，体现了对作品保护的法律精神。中国是该公约的成员国，在作品保护问题上是不是应该遵循国际公约规定这一总括原则？

再从法律逻辑层面看，不可否认，著作权法（本文以1990年颁布的著作权法为例）第三条是关于作品范围的规定性条款，该条款采取了列举式立法方式，共列举了9种类型。笔者认为，姑且不说体育赛事直播涉及的语言表达、文字、图片和影像画面属不属于该条规定的9类作品范畴，即使不在其中，也不能简单地认为其不受著作权法保护。因为我国现行著作权法涉及作品保护的条款不是只有第三条，而是有由多个条款组成并相互关联的比较完备的逻辑体系。著作权法第二条明确规定："中国公民、法人或者其他组织的作品，不论是否发表，依照本法享有著作权。"该条是著作权法对作品享有著作权的定性性规定，旗帜鲜明地表明公民、法人及其他组织的作品依本法享有著作权。第三条仅仅是对作品形态的列举，而不应该理解为不受著作权法保护作品的排除。对不受著作权法保护作品的排除，在第三条之后的第四条、第五条作出了明确的专门规定。第四条之一款规定："依法禁止出版、传播的作品，不受本法保护。"第五条进一步规定"本法不适用于（一）法律、法规，国家机关的决议、决定、命令和其他具有立法、行政、司法性质的文件，及官方正式译文；（二）时事新闻；（三）历法、数表、通用表格和公式"三种情形。该条规定的不受著作权保护的情形并不包括未列入第三条作品范围的作品。如果非要说未列入第三条作品范围的作品不受著作权保护,那么第五条就应该再增加"本法第三条未列举的其他作品"款项。因此,从著作权法第二条、第三条、第四条、第五条等条款内在关联看,将未列入第三条作品范围的作品排除在著作权法保护之外是不正确的。

关于观点三"体育赛事节目,符合著作权法保护客体的构成要件,可视不同情况,依据著作权法分别以口头作品、文字作品、电影作品以及录像制品受到保护"的观点分析。

理由分析。笔者是赞同这一观点的,理由在分析前两种观点时多少已经提到,在此不再重复。笔者想表达的是,体育赛事直播由来已久,不是互联网的产物。众所周知,20世纪70年代后期至80年代初期,分别由汪家伟和孙晋芳领衔的中国男女排强势崛起,深受国人追捧,大家都想一睹其风采,但限于当时电视还不普及,网络尚未出现,大多数国人只有通过广播传递出的声音欣赏比赛的实况,宋世雄则用其妙语连珠的现场讲解,将比赛场景生动地展现给听众,弥补了人们不能亲临现场观看比赛的遗憾。笔者相信,大家不会质疑宋世雄与比赛同时长的精彩直播语言表达是口头作品。后来出现了电视直播和网络直播,今天只要打开各大门户网站的体育栏目,都能找到正在进行的或NBA、或中超、或意甲、或温网等赛事的图文现场直播,人们也不会怀疑其直播的与赛事实景相匹配的"文字与图片"的作品属性。

但为什么针对同为网络直播内容的声像画面,就能以"忠实记录""被动选择""缺乏主导性"为由否定其独创性呢?为什么持不同观点的人在这一问题上会争议不休呢?其实要解决网络直播体育赛事节目是否具有独创性这一问题并不难。笔者赞同"在事实面前,任何辩解都是苍白的"这个道理,只需大家暂时放下争论,争议双方都扛上一台摄像机,到一个开放的比赛现场做一次现场直播的尝试，如果双方直播的赛事影像画面都是相同的，那就证明持“忠实记录”“被动选择”“缺乏主导性”观点的人是正确的，反之，则是不正确的，所谓“忠实记录”“被动选择”“缺乏主导性”导致体育赛事节目不具独创性就是一个伪命题。

（三）建议完善法律法规，化解意见分歧

有言道：“一千个人眼里有一千个哈姆雷特。”从这个意义上讲，对不同的问题存在不同的看法是十分正常的。但在体育赛事节目有关版权的问题上则不能，因为它涉及法律问题，法律问题是严肃的，事关社会公平正义，不正确的法律解读运用到司法实践中，就可能伤及无辜。

当然，现在不同的人对体育赛事节目有关版权问题存在不同的认识是一个不争的事实，出现这一现象，不是参与该问题讨论的人在认知上出了问题，而是现行版权法律制度不周延、不科学引起的。比如，著作权法第三条应该是作品范畴而非范围的规定，在实际立法中采取了列举的方式。立法者非常清楚，任何列举方式都不可能穷尽作品的范畴，为了防止遗漏，需要在列举的同时备以兜底条款。但在实际立法过程中，不知是出于经验不足，还是大意疏忽，将本该表述为“其他文学、艺术和科学作品”的第九项属于兜底性质的规定，表述为“法律、行政法规规定的其他作品”。

这种差异，将本属于“范畴性”的规定变成了“范围性”的规定，也就给人们将不在该条规定范围内一切其他作品不受著作权法保护提供了解读的空间。再如，著作权法在规定保护客体时，分别在著作权和相关权中规定了“电影作品”和“录像制品”，并在其实施条例中将两者分别定义为“摄制在一定介质上，由一系列有伴音或者无伴音画面组成，并且借助适当装置放映或者以其他方式传播的作品”和“电影作品和类似摄制电影的方法创作的作品以外的任何有伴音或无伴音的连续相关形象、图像的录制品”。

将两个定义相比较,除了强调摄制方式不同和使用名称有区别外,其内容本身无实质差别。比如,体育赛事节目(声像画面部分)都能满足“介质固定、有伴音无伴音画面、放映传播”的电影作品要件,以及“有伴音无伴音画面连续相关形象、图像”的录像制品要件。在实践中,将体育赛事节目(声像画面部分)往那里归,不同意将其归为电影作品的人,只能在录像制品定义中“电影作品和以类似摄制电影的方法创作的作品以外”的表述上做文章。对于什么叫“以外”,法律没有作出解释,那么人们就可以自由解读,并把它作为将体育赛事节目(声像画面部分)挡在作品范畴之外的理由。而主张体育赛事节目(声像画面部分)是作品的人,则以其符合作品构成要件相对抗。

问题既然出在法律制度的规定上,解决问题也该通过完善法律规定来解决。在这个问题上,国家版权局是有所思考的。早在2012年年底,国家版权局在向国务院提交的著作权法“修改草案”送审稿(以下简称“送审稿”)对现行著作权法的第三条进行了修改,其第五条对作品采取了“定义+范畴”的规定,即将过去由实施条例定义作品概念改为法律直接定义;在确定作品范畴方面实行了“列举+兜底条款”的立法模式,在增加列举作品种类的前提下,增加了“其他文学、艺术和科学作品”的兜底性款项,还原了列举作品范畴而非规定作品保护范围的立法意图,也就堵住了已不在范畴列举之内的其他作品不受著作权法保护的解读空间,回归了立法的本意。

另外,“送审稿”将“电影作品”称谓修改为“视听作品”,将所有能够借助技术设备被感知的由一系列有伴音或者无伴音的连续画面纳入其中,同时取消了“录像制品”这一相关权客体,从而排除了体育赛事节目在“电影作品”与“录像制品”选择站队的可能性。如果国家版权局的修法思路得以实现,那么,体育赛事节目(声像画面部分)作为有伴音或者无伴音的连续画面表达,就不会受是否构成作品或录像制品,以及是否为法律列举的作品范围等因素的影响,而受到著作权法的保护,有关体育赛事节目版权保护争议就可告一段落。当然,立法机关能否接受国家版权局的修法思路,笔者还不得而知。

九、数字时代传统媒体要掌握舆论主导权，更要掌握资源主导权*

（一）新闻报道到底有没有版权

近年来，随着网络、数字技术迅猛发展，报纸等大量原创新闻报道受到网站、新兴媒体未经授权非法使用问题。那么，报纸新闻报道到底有没有版权问题？

现行著作权法所称的“时事新闻”，是指通过报纸、期刊、广播电台、电视台等媒体报道的单纯事实消息（客观事实），不是版权保护的客体。简单讲客观事实不受版权法保护，而“新闻报道”不等于客观事实本身，通常是记者从不同的视角对客观事实的描述，这种描述具有主观选择性，凝聚着创造性的智力劳动，理应受到著作权法的保护。

要弄清数字网络环境下传统媒体转型升级的版权问题，首先还得厘清数字网络版权问题的一些相关概念。

一是关于“数字技术”与“数字化”。所谓“数字技术”是指一项与电子计算机相伴相生的技术，即借助一定技术设备将各种信息（包括图、文、声、像等）转化为计算机能够识别的二进制数字“0”和“1”后进行运算、加工、存储、传送、传播、还原的技术。而数字化，则是将信息转化为一系列二进制代码数字数据，引入计算机系统进行统一处理的过程。

二是关于“数字出版”“电子出版物”“网络出版”。所谓“数字出版”是指借助电子技术设备将图、文、声、像等信息通过二进制数字进行存储，并公开

* 原载于《新闻研究导刊》2015年第12期。

传播数字化后的图、文、声、像等信息的行为。数字出版包括有形介质(电子出版物,如光盘、数据库等)传播和无介质(有线、无线网络)传播两种形态,“数字出版”相对于网络出版、电子出版物,在逻辑上是一个上位概念。

三是关于“数字作品”与“数字版权”。数字作品与数字版权不是法定概念,是社会公众在现实生活中约定俗成的习惯用语。数字化是存储信息的一种技术手段,是作品的存储方式,而不是作品本身。任何作品都可以数字化的方式存储,但数字化后的作品不一定都受版权保护。例如,将进入公有领域的作品进行数字化,并不产生版权保护问题。作品受版权保护,不是基于数字化,而是作者的创作行为。“数字版权”实际上是指在作品数字化过程中面临的版权问题。例如,某报纸在出版传统纸质版的同时推出光盘版(数字化载体),则应重新获取作者光盘版的复制、发行权;如再出无介质的网络版,还需取得作者信息网络传播权的许可。例如,中国文化传统文化遗产“四书五经”,早已进入了公共领域,即便对其数字化后以任何方式广泛传播,都不涉及版权问题。但如果将发表在报刊上的当代原创作品通过数字化后,不管是以有形介质形式,还是无形介质形式传播都会涉及版权问题,未经权利人授权的使用都可能会承担相应的法律责任。

(二)数字网络环境下,传统媒体如何应对转型升级带来的版权问题

媒体的基本功能是传递信息,报纸等传统媒体转型升级的动因旨在顺应时代发展趋势,追求媒体功能的最大化,即传播信息的最大化和满足社会信息需求的最大化。要实现信息传递最大化,必须具备信息传递“高速度、广覆盖、大容量”的基本条件。技术的发展运用,可以解决信息传递高速度、广覆盖、大容量的问题,同时促进传统媒体向更高形态的媒体转型升级。技术的发展和运用,可以解决信息传播速度、覆盖和容量问题,但不能直接转

化为信息本身,信息的多寡来源于人的智力创作行为。因此,传统媒体转型升级除运用先进技术手段外,关键还要解决好信息资源问题,即原创版权问题。

传统媒体在版权法律关系中的定位,首先是作品的传播者,是版权法律关系中的义务主体,使用他人的作品应该尊重作者的相关权利。其次是作品的权利人,是版权法律关系中的权利主体,报纸在传播作品的过程中,对作品的选择和编排作出了创造性的劳动,是报纸这一汇编作品的权利人;同时报纸在办报过程中也采集创作了大量的作品,是法人作品和职务作品(约定著作权归单位时)的权利人。

当前,数字网络技术的运用与快速发展,对传统版权保护制度提出了新的挑战,主要体现在"四个打破"上。一是人人都是"麦克风",打破了传统分工,改变了中国新闻出版单位独享新闻资源和新闻传播的地位。二是打破了清晰明了的作品传播生态,改变了传统媒体的生存环境。三是打破了内容提供商与技术服务商的界限,增强了媒体市场竞争。四是打破了作品交易点对点的传统授权机制,面临着海量授权的挑战。新媒体的冲击,分流了市场,抢占了媒体资源。

(三)如何应对或解决这些可能存在的侵权行为

应对之策的核心就是加强对作品版权资源的把控,重在处理好版权的对内对外关系。

对内,要整合版权资源。一是要盘活存量资源,现在的传统报刊社,大都有一二十年,甚至更长的历史,积累了大量的信息资源。通过数字化手段盘活这些存量资源意义十分重大,但是面临如何处理原作者的授权关系这一大难题,一方面要找到与权利人协商的途径,另一方面也要寻求立法支持。二是开发增量资源,传统媒体在今后的传递信息过程中,要通过对外协商与自然来稿的作者签署传统出版和数字出版的版权协议，以及对内约定的方式明确职务作品的版权归属关系，公平、合理分配作者与职务作品的报酬，处理好刊载作品权利归属或权利行使问题，牢牢把握信息资源的主动权。

对外，处理好原创传播与集成传播关系。一方面要厘清传统媒体原创传播与媒体集成传播的关系，具体讲，传统媒体处于原创传播的地位，而新媒体一般处于集成传播地位，新媒体因信息的海量需求，往往依赖于对传统媒体信息资源的利用，传播媒体要善于依法维护其正当权益。另一方面，传统媒体要向新媒体转型，同样面临海量使用作品问题，即新媒体今天面临的海量授权难题，将是传统媒体转型升级必须面对的问题，因而应未雨绸缪，提前作出应对。

（四）数字时代，要掌握舆论主导权，更要掌握资源主导权

在当今报业向数字出版转型升级的关键时期，工作量虽然很大，但十分重要，也切实可行；从长远看，更具战略意义。国家提出的“互联网+”计划，不是传统行业与互联网的简单结合，而是利用互联网对传统行业进行再造，带来的变化将是实质性的根本变化。但传统媒体与新兴媒体融合发展都应在法治的轨道上有序进行。

同时，一些期刊仅仅发布一个启事，注明“来稿凡经本刊使用，视作同意网上传播以及发行，本刊支付的稿费包括网上传播的稿费”等，其实是没有法律效力的，如果作者与其对簿公堂，可以主张其作品网络传播中产生的收益。传统媒体在作品的授权使用方面，要增强法律意识。

十、关于著作权人"被代表"问题的思考*

2012年3月31日，国家版权局就"著作权法"第一稿（征求意见稿）修改草案向社会公开征求意见后，一些著作权人及法律工作者对其中第六十条（著作权集体管理组织取得权利人授权并能在全国范围代表权利人利益的，可以向国务院著作权行政管理部门申请代表全体权利人行使著作权或者相关权，权利人书面声明不得集体管理的除外）、第七十条（使用者依照与著作权集体管理组织签订的合同或法律规定向著作权集体管理组织支付报酬的，对权利人就同一权利和同一使用方式提起诉讼，不承担赔偿责任，但应当停止使用，并按照相应的集体管理使用费标准支付报酬）的规定提出质疑，担心著作权人行使权利时"被代表"。

我认为，这种质疑和担心是部分著作权人和法律工作者对"著作权法"第一稿（征求意见稿）修改草案的正常反应，我们充分理解这些著作权人和法律工作者的担心。笔者个人认为，这个质疑是对"著作权法"第一稿（征求意见稿）修改草案最具挑战性的意见。下面，笔者想就这一问题作一具体分析，以便让社会和公众对著作权法修改草案稿设定此项制度合理与否作出自己的判断。

其一，纳入著作权集体管理的著作权权项是有前提的，不是著作权人享有的每项财产权都适用集体管理制度，而只有著作权人难以行使的财产权，或者说著作权人无法控制的财产权，才能适用集体管理。适用集体管理的财产权具有特定性，不能延及著作权人的所有财产权利。所谓著作权人难以行使或无法控制的权利，是指著作权人明明知道自己的作品被众多的市

* 原载于《中国新闻出版报》2012年4月16日。

场主体经营性使用，自己又不清楚谁在具体使用，也控制不了他人使用自己的作品，而且不能从这些使用中获得正当的报酬。需要说明的是，延伸的集体管理权项（也就是部分著作权人或学者认为“被代表”的权项）的适用条件，比一般性的集体管理权项更加严格。

其二，关于“被代表”，我认为这是一些著作权人和法律工作者给出的一个非常贴切的称谓。“著作权法”第一稿（征求意见稿）修改草案第六十条和第七十条有关“被代表”的立法考虑，首先是从制度设计上能最大限度保护最广大著作权人难以行使的权利，其次是让绝大多数愿意依法传播（使用）作品的市场主体通过合法途径获得权利许可，在保护著作权人基本权利、鼓励作品合法传播、满足公众精神文化需求的前提下，实现著作权人和作品传播者双赢的目的。

其三，针对特定权利在特定使用方式前提下，如果著作权人的权利不“被代表”将会产生什么样的社会效果？我认为，针对特定权利在特定使用方式前提下，如果著作权人的权利不“被代表”将会产生的社会效果是，全国十余万家“卡拉OK”经营企业就得关门，以及全国数量更大的宾馆饭店、商场超市、机场、车站、码头、交通运输工具等将不能播放音乐，我国的社会将进入没有音乐的世界。这个道理很简单，在特定权利及特定使用方式前提下，著作权人的不能“被代表”其权利自己无法掌控，作品使用者也将无法获得著作权人的合法授权。使用者如果在没有获得授权的情况下继续使用著作权人的作品，将处于违法状态，其行为失去正当性，理所应当关门或停止使用作品。无论是著作权人、文化娱乐产业界和广大公众都不愿意看到这样的结果。

大家可能认为我的上述观点有失偏颇，甚至言过其实。为了说明上述观点的理由，我们先回到现实生活中，针对特定权利在特定使用方式不“被代表”的情形，以“卡拉OK”经营方式使用作品为例作一实证分析，让大家从这一分析中给出自己的答案。

首先,从授权许可的角度看。一个“卡拉OK”经营业者向消费者可提供消费的VOD点唱系统曲库中一般保有二万至五万个作品。如果“卡拉OK”经营者要经过曲库中如此众多而且分布在全国乃至全世界作品的著作权人的逐一授权,在实践中几乎是做不到的。“卡拉OK”经营者即使按一天能签署100个授权合同,其一年365天什么其他事都不做,也不可能将二万至五万个作品的使用权签下来。既然做不到,又拿不到合法授权,“卡拉OK”经营者该不该停止使用他人作品,如果停止使用,“卡拉OK”企业是不是应该关门。如果“卡拉OK”经营者不停止使用,侵权是不是成为一个常态化的事实,著作权人空有一个不“被代表”的权利,能不能阻止散落在全国不同地域数以万计的未经其授权的违法使用行为(有人会说能,通过诉讼能解决问题。对此,我会在后面专门论述这一问题)。

我们再换个角度看这个问题,如果某个作者的某一作品被纳入“卡拉OK”VOD点唱系统曲库,从法律上讲任何使用该系统曲库的“卡拉OK”经营者都应当取得该作者的授权。但是,该作者仅凭自己的一己之力如何面对不同地域数以十万计的“卡拉OK”经营者去授权,如果著作权人控制不住自己授权,“卡拉OK”经营者不经其授权一意孤行地使用作品,势单力薄的单个著作权人怎么应对。而法律制度怎么给那些愿意将自己的权利授权给“卡拉OK”经营者使用的权利人或者愿意通过合法授权使用作品的市场主体找出路。

其次,从授权使用费的角度看。还是以“卡拉OK”经营者使用作品为例,一个著作权人将其作品授权“卡拉OK”经营者使用,一个作品一年只收取100元人民币的权利使用费不算高,我相信,会有人说“按照这个使用标准付酬是对音乐人的侮辱”。但是,我们就拿著作权人可能认为受到侮辱的这样一个低标准来算一个账,大家会看到什么样的结果?一般讲“卡拉OK”

VOD点唱系统曲库内存的作品在二万至五万个,即便每一作品按可怜的100元人民币支付使用费,就意味着每一个“卡拉OK”经营者就要为此付出二百万至五百万人民币才能取得起码的合法经营资格。即便如此低的标准,全国十余万家“卡拉OK”经营者将为此支付二千亿至五千亿元人民币的费用。毫无疑问“卡拉OK”经营者是没有这个支付能力的,因为全国整个“卡拉OK”行业一年的经营额不可能达到二千亿至五千亿元人民币这个数额,甚至达不到这个数额的百分之十。既然“卡拉OK”经营者承受不了如此低的授权使用费标准,著作权人也不能从低标准使用费中获得合理的利益(著作权人签署一个授权合同所需的成本,一般会高于授权所获得的收益,即100元人民币的成本是签不下一个授权合同的),那么著作权人空有不“被代表”的权利,于己于人有什么意义？在这种难解的困境中,能不能去寻找一种理性的、互利双赢的市场交易规则?

最后,从维权诉讼的角度看。如果一个著作权人的任一作品被任何一家“卡拉OK”经营者在未取得其授权的情况下使用,他都有向人民法院提起民事诉讼的权利,而且都能够取得胜诉。但是,我们假设法院对这样的诉讼仅向违法“卡拉OK”经营者作出100元人民币赔偿的判决(在实践中决不会出现如此低的判赔,实际案例没有低于500元人民币赔偿标准的),都将导致集体管理制度的崩溃。其理由是,虽然100元的判赔标准低得不能再低,但是有数以十万计的“卡拉OK”经营者在非法使用其作品,从理论上讲,该著作权人通过诉讼可以获得100元×N万个违法“卡拉OK”经营企业的经济补偿,这一收益是任何集体管理组织都提供不了的,著作权人在这种情形下当然有理由不加入集体管理组织,而由自己来行使自己的权利。本文在前面论述授权许可部分时,已经阐明了特定权利在特定使用方式前提下,单个著作权人是无法做到向不同地域数量巨大的作品使用者授权的。因此,对“卡拉OK”经营用户事实上存在的违法使用其作品的行为,只能通过诉讼来解决。如果每一个著作权人都拿起诉讼维权武器,就“卡拉OK”经营违法使用作品而言,就能产生N万个作品(二万到五万个)×N万个“卡拉OK”经营用户(十余万个)如此众多的诉讼。如此众多的诉讼,不仅导致我国著作权市场乱象丛生,著作权人与作品使用者关系水火不容,而且将极大地消耗我国有限的司法资源,使我国的司法机关不堪重负。

基于以上分析,我认为在著作权人难以行使或无法控制权利的情形下,针对特定权利在特定使用方式前提下,坚持著作权人不“被代表”的制度设计,首先,将导致著作权人权利无法保障,其次,众多市场主体合法使用作品的授权途径无解,从制度设计上将众多的市场主体置于侵权状态,导致整个版权市场秩序的混乱,这将为他人攻击我国是盗版乐园提供理由,最后,将导致泛诉和滥诉,极大浪费司法资源。

针对同样的问题,我们来看看发达国家知识产权专家的见解。美国著名法官波斯纳先生对待同类性质的问题提出了“比较优势原理”。他指出:“如果市场交易成本过高而抑制交易,那么权利应赋予那些最珍视它们的人。”我理解波斯纳先生所称的“最珍视它们的人”,首先是权利的使用者,而且是尊重作者权利、愿意承担法律义务,并通过市场规则获得权利的人。应该说“著作权法”第一稿(征求意见稿)修改草案第六十条、第七十条的制度设计呼应了波斯纳先生的“比较优势原理”,既最大限度地保护了著作权人难以行使权利的利益,又为愿意合法使用作品的市场主体提供了可具操作性的授权渠道,促进作品的合法传播,推进内容产业的健康发展,再者最大限度地减轻了司法机关的压力,节约了司法资源。

我的最终结论是:科学合理的著作权集体管理制度设计,是解决著作权市场乱象的根本途径,也是体现一个国家著作权保护制度是否完善的重要标志,而所谓“被代表”问题是集体管理制度设计时应该考虑的重要问题之一。

最后，我还想表明，以上观点仅是本人的一孔之见，难免欠缺周密严谨，甚至存在错误，希望大家提出商榷。我之所以写本文，是想让大家多从制度建设入手思考问题，寻找解决著作权市场乱象的有效办法。我认为，如果著作权人、作品传播者，以及广大公众不认同特定权利在特定使用方式前提下，著作权人的权利"被代表"的制度设计，那么"著作权法"第一稿（征求意见稿）修改草案第六十条、第七十条的规定就缺乏广泛的立法民意基础，取消该项制度设计是自然的事情。

十一、著作权不仅仅是"私权"*

2012年3月31日，国家版权局起草的"著作权法"第一稿(征求意见稿)修改草案向社会公开征求意见后，其中第四十六条、第四十八条、第六十条、第七十条的制度设计引起很大争议。

从社会反馈的意见看，对上述四条规定的质疑，不同的利益主体，以及公众和学者从不同角度提出了各自的理由。但是，我认为，根本的理由是认为著作权是私权，这个私权"被限制""被代表""被定价"了。

(一)著作权是私权，但不仅仅是私权

的确，"私有财产神圣不可侵犯"是西方市场经济国家的"普世价值"。但是，即使在西方市场经济国家，对待包括著作权在内的知识产权这个所谓的私权也破了这个例。我们知道，现代著作权保护制度起源于西方市场经济国家，而这个制度产生之时，就对著作权进行了限制，一是任何作品到了一定的期限就进入公有领域，二是在特定的情况下社会和公众可以不经著作权人同意，也不向著作权人支付报酬使用作品。

著作权法律制度之所以如此设计，其理论依据如下。第一，任何一个受著作权法保护的智力成果(作品)都是在前人智力成果的基础上产生的，也就是说任何一个当代作品都能在已经存在的作品中找到影子，凝聚了前人的或思想、或观点、或方法、或表达等智慧。第二，受著作权保护的智力成果，是全人类的宝贵的精神财富，在尊重著作权人基本权利的前提下，要促进这些作品的广泛传播，使广大公众最大限度地分享这些财富。因此，著作

* 原载于《中国新闻出版报》2012年5月3日。

权是私权，但不仅仅是私权。

我还想举两个例子：一是为什么欧洲部分国家“海盗党”能够获得相当数量的民意支持，进入议会；二是为什么以美国为发起者制定的《反假冒贸易协议》在欧洲备受争议、美国的《网络反盗版法案》迟迟不能出台。其根本原因不是欧洲和美国的公众支持侵权盗版行为，他们担心的是——不受限制的著作权和著作权强制保护措施，有可能使公众获得知识和信息的成本增加，甚至阻碍公众获取知识和信息。

这个所谓“被限制”，其实是著作权法律制度中的一个重要的制度设计，在国际公约和各国法律中都有明确规定，称之为“权利的限制与例外”。这套制度设计是以不损害著作权人的正当权益为基本前提。比如说《伯尔尼公约》第九条第二项规定：“本同盟成员国法律得允许在某种特殊情况下复制上述作品，只要这种复制不损害作品的正常使用也不致无故侵害作者的合法利益。”“限制和例外”有两种情形：一是“合理使用”，即在特定情况下公众可以不经著作权人许可，也不向著作权人支付报酬而使用其作品；二是“非自愿许可”，包括法定许可和强制许可，即在特定情况下作品使用者可以不经著作权人许可使用作品，但必须向著作权人支付报酬。

目前，部分著作权人和学者对“被限制”的质疑，不是对“法定许可”制度的质疑，而是质疑“著作权法”第一稿（征求意见稿）修改草案取消现行著作权法有关录音法定许可条款中的“著作权人声明不许使用的除外”的规定。“著作权法”第一稿（征求意见稿）修改草案为什么取消“著作权人声明不许使用的除外”的规定？首先从逻辑上讲，如果允许著作权人声明保留，那么设定“法定许可”制度的立法意图就无法实现；其次从法律规定看，相关国际公约允许对音乐作品的著作权进行限制，很多国家也作了这样的限制，但都没有允许著作权人通过声明的方式保留权利。如德国著作权法第四十二（a）条规定“录音制品制作者被授予为营利目的将音乐作品录制成录音制品并将制品复制发行，著作权人在著作出版后有义务向本法适用范围内有主营业所或住所的任何其他录音制品制作者以适当条件授予同样内容的利用权。”美国版权法第一百一十五条(a)规定：“经版权人许可，非戏剧音乐作品的录音制品已在合众国公众发行时，任何其他人(包括制作录音制品或者从事数字录音制品传送的人)在遵守本规定的情形下可取得制作和发行作品的录音制品的强制许可。”日本、韩国等设定“法定许可”制度的国家和地区都有类似的规定，此处不一一例举。因此，“著作权法”第一稿(征求意见稿)修改草案参照国际公约及相关国家的立法实践，对“法定许可”制度进行了相应调整，去掉了“权利人声明不得使用”的规定，更加符合国际社会的通行惯例，也有利于在保护作者正当权利的前提下促进作品的传播。

(二)“被代表”为了谁?

所谓“被代表”，是有的著作权人和学者提出著作权是私权，行使权利应由著作权人自己做主，“著作权法”第一稿(征求意见稿)修改草案为什么要“我就要来保护你”? 矛头直指第六十条和第七十条的规定。

这个问题涉及集体管理问题。著作权集体管理制度是著作权保护的一项重要制度，而著作权集体管理组织则是著作权人为了维护其难以行使或无法控制的权利成立的维权自治组织。所谓著作权人难以行使或无法控制的权利，是指著作权人明明知道自己的作品被众多的市场主体经营性使用，自己又不清楚谁在具体使用，也控制不了他人使用自己的作品，而且不能从这些使用中获得正当的报酬的权利。在现实中，著作权人遇到了难以行使或无法控制的权利行使情形怎么办。举个例子，一个词曲作者发表了一个好作品，全国各地的不同市场经营者都在未经其授权的情况下不断地重复使用它，而著作权人面对这种广泛、大量、重复的使用，而且是经营性使用，既不能从中受益，又没有能力去制止。要切实有效维护著作权人的权利，只有通过集体管理的方式来解决，也就是说针对特定权利在特定使用方式前提下，著作权人的权利只有“被代表”才能达到维权的目的。我们再换一个角度来思考，同样针对特定权利在特定使用方式前提下，一个“卡拉OK”经营者，需要大量、重复地使用散布在全国乃至全世界的众多音乐作品，他们如何去取得著作权人的授权，如果他们无法取得授权而一意孤行地使用众多的音乐作品，肯定处于侵权状态，那著作权人的权利如何保护？如果他们愿意尊重著作权人的权利、愿意按照市场规则获得授权、愿意依法承担法定义务，我们应不应该给他们设计一种合理的授权机制？这种机制就是著作权人的权利可能“被代表”的集体管理制度。如果著作权人不接受这种制度设计，坚持不“被代表”，是不是又回到了在针对特定权利在特定使用方式前提下，著作权人和作品使用者面对广泛的、大量的、重复的使用作品遇到的：著作权人既无法维权，作品使用（传播）者又不能保证使用作品的合法性的双重困境中，把著作权人和合法的使用者都推到尴尬境地，导致整个著作权市场秩序处于杂乱无章的状态。面对这样的困境，我们是不是应该在制度建设上破解难题？设计一个能保证市场交易秩序健康且可操作的规则，既保护作者的合法利益，又促进产业的健康发展，实现著作权人和作品使用者双赢的局面，最终让广大公众能够享受到源源不断的精神文化成果。“著作权法”第一稿（征求意见稿）第六十条和第七十条的规定就是基于破解著作权市场乱象，既保护作者合法权益，又保证愿意守法的作品使用（传播）者合法使用作品而设计的。

（三）何为“被定价”

“被定价”是有的著作权人和学者提出著作权是私权，著作权人的作品卖多少钱应由自己做主。

实际上,“著作权法”第一稿(征求意见稿)修改草案中“被定价”的情况只有“法定许可”和“集体管理”两种情形。先来看“法定许可”。在法定许可的情况下,使用者可以不经著作权人许可使用其作品,这样已经使著作权人失去了与使用者谈判价格的机会,如果任由使用者来定价,显然不合理,所以必须由一个与此没有利益关系的第三方给出价格。再看“集体管理”制度。在集体管理的情况下,使用者通过“一揽子”许可协议获得集体管理组织的授权,使用费标准由使用者与集体管理组织协商谈判形成,这个标准对以同样方式使用作品的任意一个使用者都是公平适用的。因此,在“法定许可”和“集体管理”制度条件下,任何权利人及其作品都是平等的,既没有特殊的作品,也没有特殊的权利人。如果在这两种制度下权利人坚持不“被定价”,一定是对该两项制度的颠覆。

综上所述,我认为,有关著作权人和专家对“著作权法”第一稿(征求意见稿)修改草案第四十六条、第四十八条、第六十条、第七十条之所以产生质疑,主要原因是这些理由的逻辑起点出现了偏差,即将著作权是私权绝对化了,由此得出的“被限制”“被代表”“被定价”的结论自然可能偏离了正确的方向。

附录　著作权法修改条文前后对照表

2010年著作权法	“修改草案”第一稿(征求意见稿)	“修改草案”第二稿(征求意见稿)	“修改草案”送审稿
第一章　总则	**第一章　总则**	**第一章　总则**	**第一章　总则**
第一条　为保护文学、艺术和科学作品作者的著作权，以及与著作权有关的权益，鼓励有益于社会主义精神文明、物质文明建设的作品的创作和传播，促进社会主义文化和科学事业的发展与繁荣，根据宪法制定本法。	**第一条**　为保护文学、艺术和科学作品作者的著作权，以及传播者的相关权，鼓励有益于社会主义精神文明、物质文明建设的作品的创作和传播，促进社会主义文化、科学和经济的发展与繁荣，根据宪法制定本法。	**第一条**　为保护文学、艺术和科学作品作者的著作权，以及传播者的相关权，鼓励有益于社会主义精神文明、物质文明建设的作品的创作和传播，促进社会主义文化、科学和经济的发展与繁荣，根据宪法制定本法。	**第一条**　为保护文学、艺术和科学作品作者的著作权，以及传播者的相关权，鼓励有益于社会主义精神文明、物质文明建设的作品的创作和传播，促进社会主义文化、科学和经济的发展与繁荣，根据宪法制定本法。
第二条　中国公民、法人或者其他组织的作品，不论是否发表，依照本法享有著作权。 外国人、无国籍人的作品根据其作者所属国或者经常居住地国同中国签订的协议或者	**第二条**　中国自然人、法人或者其他组织的作品，不论是否发表，受本法保护。 外国人、无国籍人的作品，根据其作者所属国或者经常居住地国同中国签订的协议或者	**第二条**　中国自然人、法人或者其他组织的作品，不论是否发表，受本法保护。 外国人、无国籍人的作品，根据其作者所属国或者经常居住地国同中国签订的协议或者	**第二条**　中国自然人、法人或者其他组织的作品，不论是否发表，受本法保护。 外国人、无国籍人的作品，根据其所属国或者经常居住地国同中国签订的协议或者共同

续表

2010年著作权法	"修改草案"第一稿(征求意见稿)	"修改草案"第二稿(征求意见稿)	"修改草案"送审稿
共同参加的国际条约享有的著作权,受本法保护。 外国人、无国籍人的作品首先在中国境内出版的,依照本法享有著作权。 未与中国签订协议或者共同参加国际条约的国家的作者以及无国籍人的作品首次在中国参加的国际条约的成员国出版的,或者在成员国和非成员国同时出版的,受本法保护。	共同参加的国际条约,受本法保护。 未与中国签订协议或者共同参加国际条约的国家的作者和无国籍人的作品,首次在中国参加的国际条约的成员国出版的,或者在成员国和非成员国同时出版的,受本法保护。 中国自然人、法人或者其他组织的版式设计、表演、录音制品和广播电视节目,受本法保护。 外国人、无国籍人的版式设计、表演、录音制品和广播电视节目,根据其所属国或者经常居住地国同中国签订的协议或者共同参加的国际条约,受本法保护。	共同参加的国际条约,受本法保护。 未与中国签订协议或者共同参加国际条约的国家的作者和无国籍人的作品,首次在中国参加的国际条约的成员国出版的,或者在成员国和非成员国同时出版的,受本法保护。 中国自然人、法人或者其他组织的版式设计、表演、录音制品和广播电视节目,受本法保护。 外国人、无国籍人的版式设计、表演、录音制品和广播电视节目,根据其所属国或者经常居住地国同中国签订的协议或者共同参加的国际条约,受本法保护。	参加的国际条约,受本法保护。 未与中国签订协议或者共同参加国际条约的国家的外国人和无国籍人,其在中国境内的表演或者在中国境内制作、发行的录音制品,受本法保护。 **第三条** 中国自然人、法人或者其他组织的版式设计、表演、录音制品和广播电视节目,受本法保护。 外国人、无国籍人的版式设计、表演、录音制品和广播电视节目,根据其所属国或者经常居住地国同中国签订的协议或者共同参加的国际条约,受本法保护。 未与中国签订协议或者共同参加国际条约的国家的

续表

2010年著作权法	“修改草案”第一稿(征求意见稿)	“修改草案”第二稿(征求意见稿)	“修改草案”送审稿
	外国人、无国籍人的追续权、实用艺术作品、版式设计、本法第二十五条以及第三十六条规定的权利，根据其所属国或者经常居住地国的法律适用对等保护。	未与中国签订协议或者未与中国签订协议或者共同参加国际条约的国家的外国人和无国籍人，其在中国境内的表演或者在中国境内制作、发行的录音制品，受本法保护。	外国人和无国籍人，其在中国境内的表演或者在中国境内制作、发行的录音制品，受本法保护。 **第四条**　外国人、无国籍人的实用艺术作品以及根据本法第十四条享有的权利，其所属国或者经常居住地国对中国权利人给予保护的，受本法保护。
第三条　本法所称的作品，包括以下列形式创作的文学、艺术和自然科学、社会科学、工程技术等作品： （一）文字作品； （二）口述作品； （三）音乐、戏剧、曲艺、	**第三条**　本法所称的作品，是指文学、艺术和科学领域内具有独创性并能以某种形式固定的智力成果。 作品包括以下种类： （一）文字作品，是指小说、诗词、散文、论文等以文字形式	**第三条**　本法所称的作品，是指文学、艺术和科学领域内具有独创性并能以某种形式固定的智力成果。 作品包括以下种类： （一）文字作品，是指小说、诗词、散文、论文等以文字形式	**第五条**　本法所称的作品，是指文学、艺术和科学领域内具有独创性并能以某种形式固定的智力表达。 作品包括以下种类： （一）文字作品，是指小说、诗词、散文、论文等以文字形式

续表

2010年著作权法	“修改草案”第一稿(征求意见稿)	“修改草案”第二稿(征求意见稿)	“修改草案”送审稿
舞蹈、杂技艺术作品; (四)美术、建筑作品; (五)摄影作品; (六)电影作品和以类似摄制电影的方法创作的作品; (七)工程设计图、产品设计图、地图、示意图等图形作品和模型作品; (八)计算机软件; (九)法律、行政法规规定的其他作品。	表现的作品; (二)口述作品,是指即兴的演说、授课、法庭辩论等以口头语言形式表现的作品; (四)戏剧作品,是指话剧、歌剧、地方戏等供舞台演出的作品; (五)曲艺作品,是指相声、快书、大鼓、评书等以说唱为主要形式表演的作品; (六)舞蹈作品,是指通过连续的动作、姿势、表情等表现思想情感的作品; (七)杂技艺术作品,是指杂技、魔术、马戏等通过形体动作和技巧表现的作品;	表现的作品; (二)口述作品,是指即兴的演说、授课等以口头语言形式表现的作品; (三)音乐作品,是指歌曲、乐曲等能够演唱或者演奏的带词或者不带词的作品; (四)戏剧作品,是指戏曲、话剧、歌剧、舞剧等供舞台演出的作品; (五)曲艺作品,是指相声小品、快板快书、鼓曲唱曲、评书评话、弹词等以说唱为主要形式表演的作品; (六)舞蹈作品,是指通过连续的动作、姿势、表情等表现	作表现的作品; (二)口述作品,是指即兴的演说、授课等以口头语言形式表现的作品; (三)音乐作品,是指歌曲、乐曲等能够演唱或者演奏的带词或者不带词的作品; (四)戏剧作品,是指戏曲、话剧、歌剧、舞剧等供舞台演出的作品; (五)曲艺作品,是指相声小品、快板快书、鼓曲唱曲、评书评话、弹词等以说唱为主要形式表演的作品; (六)舞蹈作品,是指通过连续的动作、姿势、表情等表现

续表

2010年著作权法	“修改草案”第一稿(征求意见稿)	“修改草案”第二稿(征求意见稿)	“修改草案”送审稿
	(八)美术作品,是指绘画、书法、雕塑等以线条、色彩或者其他方式构成的有审美意义的平面或者立体的造型艺术作品; (九)实用艺术作品,是指具有实际用途的艺术作品; (十)建筑作品,是指以建筑物或者构筑物形式表现的有审美意义的作品; (十一)摄影作品,是指借助器械在感光材料或者其他介质上记录客观物体形象的艺术作品; (十二)视听作品,是指固定在一定介质上,由一系列有伴音或者无伴音的画面组成,并且借助技术设备放映或者以	思想情感的作品; (七)杂技艺术作品,是指杂技、魔术、马戏、滑稽等通过形体和动作表现的作品; (八)美术作品,是指绘画、书法、雕塑等以线条、色彩或者其他方式构成的有审美意义的平面或者立体的造型艺术作品; (九)实用艺术作品,是指具有实际用途并有审美意义的作品; (十)建筑作品,是指以建筑物或者构筑物形式表现的有审美意义的作品,包括作为其施工基础的平面图、设计图、草图和模型; (十一)摄影作品,是指	思想情感的作品; (七)杂技艺术作品,是指杂技、魔术、马戏、滑稽等通过连续的形体和动作表现的作品; (八)美术作品,是指绘画、书法、雕塑等以线条、色彩或者其他方式构成的有审美意义的平面或者立体的造型艺术作品; (九)实用艺术作品,是指玩具、家具、饰品等具有实用功能并有审美意义的平面或者立体的造型艺术作品; (十)建筑作品,是指以建筑物或者构筑物形式表现的有审美意义的作品,包括作为其施工基础的平面图、设计图、

续表

2010年著作权法	“修改草案”第一稿(征求意见稿)	“修改草案”第二稿(征求意见稿)	“修改草案”送审稿
	其他方式传播的作品； （十三）图形作品，是指为施工、生产绘制的工程设计图、产品设计图，以及反映地理现象、说明事物原理或者结构的地图、示意图等作品； （十四）模型作品，是指为展示、试验或者观测等用途，根据物体的形状和结构，按照一定比例制成的立体作品； （十五）计算机程序，是指为了得到某种结果而可以由计算机等具有信息处理能力的装置执行的代码化指令序列，或者可以被自动转换成代码化指令序列的符号化指令序列或者符号化语句序列，同一计算机	借助器械在感光材料或者其他介质上记录客观物体形象的艺术作品； （十二）视听作品，是指由一系列有伴音或者无伴音的画面组成，并且借助技术设备向公众传播的作品； （十三）图形作品，是指为施工、生产绘制的工程设计图、产品设计图，以及反映地理现象、说明事物原理或者结构的地图、示意图等作品； （十四）立体作品，是指为生产产品或者展示地理地形而制作的三维作品； （十五）计算机程序，是指为了得到某种结果而可以由	草图和模型； （十一）摄影作品，是指借助器械在感光材料或者其他介质上记录客观物体形象的艺术作品； （十二）视听作品，是指由一系列有伴音或者无伴音的连续画面组成，并且能够借助技术设备被感知的作品，包括电影、电视剧以及类似制作电影的方法创作的作品； （十三）图形作品，是指为施工、生产绘制的工程设计图、产品设计图，以及反映地理现象、说明事物原理或者结构的地图、示意图等作品； （十四）立体作品，是指为

续表

2010年著作权法	“修改草案”第一稿(征求意见稿)	“修改草案”第二稿(征求意见稿)	“修改草案”送审稿
	程序的源程序和目标程序为同一作品； （十六）其他文学、艺术和科学作品。 著作权自作品创作完成之日起自动产生，无需履行任何手续。	计算机等具有信息处理能力的装置执行的代码化指令序列，或者可以被自动转换成代码化指令序列的符号化指令序列或者符号化语句序列，同一计算机程序的源程序和目标程序为同一作品； （十六）其他文学、艺术和科学作品。 著作权自作品创作完成之日起自动产生，无需履行任何手续。 外国人、无国籍人的实用艺术作品，其作者所属国或者经常居住地国对中国作者的实用艺术作品给予保护的，受本法保护。	生产产品、展示地理地形、说明事物原理或者结构而创作的三维作品； （十五）计算机程序，是指以源程序或者目标程序表现的、用于电子计算机或者其他信息处理装置运行的指令，计算机程序的源程序和目标程序为同一作品； （十六）其他文学、艺术和科学作品。 著作权自作品创作之日起自动产生，无续履行任何手续。

续表

2010年著作权法	“修改草案”第一稿(征求意见稿)	“修改草案”第二稿(征求意见稿)	“修改草案”送审稿
	第四条　本法所称的相关权，指出版者对其出版的图书或者期刊的版式设计享有的权利，表演者对其表演享有的权利，录音制作者对其制作的录音制品享有的权利，广播电台、电视台对其播放的广播电视节目享有的权利。 相关权自使用版式设计的图书或者期刊首次出版、表演发生、录音制品首次制作和广播电视节目首次播放之日起自动产生，无需履行任何手续。	**第四条**　本法所称的相关权，指出版者对其出版的图书或者期刊的版式设计享有的权利，表演者对其表演享有的权利，录音制作者对其制作的录音制品享有的权利，广播电台、电视台对其播放的广播电视节目享有的权利。 相关权自使用版式设计的图书或者期刊首次出版、表演发生、录音制品首次制作和广播电视节目首次播放之日起自动产生，无需履行任何手续。	**第六条**　本法所称的相关权，指出版者对其出版的图书或者期刊的版式设计享有的权利，表演者对其表演享有的权利，录音制作者对其制作的录音制品享有的权利，广播电台、电视台对其播放的广播电视节目享有的权利。 相关权自使用版式设计的图书或者期刊首次出版、表演发生、录音制品首次制作完成和广播电视节目首次播放之日起自动产生，无须履行任何手续。
第四条　著作权人行使著作权，不得违反宪法和法律，不得损害公共利益。国家对作品	**第五条**　著作权人行使著作权、相关权人行使相关权，不得违反宪法和法律，不得损害	**第五条**　著作权人行使著作权、相关权人行使相关权，不得违反宪法和法律，不得损害	**第七条**　著作权人行使著作权、相关权人行使相关权，不得违反宪法和法律，不得损害

续表

2010年著作权法	"修改草案"第一稿(征求意见稿)	"修改草案"第二稿(征求意见稿)	"修改草案"送审稿
的出版、传播依法进行监督管理。	公共利益。 国家对作品的传播依法进行监督管理。 **第六条**　著作权人和相关权人可以向国务院著作权行政管理部门设立的专门登记机构进行著作权或者相关权登记。登记文书是登记事项属实的初步证明。 登记应当缴纳费用，收费标准由国务院著作权行政管理部门会同国务院价格管理部门确定。 著作权和相关权登记管理办法由国务院著作权行政管理部门另行制定。	公共利益。 国家对作品的传播依法进行监督管理。 **第六条**　著作权人和相关权人可以向国务院著作权行政管理部门设立的专门登记机构进行著作权或者相关权登记。登记文书是登记事项属实的初步证明。 登记应当缴纳费用，收费标准由国务院财政、价格管理部门确定。 著作权和相关权登记管理办法由国务院著作权行政管理部门另行制定。	公共利益。 国家对作品的传播依法进行监督管理。 **第八条**　著作权人和相关权人可以向国务院著作权行政管理部门设立的专门登记机构进行著作权或者相关权登记。登记文书是登记事项属实的初步证明。 登记应当缴纳费用，收费标准由国务院财政、价格管理部门确定。 著作权和相关权登记管理办法由国务院著作权行政管理部门另行规定。
第五条　本法不适用于： (一)法律、法规，国家机关	**第七条**　著作权保护及于表达，不延及思想、过程、原理、	**第七条**　著作权保护延及表达，不延及思想、过程、原理、	**第九条**　著作权保护延及表达，不延及思想、过程、原理、

续表

2010年著作权法	“修改草案”第一稿(征求意见稿)	“修改草案”第二稿(征求意见稿)	“修改草案”送审稿
的决议、决定、命令和其他具有立法、行政、司法性质的文件,及其官方正式译文; (二)时事新闻; (三)历法、通用数表、通用表格和公式。	数学概念、操作方法等。 本法不适用于: (一)法律、法规,国家机关的决议、决定、命令和其他具有立法、行政、司法性质的文件,及其官方正式译文; (二)通过报纸、期刊、广播电台、电视台、信息网络等媒体报道的单纯事实消息; (三)历法、通用数表、通用表格和公式。	数学概念、操作方法等。 本法不适用于: (一)法律、法规,国家机关的决议、决定、命令和其他具有立法、行政、司法性质的文件,及其官方正式译文; (二)通过报纸、期刊、广播电台、电视台、信息网络等媒体报道的单纯事实消息; (三)历法、通用数表、通用表格和公式。	数学概念、操作方法等。 本法不适用于: (一)法律、法规,国家机关的决议、决定、命令和其他具有立法、行政、司法性质的文件,及其官方正式译文; (二)通过报纸、期刊、广播电台、电视台、网络等媒体报道的单纯事实消息; (三)历法、通用数表、通用表格和公式。
第六条 民间文学艺术作品的著作权保护办法由国务院另行规定。	**第八条** 民间文学艺术表达的保护办法由国务院另行规定。	**第八条** 民间文学艺术表达的保护办法由国务院另行规定。	**第十条** 民间文学艺术表达的保护办法由国务院另行规定。
第七条 国务院著作权行政管理部门主管全国的著作权管理工作;各省、自治区、直辖市人民政府的著作权行政管理	**第九条** 国务院著作权行政管理部门主管全国的著作权和相关权管理工作;地方人民政府著作权行政管理部门主管	**第九条** 国务院著作权行政管理部门主管全国的著作权和相关权管理工作;地方人民政府著作权行政管理部门主管	**第十一条** 国务院著作权行政管理部门主管全国的著作权和相关权管理工作;地方人民政府著作权行政管理部门

续表

2010年著作权法	“修改草案”第一稿(征求意见稿)	“修改草案”第二稿(征求意见稿)	“修改草案”送审稿
部门主管本行政区域的著作权管理工作。 **第八条**　著作权人和与著作权有关的权利人可以授权著作权集体管理组织行使著作权或者与著作权有关的权利。著作权集体管理组织被授权后，可以以自己的名义为著作权人和与著作权有关的权利人主张权利，并可以作为当事人进行涉及著作权或者与著作权有关的权利的诉讼、仲裁活动。 著作权集体管理组织是非营利性组织，其设立方式、权利义务、著作权许可使用费的收取和分配，以及对其监督和管理等由国务院另行规定。	本行政区域的著作权和相关权管理工作。	本行政区域的著作权和相关权管理工作。	主管本行政区域的著作权和相关权管理工作。

续表

2010年著作权法	"修改草案"第一稿(征求意见稿)	"修改草案"第二稿(征求意见稿)	"修改草案"送审稿
第二章　著作权	**第二章　著作权**	**第二章　著作权**	**第二章　著作权**
第一节　著作权人及其权利	**第一节　著作权人及其权利**	**第一节　著作权人及其权利**	**第一节　著作权人及其权利**
第九条　著作权人包括： (一)作者； (二)其他依照本法享有著作权的公民、法人或者其他组织。	**第十条**　著作权人包括： (一)作者； (二)其他依照本法享有著作权的自然人、法人或者其他组织。	**第十条**　著作权人包括： (一)作者； (二)其他依照本法享有著作权的自然人、法人或者其他组织。	**第十二条**　著作权人包括： (一)作者； (二)其他依照本法享有著作权的自然人、法人或者其他组织。
第十条　著作权包括下列人身权和财产权： (一)发表权，即决定作品是否公之于众的权利； (二)署名权，即表明作者身份，在作品上署名的权利； (三)修改权，即修改或者授权他人修改作品的权利； (四)保护作品完整权，即保护作品不受歪曲、篡改的权利；	**第十一条**　著作权包括人身权利和财产权利。 著作权中的人身权利包括： (一)发表权，即决定作品是否公之于众的权利； (二)署名权，即决定是否表明作者身份以及如何表明作者身份的权利； (三)保护作品完整权，即	**第十一条**　著作权包括人身权和财产权。 著作权中的人身权包括： (一)发表权，即决定作品是否公之于众的权利； (二)署名权，即决定是否表明作者身份以及如何表明作者身份的权利； (三)保护作品完整权，即授权他人修改作品以及禁止	**第十三条**　著作权包括人身权和财产权。 著作权中的人身权包括： (一)发表权，即决定作品是否公之于众的权利； (二)署名权，即决定是否表明作者身份以及如何表明作者身份的权利； (三)保护作品完整权，即允许他人修改作品以及禁止

续表

2010年著作权法	“修改草案”第一稿(征求意见稿)	“修改草案”第二稿(征求意见稿)	“修改草案”送审稿
(五)复制权,即以印刷、复印、拓印、录音、录像、翻录、翻拍等方式将作品制作一份或者多份的权利; (六)发行权,即以出售或者赠与方式向公众提供作品的原件或者复制件的权利; (七)出租权,即有偿许可他人临时使用电影作品和以类似摄制电影的方法创作的作品、计算机软件的权利,计算机软件不是出租的主要标的的除外; (八)展览权,即公开陈列美术作品、摄影作品的原件或者复制件的权利; (九)表演权,即公开表演作品,以及用各种手段公开	修改作品以及禁止歪曲、篡改作品的权利。 著作权中的财产权利包括: (一)复制权,即以印刷、复印、录制、翻拍以及数字化等任何方式将作品制作一份或者多份的权利; (二)发行权,即以出售、赠与或者其他转让所有权的方式向公众提供作品的原件或者复制件的权利; (三)出租权,即有偿许可他人临时使用视听作品、计算机程序或者包含作品的录音制品的原件或者复制件的权利,计算机程序不是出租的主要标的的除外;	歪曲、篡改作品的权利。 著作权中的财产权包括: (一)复制权,即以印刷、复印、录制、翻拍以及数字化等方式将作品固定在有形载体上的权利; (二)发行权,即以出售、赠与或者其他转让所有权的方式向公众提供作品的原件或者复制件的权利; (三)出租权,即有偿许可他人临时使用视听作品、计算机程序或者包含作品的录音制品的原件或者复制件的权利,计算机程序不是出租的主要标的的除外; (四)展览权,即公开陈列美术作品、摄影作品的原件	歪曲、篡改作品的权利。 著作权中的财产权包括: (一)复制权,即以印刷、复印、录制、翻拍以及数字化等方式将作品固定在有形载体上的权利; (二)发行权,即以出售、赠与或者其他转让所有权的方式向公众提供作品的原件或者复制件的权利; (三)出租权,即有偿许可他人临时使用视听作品、计算机程序或者包含作品的录音制品的原件或者复制件的权利,计算机程序不是出租的主要标的的除外; (四)展览权,即公开陈列美术作品、摄影作品的原件

续表

2010年著作权法	“修改草案”第一稿(征求意见稿)	“修改草案”第二稿(征求意见稿)	“修改草案”送审稿
播送作品的表演的权利； （十）放映权，即通过放映机、幻灯机等技术设备公开再现美术、摄影、电影和以类似摄制电影的方法创作的作品等的权利； （十一）广播权，即以无线方式公开广播或者传播作品，以有线传播或者转播的方式向公众传播广播的作品，以及通过扩音器或者其他传送符号、声音、图像的类似工具向公众传播广播的作品的权利； （十二）信息网络传播权，即以有线或者无线方式向公众提供作品，使公众可以在其个人选定的时间和地点获得作品的权利；	（四）展览权，即公开陈列美术作品、摄影作品的原件或者复制件的权利； （五）表演权，即以各种方式公开表演作品，以及用各种手段公开播送作品的表演的权利； （六）放映权，即通过放映机、幻灯机等技术设备公开再现美术、摄影、视听作品等的权利； （七）播放权，即以无线或者有线方式向公众播放作品或者转播该作品的播放，以及通过技术设备向公众传播该作品的播放的权利； （八）信息网络传播权，即	或者复制件的权利； （五）表演权，即以各种方式公开表演作品，以及通过技术设备向公众传播作品的表演的权利； （六）播放权，即以无线或者有线方式公开播放作品或者转播该作品的播放，以及通过技术设备向公众传播该作品的播放的权利； （七）信息网络传播权，即以无线或者有线方式向公众提供作品，使公众可以在其个人选定的时间和地点获得作品，以及通过技术设备向公众传播以前述方式提供的作品的权利；	或者复制件的权利； （五）表演权，即以演唱、演奏、舞蹈、朗诵等方式公开表演作品，以及通过技术设备向公众传播作品或者作品的表演的权利； （六）播放权，即以无线或者有线方式公开播放作品或者转播该作品的播放，以及通过技术设备向公众传播该作品的播放的权利； （七）信息网络传播权，即以无线或者有线方式向公众提供作品，使公众可以在其个人选定的时间和地点获得作品的权利； （八）改编权，即将作品

续表

2010年著作权法	“修改草案”第一稿(征求意见稿)	“修改草案”第二稿(征求意见稿)	“修改草案”送审稿
(十三)摄制权,即以摄制电影或者以类似摄制电影的方法将作品固定在载体上的权利; (十四)改编权,即改变作品,创作出具有独创性的新作品的权利; (十五)翻译权,即将作品从一种语言文字转换成另一种语言文字的权利; (十六)汇编权,即将作品或者作品的片段通过选择或者编排,汇集成新作品的权利; (十七)应当由著作权人享有的其他权利。 著作权人可以许可他人行使前款第(五)项至第(十七)项	在信息网络环境下,以无线或者有线方式向公众提供作品,包括直播、转播或者使公众可以在其个人选定的时间和地点获得作品的权利; (九)摄制权,即将作品摄制成视听作品的权利; (十)改编权,即将作品转换成除视听作品以外的不同体裁或者种类的新作品的权利; (十一)翻译权,即将作品从一种语言文字转换成另一种语言文字的权利; (十二)修改权,即对计算机程序进行增补、删节,或者改变指令、语句顺序的权利; (十三)追续权,即美术	(八)改编权,即将作品改变成视听作品以外的不同体裁、种类或者形式的新作品,以及对计算机程序进行增补、删节,改变指令、语句顺序或者其他变动的权利; (九)翻译权,即将作品从一种语言文字转换成另一种语言文字的权利; (十)摄制权,即将作品摄制成视听作品的权利; (十一)应当由著作权人享有的其他权利。 信息网络传播权的保护办法由国务院另行规定。 **第十二条**　美术、摄影作品的原件或者文字、音乐作品	改变成其他体裁和种类的新作品,或者将文字、音乐、戏剧等作品制作成视听作品,以及对计算机程序进行增补、删节,改变指令、语句顺序或者其他变动的权利; (九)翻译权,即将作品从一种语言文字转换成另一种语言文字的权利; (十)应当由著作权人享有的其他权利。 信息网络传播权的保护办法由国务院另行规定。 **第十四条**　美术、摄影作品的原件或者文字、音乐作品的手稿首次转让后,作者或者其继承人、受遗赠人对原件者

续表

2010年著作权法	"修改草案"第一稿(征求意见稿)	"修改草案"第二稿(征求意见稿)	"修改草案"送审稿
规定的权利,并依照约定或者本法有关规定获得报酬。 著作权人可以全部或者部分转让本条第一款第(五)项至第(十七)项规定的权利,并依照约定或者本法有关规定获得报酬。	作品、摄影作品的原件或者作家、作曲家的手稿首次转让后,作者或者其继承人、受遗赠人对该原件或者手稿的每一次转售享有分享收益的权利,追续权不得转让或者放弃; (十四)应当由著作权人享有的其他权利。 信息网络传播权、追续权的保护办法由国务院另行规定。	的手稿首次转让后,作者或者其继承人、受遗赠人对原件手稿的所有人通过拍卖方式转售该原件或者手稿享有分享收益的权利,该权利不得转让或者放弃,其保护办法由国务院另行规定。 外国人、无国籍人其所属国或者经常居住地国承认中国作者享有同等权利的,享有前款规定的权利。	手稿的所有人通过拍卖方式转售该原件或者手稿或所获得的增值部分,享有分享收益的权利,该权利专属于作者或者其继承人、受遗赠人。其保护办法由国务院另行规定。
第二节　著作权归属	**第二节　著作权的归属**	**第二节　著作权的归属**	**第二节　著作权的归属**
第十一条　著作权属于作者,本法另有规定的除外。 创作作品的公民是作者。	**第十二条**　著作权属于作者,本法另有规定的除外。 创作作品的自然人是作者。	**第十三条**　著作权属于作者,本法另有规定的除外。 创作作品的自然人是作者。	**第十五条**　著作权属于作者,本法另有规定的除外。 创作作品的自然人是作者。

续表

2010年著作权法	“修改草案”第一稿(征求意见稿)	“修改草案”第二稿(征求意见稿)	“修改草案”送审稿
由法人或者其他组织主持,代表法人或者其他组织意志创作,并由法人或者其他组织承担责任的作品,法人或者其他组织视为作者。 如无相反证明,在作品上署名的公民、法人或者其他组织为作者。	由法人或者其他组织主持和投资,代表法人或者其他组织意志创作,以法人、其他组织或者其代表人名义发表,并由法人或者其他组织承担责任的作品,法人或者其他组织视为作者。 如无相反证明,在作品上署名的自然人、法人或者其他组织为作者。	由法人或者其他组织主持或者投资,代表法人或者其他组织意志创作,以法人、其他组织或者其代表人名义发表,并由法人或者其他组织承担责任的作品,法人或者其他组织视为作者。 如无相反证明,在作品上署名的自然人、法人或者其他组织推定为作者。	由法人或者其他组织主持或者投资,代表法人或者其他组织意志创作,以法人、其他组织或者其代表人名义发表,并由法人或者其他组织承担责任的作品,法人或者其他组织视为作者。 如无相反证明,在作品上署名的自然人、法人或者其他组织推定为作者。
第十二条　改编、翻译、注释、整理已有作品而产生的作品,其著作权由改编、翻译、注释、整理人享有,但行使著作权时不得侵犯原作品的著作权。	**第十三条**　以改编、翻译、注释、整理等方式利用已有作品而产生的新作品为演绎作品,其著作权由演绎者享有。 使用演绎作品应当取得演绎作品的著作权人和原作品	**第十四条**　以改编、翻译、注释、整理等方式利用已有作品而产生的新作品为演绎作品,其著作权由演绎者享有。 使用演绎作品应当取得演绎作品的著作权人和原作品	**第十六条**　以改编、翻译、注释、整理等方式利用已有作品而产生的新作品为演绎作品,其著作权由演绎者享有。 使用演绎作品应当取得演绎作品的著作权人和原作品的

续表

2010年著作权法	“修改草案”第一稿(征求意见稿)	“修改草案”第二稿(征求意见稿)	“修改草案”送审稿
第十三条　两人以上合作创作的作品,著作权由合作作者共同享有。没有参加创作的人,不能成为合作作者。 合作作品可以分割使用的,作者对各自创作的部分可以单独享有著作权,但行使著作权时不得侵犯合作作品整体的著作权。	著作权人许可,并支付报酬。 **第十四条**　两人以上合作创作的作品,著作权由合作作者共同享有。没有参加创作的人,不能成为合作作者。 合作作品可以分割使用的,作者对各自创作的部分可以单独享有著作权,但行使著作权时不得妨碍合作作品的正常使用。 合作作品不可以分割使用的,其著作权由各合作作者共同享有,通过协商一致行使;不能协商一致,又无正当理由的,任何一方不得阻止他方使用或者许可他人使用合作作品,但是所得收益应当合理分配给所有合作作者。	著作权人许可,并支付报酬。 **第十五条**　两人以上合作创作的作品,著作权由合作作者共同享有。没有参加创作的人,不能成为合作作者。 合作作品可以分割使用的,作者对各自创作的部分单独享有著作权,但行使著作权时不得妨碍合作作品的正常使用。 合作作品不可以分割使用的,其著作权由各合作作者共同享有,通过协商一致行使;不能协商一致,又无正当理由的,任何一方不得阻止他方使用或者许可他人使用,但是所得收益应当合理分配给所有合作作者。	著作权人许可。 **第十七条**　两人以上合作创作的作品,其著作权由合作作者共同享有。没有参加创作的人,不能成为合作作者。 合作作品可以分割使用的,作者对各自创作的部分单独享有著作权,但行使著作权时不得妨碍合作作品的正常使用。 合作作品不可以分割使用的,其著作权由各合作作者共同享有,通过协商一致行使;不能协商一致,又无正当理由的,任何一方不得阻止他方使用或者许可他人使用,但是所得收益应当合理分配给所有合作作者。 他人侵犯合作作品著作权的,任何合作作者可以以自己

续表

2010年著作权法	"修改草案"第一稿(征求意见稿)	"修改草案"第二稿(征求意见稿)	"修改草案"送审稿
	他人侵犯合作作品著作权的,任何合作作者可以以自己的名义提起诉讼,但其所获得的赔偿应当合理分配给所有合作作者。	他人侵犯合作作品著作权的,任何合作作者可以以自己的名义提起诉讼,但其所获得的赔偿应当合理分配给所有合作作者。	的名义提起诉讼,但其所获得的赔偿应当合理分配给所有合作作者。
第十四条 汇编若干作品、作品的片段或者不构成作品的数据或者其他材料,对其内容的选择或者编排体现独创性的作品,为汇编作品,其著作权由汇编人享有,但行使著作权时,不得侵犯原作品的著作权。	**第十五条** 汇编若干作品、作品的片段或者不构成作品的数据或者其他材料,对其内容的选择或者编排体现独创性的作品,为汇编作品,其著作权由汇编人享有。 使用汇编作品应当取得汇编作品的著作权人和原作品著作权人许可,并支付报酬。	**第十六条** 汇编若干作品、作品的片段或者不构成作品的数据或者其他材料,对其内容的选择或者编排体现独创性的作品,为汇编作品,其著作权由汇编人享有。 使用汇编作品应当取得汇编作品的著作权人和原作品著作权人许可,并支付报酬。	**第十八条** 汇编若干作品、作品的片段或者不构成作品的数据或者其他材料,对其内容的选择或者编排体现独创性的作品,为汇编作品,其著作权由汇编者享有。 使用汇编作品应当取得汇编作品的著作权人和原作品的著作权人许可。
第十五条 电影作品和以类似摄制电影的方法创作的作品的著作权由制片者享有,但编剧、导演、摄影、作词、作曲等	**第十六条** 如当事人无相反书面约定,视听作品著作权由制片者享有,但编剧、导演、摄影、作词、作曲等作者享有	**第十七条** 制片者使用剧本、音乐等作品摄制视听作品,应当取得著作权人的许可,并支付报酬。	**第十九条** 制片者使用小说、音乐和戏剧等已有作品制作视听作品,应当取得著作权人的许可;如无相反约定,前述

续表

2010年著作权法	"修改草案"第一稿(征求意见稿)	"修改草案"第二稿(征求意见稿)	"修改草案"送审稿
作者享有署名权,并有权按照与制片者签订的合同获得报酬。 电影作品和以类似摄制电影的方法创作的作品中的剧本、音乐等可以单独使用的作品的作者有权单独行使其著作权。	署名权。 制片者使用剧本、音乐等作品摄制视听作品,应当取得作者的许可,并支付报酬。 编剧、作词、作曲等作者有权就制片者使用或授权他人使用该视听作品获得合理报酬,合同另有约定除外。 视听作品中可以单独使用的剧本、音乐等作品,作者可以单独行使著作权,但不得妨碍视听作品的正常使用。	视听作品的著作权由制片者享有,但原作作者、编剧、导演、摄影、作词、作曲等作者享有署名权。 原作作者、编剧、导演、作词、作曲作者有权就他人使用视听作品获得合理报酬。 视听作品中可以单独使用的剧本、音乐等作品,作者可以单独行使著作权,但不得妨碍视听作品的正常使用。	已有作品的著作权人根据第十六条第二款对视听作品的使用享有专有权。 电影、电视剧等视听作品的作者包括导演、编剧以及专门为视听作品创作的音乐作品的作者等。 电影、电视剧等视听作品的著作权中的财产权和利益分享由制片者和作者约定。没有约定或者约定不明的,著作权中的财产权由制片者享有,但作者享有署名权和分享收益的权利。 视听作品中可以单独使用的剧本、音乐等作品,作者可以单独行使著作权,但不得妨碍视听作品的正常使用。

续表

2010年著作权法	"修改草案"第一稿(征求意见稿)	"修改草案"第二稿(征求意见稿)	"修改草案"送审稿
第十六条 公民为完成法人或者其他组织工作任务所创作的作品是职务作品,除本条第二款的规定以外,著作权由作者享有,但法人或者其他组织有权在其业务范围内优先使用。作品完成两年内,未经单位同意,作者不得许可第三人以与单位使用的相同方式使用该作品。 有下列情形之一的职务作品,作者享有署名权,著作权的其他权利由法人或者其他组织享有,法人或者其他组织可以给予作者奖励: (一)主要是利用法人或者其他组织的物质技术条件创作,并由法人或者其他组织	**第十七条** 职工为完成工作任务所创作的作品为职务作品,其著作权归属由当事人约定。 如无约定或者约定不明的,职务作品的著作权由职工享有,但工程设计图、产品设计图、计算机程序、受聘于报刊社或者通讯社创作的作品、以及大型辞书等作品的著作权由单位享有,作者享有署名权;职务作品的著作权由职工享有的,单位可以在其业务范围内免费使用该作品。	**第十八条** 职工为完成工作任务所创作的作品为职务作品,其著作权归属由当事人约定。 当事人没有约定或者约定不明的,职务作品的著作权由职工享有,但工程设计图、产品设计图、地图、计算机程序以及受聘于报刊社或者通讯社的记者为完成报道任务创作的作品的著作权由单位享有,作者享有署名权。 依本条第一款和第二款规定,职务作品的著作权由职工享有的,单位可以在其业务范围内免费使用该作品。	**第二十条** 职工在职期间为完成工作任务所创作的作品为职务作品,其著作权归属由当事人约定。 当事人没有约定或者约定不明的,职务作品的著作权由职工享有,但工程设计图、产品设计图、地图、计算机程序和有关文档,以及报刊社、通讯社、广播电台和电视台的职工专门为完成报道任务创作的作品的著作权由单位享有,作者享有署名权。 依本条第二款规定,职务作品的著作权由职工享有的,单位有权在业务范围内免费使用该职务作品并对其享有两年的专有使用权。

续表

2010年著作权法	“修改草案”第一稿(征求意见稿)	“修改草案”第二稿(征求意见稿)	“修改草案”送审稿
承担责任的工程设计图、产品设计图、地图、计算机软件等职务作品； （二）法律、行政法规规定或者合同约定著作权由法人或者其他组织享有的职务作品。			依本条第二款规定，职务作品由单位享有的，单位应当根据创作作品的数量和质量对职工予以相应奖励，职工可以通过汇编方式出版其创作的作品。
第十七条　受委托创作的作品，著作权的归属由委托人和受托人通过合同约定。合同未作明确约定或者没有订立合同的，著作权属于受托人。	**第十八条**　受委托创作的作品，其著作权归属由委托人和受托人约定。 如无约定或者约定不明的，著作权由受托人享有，但委托人在约定的使用范围内可以免费使用该作品。当事人没有约定使用范围的，委托人可以在委托创作的特定目的范围内免费使用该作品。	**第十九条**　受委托创作的作品，其著作权归属由当事人约定。 当事人没有约定或者约定不明的，委托作品的著作权由受托人享有，但委托人在约定的使用范围内可以免费使用该作品；当事人没有约定使用范围的，委托人可以在委托创作的特定目的范围内免费使用该作品。	**第二十一条**　受委托创作的作品，其著作权归属由当事人约定。 当事人没有约定或者约定不明的，委托作品的著作权由受托人享有，但委托人在约定的使用范围内可以免费使用该作品；当事人没有约定使用范围的，委托人可以在委托创作的特定目的范围内免费使用该作品。

续表

2010年著作权法	“修改草案”第一稿(征求意见稿)	“修改草案”第二稿(征求意见稿)	“修改草案”送审稿
第十八条　美术等作品原件所有权的转移,不视为作品著作权的转移,但美术作品原件的展览权由原件所有人享有。	**第十九条**　作品原件所有权的移转,不产生著作权的移转。 美术作品、摄影作品原件的所有人可以展览该原件。 作者将未发表的美术作品、摄影作品原件转让给他人,受让人展览该原件不构成对作者发表权的侵犯。	**第二十条**　作品原件所有权的移转,不产生著作权的移转。 美术、摄影作品原件的所有人可以展览该原件。 作者将未发表的美术或者摄影作品的原件转让给他人,受让人展览该原件不构成对作者发表权的侵犯。 陈列于公共场所的美术作品的原件为该作品的唯一载体的,该原件所有人对其进行拆除、损毁等事实处分前,应当在合理的期限内通知作者,作者可以通过回购、复制等方式保护其著作权,当事人另有约定的除外。	**第二十二条**　作品原件所有权的移转,不产生著作权的移转。 美术、摄影作品原件的所有人可以展览该原件。 作者将未发表的美术或者摄影作品的原件转让给他人,受让人展览该原件不构成对作者发表权的侵犯。 陈列于公共场所的美术作品的原件为该作品的唯一载体的,原件所有人对其进行拆除、损毁等事实处分前,应当在合理的期限内通知作者,作者可以通过回购、复制等方式保护其著作权,当事人另有约定的除外。

续表

2010年著作权法	“修改草案”第一稿(征求意见稿)	“修改草案”第二稿(征求意见稿)	“修改草案”送审稿
第十九条 著作权属于公民的,公民死亡后,其本法第十条第一款第(五)项至第(十七)项规定的权利在本法规定的保护期内,依照继承法的规定转移。 著作权属于法人或者其他组织的,法人或者其他组织变更、终止后,其本法第十条第一款第(五)项至第(十七)项规定的权利在本法规定的保护期内,由承受其权利义务的法人或者其他组织享有;没有承受其权利义务的法人或者其他组织的,由国家享有。	**第二十条** 作者死亡后,其著作权中的署名权和保护作品完整权由作者的继承人或受遗赠人保护。构成对作者发表权的侵犯。 著作权无人继承又无人受遗赠的,其署名权和保护作品完整权由著作权行政管理部门保护。 **第二十一条** 作者生前未发表的作品,如果作者未明确表示不发表,作者死亡后五十年内,其发表权可由其继承人或受遗赠人行使;没有继承人又无人受遗赠的,其发表权由作品原件的所有人行使。 **第二十二条** 著作权属于自然人的,自然人死亡后,著作	**第二十一条** 作者死亡后,其著作权中的署名权和保护作品完整权由作者的继承人或者受遗赠人保护。 著作权无人继承又无人受遗赠的,其署名权和保护作品完整权由著作权行政管理部门保护。 **第二十二条** 作者生前未发表的作品,如果作者未明确表示不发表,作者死亡后五十年内,其发表权可由其继承人或者受遗赠人行使;没有继承人又无人受遗赠的,其发表权由作品原件的所有人行使。 **第二十三条** 著作权属于自然人的,自然人死亡后,著作权中的财产权在本法规定的	**第二十三条** 作者死亡后,其著作权中的署名权和保护作品完整权由作者的继承人或者受遗赠人保护。 著作权无人继承又无人受遗赠的,其署名权和保护作品完整权由著作权行政管理部门保护。 **第二十四条** 作者生前未发表的作品,如果作者未明确表示不发表,作者死亡后五十年内,其发表权可由其继承人或者受遗赠人行使;没有继承人又无人受遗赠的,其发表权由作品原件的所有人行使。 **第二十五条** 著作权属于自然人的,自然人死亡后,著作权中的财产权在本法规定的

续表

2010年著作权法	“修改草案”第一稿(征求意见稿)	“修改草案”第二稿(征求意见稿)	“修改草案”送审稿
	权中的财产权利在本法规定的保护期内,依照继承法的规定转移。 著作权属于法人或者其他组织的,法人或者其他组织变更、终止后,著作权中的财产权利在本法规定的保护期内,由承受其权利义务的法人或者其他组织享有;没有承受其权利义务的法人或者其他组织的,由国家享有。 **第二十三条**　合作作者之一死亡后,其对合作作品享有的著作权中的财产权利无人继承又无人受遗赠的,由其他合作作者享有。 **第二十四条**　作者身份不明的作品,其著作权除署名权	保护期内,依照《中华人民共和国继承法》的规定转移。 著作权属于法人或者其他组织的,法人或者其他组织变更、终止后,著作权中的财产权在本法规定的保护期内,由承受其权利义务的法人或者其他组织享有;没有承受其权利义务的法人或者其他组织的,由国家享有。 **第二十四条**　合作作者之一死亡后,其对合作作品享有的著作权中的财产权无人继承又无人受遗赠的,由其他合作作者享有。 **第二十五条**　作者身份不明的作品,其著作权除署名权外由作品原件的所有人行使。	保护期内,依照《中华人民共和国继承法》的规定转移。 著作权属于法人或者其他组织的,法人或者其他组织变更、终止后,著作权中的财产权在本法规定的保护期内,由承受其权利义务的法人或者其他组织享有;没有承受其权利义务的法人或者其他组织的,由国家享有。 **第二十六条**　合作作者之一死亡后,其对合作作品享有的著作权中的财产权无人继承又无人受遗赠的,由其他合作作者享有。 **第二十七条**　作者身份不明的作品,其著作权除署名权外由作品原件的所有人行使。

续表

2010年著作权法	“修改草案”第一稿(征求意见稿)	“修改草案”第二稿(征求意见稿)	“修改草案”送审稿
	外由作品原件的所有人行使。作者身份确定后,其著作权由作者或者其继承人行使。 **第二十五条** 下列著作权的保护期尚未届满的作品,使用者可以向国务院著作权行政管理部门申请提存使用费后使用作品: (一)作者身份不明且作品原件的所有人经尽力查找无果的; (二)作者身份确定但经尽力查找无果的。 前款具体事项,由国务院著作权行政管理部门另行规定。	作者身份确定后,其著作权由作者或者其继承人、受遗赠人行使。 **第二十六条** 报刊社对已经出版的报刊中的作品进行数字化形式的复制,其他使用者以数字化形式复制或者通过信息网络向公众传播作品,应当取得著作权人的许可。对著作权的保护期未届满的作品,使用者尽力查找权利人无果,符合下列条件的,可以向国务院著作权行政管理部门指定的机构申请并提存使用费后使用: (一)作者以及作品原件所有人均身份不明的; (二)作者身份不明,作品原件所有人身份确定但无法	作者身份确定后,其著作权由作者或者其继承人、受遗赠人行使。

续表

2010年著作权法	“修改草案”第一稿(征求意见稿)	“修改草案”第二稿(征求意见稿)	“修改草案”送审稿
		联系的； （三）作者身份确定但无法联系的。 前款具体事项，由国务院著作权行政管理部门另行规定。	
第三节　权利的保护期	**第三节　著作权的保护期**	**第三节　著作权的保护期**	**第三节　著作权的保护期**
第二十条　作者的署名权、修改权、保护作品完整权的保护期不受限制。	**第二十六条**　署名权、保护作品完整权的保护期不受限制。	**第二十七条**　署名权、保护作品完整权的保护期不受限制。	**第二十八条**　署名权、保护作品完整权的保护期不受限制。
第二十一条　公民的作品，其发表权、本法第十条第一款第（五）项至第（十七）项规定的权利的保护期为作者终生及其死亡后五十年，截止于作者死亡后第五十年的12月31日；如果是合作作品，截止于最后死亡的作者死亡后第五十年	**第二十七条**　自然人的作品，其发表权、著作权中的财产权利的保护期为作者终身及其死亡后五十年；如果是不可分割的合作作品，其保护期计算以最后死亡的作者为准。 法人或者其他组织的作品、著作权由法人或者其他	**第二十八条**　自然人的作品，其发表权、著作权中的财产权的保护期为作者终身及其死亡后五十年；如果是合作作品，其保护期计算以最后死亡的作者为准。 法人或者其他组织的作品、著作权（署名权除外）由	**第二十九条**　自然人的作品，其发表权、著作权中的财产权的保护期为作者终身及其死亡后五十年；如果是合作作品，其保护期计算以最后死亡的作者为准。 法人或者其他组织的作品、著作权（署名权除外）由

续表

2010年著作权法	"修改草案"第一稿(征求意见稿)	"修改草案"第二稿(征求意见稿)	"修改草案"送审稿
的12月31日。 法人或者其他组织的作品、著作权(署名权除外)由法人或者其他组织享有的职务作品,其发表权、本法第十条第一款第(五)项至第(十七)项规定的权利的保护期为五十年,截止于作品首次发表后第五十年的12月31日,但作品自创作完成后五十年内未发表的,本法不再保护。 电影作品和以类似摄制电影的方法创作的作品、摄影作品,其发表权、本法第十条第一款第(五)项至第(十七)项规定的权利的保护期为五十年,截止于作品首次发表后第五十年的12月31日,但作品自创作完成后五十年内未发表的,本法不再保护。	组织享有的职务作品,其著作权中的财产权利的保护期为首次发表后五十年,但作品自创作完成后五十年内未发表的,本法不再保护。 视听作品,其著作权中的财产权利的保护期为首次发表后五十年,但作品自创作完成后五十年内未发表的,本法不再保护。 本条第二、三款作品,其发表权的保护期为五十年,但作品自创作完成后五十年内未发表的,本法不再保护。 实用艺术作品,其著作权中的财产权利的保护期为首次发表后二十五年,但作品自创作完成后二十五年内未发表的,	单位享有的职务作品、视听作品,其发表权的保护期为五十年,但作品自创作完成后五十年内未发表的,本法不再保护;其著作权中的财产权的保护期为首次发表后五十年,但作品自创作完成后五十年内未发表的,本法不再保护。 实用艺术作品,其发表权的保护期为二十五年,但作品自创作完成后二十五年内未发表的,本法不再保护;其著作权中的财产权的保护期为首次发表后二十五年,但作品自创作完成后二十五年内未发表的,本法不再保护。 前四款所称的保护期,自作者死亡、相关作品首次发表	单位享有的职务作品、视听作品,其发表权的保护期为五十年,但作品自创作完成后五十年内未发表的,本法不再保护;其著作权中的财产权的保护期为首次发表后五十年,但作品自创作完成后五十年内未发表的,本法不再保护。 实用艺术作品,其发表权的保护期为二十五年,但作品自创作完成后二十五年内未发表的,本法不再保护;其著作权中的财产权的保护期为首次发表后二十五年,但作品自创作完成后二十五年内未发表的,本法不再保护。 前三款所称的保护期,自作者死亡、相关作品首次发表

续表

2010年著作权法	“修改草案”第一稿(征求意见稿)	“修改草案”第二稿(征求意见稿)	“修改草案”送审稿
	本法不再保护;其发表权的保护期为二十五年,但作品自创作完成后二十五年内未发表的,本法不再保护。 前五款所称的保护期,自作者死亡、相关作品首次发表或者作品创作完成后次年1月1日起算。	或者作品创作完成后次年1月1日起算。	或者作品创作完成后次年1月1日起算。 本法施行前保护期已经届满、但依据本条第一款仍在保护期内的摄影作品,不受本法保护。 本法第十四条规定的权利的保护期,适用本条第一款的规定。
	第二十八条　作者身份不明的作品,其著作权中的财产权利的保护期为五十年,自该作品首次发表后次年1月1日起算。作者身份确定后适用本法第二十七条规定。	**第二十九条**　作者身份不明的作品,其著作权中的财产权的保护期为五十年,自该作品首次发表后次年1月1日起算。作者身份确定后适用本法第二十八条规定。	**第三十条**　作者身份不明的作品,其著作权中的财产权的保护期为五十年,自该作品首次发表后次年1月1日起算。作者身份确定后适用本法第二十九条的规定。
第四节　权利的限制	**(对应“第四章　权利的限制”)**	**(对应“第四章　权利的限制”)**	**(对应“第四章　权利的限制”)**
第二十二条　在下列情况下使用作品,可以不经著作权人			

续表

2010年著作权法	"修改草案"第一稿(征求意见稿)	"修改草案"第二稿(征求意见稿)	"修改草案"送审稿
许可,不向其支付报酬,但应当指明作者姓名、作品名称,并且不得侵犯著作权人依照本法享有的其他权利: (一)为个人学习、研究或者欣赏,使用他人已经发表的作品; (二)为介绍、评论某一作品或者说明某一问题,在作品中适当引用他人已经发表的作品; (三)为报道时事新闻,在报纸、期刊、广播电台、电视台等媒体中不可避免地再现或者引用已经发表的作品; (四)报纸、期刊、广播电台、电视台等媒体刊登或者播放其他报纸、期刊、广播电台、			

续表

2010年著作权法	“修改草案”第一稿(征求意见稿)	“修改草案”第二稿(征求意见稿)	“修改草案”送审稿
电视台等媒体已经发表的关于政治、经济、宗教问题的时事性文章,但作者声明不许刊登、播放的除外; (五)报纸、期刊、广播电台、电视台等媒体刊登或者播放在公众集会上发表的讲话,但作者声明不许刊登、播放的除外; (六)为学校课堂教学或者科学研究,翻译或者少量复制已经发表的作品,供教学或者科研人员使用,但不得出版发行; (七)国家机关为执行公务在合理范围内使用已经发表的作品; (八)图书馆、档案馆、纪			

续表

2010年著作权法	“修改草案”第一稿(征求意见稿)	“修改草案”第二稿(征求意见稿)	“修改草案”送审稿
念馆、博物馆、美术馆等为陈列或者保存版本的需要，复制本馆收藏的作品； （九）免费表演已经发表的作品，该表演未向公众收取费用，也未向表演者支付报酬； （十）对设置或者陈列在室外公共场所的艺术作品进行临摹、绘画、摄影、录像； （十一）将中国公民、法人或者其他组织已经发表的以汉语言文字创作的作品翻译成少数民族语言文字作品在国内出版发行； （十二）将已经发表的作品改成盲文出版。 前款规定适用于对出版者、表演者、录音录像制作者、			

续表

2010年著作权法	“修改草案”第一稿(征求意见稿)	“修改草案”第二稿(征求意见稿)	“修改草案”送审稿
广播电台、电视台的权利的限制。 **第二十三条**　为实施九年制义务教育和国家教育规划而编写出版教科书,除作者事先声明不许使用的外,可以不经著作权人许可,在教科书中汇编已经发表的作品片段或者短小的文字作品、音乐作品或者单幅的美术作品、摄影作品,但应当按照规定支付报酬,指明作者姓名、作品名称,并且不得侵犯著作权人依照本法享有的其他权利。 前款规定适用于对出版者、表演者、录音录像制作者、广播电台、电视台的权利的限制。			

续表

2010年著作权法	“修改草案”第一稿(征求意见稿)	“修改草案”第二稿(征求意见稿)	“修改草案”送审稿
第三章　著作权许可使用合同和转让合同	(对应“第五章　权利的行使”)	(对应“第五章　权利的行使”)	(对应“第五章　权利的行使”)
第二十四条　使用他人作品应当同著作权人订立许可使用合同,本法规定可以不经许可的除外。 许可使用合同包括下列主要内容: (一)许可使用的权利种类; (二)许可使用的权利是专有使用权或者非专有使用权; (三)许可使用的地域范围、期间; (四)付酬标准和办法; (五)违约责任; (六)双方认为需要约定的其他内容。			

续表

2010年著作权法	“修改草案”第一稿(征求意见稿)	“修改草案”第二稿(征求意见稿)	“修改草案”送审稿
第二十五条　转让本法第十条第一款第(五)项至第(十七)项规定的权利,应当订立书面合同。 权利转让合同包括下列主要内容: (一)作品的名称; (二)转让的权利种类、地域范围; (三)转让价金; (四)交付转让价金的日期和方式; (五)违约责任; (六)双方认为需要约定的其他内容。 **第二十六条**　以著作权出质的,由出质人和质权人向国务院著作权行政管理部门办理			

续表

2010年著作权法	“修改草案”第一稿(征求意见稿)	“修改草案”第二稿(征求意见稿)	“修改草案”送审稿
出质登记。 **第二十七条** 许可使用合同和转让合同中著作权人未明确许可、转让的权利,未经著作权人同意,另一方当事人不得行使。 **第二十八条** 使用作品的付酬标准可以由当事人约定,也可以按照国务院著作权行政管理部门会同有关部门制定的付酬标准支付报酬。当事人约定不明确的,按照国务院著作权行政管理部门会同有关部门制定的付酬标准支付报酬。 **第二十九条** 出版者、表演者、录音录像制作者、广播电台、电视台等依照本法有关规定使用他人作品的,不得侵犯			

续表

2010年著作权法	“修改草案”第一稿(征求意见稿)	“修改草案”第二稿(征求意见稿)	“修改草案”送审稿
不得侵犯作者的署名权、修改权、保护作品完整权和获得报酬的权利。			
第四章　出版、表演、录音录像、播放	**第三章　相关权**	**第三章　相关权**	**第三章　相关权**
第一节　图书、报刊的出版	**第一节　出版者**	**第一节　出版者**	**第一节　出版者**
第三十条　图书出版者出版图书应当和著作权人订立出版合同,并支付报酬。 **第三十一条**　图书出版者对著作权人交付出版的作品,按照合同约定享有的专有出版权受法律保护,他人不得出版该作品。 **第三十二条**　著作权人应当按照合同约定期限交付作品。图书出版者应当按照合同	**第二十九条**　本法所称的出版,是指复制并发行。 本法所称的版式设计,是指对图书和期刊的版面格式的设计,包括对版心、排式、用字、行距、标题、引文以及标点符号等版面布局因素的安排。 **第三十条**　出版者有权许可他人使用其出版的图书、期刊的版式设计。 前款规定的权利的保护期	**第三十条**　本法所称的出版,是指复制并发行。 本法所称的版式设计,是指对图书和期刊的版面格式的设计。 **第三十一条**　出版者有权许可他人使用其出版的图书、期刊的版式设计。 前款规定的权利的保护期为十年,自使用该版式设计的图书或者期刊首次出版后次年	**第三十一条**　本法所称的出版,是指复制并发行。 本法所称的版式设计,是指对图书和期刊的版面格式的设计。 **第三十二条**　出版者有权许可他人使用其出版的图书、期刊的版式设计。 前款规定的权利的保护期为十年,自使用该版式设计的图书或者期刊首次出版后次年

续表

2010年著作权法	“修改草案”第一稿(征求意见稿)	“修改草案”第二稿(征求意见稿)	“修改草案”送审稿
约定的出版质量、期限出版图书。 图书出版者不按照合同约定期限出版,应当依照本法第五十四条的规定承担民事责任。 图书出版者重印、再版作品的,应当通知著作权人,并支付报酬。图书脱销后,图书出版者拒绝重印、再版的,著作权人有权终止合同。 **第三十三条** 著作权人向报社、期刊社投稿的,自稿件发出之日起十五日内未收到报社通知决定刊登的,或者自稿件发出之日起三十日内未收到期刊社通知决定刊登的,可以将同一作品向其他报社、期刊	为十年,自使用该版式设计的图书或者期刊首次出版后次年1月1日起算。	1月1日起算。	1月1日起算。

续表

2010年著作权法	“修改草案”第一稿(征求意见稿)	“修改草案”第二稿(征求意见稿)	“修改草案”送审稿
社投稿。双方另有约定的除外。 作品刊登后,除著作权人声明不得转载、摘编的外,其他报刊可以转载或者作为文摘、资料刊登,但应当按照规定向著作权人支付报酬。 **第三十四条**　图书出版者经作者许可,可以对作品修改、删节。 报社、期刊社可以对作品作文字性修改、删节。对内容的修改,应当经作者许可。 **第三十五条**　出版改编、翻译、注释、整理、汇编已有作品而产生的作品,应当取得改编、翻译、注释、整理、汇编作品的著作权人和原作品的著作权人			

续表

2010年著作权法	“修改草案”第一稿(征求意见稿)	“修改草案”第二稿(征求意见稿)	“修改草案”送审稿
许可,并支付报酬。 **第三十六条** 出版者有权许可或者禁止他人使用其出版的图书、期刊的版式设计。 前款规定的权利的保护期为十年,截止于使用该版式设计的图书、期刊首次出版后第十年的12月31日。			
第二节 表演	**第二节 表演者**	**第二节 表演者**	**第二节 表演者**
第三十七条 使用他人作品演出,表演者(演员、演出单位)应当取得著作权人许可,并支付报酬。演出组织者组织演出,由该组织者取得著作权人许可,并支付报酬。 使用改编、翻译、注释、整理已有作品而产生的作品进行演出,应当取得改编、翻译、注释、整理作品的著作权人和	**第三十一条** 本法所称的表演者,是指以朗诵、歌唱、演奏以及其他方式表演文学艺术作品或民间文学艺术的人或者演出单位。 **第三十二条** 表演者对其表演享有下列权利: (一)表明表演者身份; (二)保护表演形象不受歪曲;	**第三十二条** 本法所称的表演者,是指以朗诵、歌唱、演奏以及其他方式表演文学艺术作品或者民间文学艺术表达的自然人。 **第三十三条** 表演者对其表演享有下列权利: (一)表明表演者身份; (二)保护表演形象不受歪曲;	**第三十三条** 本法所称的表演者,是指以朗诵、演唱、演奏以及其他方式表演文学艺术作品或者民间文学艺术表达的自然人。 **第三十四条** 表演者对其表演享有下列权利: (一)表明表演者身份; (二)保护表演形象不受歪曲;

续表

2010年著作权法	“修改草案”第一稿(征求意见稿)	“修改草案”第二稿(征求意见稿)	“修改草案”送审稿
原作品的著作权人许可,并支付报酬。 **第三十八条**　表演者对其表演享有下列权利: (一)表明表演者身份; (二)保护表演形象不受歪曲; (三)许可他人从现场直播和公开传送其现场表演,并获得报酬; (四)许可他人录音录像,并获得报酬; (五)许可他人复制、发行录有其表演的录音录像制品,并获得报酬; (六)许可他人通过信息网络向公众传播其表演,并获得报酬。	(三)许可他人以无线或者有线方式播放其现场表演; (四)许可他人录制其表演; (五)许可他人复制、发行、出租其表演的录制品或者该录制品的复制品; (六)许可他人在信息网络环境下通过无线或者有线的方式向公众提供其表演,使该表演可为公众在其个人选定的时间和地点获得。 前款第(一)项、第(二)项规定的权利的保护期不受限制;第(三)项至第(六)项规定的权利的保护期为五十年,自该表演发生后次年1月1日起算。	(三)许可他人以无线或者有线方式公开播放其现场表演; (四)许可他人录制其表演; (五)许可他人复制、发行、出租其表演的录制品或者该录制品的复制件; (六)许可他人以无线或者有线方式向公众提供其表演,使公众可以在其个人选定的时间和地点获得该表演,以及通过技术设备向公众传播以前述方式提供的表演。 前款第(一)项、第(二)项规定的权利的保护期不受限制;第(三)项至第(六)项规定的权利的保护期为五十年,	(三)许可他人以无线或者有线方式公开播放其现场表演; (四)许可他人录制其表演; (五)许可他人复制、发行、出租其表演的录制品或者该录制品的复制件; (六)许可他人以无线或者有线方式向公众提供其表演,使公众可以在其个人选定的时间和地点获得该表演。 前款第(一)项、第(二)项规定的权利的保护期不受限制;第(三)项至第(六)项规定的权利的保护期为五十年,自该表演发生后次年1月1日起算。

续表

2010年著作权法	“修改草案”第一稿(征求意见稿)	“修改草案”第二稿(征求意见稿)	“修改草案”送审稿
被许可人以前款第(三)项至第(六)项规定的方式使用作品,还应当取得著作权人许可,并支付报酬。 **第三十九条** 本法第三十八条第一款第(一)项、第(二)项规定的权利的保护期不受限制。 本法第三十八条第一款第(三)项至第(六)项规定的权利的保护期为五十年,截止于该表演发生后第五十年的12月31日。	被许可人以第一款第(三)项至第(六)项规定的方式使用作品,还应当取得著作权人许可。 **第三十三条** 如当事人无相反书面约定,视听作品中的表演者权利由制片者享有,但表演者享有表明表演者身份的权利。 制片者聘用表演者摄制视听作品,应当签订书面合同并支付报酬。 表演者有权就制片者使用或授权他人使用该视听作品获得合理报酬,合同另有约定除外。	自该表演发生后次年1月1日起算。 被许可人以本条第一款第(三)项至第(六)项规定的方式使用作品,还应当取得著作权人许可。 **第三十四条** 演出组织者组织表演的,由该演出组织者取得著作权人许可。 **第三十五条** 表演者为完成工作任务进行的表演为职务表演,其权利归属由当事人约定。 当事人没有约定或者约定不明的,职务表演的权利由表演者享有,但集体性职务表演的权利由演出单位享有,表演者享有署名权。	被许可人以本条第一款第(三)项至第(六)项规定的方式使用作品,还应当取得著作权人许可。 **第三十五条** 演出组织者组织表演的,由该演出组织者取得著作权人许可。 **第三十六条** 表演者在职期间为完成工作任务进行的表演为职务表演,其权利归属由当事人约定。 当事人没有约定或者约定不明的,职务表演的权利由表演者享有,但集体性职务表演的权利由演出单位享有,表演者享有署名权。 依本条第二款规定,职务表演的权利由表演者享有的,

续表

2010年著作权法	"修改草案"第一稿(征求意见稿)	"修改草案"第二稿(征求意见稿)	"修改草案"送审稿
		依本条第一款和第二款规定，职务表演的权利由表演者享有的，演出单位可以在其业务范围内免费使用该表演。 **第三十六条**　制片者聘用表演者摄制视听作品，应当签订书面合同并支付报酬。 视听作品中的表演者根据第三十三条第(五)项和第(六)项规定的权利由制片者享有，但主要表演者享有署名权。 主要表演者有权就他人使用该视听作品获得合理报酬。	演出单位可以在其业务范围内免费使用该表演。 依本条第二款规定，职务表演的权利由演出单位享有的，单位应当根据表演的数量和质量对表演者予以奖励。 **第三十七条**　制片者聘用表演者制作视听作品，应当签订书面合同并支付报酬。 视听作品中的表演者根据第三十四条第(五)项和第(六)项规定的财产权及利益分享由制片者和主要表演者约定。如无约定或者约定不明的，前述权利由制片者享有，但主要表演者享有署名权和分享收益的权利。

续表

2010年著作权法	"修改草案"第一稿(征求意见稿)	"修改草案"第二稿(征求意见稿)	"修改草案"送审稿
第三节　录音录像	**第三节　录音制作者**	**第三节　录音制作者**	**第三节　录音制作者**
第四十条　录音录像制作者使用他人作品制作录音录像制品,应当取得著作权人许可,并支付报酬。 录音录像制作者使用改编、翻译、注释、整理已有作品而产生的作品,应当取得改编、翻译、注释、整理作品的著作权人和原作品著作权人许可,并支付报酬。 录音制作者使用他人已经合法录制为录音制品的音乐作品制作录音制品,可以不经著作权人许可,但应当按照规定支付报酬;著作权人声明不许使用的不得使用。	**第三十四条**　本法所称的录音制品,是指任何对表演的声音和其他声音的录制品。 本法所称的录音制作者,是指录音制品的首次制作人。 **第三十五条**　录音制作者对其制作的录音制品享有许可他人复制、发行、出租、在信息网络环境下通过无线或者有线的方式向公众提供录音制品使公众可以在其个人选定的时间和地点获得该录音制品的权利。 前款规定的权利的保护期为五十年,自录音制品首次制作完成后次年1月1日起算。	**第三十七条**　本法所称的录音制品,是指任何对表演的声音和其他声音的录制品。 本法所称的录音制作者,是指录音制品的首次制作人。 **第三十八条**　录音制作者对其制作的录音制品享有下列权利: (一)许可他人复制其录音制品; (二)许可他人发行其录音制品; (三)许可他人出租其录音制品; (四)许可他人以无线或者有线方式向公众提供其录音	**第三十八条**　本法所称的录音制品,是指任何对表演的声音和其他声音的录制品。 本法所称的录音制作者,是指录音制品的首次制作人。 **第三十九条**　录音制作者对其制作的录音制品享有下列权利: (一)许可他人复制其录音制品; (二)许可他人发行其录音制品; (三)许可他人出租其录音制品; (四)许可他人以无线或者有线方式向公众提供其录音

续表

2010年著作权法	“修改草案”第一稿(征求意见稿)	“修改草案”第二稿(征求意见稿)	“修改草案”送审稿
第四十一条　录音录像制作者制作录音录像制品,应当同表演者订立合同,并支付报酬。 **第四十二条**　录音录像制作者对其制作的录音录像制品,享有许可他人复制、发行、出租、通过信息网络向公众传播并获得报酬的权利;权利的保护期为五十年,截止于该制品首次制作完成后第五十年的12月31日。 被许可人复制、发行、通过信息网络向公众传播录音录像制品,还应当取得著作权人、表演者许可,并支付报酬。	被许可人复制、发行、出租、通过信息网络向公众传播录音制品,还应当取得著作权人、表演者许可。 **第三十六条**　将录音制品用于无线或者有线播放,或者通过技术设备向公众传播,表演者和录音制品制作者共同享有获得合理报酬的权利。	制品,使公众可以在其个人选定的时间和地点获得该录音制品,以及通过技术设备向公众传播以前述方式提供的录音制品。 前款规定的权利的保护期为五十年,自录音制品首次制作完成后次年1月1日起算。 被许可人复制、发行、出租、通过信息网络向公众传播录音制品,还应当取得著作权人、表演者许可。 **第三十九条**　以下列方式使用录音制品的,其表演者和录音制作者享有获得合理报酬的权利: (一)以无线或者有线方式公开播放录音制品或者转播	制品,使公众可以在其个人选定的时间和地点获得该录音制品。 前款规定的权利的保护期为五十年,自录音制品首次制作完成后次年1月1日起算。 被许可人复制、发行、出租、通过信息网络向公众传播录音制品,还应当取得著作权人、表演者许可。 **第四十条**　以下列方式使用录音制品的,其录音制作者享有获得合理报酬的权利: (一)以无线或者有线方式公开播放录音制品或者转播该录音制品的播放,以及通过技术设备向公众传播该录音制品的播放;

续表

2010年著作权法	“修改草案”第一稿(征求意见稿)	“修改草案”第二稿(征求意见稿)	“修改草案”送审稿
		该录音制品的播放,以及通过技术设备向公众传播该录音制品的播放; (二)通过技术设备向公众传播录音制品。 外国人、无国籍人其所属国或者经常居住地国承认中国表演者和录音制作者享有同等权利的,享有本条第一款规定的权利。	(二)通过技术设备向公众传播录音制品。
第四节　广播电台、电视台播放	**第四节　广播电台、电视台**	**第四节　广播电台、电视台**	**第四节　广播电台、电视台**
第四十三条　广播电台、电视台播放他人未发表的作品,应当取得著作权人许可,并支付报酬。 广播电台、电视台播放他人已发表的作品,可以不经	**第三十七条**　本法所称的广播电视节目,是指广播电台、电视台首次播放的载有内容的信号。 **第三十八条**　广播电台、电视台有权禁止以下行为:	**第四十条**　本法所称的广播电视节目,是指广播电台、电视台首次播放的载有声音或者图像的信号。 **第四十一条**　广播电台、电视台对其播放的广播电视	**第四十一条**　本法所称的广播电视节目,是指广播电台、电视台首次播放的载有声音或者图像的信号。 **第四十二条**　广播电台、电视台对其播放的广播电视

续表

2010年著作权法	"修改草案"第一稿(征求意见稿)	"修改草案"第二稿(征求意见稿)	"修改草案"送审稿
著作权人许可,但应当支付报酬。 **第四十四条**　广播电台、电视台播放已经出版的录音制品,可以不经著作权人许可,但应当支付报酬。当事人另有约定的除外。具体办法由国务院规定。 **第四十五条**　广播电台、电视台有权禁止未经其许可的下列行为: (一)将其播放的广播、电视转播; (二)将其播放的广播、电视录制在音像载体上以及复制音像载体。 前款规定的权利的保护期为五十年,截止于该广播、电视	(一)其他广播电台、电视台以无线或者有线方式转播其广播电视节目; (二)录制其广播电视节目; (三)复制其广播电视节目的录制品; (四)在信息网络环境下通过无线或者有线的方式向公众转播其广播电视节目。 前款规定的权利的保护期为五十年,自广播电视节目首次播放后的次年1月1日起算。	节目享有下列权利: (一)许可他人以无线或者有线方式转播其广播电视节目; (二)许可他人录制其广播电视节目; (三)许可他人复制其广播电视节目的录制品。 前款规定的权利的保护期为五十年,自广播电视节目首次播放后的次年1月1日起算。 被许可人以本条第一款规定的方式使用作品、表演和录音制品的,还应当取得著作权人、表演者和录音制作者的许可。	节目享有下列权利: (一)许可他人以无线或者有线方式转播其广播电视节目; (二)许可他人录制其广播电视节目; (三)许可他人复制其广播电视节目的录制品。 前款规定的权利的保护期为五十年,自广播电视节目首次播放后的次年1月1日起算。 被许可人以本条第一款规定的方式使用作品、表演和录音制品的,还应当取得著作权人、表演者和录音制作者的许可。

续表

2010年著作权法	"修改草案"第一稿(征求意见稿)	"修改草案"第二稿(征求意见稿)	"修改草案"送审稿
首次播放后第五十年的12月31日。 **第四十六条**　电视台播放他人的电影作品和以类似摄制电影的方法创作的作品、录像制品,应当取得制片者或者录像制作者许可,并支付报酬;播放他人的录像制品,还应当取得著作权人许可,并支付报酬。			
(对应"第二章第四节 权利的限制")	**第四章　权利的限制**	**第四章　权利的限制**	**第四章　权利的限制**
	第三十九条　依照本法规定,不经著作权人许可使用其已经发表作品的,不得影响该作品的正常使用,也不得不合理地侵害著作权人的合法权益。	**第四十二条**　在下列情况下使用作品,可以不经著作权人许可,不向其支付报酬,但应当指明作者姓名、作品名称、作品出处,并且不得侵犯著作权人依照本法享有的其他权利:	**第四十三条**　在下列情况下使用作品,可以不经著作权人许可,不向其支付报酬,但应当指明作者姓名或者名称、作品名称、作品出处,并且不得侵犯著作权人依照本法享有的其他权利:

续表

2010年著作权法	“修改草案”第一稿(征求意见稿)	“修改草案”第二稿(征求意见稿)	“修改草案”送审稿
	第四十条　在下列情况下使用作品,可以不经著作权人许可,不向其支付报酬,但应当指明作者姓名、作品名称、作品出处,并且不得侵犯著作权人依照本法享有的其他权利: (一)为个人学习、研究,复制一份他人已经发表的作品; (二)为介绍、评论某一作品或者说明某一问题,在作品中适当引用他人已经发表的作品; (三)为报道时事新闻,在报纸、期刊、广播电台、电视台等媒体中不可避免地再现或者引用已经发表的作品; (四)报纸、期刊、广播电台、电视台等媒体刊登或者	(一)为个人学习、研究,复制他人已经发表的文字作品的片段; (二)为介绍、评论某一作品或者说明某一问题,在作品中适当引用他人已经发表的作品,引用部分不得构成引用人作品的主要或者实质部分; (三)为报道时事新闻,在报纸、期刊、广播电台、电视台、信息网络等媒体中不可避免地再现或者引用已经发表的作品; (四)报纸、期刊、广播电台、电视台、信息网络等媒体刊登或者播放其他报纸、期刊、广播电台、电视台、信息网络等媒体已经发表的关于政治、经济、	(一)为个人学习、研究,复制他人已经发表的作品的片段; (二)为介绍、评论某一作品或者说明某一问题,在作品中适当引用他人已经发表的作品,引用部分不得构成引用人作品的主要或者实质部分; (三)为报道新闻,在报纸、期刊、广播电台、电视台、网络等媒体中不可避免地再现或者引用已经发表的作品; (四)报纸、期刊、广播电台、电视台、网络等媒体刊登或者播放其他报纸、期刊、广播电台、电视台、网络等媒体已经发表的关于政治、经济、宗教问题的时事性文章,但作者声明

续表

2010年著作权法	“修改草案”第一稿(征求意见稿)	“修改草案”第二稿(征求意见稿)	“修改草案”送审稿
	播放其他报纸、期刊、广播电台、电视台等媒体已经发表的关于政治、经济、宗教问题的时事性文章,但作者声明不许刊登、播放的除外; (五)报纸、期刊、广播电台、电视台等媒体刊登或者播放在公众集会上发表的讲话,但作者声明不许刊登、播放的除外; (六)为学校课堂教学或者科学研究,翻译或者少量复制已经发表的作品,供教学或者科研人员使用,但不得出版发行; (七)国家机关为执行公务在合理范围内使用已经发表的作品;	宗教问题的时事性文章,但作者声明不得使用的除外; (五)报纸、期刊、广播电台、电视台、信息网络等媒体刊登或者播放在公众集会上发表的讲话,但作者声明不得使用的除外; (六)为学校课堂教学或者科学研究,翻译或者少量复制已经发表的作品,供教学或者科研人员使用,但不得出版发行; (七)国家机关为执行公务在合理范围内使用已经发表的作品; (八)图书馆、档案馆、纪念馆、博物馆、美术馆等为陈列或者保存版本的需要,复制本馆	不得使用的除外; (五)报纸、期刊、广播电台、电视台、网络等媒体刊登或者播放在公众集会上发表的讲话,但作者声明不得使用的除外; (六)为学校课堂教学或者科学研究,翻译或者少量复制已经发表的作品,供教学或者科研人员使用,但不得出版; (七)国家机关为执行公务在合理范围内使用已经发表的作品; (八)图书馆、档案馆、纪念馆、博物馆、美术馆等为陈列或者保存版本的需要,复制本馆收藏的作品; (九)免费表演已经发表的

续表

2010年著作权法	“修改草案”第一稿(征求意见稿)	“修改草案”第二稿(征求意见稿)	“修改草案”送审稿
	（八）图书馆、档案馆、纪念馆、博物馆、美术馆等为陈列或者保存版本的需要，复制本馆收藏的作品； （九）免费表演已经发表的作品，该表演未向公众收取费用，也未向表演者支付报酬； （十）对设置或者陈列在室外公共场所的艺术作品进行临摹、绘画、摄制； （十一）将中国自然人、法人或者其他组织已经发表的以汉语言文字创作的作品翻译成少数民族语言文字作品在国内出版发行； （十二）将已经发表的作品改成盲文出版。 **第四十一条**　计算机程序	收藏的作品； （九）免费表演已经发表的作品，该表演未向公众收取费用，也未向表演者支付报酬； （十）对设置或者陈列在室外公共场所的艺术作品进行临摹、绘画、摄影、录像并向公众提供，但不得以该艺术作品的相同方式复制、陈列以及公开传播； （十一）将中国自然人、法人或者其他组织已经发表的以汉语言文字创作的作品翻译成少数民族语言文字作品在国内出版发行； （十二）将已经发表的作品改成盲文出版； （十三）其他情形。	作品，该表演未向公众收取费用，未向表演者支付报酬，也未以其他方式获得经济利益； （十）对设置或者陈列在室外公共场所的艺术作品进行临摹、绘画、摄影、录像并复制、发行以及向公众传播，但不得以该艺术作品的相同方式复制、陈列以及公开传播； （十一）将中国自然人、法人或者其他组织已经发表的以汉语言文字创作的作品翻译成少数民族语言文字作品在国内出版； （十二）将已经发表的作品改成盲文出版； （十三）其他情形。

续表

2010年著作权法	“修改草案”第一稿(征求意见稿)	“修改草案”第二稿(征求意见稿)	“修改草案”送审稿
	的合法授权使用者可以从事以下行为: (一)根据使用的需要把该程序装入计算机等具有信息处理能力的装置内; (二)为了防止计算机程序损坏而制作备份复制件。这些备份复制件不得通过任何方式提供给他人使用,并在本人丧失合法授权时,负责将备份复制件销毁; (三)为了把该程序用于实际的计算机应用环境或者改进其功能、性能而进行必要的修改;未经该程序的著作权人许可,不得向任何第三方提供修改后的程序。 **第四十二条** 为了学习和	以前款规定的方式使用作品,不得影响作品的正常使用,也不得不合理地损害著作权人的合法利益。 **第四十三条** 计算机程序的合法授权使用者可以从事以下行为: (一)根据使用的需要把该程序装入计算机等具有信息处理能力的装置内; (二)为了防止计算机程序损坏而制作备份复制件。这些备份复制件不得通过任何方式提供给他人使用,并在本人丧失合法授权时,负责将备份复制件销毁; (三)为了把该程序用于实际的计算机应用环境或者改进	以前款规定的方式使用作品,不得影响作品的正常使用,也不得不合理地损害著作权人的合法利益。 **第四十四条** 计算机程序的合法授权使用者可以从事下列行为: (一)根据使用的需要把该程序装入计算机等具有信息处理能力的装置内; (二)为了防止计算机程序损坏而制作备份复制件;这些备份复制件不得通过任何方式提供给他人使用,并在本人丧失合法授权时,负责将备份复制件销毁; (三)为了把该程序用于实际的计算机应用环境或者实现

续表

2010年著作权法	“修改草案”第一稿(征求意见稿)	“修改草案”第二稿(征求意见稿)	“修改草案”送审稿
	研究计算机程序内含的设计思想和原理,通过安装、显示、传输或者存储等方式使用计算机程序的,可以不经计算机程序著作权人许可,不向其支付报酬。 **第四十三条**　计算机程序的合法授权使用者在通过正常途径无法获取必要的兼容性信息时,可以不经该程序著作权人许可,复制和翻译该程序中与兼容性信息有关的部分内容。 适用前款规定获取的信息,不得超出计算机程序兼容的目的使用,不得提供给他人,不得用于开发、生产或销售实质性相似的计算机程序,不得用于任何侵犯著作权的行为。	其功能、性能而进行必要的修改;未经该程序的著作权人许可,不得向任何第三方提供修改后的程序。 **第四十四条**　为了学习和研究计算机程序内含的设计思想和原理,通过安装、显示、传输或者存储等方式使用计算机程序的,可以不经计算机程序著作权人许可,不向其支付报酬。 **第四十五条**　计算机程序的合法授权使用者在通过正常途径无法获取必要的兼容性信息时,可以不经该程序著作权人许可,复制和翻译该程序中与兼容性信息有关的部分内容。	其功能而进行必要的改动;未经该程序的著作权人许可,不得向任何第三方提供修改后的程序以及专门用作修改程序的装置或者部件。 **第四十五条**　为了学习和研究计算机程序内含的设计思想和原理,计算机程序的合法授权使用者通过安装、显示、传输或者存储等方式使用计算机程序的,可以不经计算机程序著作权人许可,不向其支付报酬。 **第四十六条**　计算机程序的合法授权使用者在通过正常途径无法获取必要的兼容性信息时,可以不经该程序著作权人许可,复制和翻译该程序中

续表

2010年著作权法	“修改草案”第一稿(征求意见稿)	“修改草案”第二稿(征求意见稿)	“修改草案”送审稿
	第四十四条 为实施九年制义务教育和国家教育规划而编写教科书,可以依照本法第四十八条规定的条件,不经著作权人许可,在教科书中汇编已经发表的作品片段或者短小的文字作品、音乐作品或者单幅的美术作品、摄影作品、图形作品。 **第四十五条** 中国自然人、法人和其他组织的文字作品在报刊上刊登后,其他报刊可以依照本法第四十八条规定的条件,不经作者许可进行转载或者作为文摘、资料刊登。 报刊对其刊登的作品根据作者的报刊对其刊登的作品根据作者的授权享有专有出版权,报刊对其刊登的作品根据作者	适用前款规定获取的信息,不得超出计算机程序兼容的目的使用,不得提供给他人,不得用于开发、生产或者销售实质性相似的计算机程序,不得用于任何侵犯著作权的行为。 **第四十六条** 为实施九年制义务教育和国家教育规划而编写教科书,可以依照本法第四十八条规定的条件,不经著作权人许可,在教科书中汇编已经发表的作品片段或者短小的文字作品、音乐作品或者单幅的美术作品、摄影作品、图形作品。 **第四十七条** 文字作品在报刊上刊登后,其他报刊可以依照本法第四十八条规定的条件,不经作者许可进行转载	与兼容性信息有关的部分内容。 适用前款规定获取的信息,不得超出计算机程序兼容的目的使用,不得提供给他人,不得用于开发、生产或者销售实质性相似的计算机程序,不得用于任何侵犯著作权的行为。 **第四十七条** 为实施国家义务教育编写教科书,依照本法第五十条规定的条件,可以不经著作权人许可,在教科书中汇编已经发表的短小的文字作品、音乐作品或者单幅的美术作品、摄影作品、图形作品。 **第四十八条** 文字作品在报刊上刊登后,其他报刊依照本法第五十条规定的条件,

续表

2010年著作权法	“修改草案”第一稿(征求意见稿)	“修改草案”第二稿(征求意见稿)	“修改草案”送审稿
	的授权享有专有出版权，并在其出版的报刊显著位置作出声明的，其他报刊不得进行转载或刊登。 **第四十六条**　录音制品首次出版3个月后，其他录音制作者可以依照本法第四十八条规定的条件，不经著作权人许可，使用其音乐作品制作录音制品。 **第四十七条**　广播电台、电视台可以依照本法第四十八条规定的条件，不经著作权人许可，播放其已经发表的作品；但播放他人的视听作品，应当取得制片者许可。 **第四十八条**　根据本法第四十四条、第四十五条、第四十六条和第四十七条的规定，	或者作为文摘、资料刊登。 报刊社对其刊登的作品根据作者的授权享有专有出版权，并在其出版的报刊显著位置作出不得转载或者刊登的声明的，其他报刊不得进行转载或者刊登。 **第四十八条**　根据本法第四十六条、第四十七条的规定，不经著作权人许可使用其已发表的作品，必须符合下列条件： （一）在首次使用前向相应的著作权集体管理组织申请备案； （二）在使用特定作品时指明作者姓名、作品名称和作品出处； （三）在使用特定作品后	可以不经作者许可进行转载或者作为文摘、资料刊登。 报刊社对其刊登的作品根据作者的授权享有专有出版权，并在其出版的报刊显著位置作出不得转载或者刊登的声明的，其他报刊不得进行转载或者刊登。 **第四十九条**　广播电台、电视台依照本法第五十条规定的条件，可以不经著作权人许可，播放其已经发表的作品；但播放视听作品，应当取得著作权人的许可。 适本条规定适用于中国著作权人以及其作品创作于中国的外国著作权人。

续表

2010年著作权法	“修改草案”第一稿(征求意见稿)	“修改草案”第二稿(征求意见稿)	“修改草案”送审稿
	不经著作权人许可使用其已发表的作品,必须符合下列条件: (一)在使用前向国务院著作权行政管理部门申请备案; (二)在使用时指明作者姓名、作品名称和作品出处; (三)在使用后一个月内按照国务院著作权行政管理部门制定的标准向著作权集体管理组织支付使用费,同时报送使用作品的作品名称、作者姓名和作品出处等相关信息。 使用者申请法定许可备案的,国务院著作权行政管理部门应在其官方网站公告备案信息。	一个月内按照国务院著作权行政管理部门制定的标准直接向权利人或者通过著作权集体管理组织向权利人支付使用费,同时提供使用作品的作品名称、作者姓名和作品出处等相关信息。 著作权集体管理组织应当及时公告前款规定的备案信息,并建立作品使用情况查询系统供权利人免费查询作品使用情况和使用费支付情况。 著作权集体管理组织应当在合理时间内及时向权利人转付本条第一款所述的使用费。	**第五十条** 根据本法第四十七条、第四十八条和第四十九条的规定,不经著作权人许可使用其已发表的作品,必须符合下列条件: (一)在首次使用前向相应的著作权集体管理组织申请备案; (二)在使用作品时指明作者姓名或者名称、作品名称和作品出处,但由于技术原因无法指明的除外; (三)在使用作品后一个月内按照国务院著作权行政管理部门制定的付酬标准直接向权利人或者通过著作权集体管理组织向权利人支付使用费,同时提供使用作品的作品名称、作者姓名或者名称和作品出处

续表

2010年著作权法	“修改草案”第一稿(征求意见稿)	“修改草案”第二稿(征求意见稿)	“修改草案”送审稿
	著作权集体管理组织应当将第一款所述使用费及时转付给相关权利人,并建立作品使用情况查询系统供权利人免费查询作品使用情况和使用费支付情况。		等相关信息。前述付酬标准适用于自本法施行之日起的使用行为。 著作权集体管理组织应当及时公告前款规定的备案信息,并建立作品使用情况查询系统供权利人免费查询作品使用情况和使用费支付情况。 著作权集体管理组织应当在合理时间内及时向权利人转付本条第一款所述的使用费。 **第五十一条**　著作权保护期未届满的已发表作品,使用者尽力查找其权利人无果,符合下列条件之一的,可以在向国务院著作权行政管理部门指定的机构申请并提存使用费后以数字化形式使用:

续表

2010年著作权法	“修改草案”第一稿(征求意见稿)	“修改草案”第二稿(征求意见稿)	“修改草案”送审稿
			(一)著作权人身份不明的; (二)著作权人身份确定但无法联系的。 前款具体实施办法，由国务院著作权行政管理部门另行规定。
(对应“第三章　著作权许可使用和转让合同”)	**第五章　权利的行使**	**第五章　权利的行使**	**第五章　权利的行使**
	第一节　著作权和相关权合同	**第一节　著作权和相关权合同**	**第一节　著作权和相关权合同**
	第四十九条　著作权人可以通过许可、转让、设立质权或者法律允许的其他形式利用著作权中的财产权利。 **第五十条**　使用他人作品应当同著作权人订立许可使用合同,本法规定可以不经许可的除外。	**第四十九条**　著作权人可以通过许可、转让、设立质权或者法律允许的其他形式利用著作权中的财产权利。 **第五十条**　使用他人作品,应当同著作权人订立许可使用合同,本法规定可以不经许可的除外。	**第五十二条**　著作权人可以通过许可、转让、设立质权或者法律允许的其他形式行使著作权中的财产权。 **第五十三条**　使用他人作品,应当同著作权人订立许可使用合同,本法规定可以不经许可的除外。

续表

2010年著作权法	“修改草案”第一稿(征求意见稿)	“修改草案”第二稿(征求意见稿)	“修改草案”送审稿
	许可使用合同包括下列主要内容： （一）作品名称； （二）许可使用的权利种类和使用方式； （三）许可使用的权利是专有使用权或者非专有使用权； （四）许可使用的地域范围、期间； （五）付酬标准和办法； （六）违约责任； （七）双方认为需要约定的其他内容。 使用作品的付酬标准可以由当事人约定，当事人没有约定或者约定不明的，按照市场价格或者国务院著作权行政管理部门会同有关部门制定的	许可使用合同包括下列主要内容： （一）作品的名称； （二）许可使用的权利种类和使用方式； （三）许可使用的是专有使用权或者非专有使用权； （四）许可使用的地域范围、期限； （五）付酬标准和办法； （六）违约责任； （七）双方认为需要约定的其他内容。 使用作品的付酬标准由当事人约定，当事人没有约定或者约定不明的，按照市场价格或者国务院著作权行政管理部门会同有关部门制定的付酬	许可使用合同包括下列主要内容： （一）作品的名称； （二）许可使用的权利种类和使用方式； （三）许可使用的是专有使用权或者非专有使用权； （四）许可使用的地域范围、期限； （五）付酬标准和办法； （六）违约责任； （七）双方认为需要约定的其他内容。 使用作品的付酬标准由当事人约定，当事人没有约定或者约定不明的，按照市场价格或者国务院著作权行政管理部门会同有关部门制定的付酬

续表

2010年著作权法	“修改草案”第一稿(征求意见稿)	“修改草案”第二稿(征求意见稿)	“修改草案”送审稿
	付酬标准支付报酬。 **第五十一条** 使用他人作品，许可使用的权利是专有使用权的，应当采取书面形式。 合同中未明确约定许可使用的权利是专有使用权的，视为许可使用的权利为非专有使用权。 合同中约定许可使用的权利是专有使用权，但对专有使用权的内容没有约定或者约定不明的，视为被许可人有权排除包括著作权人在内的任何人以同样的方式使用作品。 报刊与作者签订专有出版权合同的，专有出版权的期限不得超过一年。 **第五十二条** 图书出版	标准支付报酬。 **第五十一条** 许可使用的方式为专有使用权的，许可使用合同应当采取书面形式。 合同中未明确约定许可使用的权利是专有使用权的，视为许可使用的权利为非专有使用权。 合同中约定许可使用的方式是专有使用权，但对专有使用权的内容没有约定或者约定不明的，视为被许可人有权排除包括著作权人在内的任何人以同样的方式使用作品。 报刊社与著作权人签订专有出版权合同，但对专有出版权的期限没有约定或者约定不明的，专有出版权的期限推定	标准支付报酬。 **第五十四条** 许可使用的权利是专有使用权的，许可使用合同应当采取书面形式。 合同中未明确约定许可使用的权利是专有使用权的，视为许可使用的权利为非专有使用权。 合同中约定许可使用的方式是专有使用权，但对专有使用权的内容没有约定或者约定不明的，视为被许可人有权排除包括著作权人在内的任何人以同样的方式使用作品。 报刊社与著作权人签订专有出版权合同，但对专有出版权的期限没有约定或者约定不明的，专有出版权的期限推定

续表

2010年著作权法	“修改草案”第一稿(征求意见稿)	“修改草案”第二稿(征求意见稿)	“修改草案”送审稿
	合同中约定图书出版者享有专有出版权但没有明确其具体内容的，视为图书出版者享有在合同有效期内和在合同约定的地域范围内以同种文字的原版、修订版出版图书的专有权利。 **第五十三条**　图书出版者重印、再版作品的，应当通知著作权人，并支付报酬。 图书脱销后，图书出版者拒绝重印、再版的，著作权人有权终止合同。著作权人寄给图书出版者的两份订单在6个月内未得到履行，视为图书脱销。 **第五十四条**　表演他人作品的，应当由演出组织者或者演出单位取得著作权人授权。	为一年。 **第五十二条**　图书出版合同中约定图书出版者享有专有出版权但没有明确其具体内容的，视为图书出版者享有在合同有效期内和在合同约定的地域范围内以同种文字的原版、修订版出版图书的专有权利。 **第五十三条**　图书出版者重印、再版作品的，应当通知著作权人，并支付报酬。 图书脱销后，图书出版者拒绝重印、再版的，著作权人有权终止合同。著作权人寄给图书出版者的两份订单在6个月内未得到履行，视为图书脱销。 **第五十四条**　转让著作权中的财产权利，应当订立书面	为一年。 **第五十五条**　图书出版合同中约定图书出版者享有专有出版权但没有明确其具体内容的，视为图书出版者享有在合同有效期内和在合同约定的地域范围内以同种文字的原版、修订版出版图书的专有权利。 **第五十六条**　图书出版者重印、再版作品的，应当通知著作权人，并支付报酬。 图书脱销后，图书出版者拒绝重印、再版的，著作权人有权终止合同。著作权人寄给图书出版者的两份订单在6个月内未得到履行，视为图书脱销。 **第五十七条**　转让著作权中的财产权利，应当订立书面

续表

2010年著作权法	“修改草案”第一稿(征求意见稿)	“修改草案”第二稿(征求意见稿)	“修改草案”送审稿
	第五十五条　转让著作权中的财产权利,应当订立书面合同。 权利转让合同包括下列主要内容: (一)作品的名称; (二)转让的权利种类、地域范围; (三)转让金; (四)交付转让金的日期和方式; (五)违约责任; (六)双方认为需要约定的其他内容。 **第五十六条**　许可使用合同和转让合同中著作权人未明确许可、转让的权利,未经著作权人同意,被许可人不得行使。	合同。 权利转让合同包括下列主要内容: (一)作品的名称; (二)转让的权利种类、地域范围; (三)转让金; (四)交付转让金的日期和方式; (五)违约责任; (六)双方认为需要约定的其他内容。 **第五十五条**　许可使用合同和转让合同中著作权人未明确许可或者转让的权利,未经著作权人同意,被许可人或者受让人不得行使。 未经著作权人同意,被	合同。 权利转让合同包括下列主要内容: (一)作品的名称; (二)转让的权利种类、地域范围; (三)转让金; (四)支付转让金的日期和方式; (五)违约责任; (六)双方认为需要约定的其他内容。 **第五十八条**　许可使用合同和转让合同中著作权人未明确许可或者转让的权利,未经著作权人同意,被许可人或者受让人不得行使。 未经著作权人同意,被

续表

2010年著作权法	“修改草案”第一稿(征求意见稿)	“修改草案”第二稿(征求意见稿)	“修改草案”送审稿
	未经著作权人同意,被许可人不得许可第三人行使同一权利。 **第五十七条** 与著作权人订立专有许可合同或转让合同的,可以向国务院著作权行政管理部门设立的专门登记机构登记。经登记的专有许可合同和转让合同,可以对抗第三人。 合同登记应当缴纳费用,收费标准由国务院著作权行政管理部门会同国务院价格管理部门确定。 **第五十八条** 以著作权出质的,由出质人和质权人向国务院著作权行政管理部门办理出质登记。著作权出质登记应当缴纳费用,收费标准由国务院	许可人不得许可第三人行使同一权利。 **第五十六条** 与著作权人订立专有许可合同或者转让合同的,可以向国务院著作权行政管理部门设立的专门登记机构登记。经登记的专有许可合同和转让合同,可以对抗第三人。 合同登记应当缴纳费用,收费标准由国务院财政、价格管理部门确定。 **第五十七条** 以著作权出质的,由出质人和质权人向国务院著作权行政管理部门办理出质登记。著作权出质登记应当缴纳费用,收费标准由国务院财政、价格管理部门确定。	许可人不得许可第三人行使同一权利。 **第五十九条** 与著作权人订立专有许可合同或者转让合同的,使用者可以向国务院著作权行政管理部门设立的专门登记机构登记。未经登记的权利,不得对抗善意第三人。 登记应当缴纳费用,收费标准由国务院财政、价格管理部门确定。 **第六十条** 以著作权出质的,由出质人和质权人向国务院著作权行政管理部门办理出质登记。 登记应当缴纳费用,收费标准由国务院财政、价格管理部门确定。

续表

2010年著作权法	“修改草案”第一稿(征求意见稿)	“修改草案”第二稿(征求意见稿)	“修改草案”送审稿
	著作权行政管理部门会同国务院价格管理部门、财政管理部门确定。		
	第二节　著作权集体管理	**第二节　著作权集体管理**	**第二节　著作权集体管理**
	第五十九条　著作权集体管理组织是根据著作权人和相关权人的授权或者法律规定，以集体管理的方式行使著作权或者相关权的非营利性组织。 著作权集体管理组织管理权利时，可以以自己的名义为著作权人和相关权人主张权利，并可以作为当事人进行著作权或者相关权的诉讼、仲裁活动。 国务院著作权行政管理部门负责著作权集体管理组织的	**第五十八条**　著作权集体管理组织是根据著作权人和相关权人的授权或者法律规定，以集体管理的方式行使权利人难以行使和难以控制的著作权或者相关权的非营利性社会组织。 著作权集体管理组织管理权利时，可以以自己的名义为著作权人和相关权人主张权利，并可以作为当事人进行著作权或者相关权的诉讼、仲裁活动。	**第六十一条**　著作权集体管理组织是根据著作权人和相关权人的授权或者法律规定，以集体管理的方式行使权利人难以行使和难以控制的著作权或者相关权的非营利性社会组织。 著作权集体管理组织管理权利时，可以以自己的名义为著作权人和相关权人主张权利，并可以作为当事人进行著作权或者相关权的诉讼、仲裁和调解活动。

续表

2010年著作权法	“修改草案”第一稿(征求意见稿)	“修改草案”第二稿(征求意见稿)	“修改草案”送审稿
	审批和监督管理。 **第六十条**　著作权集体管理组织取得权利人授权并能在全国范围代表权利人利益的，可以向国务院著作权行政管理部门申请代表全体权利人行使著作权或者相关权，权利人书面声明不得集体管理的除外。 **第六十一条**　著作权集体管理组织的授权使用收费标准由国务院著作权行政管理部门公告实施，有异议的，由国务院著作权行政管理部门组织专门委员会裁定，裁定为最终结果，裁定期间收费标准不停止执行。 **第六十二条**　两个以上著作权集体管理组织就同一使用	**第五十九条**　著作权集体管理组织的授权使用收费标准由国务院著作权行政管理部门公告实施，有异议的，由国务院著作权行政管理部门组织专门委员会裁定，裁定为最终结果，裁定期间收费标准不停止执行。 **第六十条**　著作权集体管理组织取得权利人授权并能在全国范围内代表权利人利益的，可以就下列使用方式代表全体权利人行使著作权或者相关权，权利人书面声明不得集体管理的除外： （一）广播电台、电视台播放已经发表的文字、音乐、美术或者摄影作品；	**第六十二条**　著作权集体管理组织应当根据管理的权利提供使用费标准，该标准在国务院著作权行政管理部门指定的媒体上公告实施，有异议的，由国务院著作权行政管理部门组织专门委员会裁定，裁定为最终结果，裁定期间使用费标准不停止执行。 前款所述专门委员会由法官、著作权集体管理组织的监管部门公务员、律师等组成。 **第六十三条**　著作权集体管理组织取得权利人授权并能在全国范围内代表权利人利益的，可以就自助点歌系统向公众传播已经发表的音乐或者视听作品以及其他方式使用作品，

续表

2010年著作权法	“修改草案”第一稿(征求意见稿)	“修改草案”第二稿(征求意见稿)	“修改草案”送审稿
	方式向同一使用者收取使用费的,应当事先协商确定由一个集体管理组织统一收取,但当事人另有约定的除外。 **第六十三条** 著作权集体管理组织的设立方式、权利义务、著作权许可使用费的收取和分配,对其监督和管理,授权使用收费标准异议裁定等事宜由国务院另行规定。	(二)自助点歌经营者通过自助点歌系统向公众传播已经发表的音乐或者视听作品。 著作权集体管理组织在转付相关使用费时,应当平等对待所有权利人。 **第六十一条** 两个以上著作权集体管理组织就同一使用方式向同一使用者收取使用费的,应当事先协商确定由一个著作权集体管理组织统一收取,但当事人另有约定的除外。 **第六十二条** 国务院著作权行政管理部门主管全国的著作权集体管理工作,负责著作权集体管理组织的设立、变更、注销以及其他登记事项的审批和监督管理。	代表全体权利人行使著作权或者相关权,权利人书面声明不得集体管理的除外。 著作权集体管理组织在转付相关使用费时,应当平等对待所有权利人。 **第六十四条** 著作权和相关权权利人依据本法第十四条 和第四十条享有的获酬权,应当通过相应的著作权集体管理组织行使。 **第六十五条** 两个以上著作权集体管理组织就同一使用方式向同一使用者收取使用费的,应当共同制定统一的使用费标准,并且协商确定由一个著作权集体管理组织统一收取使用费。收取的使用费应当在

续表

2010年著作权法	"修改草案"第一稿(征求意见稿)	"修改草案"第二稿(征求意见稿)	"修改草案"送审稿
		国务院其他主管部门在各自职责范围内对著作权集体管理组织进行监督管理。 **第六十三条**　著作权集体管理组织的设立方式、权利义务、著作权许可使用费的收取和分配,对其监督和管理,授权使用收费标准异议裁定等事宜由国务院另行规定。	相应的著作权集体管理组织之间合理分配。 **第六十六条**　国务院著作权行政管理部门主管全国的著作权集体管理工作,负责著作权集体管理组织的设立、业务范围、变更、注销以及其他登记事项的审批和监督管理。 国务院其他主管部门在各自职责范围内对著作权集体管理组织进行监督管理。 **第六十七条**　著作权集体管理组织的设立方式、业务范围、权利义务、著作权许可使用费的收取和分配,对其监督和管理,授权使用收费标准异议裁定等事宜由国务院另行规定。

续表

2010年著作权法	“修改草案”第一稿(征求意见稿)	“修改草案”第二稿(征求意见稿)	“修改草案”送审稿
	第六章　技术保护措施和权利管理信息	**第六章　技术保护措施和权利管理信息**	**第六章　技术保护措施和权利管理信息**
	第六十四条　本法所称的技术保护措施,是指权利人为防止、限制其作品、表演、录音制品或者计算机程序被复制、浏览、欣赏、运行或者通过信息网络传播而采取的有效技术、装置或者部件。 本法所称的权利管理信息,是指说明作品及其作者、表演及其表演者、录音制品及其制作者的信息,作品、表演、录音制品权利人的信息和使用条件的信息,以及表示上述信息的数字或者代码。 **第六十五条**　为保护著作权和相关权,权利人可以采用	**第六十四条**　本法所称的技术保护措施,是指权利人为防止、限制其作品、表演、录音制品或者广播电视节目被复制、浏览、欣赏、运行或者通过信息网络传播而采取的有效技术、装置或者部件。 本法所称的权利管理信息,是指说明作品及其作者、表演及其表演者、录音制品及其制作者的信息、广播电视节目及其广播电台电视台,作品、表演、录音制品以及广播电视节目权利人的信息和使用条件的信息,以及表示上述信息的数字或者代码。	**第六十八条**　本法所称的技术保护措施,是指权利人为防止、限制其作品、表演、录音制品或者广播电视节目被复制、浏览、欣赏、运行、改编或者通过网络传播而采取的有效技术、装置或者部件。 本法所称的权利管理信息,是指说明作品及其作者、表演及其表演者、录音制品及其制作者的信息、广播电视节目及其广播电台电视台,作品、表演、录音制品以及广播电视节目权利人的信息和使用条件的信息,以及表示上述信息的数字或者代码。

续表

2010年著作权法	“修改草案”第一稿(征求意见稿)	“修改草案”第二稿(征求意见稿)	“修改草案”送审稿
	技术保护措施。 任何组织或者个人不得故意避开或者破坏技术保护措施,不得故意制造、进口或者向公众提供主要用于避开或者破坏技术保护措施的装置或部件,不得故意为他人避开或者破坏技术保护措施提供技术服务,但是法律、行政法规另有规定的除外。 **第六十六条**　未经权利人许可,不得进行下列行为: (一)故意删除或者改变权利管理信息,但由于技术上的原因无法避免删除或者改变的除外; (二)向公众提供知道或者应当知道未经权利人许可被	**第六十五条**　为保护著作权和相关权,权利人可以采用技术保护措施。 未经许可,任何组织或者个人不得故意避开或者破坏技术保护措施,不得故意制造、进口或者向公众提供主要用于避开或者破坏技术保护措施的装置或部件,不得故意为他人避开或者破坏技术保护措施提供技术服务,但是法律、行政法规另有规定的除外。 **第六十六条**　未经权利人许可,不得进行下列行为: (一)故意删除或者改变权利管理信息,但由于技术上的原因无法避免删除或者改变的除外;	**第六十九条**　为保护著作权和相关权,权利人可以采用技术保护措施。 未经许可,任何组织或者个人不得故意避开或者破坏技术保护措施,不得故意制造、进口或者向公众提供主要用于避开或者破坏技术保护措施的装置或者部件,不得故意为他人避开或者破坏技术保护措施提供技术或者服务,但是法律、行政法规另有规定的除外。 **第七十条**　未经权利人许可,不得进行下列行为: (一)故意删除或者改变权利管理信息,但由于技术上的原因无法避免删除或者改变的除外;

续表

2010年著作权法	“修改草案”第一稿(征求意见稿)	“修改草案”第二稿(征求意见稿)	“修改草案”送审稿
	删除或者改变权利管理信息的作品、表演、录音制品。 **第六十七条** 下列情形可以避开技术保护措施,但不得向他人提供避开技术保护措施的技术、装置或者部件,不得侵犯权利人依法享有的其他权利: (一)为学校课堂教学或者科学研究,向少数教学、科研人员提供已经发表的作品、表演、录音制品,而该作品、表演、录音制品无法通过正常途径获取; (二)不以营利为目的,以盲人能够感知的独特方式向盲人提供已经发表的文字作品,而该作品无法通过正常途径获取;	(二)知道或者应当知道相关权利管理信息被未经许可删除或者改变,仍然向公众提供该作品、表演、录音制品或者广播电视节目。 **第六十七条** 下列情形可以避开技术保护措施,但不得向他人提供避开技术保护措施的技术、装置或者部件,不得侵犯权利人依法享有的其他权利: (一)为学校课堂教学或者科学研究,向少数教学、科研人员提供已经发表的作品、表演、录音制品或者广播电视节目,而该作品、表演、录音制品或者广播电视节目无法通过正常途径获取;	(二)知道或者应当知道相关权利管理信息被未经许可删除或者改变,仍然向公众提供该作品、表演、录音制品或者广播电视节目。 **第七十一条** 下列情形可以避开技术保护措施,但不得向他人提供避开技术保护措施的技术、装置或者部件,不得侵犯权利人依法享有的其他权利: (一)为学校课堂教学或者科学研究,向少数教学、科研人员提供已经发表的作品、表演、录音制品或者广播电视节目,而该作品、表演、录音制品或者广播电视节目无法通过正常途径获取;

续表

2010年著作权法	"修改草案"第一稿(征求意见稿)	"修改草案"第二稿(征求意见稿)	"修改草案"送审稿
	(三)国家机关依照行政、司法程序执行公务; (四)对计算机及其系统或者网络的安全性能进行测试。	(二)不以营利为目的,以盲人能够感知的独特方式向盲人提供已经发表的文字作品,而该作品无法通过正常途径获取; (三)国家机关依照行政、司法程序执行公务; (四)对计算机及其系统或者网络的安全性能进行测试。	(二)不以营利为目的,以盲人能够感知的独特方式向盲人提供已经发表的作品,而该作品无法通过正常途径获取; (三)国家机关依照行政、司法程序执行公务; (四)具有安全测试资质的机构对计算机及其系统或者网络的安全性能进行测试; (五)进行加密研究或者计算机程序反向工程研究。
第五章　法律责任和执法措施	**第七章　权利的保护**	**第七章　权利的保护**	**第七章　权利的保护**
第四十七条　有下列侵权行为的,应当根据情况,承担停止侵害、消除影响、赔礼道歉、赔偿损失等民事责任:	**第六十八条**　侵犯著作权或者相关权,违反本法规定的技术保护措施或者权利管理信息义务的,应当承担停止侵害、	**第六十八条**　侵犯著作权或者相关权,违反本法规定的技术保护措施或者权利管理信息有关义务的,应当承担停止	**第七十二条**　侵犯著作权或者相关权,违反本法规定的技术保护措施或者权利管理信息有关义务的,应当依法承担

续表

2010年著作权法	“修改草案”第一稿(征求意见稿)	“修改草案”第二稿(征求意见稿)	“修改草案”送审稿
(一)未经著作权人许可,发表其作品的; (二)未经合作作者许可,将与他人合作创作的作品当作自己单独创作的作品发表的; (三)没有参加创作,为谋取个人名利,在他人作品上署名的; (四)歪曲、篡改他人作品的; (五)剽窃他人作品的; (六)未经著作权人许可,以展览、摄制电影和以类似摄制电影的方法使用作品,或者以改编、翻译、注释等方式使用作品的,本法另有规定的除外; (七)使用他人作品,应当支付报酬而未支付的;	消除影响、赔礼道歉、赔偿损失等民事责任。 **第六十九条** 网络服务提供者为网络用户提供存储、搜索或者链接等单纯网络技术服务时,不承担与著作权或相关权有关的信息审查义务。 网络用户利用网络服务实施侵犯著作权或者相关权行为的,被侵权人可以书面通知网络服务提供者,要求其采取删除、屏蔽、断开链接等必要措施。网络服务提供者接到通知后及时采取必要措施的,不承担赔偿责任;未及时采取必要措施的,与该网络用户承担连带责任。 网络服务提供者知道或者	侵害、消除影响、赔礼道歉、赔偿损失等民事责任。 **第六十九条** 网络服务提供者为网络用户提供存储、搜索或者链接等单纯网络技术服务时,不承担与著作权或者相关权有关的审查义务。 他人利用网络服务实施侵犯著作权或者相关权行为的,权利人可以书面通知网络服务提供者,要求其采取删除、屏蔽、断开链接等必要措施。网络服务提供者接到通知后及时采取必要措施的,不承担赔偿责任;未及时采取必要措施的,与该侵权人承担连带责任。 网络服务提供者知道或者应当知道他人利用其网络服务	停止侵害、消除影响、赔礼道歉、赔偿损失等民事责任。 **第七十三条** 网络服务提供者为网络用户提供存储、搜索或者链接等单纯网络技术服务时,不承担与著作权或者相关权有关的审查义务。 他人利用网络服务实施侵犯著作权或者相关权行为的,权利人可以书面通知网络服务提供者,要求其采取删除、断开链接等必要措施。网络服务提供者接到通知后及时采取必要措施的,不承担赔偿责任;未及时采取必要措施的,对损害的扩大部分与该侵权人承担连带责任。 网络服务提供者知道或者

续表

2010年著作权法	“修改草案”第一稿(征求意见稿)	“修改草案”第二稿(征求意见稿)	“修改草案”送审稿
(八)未经电影作品和以类似摄制电影的方法创作的作品、计算机软件、录音录像制品的著作权人或者与著作权有关的权利人许可,出租其作品或者录音录像制品的,本法另有规定的除外; (九)未经出版者许可,使用其出版的图书、期刊的版式设计的; (十)未经表演者许可,从现场直播或者公开传送其现场表演,或者录制其表演的; (十一)其他侵犯著作权以及与著作权有关的权益的行为。 **第四十八条** 有下列侵权行为的,应当根据情况,承担	应当知道网络用户利用其网络服务侵害著作权,未采取必要措施的,与该网络用户承担连带责任。 **第七十条** 使用者依照与著作权集体管理组织签订的合同或法律规定向著作权集体管理组织支付报酬的,对权利人就同一权利和同一使用方式提起诉讼,不承担赔偿责任,但应当停止使用,并按照相应的集体管理使用费标准支付报酬。 **第七十一条** 计算机程序的复制件持有人不知道也没有合理理由知道该程序是侵权复制件的,不承担赔偿责任;但是应当停止使用、销毁该侵权复制件。如果停止使用并销毁该	侵害著作权或者相关权,未及时采取必要措施的,与该侵权人承担连带责任。 网络服务提供者教唆或者帮助他人侵犯著作权或者相关权的,与该侵权人承担连带责任。 网络服务提供者通过信息网络向公众提供他人作品、表演或者录音制品,不适用本条第一款规定。 **第七十条** 使用者使用权利人难以行使和难以控制的权利,依照与著作权集体管理组织签订的合同向其支付报酬后,非会员权利人就同一权利和同一使用方式提起诉讼的,使用者应当停止使用,并按照	应当知道他人利用其网络服务侵害著作权或者相关权,未及时采取必要措施的,与该侵权人承担连带责任。 网络服务提供者教唆或者帮助他人侵犯著作权或者相关权的,与该侵权人承担连带责任。 网络服务提供者通过网络向公众提供他人作品、表演或者录音制品,不适用本条第一款规定。 **第七十四条** 使用者使用权利人难以行使和难以控制的权利,依照与著作权集体管理组织签订的合同向其支付会员的报酬后,非会员权利人就同一权利和同一使用方式提起

续表

2010年著作权法	“修改草案”第一稿(征求意见稿)	“修改草案”第二稿(征求意见稿)	“修改草案”送审稿
停止侵害、消除影响、赔礼道歉、赔偿损失等民事责任;同时损害公共利益的,可以由著作权行政管理部门责令停止侵权行为,没收违法所得,没收、销毁侵权复制品,并可处以罚款;情节严重的,著作权行政管理部门还可以没收主要用于制作侵权复制品的材料、工具、设备等;构成犯罪的,依法追究刑事责任: (一)未经著作权人许可,复制、发行、表演、放映、广播、汇编、通过信息网络向公众传播其作品的,本法另有规定的除外; (二)出版他人享有专有出版权的图书的;	侵权复制件将给复制件使用人造成重大损失的,复制件使用人可以在向计算机程序著作权人支付合理费用后继续使用。 **第七十二条** 侵犯著作权或者相关权的,侵权人应当按照权利人的实际损失给予赔偿;实际损失难以计算的,可以按照侵权人的违法所得给予赔偿。权利人的实际损失或者侵权人的违法所得难以确定的,参照通常的权利交易费用的合理倍数确定。赔偿数额应当包括权利人为制止侵权行为所支付的合理开支。 权利人的实际损失、侵权人的违法所得和通常的权利交易费用均难以确定,并且经	相应的著作权集体管理使用费标准赔偿损失。 下列情形不适用前款规定: (一)使用者知道非会员权利人作出不得以集体管理方式行使其权利的声明,仍然使用其作品的; (二)非会员权利人通知使用者不得使用其作品,使用者仍然使用的; (三)使用者履行非会员诉讼裁决停止使用后,再次使用的。 **第七十一条** 计算机程序的复制件持有人不知道也不应当知道该程序是侵权复制件的,不承担赔偿责任;但是应当	诉讼的,使用者应当停止使用,并按照相应的著作权集体管理使用费标准赔偿损失。 下列情形不适用前款规定: (一)使用者知道非会员权利人作出不得以集体管理方式行使其权利的声明,仍然使用其作品的; (二)非会员权利人通知使用者不得使用其作品,使用者仍然使用的; (三)使用者履行非会员诉讼裁决停止使用后,再次使用的。 **第七十五条** 计算机程序的复制件持有人不知道也不应当知道该程序是侵权复制件的,

续表

2010年著作权法	“修改草案”第一稿(征求意见稿)	“修改草案”第二稿(征求意见稿)	“修改草案”送审稿
(三)未经表演者许可,复制、发行录有其表演的录音录像制品,或者通过信息网络向公众传播其表演的,本法另有规定的除外; (四)未经录音录像制作者许可,复制、发行、通过信息网络向公众传播其制作的录音录像制品的,本法另有规定的除外; (五)未经许可,播放或者复制广播、电视的,本法另有规定的除外; (六)未经著作权人或者与著作权有关的权利人许可,故意避开或者破坏权利人为其作品、录音录像制品等采取的保护著作权或者与著作权有关的	著作权或者相关权登记、专有许可合同或者转让合同登记的,由人民法院根据侵权行为的情节,判决给予一百万元以下的赔偿。 对于两次以上故意侵犯著作权或者相关权的,应当根据前两款赔偿数额的一至三倍确定赔偿数额。 **第七十三条**　下列侵权行为,同时破坏社会主义市场经济秩序的,可以由著作权行政管理部门责令停止侵权行为,没收违法所得,没收、销毁侵权复制品,并可处以罚款;情节严重的,著作权行政管理部门还可以没收主要用于制作侵权复制件的材料、工具、设备等;	停止使用、销毁该侵权复制件。如果停止使用并销毁该侵权复制件将给复制件使用人造成重大损失的,复制件使用人可以在向计算机程序著作权人支付合理费用后继续使用。 **第七十二条**　侵犯著作权或者相关权的,侵权人应当按照权利人的实际损失给予赔偿;实际损失难以计算的,可以按照侵权人的违法所得给予赔偿。权利人的实际损失或者侵权人的违法所得难以确定的,参照通常的权利交易费用的合理倍数确定。赔偿数额应当包括权利人为制止侵权行为所支付的合理开支。 权利人的实际损失、侵权人	不承担赔偿责任;但是应当停止使用、销毁该侵权复制件。计算机程序复制件持有人需要继续使用该计算机程序的,应当取得该计算机程序著作权人的许可。 **第七十六条**　侵犯著作权或者相关权的,在计算损害赔偿数额时,权利人可以选择实际损失、侵权人的违法所得、权利交易费用的合理倍数或者一百万元以下数额请求赔偿。 对于两次以上故意侵犯著作权或者相关权的,人民法院可以根据前款计算的赔偿数额的二至三倍确定赔偿数额。 人民法院在确定赔偿数额时,应当包括权利人为制止

续表

2010年著作权法	“修改草案”第一稿(征求意见稿)	“修改草案”第二稿(征求意见稿)	“修改草案”送审稿
权利的技术措施的,法律、行政法规另有规定的除外; (七)未经著作权人或者与著作权有关的权利人许可,故意删除或者改变作品、录音录像制品等的权利管理电子信息的,法律、行政法规另有规定的除外; (八)制作、出售假冒他人署名的作品的。 **第四十九条** 侵犯著作权或者与著作权有关的权利的,侵权人应当按照权利人的实际损失给予赔偿;实际损失难以计算的,可以按照侵权人的违法所得给予赔偿。赔偿数额还应当包括权利人为制止侵权行为所支付的合理开支。	构成犯罪的,依法追究刑事责任: (一)未经著作权人许可,复制、发行、出租、表演、放映、播放、通过信息网络向公众传播其作品的,本法另有规定的除外; (二)违反本法第四十八条规定使用他人作品的; (三)出版他人享有专有出版权的图书的; (四)未经表演者许可,播放、录制其表演,复制、发行、出租录有其表演的录音制品,或者通过信息网络向公众传播其表演的,本法另有规定的除外; (五)未经录音制作者许可,复制、发行、出租、通过信息	的违法所得和通常的权利交易费用均难以确定的,由人民法院根据侵权行为的情节,判决给予一百万元以下的赔偿。 对于两次以上故意侵犯著作权或者相关权的,应当根据前两款计算的赔偿数额的二至三倍确定赔偿数额。 **第七十三条** 下列侵权行为,同时破坏社会主义市场经济秩序的,可以由著作权行政管理部门责令停止侵权行为,予以警告,没收违法所得,没收、销毁侵权复制件,并可处以罚款;情节严重的,著作权行政管理部门可以没收主要用于制作侵权复制件的材料、工具、设备等;构成犯罪的,依法追究	侵权行为所支付的合理开支。 人民法院为确定赔偿数额,在权利人已经尽力举证,而与侵权行为相关的账簿、资料主要由侵权人掌握的情况下,可以责令侵权人提供与侵权行为相关的账簿、资料;侵权人不提供或者提供虚假的账簿、资料的,人民法院可以根据权利人的主张判定侵权赔偿数额。 **第七十七条** 下列侵权行为,可以由著作权行政管理部门责令停止侵权行为,予以警告,没收违法所得,没收、销毁侵权制品和复制件,非法经营额五万元以上的,可处非法经营额一倍以上五倍以下的罚款,没有非法经营额、非法经营额

续表

2010年著作权法	“修改草案”第一稿(征求意见稿)	“修改草案”第二稿(征求意见稿)	“修改草案”送审稿
权利人的实际损失或者侵权人的违法所得不能确定的,由人民法院根据侵权行为的情节,判决给予五十万元以下的赔偿。 **第五十条**　著作权人或者与著作权有关的权利人有证据证明他人正在实施或者即将实施侵犯其权利的行为,如不及时制止将会使其合法权益受到难以弥补的损害的,可以在起诉前向人民法院申请采取责令停止有关行为和财产保全的措施。 人民法院处理前款申请,适用《中华人民共和国民事诉讼法》第九十三条至第九十六条和第九十九条的规定。	网络向公众传播其制作的录音制品的,本法另有规定的除外; (六)未经广播电台、电视台许可,转播、录制、复制、通过信息网络向公众传播其广播电视节目的,本法另有规定的除外; (七)制作、出售假冒他人署名的作品的。 **第七十四条**　下列违法行为,可以由著作权行政管理部门予以警告,没收违法所得,没收主要用于避开、破坏技术保护措施的装置或者部件;情节严重的,没收相关的材料、工具和设备,并可处以罚款;构成犯罪的,依法追究刑事责任: (一)未经许可,故意避开	刑事责任: (一)未经著作权人许可,复制、发行、出租、展览、表演、播放、通过信息网络向公众传播其作品的,本法另有规定的除外; (二)未经表演者许可,播放、录制其表演,复制、发行、出租录有其表演的录音制品,或者通过信息网络向公众传播其表演的,本法另有规定的除外; (三)未经录音制作者许可,复制、发行、出租、通过信息网络向公众传播其录音制品的,本法另有规定的除外; (四)未经广播电台、电视台许可,转播、录制、复制其广播电视节目的,本法另有规定	难以计算或者非法经营额五万元以下的,可处二十五万元以下的罚款;情节严重的,著作权行政管理部门可以没收主要用于制作侵权制品和复制件的材料、工具、设备等;构成犯罪的,依法追究刑事责任: (一)未经著作权人许可,复制、发行、出租、展览、表演、播放、通过网络向公众传播其作品的,本法另有规定的除外; (二)未经表演者许可,播放、录制其表演,复制、发行、出租录有其表演的录音制品,或者通过网络向公众传播其表演的,本法另有规定的除外; (三)未经录音制作者许可,复制、发行、出租、通过网络

续表

2010年著作权法	"修改草案"第一稿(征求意见稿)	"修改草案"第二稿(征求意见稿)	"修改草案"送审稿
第五十一条 为制止侵权行为,在证据可能灭失或者以后难以取得的情况下,著作权人或者与著作权有关的权利人可以在起诉前向人民法院申请保全证据。 人民法院接受申请后,必须在四十八小时内作出裁定;裁定采取保全措施的,应当立即开始执行。 人民法院可以责令申请人提供担保,申请人不提供担保的,驳回申请。 申请人在人民法院采取保全措施后十五日内不起诉的,人民法院应当解除保全措施。	或者破坏权利人采取的技术保护措施的,法律、行政法规另有规定的除外; (二)未经许可,故意制造、进口或者向他人提供主要用于避开、破坏技术保护措施的装置或者部件,或者故意为他人提供避开或者破坏技术保护措施提供技术服务的; (三)未经许可,故意删除或者改变权利管理信息的,法律、行政法规另有规定的除外; (四)未经许可,知道或者应当知道权利管理信息被删除或者改变,仍然复制、发行、出租、表演、放映、播放、通过信息网络向公众传播相关作品、表演和录音制品的。	的除外; (五)使用他人享有专有使用权的作品、表演、录音制品或者广播电视节目的; (六)违反本法第四十八条规定使用他人作品的; (七)未经许可,使用权利人难以行使和难以控制的著作权或者相关权的,本法第七十条第一款规定的情形除外; (八)制作、出售假冒他人署名的作品的。 **第七十四条** 下列违法行为,可以由著作权行政管理部门予以警告,没收违法所得,没收主要用于避开、破坏技术保护措施的装置或者部件;情节严重的,没收相关的材料、工具	向公众传播其录音制品的,本法另有规定的除外; (四)未经广播电台、电视台许可,转播、录制、复制其广播电视节目的,本法另有规定的除外; (五)使用他人享有专有使用权的作品、表演、录音制品或者广播电视节目的; (六)违反本法第五十条规定使用他人作品的; (七)未经许可,使用权利人难以行使和难以控制的著作权或者相关权的,本法第七十四条第一款规定的情形除外; (八)制作、出售假冒他人署名的作品的。 **第七十八条** 下列违法

续表

2010年著作权法	"修改草案"第一稿(征求意见稿)	"修改草案"第二稿(征求意见稿)	"修改草案"送审稿
第五十二条　人民法院审理案件,对于侵犯著作权或者与著作权有关的权利的,可以没收违法所得、侵权复制品以及进行违法活动的财物。 **第五十三条**　复制品的出版者、制作者不能证明其出版、制作有合法授权的,复制品的发行者或者电影作品或者以类似摄制电影的方法创作的作品、计算机软件、录音录像制品的复制品的出租者不能证明其发行、出租的复制品有合法来源的,应当承担法律责任。 **第五十四条**　当事人不履行合同义务或者履行合同义务不符合约定条件的,应当依照《中华人民共和国民法通则》、	**第七十五条**　著作权行政管理部门对与著作权或者相关权有关的涉嫌违法行为进行查处时,可以询问有关当事人,调查与涉嫌违法行为有关的情况;对当事人涉嫌违法行为的场所实施现场检查;查阅、复制与涉嫌违法行为有关的合同、发票、账簿以及其他有关资料;检查与涉嫌违法行为有关的产品,对于涉嫌侵犯著作权或者相关权的产品,可以查封或者扣押。 著作权行政管理部门依法行使前款规定的职权时,当事人应当予以协助、配合,无正当理由拒绝、阻挠或者拖延提供前款材料的,可以由著作权行政	和设备,并可处以罚款;构成犯罪的,依法追究刑事责任: (一)未经许可,故意避开或者破坏权利人采取的技术保护措施的,法律、行政法规另有规定的除外; (二)未经许可,故意制造、进口或者向他人提供主要用于避开、破坏技术保护措施的装置或者部件,或者故意为他人避开或者破坏技术保护措施提供技术服务的; (三)未经许可,故意删除或者改变权利管理信息的,本法另有规定的除外; (四)未经许可,知道或者应当知道权利管理信息被删除或者改变,仍然复制、发行、	行为,可以由著作权行政管理部门予以警告,没收违法所得,没收主要用于避开、破坏技术保护措施的装置或者部件;情节严重的,没收相关的材料、工具和设备,非法经营额五万元以上的,可处非法经营额一倍以上五倍以下的罚款,没有非法经营额、非法经营额难以计算或者非法经营额五万元以下的,可处二十五万元以下的罚款;构成犯罪的,依法追究刑事责任: (一)未经许可,故意避开或者破坏权利人采取的技术保护措施的,法律、行政法规另有规定的除外; (二)未经许可,故意制造、

续表

2010年著作权法	“修改草案”第一稿(征求意见稿)	“修改草案”第二稿(征求意见稿)	“修改草案”送审稿
《中华人民共和国合同法》等有关法律规定承担民事责任。 **第五十五条** 著作权纠纷可以调解,也可以根据当事人达成的书面仲裁协议或者著作权合同中的仲裁条款,向仲裁机构申请仲裁。 当事人没有书面仲裁协议,也没有在著作权合同中订立仲裁条款的,可以直接向人民法院起诉。 **第五十六条** 当事人对行政处罚不服的,可以自收到行政处罚决定书之日起三个月内向人民法院起诉,期满不起诉又不履行的,著作权行政管理部门可以申请人民法院执行。	管理部门予以警告;情节严重的,没收相关的材料、工具和设备。 **第七十六条** 当事人对行政处罚不服的,可以自收到行政处罚决定书之日起六十日内向有关行政机关申请行政复议,或者自收到行政处罚决定书之日起三个月内向人民法院提起诉讼,期满不申请行政复议或者提起诉讼,又不履行的,著作权行政管理部门可以申请人民法院执行。 **第七十七条** 制作者不能证明其复制行为有合法授权,网络用户不能证明其通过信息网络向公众传播的作品或者复制件有合法授权,出租者不能	出租、表演、播放、通过信息网络向公众传播相关作品、表演、录音制品或者广播电视节目的。 **第七十五条** 著作权行政管理部门对涉嫌侵权和违法行为进行查处时,可以询问有关当事人,调查与涉嫌侵权和违法行为有关的情况;对当事人涉嫌侵权和违法行为的场所和物品实施现场检查;查阅、复制与涉嫌侵权和违法行为有关的合同、发票、账簿以及其他有关资料;对于涉嫌侵权和违法行为的物品,可以查封或者扣押。 著作权行政管理部门依法行使前款规定的职权时,当事人应当予以协助、配合,无正当	进口或者向他人提供主要用于避开、破坏技术保护措施的装置或者部件,或者故意为他人避开或者破坏技术保护措施提供技术或者服务的; (三)未经许可,故意删除或者改变权利管理信息的,本法另有规定的除外; (四)未经许可,知道或者应当知道权利管理信息被删除或者改变,仍然复制、发行、出租、表演、播放、通过网络向公众传播相关作品、表演、录音制品或者广播电视节目的。 **第七十九条** 著作权行政管理部门对涉嫌侵权和违法行为进行查处时,可以询问有关当事人,调查与涉嫌侵权和

续表

2010年著作权法	“修改草案”第一稿(征求意见稿)	“修改草案”第二稿(征求意见稿)	“修改草案”送审稿
	证明其出租的视听作品、计算机程序或者录音制品有合法授权,以及发行者不能证明其发行的复制件有合法来源的,应当承担民事或者行政法律责任。 **第七十八条**　著作权人或者相关权人有证据证明他人正在实施或者即将实施侵犯其权利的行为,如不及时制止将会使其合法权益受到难以弥补的损害的,可以在起诉前向人民法院申请采取责令停止有关行为和财产保全的措施。 人民法院处理前款申请,适用《中华人民共和国民事诉讼法》第九十三条至第九十六条和第九十九条的规定。	理由拒绝、阻挠或者拖延提供前款材料的,可以由著作权行政管理部门予以警告;情节严重的,没收相关的材料、工具和设备。 **第七十六条**　当事人对行政处罚不服的,可以自收到行政处罚决定书之日起六十日内向有关行政机关申请行政复议,或者自收到行政处罚决定书之日起三个月内向人民法院提起诉讼,期满不申请行政复议或者提起诉讼,又不履行的,著作权行政管理部门可以申请人民法院执行。 **第七十七条**　著作权和相关权的使用者在下列情形下,应当承担民事或者行政法律责任:	违法行为有关的情况;对当事人涉嫌侵权和违法行为的场所和物品实施现场检查;查阅、复制与涉嫌侵权和违法行为有关的合同、发票、账簿以及其他有关资料;对于涉嫌侵权和违法行为的场所和物品,可以查封或者扣押。 著作权行政管理部门依法行使前款规定的职权时,当事人应当予以协助、配合,无正当理由拒绝、阻挠或者拖延提供前款材料的,可以由著作权行政管理部门予以警告;情节严重的,没收相关的材料、工具和设备;构成犯罪的,依法追究刑事责任。 **第八十条**　当事人对行政

续表

2010年著作权法	“修改草案”第一稿(征求意见稿)	“修改草案”第二稿(征求意见稿)	“修改草案”送审稿
	第七十九条 为制止侵权行为,在证据可能灭失或者以后难以取得的情况下,著作权人或者相关权人可以在起诉前向人民法院申请保全证据。 人民法院接受申请后,必须在四十八小时内作出裁定;裁定采取保全措施的,应当立即开始执行。 人民法院可以责令申请人提供担保,申请人不提供担保的,驳回申请。 申请人在人民法院采取保全措施后十五日内不起诉的,人民法院应当解除保全措施。 **第八十条** 人民法院审理案件,对于侵犯著作权或者相关权的,可以没收违法所得、	(一)复制件的出版者、制作者不能证明其出版、制作有合法授权的; (二)网络用户不能证明其通过信息网络向公众传播的作品有合法授权的; (三)出租者不能证明其出租视听作品、计算机程序或者录音制品的原件或者复制件有合法授权的; (四)发行者不能证明其发行的复制件有合法来源的。 **第七十八条** 著作权人或者相关权人有证据证明他人正在实施或者即将实施侵犯其权利的行为,如不及时制止将会使其合法权益受到难以弥补的损害的,可以在起诉前向人民	处罚不服的,可以自收到行政处罚决定书之日起六十日内向有关行政机关申请行政复议,或者自收到行政处罚决定书之日起三个月内向人民法院提起诉讼,期满不申请行政复议或者提起诉讼,又不履行的,著作权行政管理部门可以申请人民法院执行。 **第八十一条** 著作权和相关权的使用者在下列情形下,应当承担民事或者行政法律责任: (一)复制件的出版者、制作者不能证明其出版、制作有合法授权的; (二)网络用户不能证明其通过网络向公众传播的作品有

续表

2010年著作权法	“修改草案”第一稿(征求意见稿)	“修改草案”第二稿(征求意见稿)	“修改草案”送审稿
	侵权复制品以及进行违法活动的财物。 **第八十一条**　当事人不履行合同义务或者履行合同义务不符合约定条件的,应当依照《中华人民共和国民法通则》、《中华人民共和国合同法》等有关法律规定承担民事责任。 **第八十二条**　著作权和相关权纠纷的当事人可以按照《中华人民共和国仲裁法》向仲裁机构申请仲裁,或者向人民法院起诉,也可以申请行政调解。 **第八十三条**　著作权行政管理部门设立著作权纠纷调解委员会,负责著作权和相关权纠纷的调解。调解协议具有	法院申请采取责令停止有关行为和财产保全的措施。 人民法院处理前款申请,适用《中华人民共和国民事诉讼法》第九十三条至第九十六条和第九十九条的规定。 **第七十九条**　为制止侵权行为,在证据可能灭失或者以后难以取得的情况下,著作权人或者相关权人可以在起诉前向人民法院申请保全证据。 人民法院接受申请后,必须在四十八小时内作出裁定;裁定采取保全措施的,应当立即开始执行。 人民法院可以责令申请人提供担保,申请人不提供担保的,驳回申请。	合法授权的; (三)出租者不能证明其出租视听作品、计算机程序或者录音制品的原件或者复制件有合法授权的; (四)发行者不能证明其发行的复制件有合法来源的。 **第八十二条**　著作权人或者相关权人申请行为、财产或者证据保全的,适用《中华人民共和国民事诉讼法》有关保全的规定。 **第八十三条**　人民法院审理案件,对于侵犯著作权或者相关权的,可以没收违法所得、侵权制品和复制件以及进行违法活动的财物。 **第八十四条**　著作权和

续表

2010年著作权法	“修改草案”第一稿(征求意见稿)	“修改草案”第二稿(征求意见稿)	“修改草案”送审稿
	法律拘束力,一方当事人不履行调解协议的,另一方当事人可以申请人民法院司法确认和强制执行。 著作权调解委员会的组成、调解程序以及其他事项,由国务院著作权行政管理机关另行规定。 **第八十四条** 著作权人和相关权人对进口或者出口涉嫌侵害其著作权或者相关权的物品,可以申请海关查处。具体办法由国务院另行规定。	申请人在人民法院采取保全措施后十五日内不起诉的,人民法院应当解除保全措施。 **第八十条** 人民法院审理案件,对于侵犯著作权或者相关权的,可以没收违法所得、侵权复制件以及进行违法活动的财物。 **第八十一条** 当事人不履行合同义务或者履行合同义务不符合约定条件的,应当依照《中华人民共和国民法通则》、《中华人民共和国合同法》等有关法律规定承担民事责任。 **第八十二条** 著作权和相关权纠纷的当事人可以按照《中华人民共和国仲裁法》向	相关权纠纷的当事人可以按照《中华人民共和国仲裁法》向仲裁机构申请仲裁,也可以申请调解。 **第八十五条** 著作权行政管理部门可以设立著作权纠纷调解委员会,负责著作权和相关权纠纷的调解。调解协议的司法确认,适用《中华人民共和国民事诉讼法》有关确认调解协议的规定。 著作权调解委员会的组成、调解程序以及其他事项,由国务院著作权行政管理机关另行规定。 **第八十六条** 著作权人和相关权人对进口或者出口涉嫌侵害其著作权或者相关权的

续表

2010年著作权法	“修改草案”第一稿(征求意见稿)	“修改草案”第二稿(征求意见稿)	“修改草案”送审稿
		仲裁机构申请仲裁,或者向人民法院起诉,也可以申请行政调解。 **第八十三条**　著作权行政管理部门可以设立著作权纠纷调解委员会,负责著作权和相关权纠纷的调解。调解协议具有法律拘束力,一方当事人不履行调解协议的,另一方当事人可以申请人民法院司法确认和强制执行。 著作权调解委员会的组成、调解程序以及其他事项,由国务院著作权行政管理机关另行规定。 **第八十四条**　著作权人和相关权人对进口或者出口涉嫌侵害其著作权或者相关权的	物品,可以申请海关查处。具体办法由国务院另行规定。

续表

2010年著作权法	"修改草案"第一稿(征求意见稿)	"修改草案"第二稿(征求意见稿)	"修改草案"送审稿
		物品,可以申请海关查处。具体办法由国务院另行规定。	
第六章　附则	第八章　附则	第八章　附则	第八章　附则
第五十七条　本法所称的著作权即版权。 **第五十八条**　本法第二条所称的出版,指作品的复制、发行。 **第五十九条**　计算机软件、信息网络传播权的保护办法由国务院另行规定。 **第六十条**　本法规定的著作权人和出版者、表演者、录音录像制作者、广播电台、电视台的权利,在本法施行之日尚未超过本法规定的保护期的,依照本法予以保护。	**第八十五条**　本法所称的著作权即版权。 **第八十六条**　相关权的限制和行使适用本法中著作权的相关规定。 **第八十七条**　本法规定的著作权人和相关权人的权利,在本法施行之日尚未超过本法规定的保护期的,依照本法予以保护。 本法施行前发生的侵权或者违约行为,依照侵权或者违约行为发生时的有关规定和政策处理。	**第八十五条**　本法所称的著作权即版权。 **第八十六条**　相关权的限制和行使适用本法中著作权的相关规定。 **第八十七条**　本法规定的著作权人和相关权人的权利,在本法施行之日尚未超过本法规定的保护期的,依照本法予以保护。 本法施行前发生的侵权或者违约行为,依照侵权或者违约行为发生时的有关规定和政策处理。	**第八十七条**　本法所称的著作权即版权。 **第八十八条**　相关权的限制和行使适用本法中著作权的相关规定。 **第八十九条**　本法规定的著作权人和相关权人的权利,在本法施行之日尚未超过本法规定的保护期的,依照本法予以保护。 本法施行前发生的侵权或者违约行为,依照侵权或者违约行为发生时的有关法律、规定和政策处理。

续表

2010年著作权法	“修改草案”第一稿(征求意见稿)	“修改草案”第二稿(征求意见稿)	“修改草案”送审稿
本法施行前发生的侵权或者违约行为,依照侵权或者违约行为发生时的有关规定和政策处理。 **第六十一条**　本法自1991年6月1日起施行。	**第八十八条**　本法自1991年6月1日起施行。	**第八十八条**　本法自1991年6月1日起施行。	**第九十条**　本法自年月日起施行。

并未迟到的记录(代后记)

始于2011年7月13日国家版权局正式拉开序幕,版权界翘首以盼"主动和全面"的第三次著作权法修订工作,经过九年又三个月漫长历程,终于于2020年11月11日第十三届全国人大常委会第二十三次会议审议通过而降下帷幕。

版权界在恭祝和肯定著作权法第三次修订顺利完成的同时,也应清楚地看到全国人大常委会2020年11月审议通过的著作权法,与国家版权局于2012年12月报送国务院审理的著作权法"修改草案"(送审稿)两者之间,无论是篇章结构还是内容规范都存在一定的差异。从篇章结构看,2020年著作权法将"修改草案"(送审稿)八章九十条,调整为六章六十七条;从内容规范看,"修改草案"(送审稿)有关追续权、孤儿作品、法定许可制度调整、著作集体管理制度调整、专有许可和转让合同登记、广播组织权利性质调整等重要规范内容,没有出现在2020年著作权法中。2020年著作权法维持了2010年2月26日经第十一届全国人大常委会第十三次会议审议通过的著作权法的基本结构,同时对内容规范作了局部调整。从著作权法第三次修订的最终结果看,虽然我国的著作权法律制度又上了一个新台阶,为我国版权保护的社会实践提供了坚定的法律制度保障，但是，耗时近十年的漫长修法历程，极大地增加了修法成本，迟缓了修法历程，特别是在内容建设方面，不同修法阶段法律草案文本具体规范表述差异变化较大，法律修改的最终结果没有及时修正2010年著作权法中存在的“法定许可”制度性缺陷，以及没有触及数字经济时代作品海量授权使用的结构性矛盾等问题，与版权界期待的“顺应国际变革大势与中国发展大局，面对新形势、新问题、新挑战，主动、全面地完善我国著作权法律制度”的目标仍有一定的差距。本人提出这些问题，既不是诟病我国著作权法律制度的历史，更不是否定著作权法第三次修订的成果。有言道“鉴往知来”，认真总结和检讨著作权法第三次修订历程的成功经验和问题不足，由此给版权界带来理性思考，将促使我国今后的著作权法制建设步伐迈得更加坚实、行得更加平稳，成效更加明显。

首先，国家版权局作为著作权法第三次修订“法律草案”起草者，调动了极大的社会资源，吸纳了众多的版权精英，经过多轮的公开征求意见，经历无数的激烈争论碰撞，所起草的著作权法“修改草案”（送审稿），在相关程序性审理环节无论是篇章结构还是内容规范基本未被采纳，面对这样的情况，或有必要对其修法指导思想、修法思路、工作方法以及问题导向等进行认真反思。只有对这些问题进行深刻总结，把事情想清楚、弄明白，在下一步修订《著作权法实施条例》《信息网络传播权保护条例》和《著作权集体管理条例》时，才可少走弯路，降低修法成本，提高修法效率。

其次，就整个版权界而言，或应对如下问题进行反思：一是在修法方法上,应该坚持全过程民主立法,在“听取民意、集中民智、形成共识”公开透明过程中产生修法结果,避免闭门立法和单一部门主导修法结果;二是在修法内容上,应当坚持与时俱进、直面问题、敢破敢立、解决问题、有所作为的态度,摒弃问题回避型立法态度;三是在修法程序上,需要建立国家职能主管部门起草法律草案、国务院专门法制机构审理完善法律草案,以及全国人大立法权力机构审议决定法律草案,相互关联协调一致的立法模式,使不同立法阶段的立法主体发挥其应有的职能。认真总结经验和教训,寻找科学的立法方法和途径,为今后的立法工作做足思想准备和基础工作。

著作权保护因市场需求与科技发展相结合而生,并随市场需求变化与科技不断进步而不断发展。只要市场需求还存在、科学技术还在发展,著作权法律制度不断完善永远在路上。国家版权局在著作权法第三次修订过程中所起草的“修改草案”虽然已经成为历史,但绝不是历史尘埃,它与中国社科院知识产权中心、中国人民大学知识产权学院、中南财经政法大学知识产权研究中心三家教学科研机构起草的著作权法第三次修订专家建议稿,将作为一笔难得的著作权保护的精神财富,在我国著作权法律制度不断完善的历史进程中,发挥其积极的借鉴作用。

本人作为一个曾经有着三十余年著作权行政管理经历的著作权工作者,对著作权保护事业有着浓厚的感情,真切地希望我国的著作权法律制度立足中国实际、紧跟知识产权保护世界发展潮流,在历史发展进程中不断修改完善,最终成为面向世界、面向未来、面向现代化高水平的著作权法律规范,为鼓励作品创作、保护作者权利、促进作品传播、推动版权产业发展、满足广大社会公众的精神文化需求,发挥其不可替代的作用。

王自强